# Bürgerliches Gesetzbuch

nebst

## Einführungsgesetz

erläutert

von

**Dr. G. Planck,**

Wirklicher Geheimer Rath und ordentlicher Honorarprofessor an der Universität Göttingen,

in Verbindung mit

**Dr. A. Achilles,**
Reichsgerichtsrath a. D. †,

**Dr. F. André,**
ordentlicher Professor,

**M. Greiff,**
Geheimer Justizrath,

**F. Ritgen,**
Amtsrichter,

**O. Strecker,**
Amtsrichter,

**Dr. K. Unzner,**
Regierungsrath.

**Siebenter Band.**

**Wort- und Sachregister.**

Bearbeitet von

Oberamtsrichter **H. Jatzow.**

**Erste und zweite Auflage.**

Berlin 1902.

**J. Guttentag, Verlagsbuchhandlung,**
G. m. b. H.

# Wort- und Sachregister.

Die römischen Zahlen zeigen den Band, die arabischen die Seite an.

## A.

**Abänderung** der Vereinssatzung I 89 f., 112, des Vereinszwecks I 90, des Vereinsvorstandes I 111. — A. der Bewirthschaftung verpachteter landwirthschaftlicher Grundstücke II 327. — Erfordernisse der A. des Inhalts eines Rechts an Grundstücken III 82. — A. des Ranges der eingetragenen Rechte III 86 f. — A. eines verpfändeten Rechts III 731. — A. des gesetzlichen Güterrechts durch Vertrag, Wirkung gegen Dritte IV 194 f.

**Abandon** V 87, 111.

**Abbaurechte** für Mineralien, Fortbestand der Landesgesetze VI 151, 347.

**Abdeckereigerechtigkeit** VI 160.

**Abfallen** von Früchten III 143.

**Abfinden, Abfindung** Dritter bei Vermögens-, Gutsübernahme II 109 f. — Anrechnung von A. bei Beendigung der fortgesetzten Gütergemeinschaft IV 269, 270. — A. unehelicher Kinder durch Erben des Vaters IV 466.

**Abgaben.** Nichthaftung des Verkäufers eines Grundstücks für Freiheit von öffentlichen A. II 229. — A. bei Erbschaftskauf V 693. — Mit Unrecht erhobene A., Landesgesetze über Rückerstattung VI 193.

**Abgesonderter** Haushalt der Ehefrau bei getrennt lebenden Ehegatten IV 93.

**Abgeleiteter** Wohnsitz I 63 f. — A. Eigenthumserwerb III 185.

**Abhanden** gekommene Schuldverschreibung auf den Inhaber II 558 f., Zins-, Renten- oder Gewinnantheilscheine II 563, Legitimationspapiere II 566, Eigenthumserwerb von a. g. Sachen III 188 f., 279, Herausgabe an früheren Besitzer III 281. — A. g. Hypothekenbrief III 550.

**Abholen** einer beweglichen Sache von fremdem Grundstücke III 52 (s. auch Holschuld).

**Abkömmlinge**, Begriff IV 342. — Vermuthung, daß A. für an Eltern gewährten Unterhalt keinen Ersatz verlangen II 433. — Gemeinschaftliche A., Fortsetzung der Gütergemeinschaft mit denselben IV 245 ff. (s. Gütergemeinschaft). — Unterhaltspflicht der A. IV 361, Verhältniß ihres Unterhaltsanspruchs zu demjenigen anderer Verwandten IV 364. — Wirkung der Legitimation durch nachfolgende Ehe für die A. der Kinder IV 477 f., der Ehelichkeitserklärung IV 487. — Mangel ehelicher A. als Voraussetzung der Annahme an Kindesstatt IV 491. — Wirkung der Annahme an Kindesstatt auf A. der Angenommenen IV 503, 508. — A. gesetzliche Erben erster Ordnung V 14 f., A. der Eltern gesetzliche Erben zweiter Ordnung V 16, der Großeltern, dritter Ordnung V 16 f., der Urgroßeltern, vierter Ordnung V 18, der Voreltern, fünfter Ordnung V 19. — Ausgleichungspflicht unter A. V 201 ff. — Auslegungsregeln für Erbeinsetzung von A. V 233 f. — Vorzug der A. der Vorerben vor dem Nacherben V 279. — Pflichttheilsrecht der A. V 565 f., 574 f., Anrechnung auf den Pflichttheil V 585, 588. — Bindung der A. durch Erbverzichtsvertrag V 409. — Schenkung an einseitige A., Verhältniß zum Pflichttheilsanspruch VI 610 f. — Entziehung des Pflichttheils V 613 f., Beschränkung des Pflichttheilsrechts in guter Absicht V 619 f. — Wirkung des Erbverzichts für A. des Verzichtenden V 637, Auslegung des Erbverzichts eines A. (relativer Erbverzicht) V 638.

**Abkürzung** der Verjährungsfrist I 275, der Gewährfrist beim Viehhandel II 264.

**Ablauf** der Frist I 241 f.

**Ablehnung** von Vertragsanträgen I 197 f., modifizirte I 199. — A. des Auftrags, Pflicht bestimmter Personen zur Anzeige II 412. — A. der Aufbewahrung von Werthsachen durch den Gastwirth II 448 f., der Schenkung II 282. — A. der Fortsetzung der Gütergemeinschaft IV 250, V 40, des vormundschaftlichen Amtes IV 527 f., 628, der Mitgliedschaft des Familienrathes IV 615, des Amtes als Testamentsvollstrecker V 391.

**Ablieferung.** Aufrechnung bei Verschiedenheit der Orte der A. II 175. — Bedeutung der A. des Kaufgegenstandes für Verjährung der Gewährleistungsansprüche II 257 f. — A. der Fundsache an Polizeibehörde III 230, 237, 238, 240. — A. des Testaments an Nachlaßgericht V 482, 512, des Erbvertrags V 557.

**Ablösung** von Theilen eines Gebäudes oder Werkes, Entschädigungspflicht II 633 f. —

A. der Rentenschuld III 647 f. — Fortbestand der Landesgesetze über A. von Dienstbarkeiten, Reallasten VI 201 f.
**Ablösungsrecht** gegenüber einem die Zwangsvollstreckung betreibenden persönlichen Gläubiger II 39, dem Hypothekengläubiger III 525 f. — A. des Eigenthümers bei Rentenschuld III 649 f. — A. Dritter bei Pfandveräußerung III 700, 728.
**Ablösungsrenten**, Fortbestand des Landesrechts VI 202.
**Ablösungssumme** bei Rentenschuld III 647.
**Abmarkung** der Grenze von Grundstücken III 153 f.
**Abnährungsvertrag** V 548.
**Abnahme** der verkauften Sache II 226, Kosten derselben II 239. — A.pflicht des Bestellers bei Werkvertrag II 379 f., 382 f.
**Abneigung**, unüberwindliche, kein Scheidungsgrund IV 317.
**Abnutzung** der Miethsache II 304, des eingebrachten Guts IV 132, 297.
**Aborte** III 140.
**Abpflücken** von Früchten III 143.
**Abrechnung.** Form des auf Grund einer A. ertheilten Schuldversprechens, Schuldanerkenntnisses II 531.
**Abschlagzahlung** unterbricht Verjährung I 259. — A. bei Werkvertrag II 381.
**Abschrift** der Satzung eines eingetragenen Vereins I 107, 110, aus dem Vereinsregister I 115, dem Güterrechtsregister IV 313. — A. des Nachlaßinventars V 141, des Testaments V 488.
**Absendung** der Anfechtungserklärung I 171, von Vertragsofferten I 197 f.
**Absolutes Recht** I 47 f., II 3, III 9. — Absolute Scheidungsgründe IV 313 f.
**Absonderung** im Nachlaßkonkurse V 88 f. — A. des Nachlasses bei Nachlaßverwaltung, Nachlaßkonkurs V 91 f. — A.recht des Vermiethers und Verpächters im Konkurse II 311.
**Absperrung** von Orten, Testamentserrichtung V 471.
**Abstammung** s. eheliche A.
**Abstrakte Rechtsgeschäfte** I 147 f. — Bevollmächtigung als a. R. I 216, 220, 221, Einwilligung I 235, Genehmigung I 237; Schulderlaß a. Vertrag II 179, Forderungsübertragung II 183, Schuldübernahme II 199, 201, Erbvertrag V 514.
**Abtheilungen** des Grundbuchs III 64, 84.
**Abtheilungspflicht** des überlebenden Ehegatten IV 33.
**Abtrennung** s. Trennung. A.recht des Besitzers gegenüber Eigenthumsanspruch III 267, 271.
**Abtretung** der Ansprüche des Ersatzberechtigten gegen Dritte an den Ersatzpflichtigen II 27, von Ersatzansprüchen des Schuldners bei Unmöglichkeit der Leistung II 56, 96 f. — A. der Forderung II 183 ff. (s. Uebertragung). — A. der Rechte aus Miethvertrag II 305. — A. der Anweisung II 543. — A. des Eigenthumsanspruchs auf Herausgabe III 253. — A. von Reallastleistungen III 433. — A. der Hypothek, Form III 530, 534 f., der Sicherungshypothek für Schuldverschreibung auf den Inhaber, Orderpapier III 612, der Forderung aus Maximalhypothek III 623, der Grundschuld III 636, der Inhabergrundschuld III 640 (s. auch Uebertragung).
**Abweichen** vom Auftrage II 415.
**Abweisung** der Klage, Wirkung auf Anspruchsverjährung I 263.
**Abwendung** rechtswidrigen Angriffs I 279 f., von Gefahr I 281 f. — Pflicht des Beschädigten zur A. des Schadens II 25 f.
**Abwesende.** Willenserklärung an A. I 180 ff., Vertragsannahme I 198. — Pflegschaft über A. IV 653 f., 666, VI 76.
**Abwesenheit** s. Todeserklärung. — Verfügung des Mannes über eingebrachtes Gut bei A. der Frau IV 124, desgl. der Frau bei A. des Mannes IV 149, desgl. des Mannes über Gesammtgut bei A. der Frau IV 213, der Frau bei A. des Mannes IV 214.
**Abwesenheitspflegschaft** IV 653 f., 666, VI 76. — A. für den Erben, Einfluß auf Anspruchsverjährung für und gegen den Nachlaß I 258. — A. über den Mann, Grund zur Klage der Frau auf Aufhebung der ehemännlichen Verwaltung und Nutznießung IV 174 f. — Zurückbehaltung des Beitrags der Frau zum ehelichen Aufwand bei A. über den Mann IV 185.
**Abzahlungsgeschäfte**, Gesetz betr. die II 124, 243, 505.
**Abzug** s. Kürzung.
**Abzugseinrede** des Inventarerben hemmt nicht Anspruchsverjährung I 254. — A. im Allgem. V 84, 86, 89, 108 ff. — A. des überlebenden Ehegatten bei fortgesetzter Gütergemeinschaft IV 258. — (S. auch IV 155.)
**Accession** s. Nebenansprüche, Nebenleistungen, Zubehör.
**Accessio temporis** III 198.
**Accessorischer** Charakter der Hypothek III 440 f., 529.
**Acquisition** der Erbschaft V 33.
**Actio contraria** II 91, **in rem scripta** II 309, VI 276, **de in rem verso** II 426, 578, **ad exhibendum** II 569, **de effusis et dejectis** II 626, 635, **legis Aquiliae** II 634, **confessoria** IV 112, 125, **negatoria** II 602, III 116, 307, 317, 358, 368, 372, 413, **finium regundorum** III 156, **Publiciana** III 281, **familiae erciscundae** V 190, 399, **quod metus causa** VI 276, **communi dividendo** VI 399.
**Achtzehntes Lebensjahr**, Volljährigkeitserklärung I 53, — Verantwortlichkeit für unerlaubte Handlungen II 619 f. — Anhörung des Mündels nach vollendetem 18. L. IV 576. — Berechtigung zum Strafantrag VI 104.
**Adel** I 66 f., der Frau IV 83, des unehelichen Kindes IV 459, VI 385. — Heirathen des

hohen A. IV 7. — Sonderrechte des hohen A. VI 137, Vormundschaft IV 514, Testament V 431.
**Ademtio legati** V 352, 357.
**Adjudicatio** V 200.
**Administration** s. Verwaltung, Zwangsverwaltung.
**Adoption** s. Annahme an Kindesstatt. — Adoptio plena, minus plena IV 490, VI 389.
**Adoptivverwandtschaft**, Ehehinderniß IV 29 f. — (S. auch IV 510 f.)
**Adulterini** V 15.
**Aeltere Schuld**, Tilgung bei theilweiser Erfüllung mehrerer gleichartiger Schuldverhältnisse II 146.
**Aenderung** s. Abänderung.
**Aerzte**, Anspruchsverjährung I 247, 252. — Verschulden von Ae. II 26. — Aerztliche Behandlung von Dienstboten II 356 f. — Kündigung von Ae. II 365. — Natur des Vertrages mit Ae. II 348, 368. — Ersatzanspruch für Hülfeleistung an Arme II 434. — Ablehnung von Aufträgen II 412. — Rathsertheilung II 424. — Geschäftsführung ohne Auftrag II 432, 434.
**Affektionswerth** II 25. — A. bei richterlicher Beurtheilung der Höhe einer Vertragsstrafe II 123.
**Affinität** s. Schwägerschaft. Affinitas illegitima IV 27, 484. Quasi affinitas IV 28.
**Afterbürgschaft** II 508, 517.
**Aftermiethe** s. Untermiethe.
**Afterpacht** s. Unterpacht.
**Agenten**, Ablehnung von Aufträgen II 412.
**Agenturvertrag** II 349, 394.
**Agnition** s. Anerkennung.
**Agrarrecht**, Agrargerichte III 151, VI 201 f.
**Akkreszenz** s. Anwachsung.
**Akkreszenzprinzip** bei fortgesetzter Gütergemeinschaft IV 243.
**Aktien.** Gesetz, betr. Aktiengesellschaft I 87. — A. auf den Inhaber VI 293, 296.
**Aktive Erbfähigkeit** V 10.
**Aleatorische** Verträge s. Spiel, Wette.
**Alimente.** — A.vertrag II 497 (s. Unterhaltspflicht).
**Alle** für Einen, Einer für Alle II 211.
**Allgemeine** Gütergemeinschaft IV 200 ff. (s. Gütergemeinschaft).
**Allodifizirte Lehen**, Fortbestand der Landesgesetze VI 139.
**Alluvion** s. Anlandung.
**Altenburg**, Grundbuchgesetz III 84, 91, VI 335, 361. Ausführungsgesetze zum B.G.B. V 486, VI 10, 213.
**Altentheilsvertrag** II 497. Fortbestand der Landesgesetze VI 183 f.
**Alter** s. Lebensalter. — A. der Schuld bei Theilzahlung II 147.
**Alternative** Schuldverhältnisse I 227 f., II 33 f., 213. Gläubigerverzug II 70, theilweise Unmöglichkeit II 79, 81. — A. Sch. als Gegenstand des Nießbrauchs III 385. — A. Erbeinsetzung V 256, a. Beschwerung mit einem Vermächtniß V 328. — (S. auch VI 275.)
**Altersstufen**, Bedeutung für Geschäftsfähigkeit I 53.
**Altersversicherungsgesetz** II 177, 360, 604, IV 101.
**Amortisation**, Verjährung rückständiger A.beträge I 248. — A.quoten bei Nießbrauch an auf Zinsen ausstehender Forderung III 389.
**Amortisationsdarlehen** III 556 f., VI 269.
**Amortisationsgesetze** VI 172.
**Amt**, Landesgesetze über Ansprüche aus solchem VI 165, über Sicherheitsleistung wegen Führung eines A. VI 177.
**Amtliche Verwahrung** von Testamenten V 466 f., 51 f., von Erbverträgen V 521 f., 557.
**Amtsgerichte**, Führung der Vormundschaft I 54, des Vereinsregisters I 79 ff., Bestellung fehlender Mitglieder des Vereinsvorstandes I 86 f., Zuständigkeit I 105, Entziehung der Rechtsfähigkeit, Auflösung I 113 f. — Zuständigkeit für öffentliche Zustellung von Willenserklärungen I 184 f., für Kraftloserklärung von Vollmachtsurkunden I 224. — Vorführung Festgenommener I 285. — Leistung des Offenbarungseides II 33. — Führung des Güterrechtsregisters IV 309. — Zuständigkeit als Vormundschaftsgericht IV 514. — A. sind Nachlaßgerichte V 35, 72.
**Amtspflicht.** Geschäftsführung aus A. II 426. — Verletzung der A. II 637 ff., 641.
**Amtssiegel**, Verschluß des Testamentsprotokolls V 466, des Erbvertrags V 521.
**Amtssitz** I 62.
**Amtsverhältniß**, Fortbestand der Landesgesetze über vermögensrechtliche Ansprüche aus A. VI 165.
**Analogie** I 33, VI 23.
**Analphabeten**, Testamentserrichtung V 451 f., 434 f.
**Anbieten** der Leistung ist Voraussetzung des Gläubigerverzugs II 69, Kosten desselben II 77.
**Androhung** der Besitzaufgabe eines herauszugebenden Grundstücks bei Gläubigerverzug II 76, der Versteigerung einer Sache zwecks Hinterlegung II 166, der Versteigerung des Pfandes III 671, des Pfandverkaufs III 685.
**Aneignung** von Grundstücken nach Aufgebot zur Ausschließung des Eigenthümers III 172. — Fruchterwerb durch A. III 216 f. — A. herrenloser Sachen III 219 ff. — A. herrenloser Grundstücke durch Fiskus III 174, VI 160, 331, Landesgesetze VI 218. — A. von jagdbaren Thieren, Fischen VI 153, Tauben VI 218.
**Anerbenrecht** IV 281, V 431. Fortbestand der Landesgesetze VI 145 f. — (S. auch V 582, VI 90.)
**Anerkennung** des Anspruchs unterbricht Verjährung I 259. — Vertragsmäßiges Anerkenntniß eines verjährten Anspruchs

I 272f. — A. des Schulderlöschens II 153, des nicht bestehenden Schuldverhältnisses II 179f. — A. einer Schuld für Ehevermittelung II 399. — Schuldanerkenntniß als Vertrag II 530. — A. ohne Rechtsgrund II 579f. — Oeffentlich beglaubigte A. einer kraft Gesetzes erfolgten Uebertragung der Forderung aus Hypothek III 535f. — A. eines Kindes IV 350f., Anfechtung derselben IV 352. — A. der unehelichen Vaterschaft IV 472, bei Legitimation durch nachfolgende Ehe IV 475. — Uebergangsvorschrift für das Rechtsverhältniß anerkannter Kinder VI 384f.

**Anerkennungsvertrag** II 149f., 153, 179f., 527, 530.

**Anerkenntniß** s. Anerkennung.

**Anfall** der Erbschaft V 7, 9, kraft Gesetzes V 37f., Aufhebung dieser Wirkung durch Ausschlagung V 49. — A. der Nacherbschaft V 315f., des Vermächtnisses V 358f. — A. bei Erbunwürdigkeitserklärung V 630. — Verkauf einer Erbschaft vor A. V 679.

**Anfang** der Frist I 240, des Monats I 242, der Anspruchsverjährung I 248f.

**Anfangstermin** bei Rechtsgeschäften I 209, bei Vertrag über unmögliche Leistung II 81f. — A. der Zinszahlung bei Hypotheken, Eintragung III 461. — A. bei letztwilligem Bedenken der „gesetzlichen Erben" V 232, bei letztwilligem Bedenken von Abkömmlingen Dritter V 236, bei letztwilliger Zuwendung im Allgemeinen V 239, bei Erbeinsetzung V 278, bei Vermächtniß V 339, Bedeutung für den Anfall des Vermächtnisses V 359, 361. — A. bei Ernennung des Testamentsvollstreckers V 387.

**Anfechtbarkeit** von Rechtsgeschäften I 145f., 193. — A. der Bevollmächtigung I 217, der Vertragsstrafe bei A. der Verbindlichkeit II 125, der Anspruchsverjährung I 250f. — A. der Hauptschuld, Wirkung auf Bürgschaft II 514. — A. der Ehe IV 41ff., VI 351f. (s. Ehe), Erbrecht des überlebenden Ehegatten V 20f.

**Anfechtung** der Todeserklärung I 73f., von Einsprüchen der Verwaltungsbehörde gegen Eintragung von Vereinen I 109; der Entmündigung I 161, von Willenserklärungen I 168ff. — A. von Rechtsgeschäften I 145f., 192ff. — A. der Bevollmächtigung wegen Täuschung I 217f., der Zustimmung I 233f.— Verjährung eines erst aus A. entstehenden Anspruchs I 250f., 254. — A. der durch einen Dritten geschehenen Bestimmung der Vertragsleistung II 89. — A. der Auslobung II 401f., 404. — A. des Verlöbnisses IV 11, der Ehe IV 41ff., 55ff., 64f. (siehe Ehe), der Todeserklärung IV 73ff., der neuen Ehe bei Wiederverheirathung im Falle der Todeserklärung, wenn der für todt Erklärte noch lebt IV 76ff. — A. der Ehe nach Aufhebung der ehelichen Gemeinschaft IV 338. — A. der Ehelichkeit eines Kindes, prozessualische Bestimmungen IV 343, Frist IV 347, ausschließliches Recht des Mannes zur A. IV 347, A. durch Vertreter IV 348f., Anfechtungsklage IV 349f., Erklärung der A. gegenüber Nachlaßgericht IV 350f. — A. der Anerkennung IV 352. — Stellung der Kinder bei A. der Ehe wegen Drohung IV 455. — A. des Antrags oder der Einwilligung zur Ehelichkeitserklärung IV 483, des Vertrags auf Annahme an Kindesstatt, der Einwilligung dazu IV 498, des Wiederaufhebungsvertrages IV 509. — A. der Annahme oder Ausschlagung der Erbschaft, der Versäumung der Ausschlagungsfrist V 50f. — A. der Befriedigung eines Nachlaßgläubigers V 97. — A. letztwilliger Verfügungen V 243ff., 507f., VI 403. — A. der Annahme oder Ausschlagung von Vermächtnissen V 362. — A. des Erbvertrags V 527ff., der Aufhebung desselben V 242. — A. der Ausschlagung der Erbschaft, eines Vermächtnisses durch Pflichttheilsberechtigten V 573f. — A. des Erbschaftserwerbes wegen Erbunwürdigkeit V 626f.

**Anfechtungsberechtigter,** Begriff I 194. — A. bei Ehe IV 43, 44, 56, 59f., bei letztwilliger Verfügung V 249f.

**Anfechtungsgegner,** Begriff V 193f. — A. bei Verträgen mit Bestimmung der Leistung durch einen Dritten II 89.

**Anfechtungsgesetz** II 282, 604, III 554, IV 105, 141, 160, 176, 288, 377, V 76, 78, 89, 97, 609, VI 14. — Anwendung der Vorschriften des B.G.B. über Verwandtschaft und Schwägerschaft VI 102f.

**Anfechtungsklage** gegen Ausschlußurtheil bei Aufgebot eines Hypothekenbriefs III 552, bei Ausschließung eines Hypothekengläubigers III 568, 571, gegen Ehe IV 43ff., 64f., gegen Todeserklärung IV 73ff., gegen Ehelichkeit IV 349, wegen Erbunwürdigkeit V 628.

**Angebot** s. Anbieten.

**Angeld** II 117.

**Angemessene** Frist II 19f., Zeit II 73.

**Angestellte,** Schadenszufügung durch solche, Haftung des Geschäftsherrn II 623ff.

**Angewiesener** II 532, 534.

**Angriff.** Vertheidigung gegen rechtswidrigen gegenwärtigen A. I 279f.

**Anhalt,** Grundbuchgesetz III 24, 88. — Ausführungsgesetze zum B.G.B. V 486, VI 5, 361.

**Anhören von Verwandten und Verschwägerten** bei Eheeinwilligung des Vormundschaftsgerichts IV 24, 597, bei Entscheidung über Angelegenheiten der elterlichen Gewalt IV 427, des Beistandes IV 442, des Gegenvormundes vor Entscheidung des Vormundschaftsgerichts IV 575, des Mündels in bestimmten Fällen IV 576, der Verwandten, Verschwägerten des Mündels IV 597, 611. —

A. des Nachlaßgläubigers bei Bestimmung neuer Inventarfrist IV 124, der Betheiligten bei Bestimmung des Testamentsvollstreckers V 389, Dritter vor Ertheilung des Erbscheins V 656, der Erben vor Ertheilung des Zeugnisses über Ernennung zum Testamentsvollstrecker V 671.

**Animus** dirimendi matrimonii IV 319. — A. domini III 28.

**Ankündigung** der Leistung als Voraussetzung des Gläubigerverzugs II 73 f.

**Anlagen,** unzulässige Einwirkung auf Nachbargrundstücke III 139 f. — A. zur Ausübung der Grunddienstbarkeit III 307 f., 319. — Beeinträchtigung der Grunddienstbarkeit durch A. III 320. — Neue Anlagen des Nießbrauchers III 335. — A. zur Ausübung der beschränkten persönlichen Dienstbarkeit III 409, 411 ff. — A. zur Gewinnung von Bodenbestandtheilen bei Nießbrauch III 325, bei Nacherbschaft V 301. — Landesgesetze über Haftpflicht für A. auf Grundstücken im öffentlichen Gebrauche VI 195. — A. auf der Grenze VI 215. — Nutzungen an A., Uebergangsbestimmung VI 266 f. — Uebergangsvorschrift für dauernde A. bei Grunddienstbarkeiten VI 332 f.

**Anlandungen** I 131, III 202. — A. bei Nacherbschaft V 286. — Fortbestand der Landesgesetze VI 149.

**Anlegung** von Geld des eingebrachten Guts IV 122, des Kindesvermögens IV 398, durch Beistand IV 343, von Erbschaftsgeldern bei Nacherbschaft V 298. — A. von Mündelgeld IV 549, in Konsulargerichtsbezirken VI 15, nach Landesrecht VI 237 f., 396 f. — A. des Grundbuchs, Uebergangsvorschrift für Verfahren, Zeitpunkt derselben VI 318 ff.

**Anleihe,** Zeichnung auf zu emittirende A. II 342.

**Anmeldung** von Ansprüchen bei Liquidation eines Vereins I 100 f. — A. zur Eintragung in das Vereinsregister I 106 f., 114; Form I 115. — A. im Konkurse unterbricht Verjährung I 260, 264. — A. von Erbrechten V 61 f., 654; Frist V 62. — A. von Nachlaßansprüchen auf Antrag eines Miterben V 222 f., Wirkung auf Erbauseinandersetzung V 197.

**Annahme** von Vertragsanträgen I 197 ff., rechtzeitige I 197, unter Anwesenden, Abwesenden I 198, bei Fristbestimmung I 198, verspätet zugegangene Annahmeerklärung I 199, verspätete, modifizirte A. I 199, stillschweigende I 200. — A. durch Beurkundung I 201. — Tod oder Geschäftsunfähigkeit des Antragenden vor A. I 201 f. — Annahmeverzug II 68 ff., Einfluß desselben auf Vorleistungspflicht bei gegenseitigem Vertrage II 95, auf Gegenleistung bei gegenseitigem Vertrage II 100. — A. einer Leistung als Erfüllung II 142, an Erfüllungsstatt II 143 f. — A.verzug als Voraussetzung der Hinterlegung II 155. — A. der Hinterlegung durch den Gläubiger II 157. — A. der Schenkung II 282 f. — A.verzug der Dienstberechtigten II 353 f., des Bestellers II 382 f., 384. — A. der Anweisung II 536, 539 f., 540, 542, 543 f. — A. von Erbschaften und Vermächtnissen durch die Frau ohne Zustimmung des Mannes IV 154. — A. der Erbschaft V 32 ff., Form derselben V 38 f., Unwiderruflichkeit V 39, keine Bedingung oder Zeitbestimmung V 43. — A. durch gesetzlichen Erben, welcher zugleich Testamentserbe ist V 43 f. — Irrthum über den Berufungsgrund bei A. V 44. — Unwirksamkeit theilweiser A. V 44. — A. bei Berufung zu mehreren Erbtheilen V 46. — Anfechtung der A. V 50 f., Form V 51, Wirkung V 51 f. — Keine Geltendmachung von Nachlaßansprüchen gegen den Erben vor A. der Erbschaft V 52 f. — Sicherung des Nachlasses vor A. der Erbschaft V 56 f. — A. der Erbschaft nicht Voraussetzung des Nachlaßkonkurses V 88. — A. der Erbschaft durch Nacherben V 318. — A. des Vermächtnisses V 361 f., Bedeutung für Untervermächtniß V 370, des Amtes als Testamentsvollstrecker V 391. — A. der Zuwendung aus Erbvertrag V 526, des Pflichttheils V 574, 576.

**Annahme an Kindesstatt** IV 490 ff. — Wohnsitz des Angenommenen I 64 f. — Eheeinwilligung IV 23 f. — Ehehinderniß IV 29 f. — Erbrecht V 15, 18. — Unzulässigkeit der Erbauseinandersetzung bei schwebender Entscheidung über A. an K. V 193. — Voraussetzung und Erfordernisse: Mangel ehelicher Abkömmlinge IV 491, gerichtliche Bestätigung IV 491, Unzulässigkeit von Bedingung, Zeitbestimmung IV 491, Vorhandensein eines angenommenen Kindes IV 492, Lebensalter des Annehmenden IV 492, Befreiung davon IV 492, Einwilligung des Ehegatten IV 492, der Eltern IV 493, Erklärung der Einwilligung, Unwiderruflichkeit, Vertretung, Form IV 493. — Annahme als gemeinschaftliches Kind IV 494. — Annahmevertrag, Vertretung, Form IV 494. — Annahme durch den Vormund oder Pfleger IV 496. — Bestätigung des Annahmevertrags nach dem Tode des Kindes, des Annehmenden IV 496. — Inkrafttreten des Vertrags IV 497, Versagung der Bestätigung IV 497. — Anfechtung des Vertrags oder der Einwilligung IV 498. — Wirkung von Mängeln in den Voraussetzungen IV 498. — Wirkungen des Annahmevertrags für das Kind und den Annehmenden IV 499, Name des Kindes IV 500, kein Erbrecht des Annehmenden IV 501, Verzeichniß des Kindesvermögens IV 501, Auseinandersetzung bei Verheirathung des Annehmenden IV 502. — Wirkungen der Annahme für Abkömmlinge des Angenommenen IV 503, für die Verwandten des Annehmenden IV 504, des Angenom=

menen IV 504, für die Eltern des Angenommenen IV 505. — Unterhaltspflicht des Annehmenden IV 506. — Abänderung der Wirkungen bezüglich Nutznießung und Erbrecht durch den Annahmevertrag IV 507. — Wiederaufhebung der A. durch Vertrag IV 508, nach dem Tode des Kindes IV 509, Voraussetzungen des Aufhebungsvertrags IV 509. — Heirath zwischen durch A. an K. verbundenen Personen IV 510. — Wirkung der Aufhebung auf den Familiennamen IV 511. — Maßgebende Gesetze für A. an K. VI 70f. — Uebergangsvorschrift VI 388f.

**Annehmlichkeit** für das herrschende Grundstück als Voraussetzung der Grunddienstbarkeit III 305.

**Annoncenbureau** II 368.

**Anrechnung** von ersparten Kosten auf Gegenleistung bei Fortbestehen des Rechts auf dieselbe trotz unmöglicher Leistung aus gegenseitigem Vertrage II 99f. — A. der Draufgabe II 117f. — A. theilweiser Erfüllung bei Mehrheit von Schuldverhältnissen II 146f., auf Kosten und Zinsen II 147f. — A. der Bezüge aus Kranken-, Unfallversicherung auf Vergütung der Dienstverpflichteten II 354f., desgl. der Kosten für erkrankte Dienstboten II 356. — A. der Ersitzungszeit eines früheren Besitzers, des Erbschaftsbesitzers III 198f. — A. bei Theilung des Gesammtguts nach beendeter Gütergemeinschaft IV 236f., bei Beendigung der fortgesetzten Gütergemeinschaft IV 268f. — A. auf den Pflichttheil V 585ff.

**Anschlag** der Gastwirthe zur Vermeidung der Haftung II 446f.

**Anschwemmung** I 131.

**Ansiedelungsgesetz**, preußisches VI 142.

**Anspruch**, Begriff I 48f., 244, II 4. — Verjährung I 243ff. (s. Anspruchsverjährung). Entstehung des A. als Beginn der Verjährung I 248f. — A. aus bestehendem Schuldverhältnisse, Uebergangsbestimmung VI 273ff.

**Anspruchsverjährung** I 243ff.: Ausnahme für familienrechtliche Verhältnisse I 244. — Regelmäßige Verjährungsfrist I 245. — Zweijährige Frist I 246ff. — Vierjährige Frist I 247f. — Beginn der A. I 248f., bei Leistung auf Kündigung I 250, bei Ansprüchen, welche von der Ausübung eines Anfechtungsrechts abhängen I 250f., bei zwei- und vierjähriger Verjährungsfrist I 252. — Hemmung der A. I 252ff. — Vollendung der A. gegen eine geschäftsunfähige oder in der Geschäftsfähigkeit beschränkte Person ohne gesetzlichen Vertreter I 256, für und gegen einen Nachlaß I 257, V 187. — Unterbrechung der A. I 259ff., Beginn neuer A. I 266. — Verjährung rechtskräftiger Ansprüche I 267f. — Einrechnung der Besitzzeit des Rechtsvorgängers bei dinglichen Ansprüchen I 269f. — Wirkung der vollendeten A., Einrede der Verjährung I 271f. — Wirkung der vollendeten A. auf Hypotheken, Pfandrechte, zur Sicherung übertragene Rechte I 273f. — A. auf Nebenleistungen mit dem Hauptanspruch I 274. — Verbot des Ausschlusses oder der Erschwerung der A., Zulässigkeit der Erleichterung I 275 (s. auch Verjährung).

**Anstalten**, rechtsfähige I 116. — Haftpflicht und Konkurs von A. des öffentlichen Rechts I 125f., Anfall von Vermögen eines aufgelösten Vereins an solche, Landesgesetze VI 171. — Hypothektitel öffentlicher A., Landesgesetze VI 177. — A. als gesetzlicher Erbe nach Landesrecht VI 230.

**Anstaltsvormund** IV 513, 625, Fortbestand des Landesrechts VI 225f.

**Anstand**, Schenkung aus Rücksicht des A., Unwiderruflichkeit II 294, Schenkung des Mannes aus Gesammtgut IV 212. — Leistung einer Nichtschuld aus A. II 586. — Schenkungen des Vorerben V 290. — Schenkungen aus Kindervermögen IV 398, des Testamentsvollstreckers V 397, des Erblassers, nicht betroffen durch Pflichttheilsanspruch V 610.

**Ansteckende** Krankheit, Testamentserrichtung bei Absperrung wegen solcher V 471.

**Anstifter** zu unerlaubten Handlungen, gesammtschuldnerische Haftung II 622.

**Antheile** der Gesellschafter am Gesellschaftsvermögen II 467, an Gewinn und Verlust II 470, Pfändung des A. II 473, Anwachsung des A. eines ausscheidenden Gesellschafters II 481. — A. bei Gemeinschaft II 485f., 492.

**Antichrese** III 447. — Uebergangsvorschrift VI 337, 346 (s. auch Nutzungspfandrecht).

**Antrag** auf Genehmigung einer Stiftung I 119, auf Schließung eines Vertrages I 178, 196ff. — A. auf Bestellung einer Pflegschaft wegen Gebrechlichkeit IV 650, 666. — A. auf Ertheilung des Erbscheins, Berechtigung dazu V 643ff.

**Antretung** der Erbschaft V 32f.

**Anwachsung des** Gesellschaftsantheils eines ausscheidenden Gesellschafters II 481, des Antheils eines verstorbenen Abkömmlings am Gesammtgut der fortgesetzten Gütergemeinschaft IV 260. — A. bei gesetzlicher Erbfolge V 24, VI 398. — Schuldenhaftung bei A. von Erbtheilen V 134f. — A. unter eingesetzten Erben V 262, angewachsener Erbtheil gilt als besonderer in Ansehung der Vermächtnisse, Auflagen, Ausgleichungspflicht V 264. — Ersatzerbe geht vor A. V 269. — A. bei Nacherbschaft V 285, bei Vermächtniß V 337f., bei Erbvertrag V 525.

**Anweisender** II 532, 534.

**Anweisung** II 531ff. — A. über Versendungsart bei Kauf, Abweichungen, Gefahr II 238. — Allgemeines über A. II 531f. — Unterschied von Vollmacht II 532. — Mündliche A. II 533. — Kaufmännische A. II 533. — Begriff und Gegenstand der A. II 534 f., Wirkungen II 535. — Annahme der A., Wirkung derselben II 536, 538. — Leistung gegen Aushändigung der A. II 538. — Verjährung der Ansprüche des A.empfängers aus Annahme II 539. — A. auf Schuld II 539 f. — A. zum Zwecke der Zahlung II 541. — Verweigerung der Annahme, der Leistung, Anzeigepflicht II 541 f. — Widerruf der A. II 542. — Einfluß des Todes oder der Geschäftsunfähigkeit eines Betheiligten II 543, des Konkurses II 543. — Uebertragung der A. vor Annahme II 543 f.

**Anweisungsempfänger** II 532, 534.

**Anwenderecht** VI 214.

**Anwesende.** Empfangsbedürftige Willenserklärungen unter A. I 180 — Unwirksamkeit von Willenserklärungen unter A. bei Geschäftsunfähigkeit ꝛc. I 184. — Vertragsannahme unter A. I 198.

**Anwesenheit.** Gleichzeitige A. beider Theile, Auflassung III 162 f., bei Schließung des Ehevertrags IV 193. — Erforderniß bei Testamentserrichtung V 454.

**Anzeigen, Anzeigepflicht.** A. an Dritte vom Erlöschen der Vollmacht I 221. — A. des Schuldners bei Hinterlegung II 156, 163, bei Versteigerung einer Sache zwecks Hinterlegung II 166. — Anzeige an den Schuldner von Abtretung der Forderung II 192 f., an Kassen von Abtretung von Gehaltsansprüchen II 196, von Uebernahme einer Hypothek bei Grundstücksveräußerung durch den Erwerber II 202 f. — A. des Käufers hinsichtlich Hauptmängel beim Viehhandel II 263 f., des Verkäufers bei bestehendem Vorkaufsrecht II 279, III 422, des Miethers von Mängeln der Miethsache oder angemaßten Rechten Dritter II 303, des Vermiethers von Veräußerung der Miethsache II 323. — A. des Unternehmers bei Ueberschreitung des Kostenanschlags II 389. — A. von Personen, welche öffentlich Geschäfte besorgen, bei Ablehnung des Auftrags II 412, bei Abweichen vom Auftrage II 415, des Erben bei Tod des Beauftragten II 421, des Geschäftsführers II 430, des Verwahrers bei Aenderung des Aufbewahrungsorts II 440, des Hafters bei Verlust eingebrachter Sachen II 450, des Erben bei Tod eines Gesellschafters II 474. — A. des Gläubigers bei Bürgschaft auf Zeit II 520 f. — A. des Anweisungsempfängers bei verweigerter Annahme, Leistung II 541 f. — A. bei Verlust von Zins-, Renten- oder Gewinnantheilscheinen II 563. — A. beim Funde III 227, 234. — A. des Nießbrauchers III 341 f. — A. des Hypothekengläubigers von der Zwangsversteigerung an den persönlichen Schuldner III 560, von Versteigerung des gefährdeten Pfandes III 671, an Eigenthümer vom geschehenen Pfandverkauf III 692, an den Schuldner bei Verpfändung einer Forderung III 733, an den Gläubiger bei Einziehung derselben durch den Pfandgläubiger III 739. — A. des Gemeindewaisenraths bei elterlicher Gewalt IV 427, 436, bei Vormundschaft IV 602, des Beistandes IV 438, 444, des Gegenvormundes IV 541. — A. bei Tod des Vormundes IV 634, bei erforderlicher Aenderung einer Pflegschaft IV 648. — A. des Vorerben bei Eintritt der Nacherbfolge V 324, bei Tod des Testamentsvollstreckers V 419. — A. des Erbschaftsverkaufs an Nachlaßgericht V 703.

**Apothekerberechtigungen** VI 160.

**Arbeit** als Gegenstand des Werkvertrags II 369 f. — Pflicht der Frau zur A. im Hauswesen und Geschäft des Mannes IV 84. — Erwerb aus A. der Frau IV 102, 184, 198, 207, nach Scheidung IV 329 f., 332. — Erwerb aus A. des Kindes in elterlicher Gewalt IV 405.

**Arbeiter** s. gewerbliche A.

**Arbeitgeber,** Verjährung ihrer Ansprüche aus Vorschüssen I 247, 252.

**Arbeitsbuch** I 160, VI 111.

**Arbeitsgeräth** II 358 f., der Ehefrau IV 94, 102. — A. bei Auseinandersetzung der Gütergemeinschaft IV 237. — A. des Kindes in elterlicher Gewalt IV 405.

**Arbeitskraft** II 100.

**Arbeitslohn,** Pfändung II 450.

**Arbeitsverträge** II 347 f., 368, 409. — A. Minderjähriger I 158 ff., IV 385, VI 252, des Mündels IV 569, 576 (s. Dienstvertrag, Werkvertrag).

**Arbeitszeugniß** II 367, VI 111.

**Arbeitszeit** für Dienstboten II 358.

**Arglist.** Anfechtung von Willenserklärungen wegen a. Täuschung I 173, 213 f. — A. Verschweigen von Rechtsmängeln beim Kauf II 234, von Sachmängeln II 247, 249, 257, 259, 260, 264, 267, bei Schenkung II 287 f., des Vermiethers II 299, des Verleihers II 337, des Unternehmers II 376. — Anfechtung des Verlöbnisses wegen A. IV 12, der Ehe IV 58, 61, der Anerkennung der Ehelichkeit IV 352.

**Argumentum a contrario** I 21.

**Armen,** letztwillige Zuwendung an die A. V 237.

**Armenanstalten,** Rechte am Nachlasse Verpflegter VI 191, 231.

**Armenkommission** IV 600.

**Armenrecht,** internationales Abkommen wegen A. VI 26.

**Armenunterstützung,** Landesrecht über Ansprüche gegen den Nachlaß bei A. VI 231.

**Armenverbände,** Verhältniß zur Unterhaltspflicht der Verwandten IV 354, VI 191 f.

**Arrest.** Verfügung durch A. gegen ein gesetzliches, gerichtliches, behördliches Veräußerungsverbot I 186 ff., während schwebender Bedingung I 207. — Einfluß der A.vollziehung auf die Rückwirkung der Genehmigung eines Rechtsgeschäfts I 237. —

Dinglicher, persönlicher A. bei Wegnahme, Festnahme als Mittel der Selbsthülfe I 285. — Einfluß des A. auf Rücktrittsrecht II 131, auf Wiederkauf II 273. — A. auf die Forderung des Gläubigers, Hinterlegung II 155. — Verfügung durch A. gegen Vormerkung im Grundbuche III 95. — A. vor Annahme der Erbschaft V 54, nach Anordnung der Nachlaßverwaltung V 103, in den Nachlaß V 148. — A. nach Eintritt des Erbfalls, Verhältniß zu den aufschiebenden Einreden des Erben V 152. — A. in Nacherbschaft V 293.

**Arresthypothek** III 609, 621, VI 337.

**Arrha** II 117.

**Arrogation** IV 490, VI 389.

**Arzt** s. Aerzte.

**Assignation** s. Anweisung.

**Aszendenten** s. Eltern, Großeltern, Urgroßeltern, Voreltern.

**Auenrecht** VI 218.

**Aufbereitung** (von Holz ꝛc.) VI 214.

**Aufbewahrung.** Sicherheitsleistung durch bewegliche Sachen, deren A. schwierig I 289. — Kosten der A. des Leistungsgegenstandes bei Gläubigerverzug II 77. — Versteigerung von zur A. nicht geeigneten Sachen zwecks Hinterlegung II 164, 166. — A. von Geld, Werthsachen durch den Gastwirth II 448 f. – Gesetz, betr. die Pflichten der Kaufleute bei A. fremder Werthpapiere II 437, 438, 445, III 747, 749, V 296 (s. auch Verwahrung).

**Aufenthalt.** Oeffentliche Zustellung von Willenserklärungen bei unbekanntem A. des Empfängers I 184 f. — Gerichtsstand des A. I 290. — Leistung des Offenbarungseides vor dem Amtsgericht des A. II 33. — Aufenthaltsort als Ort der Leistung II 41. — Zwangsvollstreckung am A. des Hauptschuldners, Einrede der Vorausklage II 515 f., 519. — Zuständigkeit des Standesbeamten des A.orts IV 39 f. — Bestimmung über A. des Kindes in elterlicher Gewalt IV 388. — A. des Mündels IV 603. — A. von Ausländern, Entmündigung VI 31 f. — Einfluß des A. auf Rechtsverhältnisse von Personen ohne Staatsangehörigkeit VI 91 f.

**Aufforderung** an den gesetzlichen Vertreter zur Genehmigung von Verträgen Minderjähriger I 153 f. — A. zur Genehmigung eines von einem Dritten ohne Vertretungsmacht abgeschlossenen Vertrags I 225, eines vom Vormunde ohne gerichtliche Genehmigung geschlossenen Vertrags IV 577 f. — A. zur Anwendung von Erbrechten V 61 f., eines Miterben an die Nachlaßgläubiger V 222 f., zur Anmeldung von Erbrechten bei Verfahren auf Ertheilung des Erbscheins V 654.

**Aufgeben** des Besitzes eines herauszugebenden Grundstücks bei Gläubigerverzug II 76, des Grundstückseigenthums III 173 f. — A. des Besitzes beweglicher Sachen, Herrenlosigkeit III 221 f.

**Aufgebot, Aufgebotsverfahren** zwecks Todeserklärung I 68 ff. — A. verkaufter Werthpapiere II 229 f., von Schuldverschreibungen auf den Inhaber II 546, 558, VI 189 f., Legitimationspapieren II 566, VI 191. — A. des unbekannten Gläubigers aus Vormerkung im Grundbuche III 100 — A. zum Zwecke der Ausschließung des Grundstückseigenthümers III 170 f., des Vorkaufsberechtigten III 426, des Reallastberechtigten III 438, des Hypothekenbriefs III 550, des Hypothekengläubigers III 566 ff., 581 f., 615 f., des Schiffspfandgläubigers III 723. — A. zur Eheschließung IV 34 f., VI 123, zur Ermittelung von Erben V 61 f., der Nachlaßgläubiger V 72 ff., 98, 698 (s. Nachlaßgläubiger). — Aufschiebende Einrede des Erben bei A. der Nachlaßgläubiger V 150 f., Nichtanwendung gegenüber den vom A. nicht betroffenen Nachlaßgläubigern V 151 f. — A. der Gesammtgutsgläubiger bei fortgesetzter Gütergemeinschaft IV 259. — A. der Bestallungsurkunde des Vormundes IV 633. — Wirkung der A. auf Erbauseinandersetzung V 197. — Wirkung nach Theilung gemeinschaftlicher Erbschaft V 220. — Fristen für A. V 72. — Landesrecht über A. von Schuldverschreibungen ꝛc. VI 188 f.

**Aufhebung** des Wohnsitzes I 60 f. — A. der Entmündigung durch Anfechtungsklage, Wirkung des Urtheils auf Rechtsgeschäfte des Entmündigten ex tunc, auch solche des gesetzlichen Vertreters ex nunc I 161. — Erfordernisse der A. eines Rechts an Grundstücken III 79 f. — A. eines verpfändeten Rechts III 791. — A. des gesetzlichen Güterstandes, s. Güterrecht, der allgemeinen Gütergemeinschaft s. d. W., der Errungenschaftsgemeinschaft, Fahrnißgemeinschaft, s. d. W. (s. auch Gütertrennung). — A. der ehelichen Gemeinschaft IV 315 f. — A. der Pflegschaft IV 665, des Testaments V 175 ff., VI 402.

**Aufkündigung** s. Kündigung.

**Auflage** I 204. — Unentgeltliche Zuwendung mit A. zu Gunsten Dritter II 109. — Schenkung unter A. II 289 f. — A. bei Erhöhung des Erbtheils bei gesetzlicher Erbfolge V 24. — Letztwillige A., Begriff V 30, 374, ist Nachlaßverbindlichkeit V 68, wird vom Aufgebot der Nachlaßgläubiger nicht betroffen V 76, Stellung zu den ausgeschlossenen Gläubigern V 77, zu den verspätet sich meldenden V 81, 83. — Verhältniß der A. zu Ueberschuldung des Nachlasses V 98, 111, Ueberschuldung des Nachlasses durch A. V 115. — Form der Anfechtung einer letztwilligen A. V 251. — A. bei angewachsenem Erbtheil V 264. — A. an einen Vermächtnißnehmer V 369 f. — Vorrang einer A. nach Bestimmung des Erblassers V 372. — Gleichstellung der letztwilligen A. mit letztwilligen Zuwendungen V 375 f. — Bestimmung der Person des

Begünstigten durch Beschwerten oder Dritten V 376. — Vollziehung der A. V 377 f. — Folgen der Unwirksamkeit der A. auf die unter A. gemachte Zuwendung V 378. — Unmöglichkeit der A. durch Schuld des Beschwerten, Herausgabe der Zuwendung V 379. — Annahme der Testamentsvollstreckung als A. V 393. — Beschwerung eines Pflichttheilsberechtigten durch A. V 571 f. — A. bei Berechnung des Pflichttheils V 580, Uebertragung der Pflichttheilslast auf A. V 596, 600. — Wegfall einer A. bei Erbschaftskauf V 681. — Haftung des Verkäufers für Nichtbestehen von A. V 689 f.

**Auflagevertrag** V 523 f. (s. Erbvertrag). Aufhebung desselben V 543 f.

**Auflassung** III 162 ff. — A. ersetzt die fehlende Form des Vertrags über Grundstücke II 85. — Kosten der A. bei Grundstückskauf II 239, VI 328. — Vormerkung auf A. III 96. — A. vor anderen Behörden nach Landesrecht III 164, VI 235 f.

**Auflauf**, Landesgesetze über Schadensersatz VI 196.

**Auflösende** Bedingung I 204 f., 206 f., beim Kaufvertrag II 237, beim Kauf auf Probe II 270, bei Mäklervertrag II 395. — Bedingung eines Thuns oder Unterlassens bei letztwilliger Zuwendung als auflösende Bed. V 239. — A. B. bei Erbeinsetzung V 276, bei Erbvertrag V 547. — Rechte und Verbindlichkeiten mit a. B. bei Berechnung des Pflichttheils V 582.

**Auflösung** eines Vereins I 93, Bekanntmachung I 100, eines eingetragenen Vereins I 114, der Stiftung I 124 f., der Gesellschaft II 476 ff. — A. der Ehe s. Ehescheidung.

**Aufnahme** von Geld auf Kredit des Kindes IV 400, des Mündels IV 569.

**Aufrechnung.** Möglichkeit der A. hemmt nicht Anspruchsverjährung I 234, dagegen Geltendmachung der A. im Prozesse I 260, 265. — A. durch einen Dritten mit einer eigenen Forderung II 39, einer dem Versprechenden gegen den Versprechensempfänger zustehenden Forderung bei Vertrag zu Gunsten Dritter II 114. — Unwirksamkeit des Rücktrittsrechts bei zulässiger A. II 134. — A. von Leistungen II 168 ff.: — Voraussetzungen, Gleichartigkeit der Leistungen II 168 f. — Erklärung der A. II 170 f. — Rückwirkende Kraft der A. II 171 f. — Einfluß von Einreden, Verjährung II 173 f. — A. bei verschiedenen Leistungs-, Ablieferungsorten, bestimmter Leistungszeit II 175, gegen beschlagnahmte Forderung II 176, gegen Forderung aus unerlaubter Handlung II 177, gegen unpfändbare Forderung II 177, gegen Forderungen des Reichs, Bundesstaaten, Gemeinden II 177 f. — A. bei Mehrheit von Forderungen, Zinsen und Kosten II 178. — A.-befugniß des Schuldners gegen abgetretene Forderung II 188, des Schuldübernehmers II 204 f. — A. bei Gesammtschuldverhältniß II 212, 218, 220, 224. — A. des Schadensersatzanspruchs aus Kauf nach Verjährung des Gewährleistungsanspruchs II 261, 267. A. gegen Miethzins II 308, 323, beim Verwahrungsvertrage II 443, 444, gegen Forderungen des Gesellschaftsvermögens II 467 f., 469, gegen Hauptschuld bei Bürgschaft II 514. — A. von Spielforderung II 503, des Bereicherungsanspruchs II 594. — A. von Mieth- und Pachtzins, Wirkung gegenüber Hypothekengläubigern III 481. — Befriedigung des Hypothekengläubigers durch A. III 509, 526, 541, des Pfandgläubigers III 674. — A.befugniß des Mannes hinsichtlich Forderungen des eingebrachten Guts IV 118 f., der Frau gegen den Mann IV 144. — A. gegen Gesammtgutsforderung IV 208. — Unzulässigkeit der A. einer gegen einen Miterben zustehenden Forderung gegen Nachlaßforderung V 188. — A. einer vermachten Forderung V 354. — Wiederaufhebung der Wirkung der A. bei Nachlaßverwaltung, Nachlaßkonkurs V 92. — A. bei beschränkter Haftung des Erben V 114, bei unbeschränkter Haftung des Erben V 144. — A. gegen Besoldung ꝛc., Fortbestand der Landesgesetze VI 167. — (S. auch VI 279.)

**Aufrechnungsvertrag** II 168.

**Aufruf** s. Aufgebot.

**Aufruhr**, Landesgesetze über Schadensersatz VI 196.

**Aufschiebende** Bedingung I 204 f., 206 f., bei Vertrag über unmögliche Leistung II 81 f., beim Kaufvertrag II 237, beim Kauf auf Probe II 269 f., bei Mäklervertrag II 395. — A. Ehehindernisse IV 23, 24, 30, 32, 34. — A. Einreden des Erben V 147 ff., 218 (s. Nachlaßgläubiger), des überlebenden Ehegatten bei fortgesetzter Gütergemeinschaft IV 259. — A. Bedingung bei letztwilliger Bedenkung der „gesetzlichen Erben" V 232, bei Bedenkung der Abkömmlinge Dritter V 236, im Allgemeinen bei letztwilliger Zuwendung V 239. — A. Bedingung bei Einsetzung eines Nacherben V 281, bei Vermächtniß V 359, Bedeutung für den Anfall desselben V 359, 361. — Rechte und Verbindlichkeiten mit a. B. bei Berechnung des Pflichttheils V 582.

**Aufschrift** auf Testamentsurkunden V 466 f.

**Aufsicht** (Pflicht, Recht). Haftung aus unerlaubten Handlungen bei Verletzung einer A.pflicht II 627 f., 630, 640 f. — A. des Vormundschaftsgerichts bei elterlicher Gewalt IV 380, 436, des Inhabers der elterlichen Gewalt IV 388. — A. über Beistand IV 446.

**Aufsichtsrath** von Vereinen I 84.

**Aufsteigende.** Reihenfolge der Unterhaltspflicht der Verwandten in a. Linie IV 361, Verhältniß ihres Unterhaltsanspruchs zu denjenigen von Abkömmlingen IV 364.

**Aufsuchen** einer auf fremdes Grundstück gelangten Sache durch den Besitzer III 52 f.,

59, den Eigenthümer III 278, den Miteigenthümer III 290.

**Auftrag** II 409 ff. Haftung des Beauftragten, welchem die Uebertragung des A. auf einen Andern gestattet ist II 51 f.. — Unterschied des A. vom Werkvertrag II 369. — Begriff des A., Unentgeltlichkeit II 409 f., Abschluß des Vertrags II 410 f. — Vermutheter A. II 411. — Anzeigepflicht gewisser zur Besorgung von Geschäften Bestellter oder Erbötiger bei Ablehnung des A. II 412. — Persönliche Ausführung des A., Haftung für Substituten, Gehülfen II 413 f. — Verhältniß zwischen A.geber und Substituten II 414. — Abweichung von Weisungen des A.gebers II 415. — Auskunftspflicht, Rechenschaft des Beauftragten II 415 f. — Herausgabe des Erlangten II 416. — Selbstnützige Verwendung von Geld durch den Beauftragten, Verzinsung II 417. — Vorschuß für Aufwendungen II 417. — Ersatz der Aufwendungen II 418 f. — Zurückbehaltungsrecht II 418. — Schadensersatzanspruch des Beauftragten II 418. — Widerruf, Kündigung des A. II 419 f. — Einfluß des Todes, der Geschäftsunfähigkeit des A.gebers II 420. — Konkurs des A.gebers, Beauftragten II 421. — Tod des Beauftragten, Anzeigepflicht des Erben II 421 f., Geschäftsunfähigkeit des Beauftragten II 421. — Fortdauer des A. bei Erlöschen außer durch Widerruf zu Gunsten des Beauftragten II 422. — Anwendung der Vorschriften über A. auf einen Dienst- oder Werkvertrag mit Geschäftsbesorgung II 422 f., Einfluß des Konkurses darauf II 423. — Rath und Empfehlung II 423 f. — Anwendung der Vorschriften für A. auf Geschäftsführung ohne A. II 430. — Verhältniß des A. zur Gesellschaft II 453. — Anwendung der Vorschriften für A. auf Geschäftsführung der Gesellschafter II 462 f., auf Geschäftsführung des Vereinsvorstandes I 84 f. — A. Minderjähriger I 152. — Kreditauftrag II 410, 509, 521 f. — Rechte des Bürgen bei im A. des Hauptschuldners übernommener B. II 518. — Analogie des A. bei Ueberlassung der Vermögensverwaltung an den Mann im Falle der Gütertrennung IV 188, bei Verantwortlichkeit des Erben für Verwaltung des Nachlasses im Falle der Nachlaßverwaltung, des Nachlaßkonkurses V 93. — Anwendung der Vorschriften über A. auf das Verhältniß von Testamentsvollstrecker und Erben V 418 f.

**Aufwand, Aufwendungen** s. Verwendungen. Unverhältnißmäßige A. für Herstellung eines Schadens, Geldentschädigung II 20. — Pflicht zum Ersatz von A., Verzinsung II 28. — Anspruch des zum Ersatz von A. Berechtigten auf Befreiung von Verbindlichkeiten II 29. — Zurückbehaltungsrecht wegen A. II 44. — A. des Schuldners bei Gläubigerverzug II 77. — A. des Mäklers II 395, 397, des Beauftragten II 417 f., des Geschäftsführers ohne Auftrag II 431 f., 433, des Verwahrers II 440, 444, des Miethers II 298, 304, des Finders III 232, 239. — A. bei Verlöbnißbruch IV 10 f. — Ehelicher A. s. d. W. — A. des Mannes auf das eingebrachte Gut IV 138. — A. der Frau bei Gütertrennung zum ehelichen A. IV 186. — A. der Kinder im Hauswesen der Eltern IV 372, des Vaters für das Kind IV 403, des Vormundes, Gegenvormundes IV 584, des Pflegers IV 661. — A. des Erben V 93, 111, des Testamentsvollstreckers V 419.

**Auktionatoren,** Ablehnung von Aufträgen II 412.

**Ausbesserung** als Schadensersatz II 17 f. — A. der Miethsache II 297, 307. — A.pflicht des Pächters landwirthschaftlicher Grundstücke II 326, des Nießbrauchers III 340, der Nießbrauchsache III 343 f., bei Wohnungsrecht III 412.

**Ausbeute** einer Sache als Frucht I 137.

**Ausdrückliche** Willenserklärung I 162 f.

**Auseinandersetzung** nach Auflösung der Gesellschaft II 476 ff., bei Ausschließung eines Gesellschafters II 481 f. — A. mit minderjährigen Kindern früherer Ehe vor Eingehung neuer Ehe IV 32, nach Beendigung der Gütergemeinschaft IV 230 ff., mit den einseitigen Abkömmlingen IV 245 ff., nach Beendigung der fortgesetzten Gütergemeinschaft IV 262, 264 ff., der Errungenschaftsgemeinschaft IV 300 f., bei Wiederverheirathung des Inhabers der elterlichen Gewalt IV 423, bei Heirath des Vaters nach Ehelichkeitserklärung IV 489, nach Annahme an Kindesstatt IV 502. — A. für Mündel IV 568, 570. — A. des Vaters oder der Mutter als Vormund bei Eheschließung IV 595, Pflegschaft IV 665. — A. unter Miterben V 189 ff., des Vorerben mit seinen Miterben V 288, der Miterben durch Testamentsvollstrecker V 395 f., Uebergangsvorschrift II 399.

**Ausfallen** der Bedingung I 205.

**Ausfallbürgschaft** II 508, 517.

**Ausführungsgesetze** der Bundesstaaten zum B.G.B. VI 4 ff.

**Ausgießen** aus einem Gebäude, Schadensersatzpflicht II 635.

**Ausgleichungspflicht** unter Gesammtschuldnern II 216 ff., Gesammtgläubigern II 222. — A.anspruch bei Rechtsverlust durch Verbindung, Vermischung, Verarbeitung III 208 f., durch Fund III 239. — A. zwischen Vorbehaltsgut und eingebrachtem Gut IV 171 f., zwischen Vorbehaltsgut und Gesammtgut IV 224. — A. der Vorempfänge bei fortgesetzter Gütergemeinschaft IV 248 f., 270 f. — A. der Vermögensmassen bei Errungenschaftsgemeinschaft IV 297 ff. — A. bei mehreren Erbtheilen der gesetzlichen Erbfolge V 24. — A.

unter Miterben V 201ff., 396 (s. Miterben). — A. bei angewachsenem Erbtheil V 264. — A. der Pflichttheilsberechtigten V 585ff. — A. bei Erbschaftskauf V 681, Haftung der Verkäufer für Nichtbestehen von A. V 687f.

**Aushändigung** der Vollmachtsurkunde I 222, der Abtretungsurkunde II 193, 195, der übertragenen Anweisung II 543, der Schuldverschreibung auf den Inhaber bei Leistung II 557, des Legitimationspapiers II 566.

**Aushängen** von Sachen aus einem Gebäude, Schadensersatzpflicht bei Herabfallen II 635.

**Auskunftsbureau** II 368, 424.

**Auskunftspflicht** über den Bestand eines Inbegriffs von Gegenständen II 32, des bisherigen Gläubigers bei Forderungsabtretung II 186; des Verkäufers II 235f., des Beauftragten II 415, der geschäftsführenden Gesellschafter II 465, bei Ausscheiden eines Gesellschafters II 482, des Ausstellers bei Aufgebot von Schuldverschreibungen auf den Inhaber II 558, des Mannes über eingebrachtes Gut IV 115, 143, des Vormundes gegenüber Gegenvormund IV 541, gegenüber Vormundschaftsgericht IV 590f., des Gegenvormundes IV 691. — A. des Erben V 69, bei gerichtlicher Inventaraufnahme V 128, 130, 139, des Fiskus als gesetzlichen Erben V 141f., des Nachlaßpflegers, Nachlaßverwalters V 142, Erbschaftsbesitzers V 154, 171; der Hausgenossen des Erblassers V 171f., der Miterben zwecks Ausgleichung V 213f., des Vorerben V 305, des Beschwerten bei Vermächtniß V 365, des Testamentsvollstreckers V 419, des Erben gegenüber Pflichttheilsberechtigten V 583; des Besitzers unrichtigen Erbscheins gegen den Erben V 660, 676.

**Auslagen.** Verjährung des Anspruchs bei Handel- und Gewerbetreibenden 2c. I 246, 252. — A. bei Leihe II 337, bei Werkvertrag II 371, 386f. — A. bei Anhören von Angehörigen des Kindes in Angelegenheiten der elterlichen Gewalt IV 427, bei Anhören von Verwandten, Verschwägerten des Mündels IV 597, der Mitglieder des Familienraths IV 619.

**Ausland,** Wohnsitz der Ehefrau, deren Ehemann denselben im A. hat I 63. — Im A. zahlbare Geldschuld II 14. — Gesetz, betr. Eheschließung von Bundesangehörigen im A. IV 17f. — Eheschließung im Inlande von im A. wohnenden Reichsangehörigen IV 40. — Ausschlagungsfrist, wenn Erbe im A. V 40, Anfechtung der Annahme oder Ausschlagung in diesem Falle V 50. — Testament bei Truppentheilen im A. V 430. — Entmündigung eines Deutschen im A. VI 33. — Unerlaubte Handlungen von Deutschen im A. VI 43. — Vormundschaft über Deutsche im A. VI 75. — Beerbung Deutscher im A. VI 77f. — Eheschließung im A. VI 115.

**Ausländer,** Erlaubniß zur Eheschließung IV 33. — Sicherstellung des Nachlasses von A. V 35. — Geschäftsfähigkeit VI 27f., 86f., Entmündigung VI 31f., Todeserklärung VI 33f. — Rechtsfähigkeit ausländischer Vereine VI 37f. — Anwendung ausländischer Gesetze auf Form des Rechtsgeschäfts VI 40f. — Eheschließung von A. 44f., 86. — Persönliche Rechtsbeziehungen ausländischer Ehegatten VI 47f., eheliches Güterrecht VI 49ff., 86f., 89f., Anwendung verschiedener inländischer Vorschriften VI 53f. — Ehescheidung von A. VI 57f., 87f. — Eltern- und Kindesverhältniß VI 61ff., 89f. — Verhältniß des unehelichen Kindes zur Mutter VI 66f., zum Vater VI 67f., Ansprüche der unehelichen Mutter VI 67f. — Legitimation, Annahme an Kindesstatt VI 70f. — Vormundschaft, Pflegschaft über A. VI 74ff. — Erbrechtliche Verhältnisse von A. VI 77ff., 86f., 89f. — Gewerbebetrieb ausländischer Ehefrauen VI 109f. — Landesgesetze über Erwerb von Grundstücken durch A. VI 175.

**Ausländische** Währung bei Geldschuld II 13f. — A. Gesetz bei Ehevertrag IV 192f. — A. Recht, Beweis VI 25, Revision bei unrichtiger Anwendung VI 25. — A. Urtheil über Ehescheidung VI 59f., über Anerkennung von Kindern VI 53. — Rückverweisung auf A. Recht VI 86f., 89f. — A. Recht gegen gute Sitten, gegen Zweck deutscher Gesetze VI 93ff. — A. Nachlaß im Inlande VI 85. — A. Gesetze VI 93f. — Staatsverträge der Bundesstaaten mit a. Staaten VI 134.

**Auslegungsregeln** I 22, 27f. — A. von Willenserklärungen I 185, von Verträgen I 203, für Frist- und Terminsbestimmungen I 240ff. — Auslegung letztwilliger Verfügungen V 228, 229ff., 254, VI 403, von Erbverträgen V 525.

**Auslieferung** des Kaufgegenstandes an Spediteur 2c. Uebertragung der Gefahr II 238, 239.

**Auslobung** II 401f. — Versprechen einer Belohnung für Vornahme einer bestimmten Handlung II 401f.: — Anfechtung der A. II 401f. — Oeffentliche Bekanntmachung II 409f. — Widerruf der A. II 404. — Vornahme der Handlung mehrmals, von Mehreren, Theilung der Belohnung, Hinterlegung, Entscheidung durch Urtheil II 404f. — A. durch Preisbewerbung, Frist, Entscheidung, Uebertragung des Eigenthums an dem Werke II 407f.

**Ausscheiden** eines Gesellschafters II 479f.

**Ausscheidungstheorie** bei generischer Obligation II 12.

**Ausschlagung** der Erbschaft V 32ff. — A. einer Erbschaft, eines Vermächtnisses ist nicht Schenkung II 283. — A. einer Erbschaft, eines Vermächtnisses, einer Schenkung durch die Frau ohne Zustimmung des Mannes IV 154f., durch den Inhaber der elterlichen

Gewalt für das Kind IV 399, durch Vormund IV 568. — Frist für A. der Erbschaft V 38 ff., Form V 42, keine Bedingung oder Zeitbestimmung IV 43. — A. durch gesetzlichen Erben, welcher zugleich Testamentserbe ist V 43 f. — A. umfaßt alle Berufungsgründe V 44. — Unwirksamkeit theilweiser A. V 45. — A. bei Berufung zu mehreren Erbtheilen V 46. — Vererblichkeit des Rechts der A., Frist für den Erbeserben V 47. — Rückwirkende Kraft der A. V 49 f., Mittheilung derselben an den Nächstberufenen V 49. — Anfechtung der A. V 50 f., Form V 51, Wirkung V 51 f., Mittheilung an den Nächstberufenen V 52. — Rechtsstellung der Erben vor A. V 54 f. — A. der Nacherbschaft V 317, des Vermächtnisses V 361 f., Bedeutung für Untervermächtniß V 370. — A. der Zuwendungen aus gemeinschaftlichem Testamente V 502 ff., aus Erbvertrag V 526, 552. — A. des Pflichttheilsberechtigten bei beschränkter oder beschwerter Erbeinsetzung V 568 f., eines Vermächtnisses durch denselben V 571 f., Anfechtung der A. V 573 f. — A. eines Pflichttheilsberechtigten, Wirkung für entferntere Berechtigte V 573, auf Berechnung des Pflichttheils V 577 f., Pflichttheilslast bei A. eines Vermächtnisses durch den Pflichttheilsberechtigten V 599. — (S. auch V 706.)

**Ausschlagungsfrist** V 38 ff., Versäumung derselben V 51. — Endigung der Inventarfrist bei Tod des Erben nicht vor Ablauf der A. V 125. — A. für Nacherben V 318. — Keine A. für Vermächtniß V 363. — A. für Pflichttheilsberechtigte V 568.

**Ausschließung** der Verjährung durch Rechtsgeschäft I 275, der Uebertragbarkeit einer Forderung durch Vereinbarung II 183. — A. eines Gesellschafters II 481, der Uebertragung der Anweisung II 543. — A. der Ertheilung des Hypothekenbriefs III 463. — Aufgebot zur A. des unbekannten Hypothekengläubigers III 566 ff., 581 f., Grundschuldgläubigers III 641. — A. des gesetzlichen Güterrechts durch Ehevertrag, Wirkung gegen Dritte IV 194 f. — A. der festgesetzten Gütergemeinschaft IV 275 f., eines Abkömmlings von derselben IV 276 f., einer Person vom Amte des Vormundes IV 525, VI 381 f. — A. der gesetzlichen Erbfolge der Verwandten durch Testament V 28, der Erbauseinandersetzung V 194 f., der Anwachsung unter Miterben V 264, bei Vermächtniß V 337. — A. von der Mitwirkung bei Testamentserrichtung V 447 f., vom Pflichttheil V 565. — Wirkung der A. eines Pflichttheilsberechtigten für entferntere Berechtigte V 577, auf Berechnung des Pflichttheils V 577 f. —

**Ausschlußfrist.** Erlöschen von Rechten durch Ablauf derselben I 244. — A. für Widerruf der Schenkung II 294, für Anzeige von Viehmängeln II 264, für Wiederkaufsrecht II 274, für Vorkaufsrecht II 279, für Pfandrecht des Vermiethers II 312, für Ansprüche aus Schuldverschreibung auf den Inhaber II 559, des Gläubigers der Sicherungshypothek für solche III 615. — A. für Besitzansprüche III 49. — A. für Eheanfechtung IV 63, für Ehescheidung IV 323 f., für Anfechtung der Ehelichkeit IV 378. — A. für Anfechtung der Annahme oder Ausschlagung der Erbschaft V 50 f., für Anfechtung letztwilliger Verfügung V 252 f.

**Ausschlußurtheil** zur Löschung einer Vormerkung im Grundbuche III 100, bei Aufgebot zur Ausschließung des Grundeigenthümers III 170 f., des Vorkaufsberechtigten III 426, des Reallastberechtigten III 438, des Hypothekenbriefs III 550 f., des Hypothekengläubigers III 566 f., 569 f., 582, des Schiffspfandgläubigers III 723. — Wirkung des A. beim Aufgebot der Nachlaßgläubiger V 77 f., 698.

**Aussetzung** des Verfahrens im Ehescheidungsprozesse IV 314.

**Aussonderung.** Gläubiger mit A.recht beim Aufgebot der Nachlaßgläubiger V 75, 81. — A.recht des Erben im Konkurse des Erbschaftsbesitzers V 159. — A. der Frau im Konkurse des Mannes IV 95, 128, 129.

**Ausspielvertrag** II 505 f.

**Ausstattung** eines Kindes IV 373, 376 f. — A. als Vorbehaltsgut IV 106, aus dem Gesammtgute durch den Mann IV 211, 223, 296, den überlebenden Ehegatten bei fortgesetzter Gütergemeinschaft IV 267, den Mann bei Errungenschaftsgemeinschaft IV 296. — A. bei Auseinandersetzung der Gütergemeinschaft IV 237. — A. ist eingebrachtes Gut der Errungenschaftsgemeinschaft IV 286. — A. aus dem Vermögen eines volljährigen Mündels IV 639. — (S. auch IV 212). — Ausgleichungspflicht für A. V 203 ff., 210, 589, 591.

**Ausstattungsvermächtniß** V 355.

**Ausstellen** (Aushängen) einer Sache aus einem Gebäude, Schadensersatzpflicht bei Herabfallen II 635.

**Ausstellung** von Schuldverschreibungen auf den Inhaber II 597 ff.

**Aussteuer** einer Tochter IV 373 f., 639. — A. aus Gesammtgut IV 224. — A. ist eingebrachtes Gut der Errungenschaftsgemeinschaft IV 287. — (S. auch IV 212.) — Ausgleichungspflicht für A. V 204.

**Austritt** aus Vereinen I 92, 106.

**Ausübung** des Rechts zum Schaden Anderer I 276 ff. — A. der Grunddienstbarkeit III 322 f. — Ueberlassung der A. des Nießbrauchs III 367, der beschränkten persönlichen Dienstbarkeit III 411, des Wohnungsrechts III 413.

**Auswahl** bei Leistung aus generischer Obligation II 11. — A. des Vormundes durch Gericht IV 523, des Pflegers IV 661, 663.

**Auswanderung** II 84. Gesetz betr. Auswanderungswesen II 346, VI 177.
**Auswerfen aus** einem Gebäude, Schadenersatzpflicht II 635.
**Außerehelich** s. Beiwohnung, Unehelich.
**Außergerichtliches Geständniß** II 530.
**Außerkurssetzen** von Schuldverschreibungen auf den Inhaber II 565, VI 294, von qualifizirten Legitimationspapieren VI 295.
**Außerordentliche Testamentsform** V 469ff. — A. Pflichttheil V 602ff.
**Auszug** aus Beweisurkunden bei Kauf II 235.
**Auszug, Auszugsleistung,** rückständige, Anspruchsverjährung I 248, 252. — Nießbrauch am A. III 383.
**Auszugsvertrag** II 497. — Fortbestand der Landesgesetze VI 183f.
**Authentische Interpretation** des Testaments durch Testamentsvollstrecker V 395.

## B.

**Baares Geld,** s. Geld.
**Baarzahlung** bei Pfandversteigerung III 688, 698, 699.
**Baden.** B. Landrecht I 3, VI 381, 395. — B. Ausführungsgesetze zum B.G.B. IV 552, V 437, VI 5, 47, 132, 140, 163, 166, 178, 179, 180, 183, 185, 194, 200, 206, 208, 214, 215, 217, 222, 230, 235, 236, 238, 293, 335, 336, 344, 347, 358, 361, 364, 368, 396, 401. — Bekanntmachung von Funden III 244. — Rechtspolizeigesetz III 673, IV 601, V 468, 479, 486, 584, VI 233, 234, 235, 242, 244, 245. — B. Stammgüter VI 140. — Wassergesetz VI 149, Berggesetz VI 151, Jagdgesetz VI 154, Wildschadensgesetz VI 155, Enteignungsgesetz VI 199, Agrargesetze VI 204, Zwangserziehung VI 225. — B. Recht über Emanzipation, Uebergangsbestimmung VI 251, über Beistand wegen Geistesschwäche VI 253, 395f., wegen Verschwendung VI 254, 395, erwählter Wohnsitz VI 255, Todeserklärung VI 257, 261. — Verordnung, betr. das Grundbuchwesen VI 319, 335, 336, 339. — Vermögensabsonderung nach b. Recht VI 356f. — Anerkanntes Kind nach b. Recht, Uebergangsvorschrift VI 384f.
**Bahneinheiten,** Fortbestand der Landesgesetze VI 201.
**Bank.** Zinsen aus Zinsen II 16. — Einlagen bei einer B., Natur des Vertrags II 342. — Anlegung von Mündelgeld IV 552.
**Bankdepotgesetz** II 437, 438, 445, III 747, 748, V 296.
**Bankgeschäfte,** Ablehnung von Aufträgen II 412.
**Bankgesetz** II 14, 547, 554, 558, V 296.
**Banknoten** als Zahlungsmittel II 14.
**Bannrechte,** Fortbestand der Landesgesetze VI 160.
**Bau,** nothwendiger Bau der Miethsache, Verhältniß zum Miethvertrage II 307.
**Bauabstand** VI 214.
**Bäuerliche** Leihe III 129, VI 143, 347, 348.
**Bäuerliches** Nutzungsrecht an Grundstücken, Fortbestand der Landesgesetze III 129, VI 143f. — Neubegründung VI 348f.
**Baugeldervertrag** II 342.
**Bauhandwerker,** Sicherungshypothek II 386f., III 605, VI 328.
**Bauliche Anlage** als Gegenstand der Grunddienstbarkeit III 311f.
**Baum** in Baumschule nicht wesentlicher Bestandtheil des Grund und Bodens I 132. — Nachbarrecht III 140, 142, 143. — B. auf der Grenze II 160, VI 212, 213. — Abtrennungsrecht des Besitzers gegenüber Eigenthumsanspruch III 267. — Uebergangsvorschrift für Sondereigenthum am B. VI 300f., 308.
**Baumaterialien,** als Bestandtheile eines Gebäudes I 131. — Lieferung von B., keine Sicherungshypothek II 387.
**Baurecht** s. Erbbaurecht.
**Bauwerk,** Mängel desselben, Verjährung der Ansprüche des Bestellers II 376. — Sicherungshypothek für den Unternehmer eines B. II 386f., VI 328. — B. auf Grund und Boden des Bestellers bei Lieferung des Stoffes durch den Unternehmer II 390f. — B. als Gegenstand des Erbbaurechts III 292ff.
**Bayern.** B. Landrecht III 129, V 380. — Ausführungsgesetze zum B.G.B. III 428, 516, 646, IV 552, 588, 601, 619, V 437, 483, 486, VI 6, 132, 149, 154, 160, 163, 165, 166, 167, 173, 175, 177, 178, 179, 180, 183, 185, 188, 190, 191, 193, 194, 195, 197, 198, 203, 208, 211, 214, 215, 216, 217, 222, 228, 230, 232, 234, 236, 238, 242, 243, 263, 266, 293, 296, 301, 307, 308, 310, 311, 314, 322, 323, 329, 334, 336, 338, 345, 361, 362, 364, 365, 366, 367, 368, 369, 388, 394, 396, 401. — Dienstanweisung für Vormundschaftsgerichte IV 515, 532. — Reservatrecht wegen Eheschließung IV 17f., 35. — Heimathsgesetz IV 35, 79, VI 47. — Hypothekengesetze III 11, 23, 69, 84, 86, 91, 111, VI 328, 329, 336, 337, 341, 344. — Bekanntmachung von Funden III 227. — Notariatsgesetz III 673, V 463, 468, 485, 584, VI 164, 234, 242, 245. — Familienstatut VI 136. — Verfassungsurkunde VI 138, 222. — Gesetz, betr. Erbgüter VI 140. — Berggesetz VI 151. — Wildschadensgesetz VI 155. — Enteignungsgesetz VI 199. — Agrargesetze VI 204f. — Unschädlichkeitszeugniß VI 211. — Hinterlegungsordnung VI 238, 239. — Gesetz über Liegenschaftsrecht in der Pfalz VI 256. — Gesetz, betr. die privatrechtliche Stellung der Erwerbs- und Wirthschaftsgenossenschaften VI 267 — desgl. der Vereine VI 267 — betr. das Grundbuchwesen VI 319, 321, 335. —

Verordnung, betr. Binnenschiffahrt III 713 — Schiffsregister III 714.
**Bazillen,** Beschädigung durch II 628.
**Beamter** eines Vereins I 87. — Haftung des Fiskus für öffentliche B. I 126. — Abtretung von Gehaltsansprüchen ꝛc. II 196. — Kündigung des Miethverhältnisses bei Versetzung II 317, nicht des Pachtverhältnisses II 333f. — Rechtsverhältnisse der B. II 347. — Haftung der B. für Verletzung der Amtspflicht II 637ff., 640. — Aufnahme des Verzeichnisses bei Nießbrauch an Sachbegriff III 333. — Bestellung eines B. zum Vormunde IV 526, Entlassung IV 628, zum Familienrathe IV 614. — Erlaubniß zur Eheschließung IV 33. — Aufnahme des Inventars des Kindesvermögens durch zuständigen B. IV 396, des Mündelvermögens IV 544, des Nachlaßinventars V 127, 300, 414, 583. — Haftung des Staates ꝛc. für Schadenszufügung durch B., Fortbestand der Landesgesetze VI 162, der B. für Stellvertreter und Gehülfen, Fortbestand der Landesgesetze VI 163. — Vermögensrechtliche Ansprüche der B. aus dem Dienstverhältnisse, Fortbestand der Landesgesetze VI 165. — Fortbestand der Landesgesetze über Sicherheitsleistung von B. VI 177. — Zuständigkeit für Beurkundung von Grundstücksveräußerungen, Landesrecht VI 235f., für Auflassung VI 235f.
**Bearbeitung** beweglicher Sachen, Eigenthumserwerb III 206f.
**Beaufsichtigung** s. Aufsicht.
**Beauftragung** s. Auftrag.
**Bedachter** bei Vermächtniß, Begriff V 29, 328ff. (s. Vermächtniß). — B. im Testamente, Mitwirkung bei Errichtung V 447.
**Bedenkzeit** s. Ausschlagungsfrist.
**Bedingte.** Wirkung des Urtheils bei b. Rechten I 42. — Beginn der Verjährung von b. Ansprüchen I 249. — Bürgschaft für b. Verbindlichkeit II 510. — B. Rechtsgeschäft gegen gute Sitten I 190. — Vormerkung im Grundbuche für b. Anspruch III 94. — (S. auch VI 274.)
**Bedingung** I 203ff.: Aufschiebende, auflösende B. I 204f., Zurückbeziehung beim Eintritt I 205f., Verpflichtungen der Betheiligten während der Schwebezeit I 206f., Verhinderung oder Bewirkung des Eintritts der B. wider Treu und Glauben I 208. — B. bei Mahnung II 60. — Aufschiebende B. bei Vertrag über unmögliche Leistung II 81f. — Keine B. bei Aufrechnungserklärung II 170, 174. — B. für einen Gesammtschuldner II 211. — B. beim Kaufvertrag II 237, 269, bei Mäklervertrag II 395. — Keine B. bei Kündigung des Miethverhältnisses II 314, des Auftrags II 420. — B. bei Begründung von Rechten an Grundstücken III 75, VI 301, von Erbbaurecht III 292, bei Hypothek III 454, 554, bei Grundschuld III 628. — B. bei Eigenthumsübertragung an beweglichen Sachen III 180. — Hypothek für b. Forderung III 452, 454, Pfandrecht III 654, 659. — Unzulässigkeit der B. bei Eheschließung IV 36, VI 115. — B. bei Ehevertrag IV 192. — Unzulässigkeit der B. bei Anerkennung eines Kindes IV 350, bei Ehelichkeitserklärung IV 480, bei Annahme an Kindesstatt IV 491, bei Aufhebung derselben IV 508. — B. bei Benennung des Vormundes IV 521. — B. bei Annahme oder Ausschlagung der Erbschaft V 43. — Aufschiebende B. bei letztwilligem Bedenken der „gesetzlichen Erben" V 232, der Abkömmlinge eines Dritten V 236. — Aufschiebende B. bei letztwilliger Zuwendung im Allgemeinen V 239. — B. eines Thuns oder Unterlassens bei letztwilliger Zuwendung V 239f. — B. zum Vortheile eines Dritten bei letztwilliger Zuwendung V 240. — Auflösende B. bei Erbeinsetzung V 276, bei Erbvertrag V 547. — Aufschiebende B. bei Einsetzung eines Nacherben V 281, bei Vermächtniß V 339, 359, 361. — Unzulässigkeit der B. bei Annahme oder Ausschlagung des Vermächtnisses V 362. — B. bei Ernennung des Testamentsvollstreckers V 387, bei Annahme des Amtes als Testamentsvollstrecker V 391. — Unzulässigkeit der B. bei Auflassung III 162. — Bedingte Rechte und Verbindlichkeiten bei Berechnung des Pflichttheils V 582. — B. Erbschein V 657. — (S. auch VI 249.)
**Bedürfniß** des Berechtigten bei beschränkter persönlicher Dienstbarkeit III 410.
**Bedürftigkeit** des Schenkers, Rückforderung der Schenkung II 285, 291f., B. des Beschenkten II 292. — B. als Voraussetzung des Unterhaltsanspruchs IV 357.
**Beeinträchtigung** des bedingten Rechts I 206, des Eigenthums ohne Besitzentziehung III 276f., bei Miteigenthum III 290. — B. des Erbbaurechts III 299, des Nießbrauchs III 372, des Pfandrechts III 676.
**Beeidigung** des Dolmetschers bei Testamentserrichtung V 463.
**Beerbung** s. Erbrecht.
**Beerdigung,** Kosten derselben V 69 (s. auch II 292), bei widerrechtlicher Tödtung II 644f. — B.kosten unter Ehegatten IV 92, nach Scheidung IV 333, als Unterhaltsanspruch IV 369, 461. — Kosten der B. des unehelichen Kindes IV 467. — Kosten der B. des Vorerben V 320.
**Beförderungsmittel** einer Behörde oder Verkehrsanstalt, gefundene Sachen III 240f.
**Befreite Vormundschaft** IV 514, 604ff., 640f., 662, VI 394 (s. unter Vormundschaft).
**Befreiung** von Verbindlichkeiten, welche ein zum Ersatz von Aufwendungen Berechtigter einging II 29. — B. der Bürgen II 518f. — B. vom Erforderniß der Ehemündigkeit IV 19, vom Ehehinderniß des Ehebruchs IV 30, vom Ehehinderniß der Wartezeit der

Frauen IV 31, vom Aufgebot zur Eheschließung IV 34 f. — Zuständigkeit für solche B.en IV 41, für B. vom Erfordernisse des Lebensalters bei Annahme an Kindesstatt IV 192. — B. des Vorerben von verschiedenen Beschränkungen und Verpflichtungen V 312, des Testamentsvollstreckers V 421.
**Befreiungsvermächtniß** V 354, 356.
**Befriedigung**, Versprechen der B. eines Gläubigers ohne Schuldübernahme II 109. — B. des Besitzers aus der Sache gegenüber Eigenthumsanspruch III 274 f. — B. des Hypothekengläubigers III 509 ff., 575 ff., 596 ff. — B. als Inhalt des Pfandrechts III 654 f., 668, 673 ff., 728, 731, 735, 748, des Schiffspfandgläubigers III 722 f. — (S. auch Erfüllung, Leistung, Zahlung.)
**Befristung**, Beginn der Anspruchsverjährung I 252 (s. Frist).
**Beginn** der Frist I 240 f., der Anspruchsverjährung I 248 f., 252, VI 271.
**Beglaubigung** der Anmeldung zum Vereinsregister I 115, eines Handzeichens unter Willenserklärungen I 176 f. — Erfordernisse öffentlicher B. von Erklärungen I 179 f. — B. der Quittung II 148, der Urkunde über Forderungsabtretung II 186, des Verzeichnisses bei Nießbrauch am Sachinbegriff III 333, der Abtretungserklärung bei Hypothek III 530, 534 f., des Antrags auf Eintragung zum Güterrechtsregister IV 311. — B. der Einwilligung des Nacherben zu Verfügungen über Vorerbschaft V 299, des Verzeichnisses der Nacherbschaft V 300, des Nachlaßverzeichnisses des Testamentsvollstreckers V 414. — B. Abschrift des Testaments V 488. — Gesetz, betr. die B. öffentlicher Urkunden V 650, 665.
**Begleiter** des Gastes, Verhältniß ihrer Handlungen zur Haftpflicht des Gastwirths II 446.
**Begräbniß** s. Beerdigung. — Fortbestand der Landesgesetze über Benutzung von Begräbnißstätten VI 221.
**Begrenzung** III 130 ff.
**Begünstiger** bei unerlaubter Handlung II 623.
**Behörden**. Willenserklärung gegenüber B. I 180, 182, 230. — Wirkung des Veräußerungsverbots einer B. I 188. — Anfechtung eines Rechtsgeschäfts gegenüber B. I 194. — Abhängigkeit der Zulässigkeit des Rechtswegs von Vorentscheidung einer B., Einfluß des Gesuchs auf die Verjährung I 262. — Aufnahme des Verzeichnisses bei Nießbrauch an Sachinbegriff III 333. — Behandlung der in Geschäftsräumen öffentlicher B gefundenen Sachen III 240. — Erklärung über Namensführung der geschiedenen Frau gegenüber B. IV 328. — Aufnahme des Nachlaßinventars durch zuständige B. V 127, 414, 583, des Mündelvermögens IV 544. — Befugniß von B. zum Verlangen der Vollziehung letztwilliger Auflage V 377. — Ablieferungspflicht von Testamenten V 483. — Zuständigkeit für Beurkundung von Grundstücksveräußerungen nach Landesrecht VI 235 f., für Auflassung VI 235 f., als Vormundschafts-, Nachlaßgericht VI 241 f.
**Beischlaf** s. Beiwohnung.
**Beisitz** IV 33.
**Beistand** IV 436, 440 ff. — Genehmigung von Eheverträgen IV 201 f. — Bestellung des B. für die Mutter IV 440, Wirkungskreis IV 441, Aufgabe, Unterstützung, Ueberwachung der Mutter IV 442, Genehmigung von Rechtsgeschäften IV 442, Anlegung von Geld IV 443 f., Vermögensverzeichniß IV 444, Uebertragung der Vermögensverwaltung IV 445, Stellung des B., Berufung, Bestellung, Beaufsichtigung, Haftung, Vergütung IV 446 f., Aufhebung der Beistandschaft, der Vermögensverwaltung IV 448, VI 260. — Stellung des Vormundes als B. bei Ruhen der elterlichen Gewalt wegen Minderjährigkeit der Mutter IV 448 f., bei Kenntniß der Mutter von Nichtigkeit der Ehe IV 457, neben der unehelichen Mutter hinsichtlich Sorge für die Person des Kindes IV 460. — Sicherungshypothek an Grundstücken des B. III 602. — B. des französischen, badischen Rechts wegen Geistesschwäche VI 253, 395 f., wegen Verschwendung VI 254, 395. — Uebergangsvorschrift für B. VI 381 f., 393 f.
**Beitrag**. B. der Mitglieder eines eingetragenen Vereins I 106, der Gesammtschuldner II 217. — B. der Gesellschafter II 457 f., 466 f., 478, 479. — B.pflicht der Frau zum ehelichen Aufwand aus Vorbehaltsgut bei gesetzlichem Güterstande IV 107, bei Gütertrennung IV 184, bei Gütergemeinschaft IV 207, zum Unterhalte der Kinder nach Ehescheidung IV 336 f.
**Beitritt** eines Ehegatten zum eigenhändigen Testamente des anderen V 493 f.
**Beiwohnung** unter Verlobten IV 14. — Vermuthung für B. des Mannes innerhalb der Empfängnißzeit IV 344 f. — Außereheliche B. IV 471 f., 475 f. — Verführung einer Frauensperson zur außerehelichen B. II 615 f., immaterieller Schaden II 647 f., VI 69.
**Bekanntmachung** der Auflösung eines Vereins oder Entziehung der Rechtsfähigkeit I 100, der Eintragung eines Vereins I 110, der Bevollmächtigung I 221, der Auslobung II 403, öffentlicher Versteigerung II 164, der staatlichen Genehmigung zur Ausgabe von Schuldverschreibungen auf den Inhaber II 552 f., des Fundes bei öffentlichen Behörden, Verkehrsanstalten III 242, 244, des Pfandverkaufs III 688. — B. der Eintragung in das Güterrechtsregister IV 312. — Oeffentliche B. des Nachlaßgerichts V 35. — B. der Aufforderung zur Anmeldung von Erbrechten V 61 f., der Anordnung der Nachlaßverwaltung V 102, der Aufforderung eines

Miterben zur Anmeldung von Nachlaßansprüchen V 223.

**Belastung.** Begriff I 148. — B. der Sache mit Rechten Dritter, Ausschluß des Rücktrittsrechts II 131. — B. der Miethsache mit Rechten Dritter II 323f., VI 284f. — Kaufähnliche Verträge auf B. eines Gegenstandes II 236. — B. gemeinschaftlichen Grundstücks zu Gunsten eines Miteigenthümers III 287f. — B. des Erbbaurechts III 298. — Belastungsverbot zu Gunsten eines Hypothekengläubigers III 498. — B. des Vermächtnißgegenstandes V 341f., 536. — B. von Grundstücken, Landesgesetze VI 303ff., Uebergangsvorschriften VI 310ff., 324ff.

**Belege** zur Rechenschaftsablage II 31.

**Beleidigung** s. Ehre. — B. von Ehefrauen, Strafantragsrecht VI 107.

**Beleihungsgrenze** für Mündelgelder IV 556f., für Grundstücke nach Landesrecht VI 206.

**Belieben,** freies bei Bestimmung der Vertragsleistung II 87, des Dritten II 90, bei Ausübung des Eigenthums III 130, des Beschwerten für Fälligkeit des Vermächtnisses V 364.

**Belgier,** Eheschließung IV 34.

**Belohnung.** Schenkung zur B. II 281, 295. — B. als Gegenstand der Auslobung II 403f.

**Benachrichtigung** s. Anzeigen.

**Beneficium** competentiae bei Schenkung II 285. — B. excussionis realis III 679, personalis III 679, separationis V 82, inventarii V 84.

**Benefizialerbe.** Preußisches Gesetz, betr. die Zwangsvollstreckung gegen B. V 150f.

**Benennung** des Vormundes IV 519f., 636, der Mitglieder des Familienraths IV 610, des Pflegers IV 663.

**Benutzung** von Sachen, Werthvergütung bei Rücktrittsrecht II 128. — B. von Sachen eines Gesellschafters II 458, 478, 481, von Grenzeinrichtungen III 157f. — Verhältniß der Entschädigung für enteignete B. eines Grundstücks zu den Rechten Dritter VI 128. — (S. auch Nutzung.)

**Berechnung** der Fristen I 240f., des Pflichttheils 577ff.

**Berechtigungen** an Grundstücken, Anwendung der Vorschriften für Eigenthumserwerb VI 347f.

**Bereicherung,** ungerechtfertigte aus gegenseitigem Vertrage, Zurückforderung II 97, 99, 106. — B. als Voraussetzung der Schenkung II 282f. — B.klage bei Unterbleiben der Vollziehung der Auflage bei Schenkung II 290, auf im Voraus entrichtete Vergütung bei außerordentlicher Kündigung des Dienstverhältnisses II 366. — Haftung des Geschäftsführers ohne Auftrag für u. B. II 431. — U. B. im Allgemeinen II 573ff.: Grundsatz, Thatsache, daß Jemand auf Kosten eines Anderen ohne rechtlichen Grund etwas erlangt hat II 579ff. — Leistung einer Nichtschuld II 584f., vorzeitige Leistung betagter Verbindlichkeit II 544f. — Wissentliche Leistung einer Nichtschuld II 585f. — Leistung aus sittlicher Pflicht, Anstand II 586. — Nichteintritt des bezweckten Erfolges II 586f. — Verfügung eines Nichtberechtigten II 587f., Leistung an Nichtberechtigten II 588. — Empfang gegen gesetzliches Verbot, gute Sitten II 588f. — Umfang der Herausgabepflicht II 590f. — Kenntniß des Empfängers vom Mangel des Rechtsgrundes II 594f. — Zweifel über den Eintritt des bezweckten Erfolges II 595f. — Eingehung einer Verbindlichkeit ohne Rechtsgrund II 597. — Unentgeltliche Zuwendung der B. an Dritten II 598. — Haftung des aus unerlaubter Handlung Ersatzpflichtigen nach Verjährung des Anspruchs für u. B. II 561. — Grundsätze der u. B. bei Rechtsverlust durch Verbindung, Vermischung, Verarbeitung III 208f., durch Fund III 239, bei Eigenthumsanspruch hinsichtlich der herauszugebenden Nutzungen III 257f., 262f. — B. des eingebrachten Guts durch Rechtsgeschäfte der Frau ohne Zustimmung des Mannes IV 147, des Gesammtguts durch Rechtsgeschäfte eines Ehegatten ohne Zustimmung des anderen IV 217. — Ausgleichung der B. der einzelnen Vermögensmassen bei Errungenschaftsgemeinschaft IV 297. — Grundsätze der u. B. bei Herausgabe des Ueberschusses der Erbschaft nach Aufgebot der Nachlaßgläubiger V 77, bei Erbschaftsanspruch V 164, bei Herausgabe der Zuwendung im Falle Unmöglichwerdens letztwilliger Auflage durch Schuld des Beschwerten V 379, bei Anfechtung von Schenkungen gegen Erbvertrag V 534, von Schenkungen durch den Pflichttheilsberechtigten V 608f.

**Bergbau.** Ansprüche auf die Entschädigung für Beschädigung durch B. VI 150.

**Bergrecht** II 347. — Fortbestand der Landesgesetze VI 150. — (S. auch VI 166.)

**Bergwerk,** Eigenthum am III 128, 221. — B. als Gegenstand des Nießbrauchs III 336f. — B. als eingebrachtes Gut, Nutzung des Mannes IV 130, 141. — B. bei Fahrnißgemeinschaft IV 306, als Gegenstand der Nacherbschaft V 301. — Betrieb von B., Haftpflicht VI 117f.

**Berichtigung** des Grundbuchs III 115ff., 503, 513f., 515f., 561f., des Schiffsregisters III 718.

**Bernsteinregal,** preußisches III 221, VI 160.

**Beruf,** Kosten der Vorbildung als Unterhalt IV 364, Ausgleichungspflicht V 203f., 591.

**Berufsvereine** I 109.

**Berufung** der Mitgliederversammlung von Vereinen I 91f. — B. des Beistandes IV 446, zur Vormundschaft IV 519ff., des Gegenvormundes IV 532, zur Vormundschaft über Volljährige IV 637, zur vorläufigen

Vormundschaft IV 645, zur Pflegschaft IV 663. — B. zur Erbschaft V 7 ff., 19 f., 43 ff., VI 397 f.

**Beschädigung** von fremden Sachen zur Abwendung von Gefahr I 281, als Selbsthülfe I 283. — B. von Sachen, Geld als Gegenstand des Schadensersatzes II 16 f. — B. von Sachen eines Gesellschafters in Nutzung der Gesellschaft II 477 f. — Beschädigte Schuldverschreibung auf den Inhaber II 557. — B. der Nießbrauchssache III 341.

**Beschlagnahme.** Aufrechnung gegen beschlagnahmte Forderung II 176. — B. zur Verwirklichung des dinglichen Rechts aus Hypothek III 471, 475 f.

**Beschlagnahmegesetz** IV 356, 463.

**Beschlußfassung** des Vereinsvorstandes I 85, der Mitgliederversammlung I 89 f., schriftliche der Mitglieder I 89. — B. bei Gesellschaft II 460.

**Beschränkte Geschäftsfähigkeit** s. Geschäftsfähigkeit, Geschäftsunfähigkeit.

**Beschränkte Haftung** eines Schuldners II 7 f., des Erben II 7, V 68, 83 ff. (s. Nachlaßgläubiger; s. auch IV 155). — Verhältniß des Bürgen zur b. H. des Erben II 513. — B. H. des überlebenden Ehegatten für Schulden des Gesammtguts der fortgesetzten Gütergemeinschaft IV 255 ff. — B. H. eines Miterben gegenüber den übrigen Erben V 225. — Verhältniß der b. H. des Erben zur Vormerkung im Grundbuche III 97. — B. H. des Nacherben V 320 f.

**Beschränkte persönliche Dienstbarkeiten** III 408 ff. (s. persönliche D.). — Landesgesetzliche Verbote von b. p. D. VI 203 f., Uebergangsvorschrift für Besitzschutz bestehender VI 332 f.

**Beschränkung** des Antheils eines Abkömmlings bei fortgesetzter Gütergemeinschaft IV 279. — B. des Pflichttheils V 568 f., 571, 619 f.

**Beschwerde,** sofortige, bei verweigerter Eintragung in das Vereinsregister I 107, bei Entziehung der Rechtsfähigkeit I 13. — B. gegen Ablehnung des Antrags auf Erbschein V 656.

**Beschwerter** bei Vermächtniß, Begriff V 29, 326 f. (s. Vermächtniß), bei letztwilliger Auflage V 30, 375 f.

**Beschwerung** des Pflichttheils V 568 f., 571.

**Besicht,** Kauf auf B. II 269 f.

**Besichtigung.** Gestattung der B. der Miethsache behufs anderweitiger Vermiethung II 315, bei Pacht II 327. — Anspruch auf B. gegen Besitzer II 570 f.

**Besitz** III 28 ff. — Recht des Besitzers einer fremden Sache zur Befriedigung des die Zwangsvollstreckung betreibenden Gläubigers II 39 — Aufgabe des B. eines herauszugebenden Grundstücks bei Gläubigerverzug II 76. — Uebertragung des B. beim Kauf II 226 f. — Verkauf eines zum B. berechtigenden Rechts an beweglicher Sache, Gewährleistung II 234, Gefahr und Kosten II 241. — Anspruch auf Vorlegung von Sachen, Urkunden gegen den Besitzer II 570 f. — Verletzung des B. II 608, 611. — Haftung eines früheren Besitzers eines Gebäudes, Werkes bei dessen Einsturz II 634. — Begriff des B. III 29, Gegenstand III 30, 34, Erwerb III 31 f. — Ausübung des B. für einen Anderen III 35 f. — Beendigung des B. III 37 f. — Uebergang des B. auf Erben III 39 f., V 664. — Besitzschutz III 41 ff. (s. d. W.). — B. an Theilen und abgesonderten Räumen III 50. — Mitbesitz III 51 f. — Aufsuchung und Wegschaffung einer aus der Gewalt des Besitzers auf ein fremdes Grundstück gelangten Sache III 52 f. — Mittelbarer Besitz III 54 ff., Schutz desselben III 59 f., Uebertragung III 60. — Mittelbarer B. eines Dritten III 61. — Eigenbesitz III 62. — Rechtserwerb an Grundstücken durch Eintragung und B. III 123 f. — B. an Zubehörstücken eines veräußerten Grundstücks III 166 f. — Fruchterwerb durch B.ergreifung III 216 f. — Aufgabe des B., Herrenlosigkeit der beweglichen Sache III 221 f. — Herausgabeanspruch des Eigenthümers, gegen Besitzer III 248 ff. — Einreden aus dem B. III 253 f., Herausgabe der Nutzungen III 255 ff., 262. — Haftung des unredlichen Besitzers III 259 f., beim Vorhandensein eines mittelbaren Besitzers III 261, des eigenmächtigen Besitzers III 261. — Gegenansprüche des Besitzers III 263 ff. — Vermuthung für Eigenthum des Besitzers beweglicher Sachen III 279, VI 305. — Herausgabeanspruch des früheren Besitzers beweglicher Sachen III 281 f., VI 306. — B. der Grunddienstbarkeit, Schutz III 321 f. — B. des Nießbrauchers III 334. — B. des Hypothekenbriefs, Vermuthung der Uebergabe III 465, 535. — B. als Voraussetzung des Pfandrechts III 655 f., 702 f., des Pfandverkaufs III 682. — B. des Pfandes giebt kein Ablösungsrecht III 701. — B. des Mannes am eingebrachten Gut IV 114, am Gesammtgut IV 209, des Inhabers der elterlichen Gewalt am Kindervermögen IV 384. — B. bei Eintritt der Nacherbfolge V 315. — Vermächtniß des B. V 346. — B. des Nachlasses durch Testamentsvollstrecker V 397. — Uebergangsvorschriften für Besitzverhältnisse VI 298 f.

**Besitzaufgabe** beweglicher Sachen, Herrenlosigkeit III 221 f.

**Besitzdiener** III 36, 38, 44, 178, 181, 189, 231, 249.

**Besitzentziehung,** s. Besitzschutz.

**Besitzergreifung.** Fruchterwerb durch B. III 216 f.

**Besitzpfandrecht** III 447, Uebergangsvorschrift VI 337

**Besitzschutz** II 608, 611, III 41 ff. — B. des Pächters und Miethers II 295. — B. bei Gemeinschaft II 486. — Voraussetzungen

des B., verbotene Eigenmacht III 42. — Selbstschutz III 43 f. — B. durch Besitzdiener III 44. — Anspruch wegen Besitzentziehung III 45 f., wegen Besitzstörung III 47 f. — Einwendungen aus dem Rechte des Thäters III 48 f. — Erlöschen der Besitzansprüche III 49 f. — B. für Theilbesitz III 50, für Mitbesitz III 51. — Schutz des mittelbaren Besitzes III 54 ff. — B. der Grunddienstbarkeit III 321 f., des Nießbrauchs III 373. — B. vom Inkrafttreten des B.G.B. an VI 299. — Uebergangsvorschrift für B. von Dienstbarkeiten VI 332 f.
**Besitzstand** bei Grenzverwirrung III 155.
**Besitzstörung**, s. Besitzschutz.
**Besitzvorgänger**, fehlerhafter Besitz desselben III 42. — Anrechnung der Besitzzeit des B. auf Ersitzungszeit III 198.
**Besoldung**, rückständige, Anspruchsverjährung I 248, 252. — Uebertragbarkeit von B., Fortbestand der Landesgesetze VI 167.
**Besonderes** Gericht, Geltendmachung eines Anspruchs vor demselben, Verjährung I 268. — B. Gesetze für Gegenstände in einem bestimmten Staatsgebiet VI 89 f.
**Besserungsanstalt**. Unterbringung eines Kindes IV 419, 589 f., VI 104, eines volljährigen Mündels IV 639.
**Bestätigung** nichtiger Rechtsgeschäfte, Verträge I 192, anfechtbarer Rechtsgeschäfte I 195 f., nichtiger Ehe IV 50 f., anfechtbarer Ehe IV 55 f., 60 f., 64 f., 101, der Ehe bei Wiederverheirathung im Falle der Todeserklärung IV 76, der Anerkennung der Ehelichkeit IV 352, des anfechtbaren Antrags auf Ehelichkeitserklärung IV 483, der Annahme an Kindesstatt IV 491, 493, 496 f., 498, der Wiederaufhebung derselben IV 509. — B. anfechtbarer letztwilliger Verfügung V 244, 249. — B. des Erbvertrags durch Erblasser V 530.
**Bestallung** des Vormundes IV 531, 621, 633, VI 394, des Gegenvormundes IV 533, 621, des Pflegers IV 661.
**Bestandtheile**, wesentliche, einer Sache I 129 f., eines Grundstücks 130 f., eines Gebäudes I 131. — Nicht B. eines Grundstücks, Gebäudes, sind zu vorübergehendem Zwecke mit demselben verbundene Sachen I 132 f. — Rechte als B. eines Grundstücks I 133. — Zuschreibung eines Grundstücks zu einem anderen als B. III 104 f. — B. eines Grundstücks bei Auflassung III 166. — Verbindung einer beweglichen Sache zum w. B. eines Grundstücks III 201, beweglicher Sachen unter einander zum w. B. einer einheitlichen Sache III 202 f. — Eigenthumserwerb an B. III 211 ff. — Nießbrauch III 338. — Verwendung von B. zur Ausbesserung, Erneuerung des Nießbrauchsgrundstücks III 343. — Haftung der getrennten B. des Grundstücks für Hypothek III 472 ff. — Pfandrecht an B. III 654, 656, 664. — B. von Bahneinheiten, Fortbestand der Landesgesetze VI 201. — (S. auch VI 308.)
**Bestechung** II 639.
**Besteller** s. Werkvertrag.
**Bestellung** des Vereinsvorstandes I 84, durch Amtsgericht I 86. — B. des Pfandrechts III 655 ff. — B. des Beistandes IV 446, des Vormundes IV 515 ff., des Gegenvormundes IV 533, der Mitglieder des Familienraths IV 615, des Pflegers IV 660 f.
**Bestellungskosten** bei Zurückgewährung des Pachtgrundstücks II 331 f., bei Herausgabe eines landwirthschaftlichen Grundstücks III 269 f.
**Bestellungsprinzip** bei Vormundschaft IV 513, 518, VI 225.
**Bestimmung** der Leistung durch einen der Vertragschließenden II 86 ff., durch Dritte II 88 f., der Gültigkeit letztwilliger Verfügung, der Person eines letztwillig Bedachten, des Gegenstandes der Zuwendung durch einen Dritten V 229 f.
**Betagte** s. Anfangstermin, Befristung, Endtermin, Zeitbestimmung. — Beginn der Verjährung bei b. Ansprüchen I 249. — Leistung b. Verbindlichkeit II 584. — (S. auch VI 274.)
**Betheiligte** bei Testamentseröffnung V 484, 487.
**Betriebsplan** s. Wirthschaftsplan.
**Betriebsunternehmer**, Landesgesetz über Schadenhaftung VI 194 f.
**Betrug** s. Täuschung. — Schadensersatz für B. II 611.
**Beugung** des Rechts II 637 f.
**Beuterecht** III 219.
**Beurkundung** der Anmeldung zum Vereinsregister I 115, des Stiftungsgeschäfts I 117. — Gerichtliche oder notarielle B. ersetzt Schriftform I 176, Erfordernisse derselben I 178 f. — B. von Verträgen ohne gleichzeitige Anwesenheit der Vertragschließenden, Zeitpunkt des Zustandekommens I 201. — Beredung der B. des Vertrags, Zeitpunkt des Abschlusses I 202. — B. des Vertrags über gegenwärtiges Vermögen, Nießbrauch daran II 83, über gesetzlichen Erbtheil, Pflichttheil II 84, der Eigenthumsübertragung an Grundstücken II 85. — Kosten der B. des Grundstückskaufs II 239. — B. des Schenkungsversprechens II 284. — B. des Vertrags, durch welchen ein Abkömmling auf seinen Antheil am Gesammtgut der fortgesetzten Gütergemeinschaft verzichtet IV 260, 269, durch welchen der überlebende Ehegatte die fortgesetzte Gütergemeinschaft aufhebt IV 261, der Zustimmung des anderen Ehegatten zur Verfügung über den Antheil eines Abkömmlings an fortgesetzter Gütergemeinschaft IV 281, zum vertragsmäßigen Verzichte eines Abkömmlings IV 280. — B. des Erbschafts-

kaufs V 680. — B. von Rechtsgeschäften durch Gerichte oder Notare, Landesgesetze VI 233, von Grundstücksveräußerungen VI 235.
**Bevollmächtigung** s. Vollmacht.
**Bewässerung** von Ländereien, Fortbestand der Landesgesetze VI 149.
**Bewaffnete Macht,** Angehörige einer, Todeserklärung I 70.
**Beweggründe.** Irthum im B. I 166, 169, V 245 (s. Drohung, Irrthum, Täuschung).
**Bewegliche** Sachen I 128. — B. Vermögen I 128. — Gewerbsmäßige Vermiethung b. S., Anspruchsverjährung I 246, 252. — Verpfändung von b. S. als Mittel der Sicherheitsleistung I 286, Schätzungswerth I 289, verderbliche, schwer aufzubewahrende Sachen I 289. — Kauf b. S., Rechtsmängel II 231 ff., Eigenthumsvorbehalt II 243 f. — B. S. Gegenstand des Verwahrungsvertrags II 437. — Kündigung des Miethverhältnisses bei b. S. II 314. — Veräußerung der b. Miethsache II 318. — Erwerb und Verlust des Eigenthums an b. S. III 177 ff. (s. Eigenthum, Ersitzung, Verbindung, Vermischung, Verarbeitung). — Dereliktion b. S. III 221 f. — Vermuthung für Eigenthum des Besitzers b. S. III 279 f., VI 305. — Herausgabeanspruch des früheren Besitzers b. S. gegen den nicht gutgläubigen Besitzer III 281 f., Bestellung des Nießbrauchs an b. S. III 329 f., Ersitzung desselben III 331 f., Erlöschen desselben III 370. — Pfandrecht an b. S. III 652 ff. — Vermuthung für Eigenthum des Ehemanns an b. S. IV 94 f. — Verfügung des Mannes über b. S. des eingebrachten Guts IV 118, Erwerb von b. S. mit Mitteln des eingebrachten Guts IV 126 f., mit Mitteln des Kindes IV 402. — Uebergangsvorschrift für Ersitzung des Eigenthums oder Nießbrauchs an b. S VI 316 f.
**Beweis, Beweislast** I 43 f. — B. des Lebens oder Todes I 53. — B. bei Lebensvermuthung I 75. — B. für wesentliche Bestandtheile I 133, für Zubehöreigenschaft I 135, bei Verträgen mit Minderjährigen I 155. — B. bei Behauptung nicht rechtzeitiger Anfechtung von Willenserklärungen I 172, 174 f., bei Rechtsstreit aus einem vom Vertreter ohne Vertretungsmacht geschlossenen Vertrage I 228, bei Selbsthülfe I 282, bei behaupteter Unzureichlichkeit der Sicherheitsleistung I 290, bei Fristbestimmung zur Herstellung zwecks Schadensersatzes II 20, 58. — B. bezüglich der vorgenommenen Wahl bei Alternativobligation II 36, bezüglich Verschuldens bei Unmöglichkeit eine der Leistungen aus Alternativobligation II 38. — B. bei Forderung der Leistung an einem andern Orte als dem Wohnsitz des Schuldners II 41, bei Zeit der Leistung II 43, bei Sorgfalt wie in eigenen Angelegenheiten II 50. — B. bei verschuldeter Unmöglichkeit II 57, bei Verzug des Schuldners II 63, des Gläubigers II 69, 71, 72, 74, bei Ersatzanspruch aus einem auf unmögliche Leistung gerichteten Vertrage II 80 f., bei Klagen aus gegenseitigem Vertrage II 95 f., 97 f., bei Unmöglichkeit der einen Leistung aus gegenseitigem Vertrage II 97 f., bei Vertragsstrafe II 122, 124, 126, bei Rücktrittsrecht II 135, 136, nach Annahme einer Leistung als Erfüllung II 142. — B. durch Quittung II 149. — B. bei Androhung der Versteigerung II 166, beim negativen Anerkenntnißvertrage II 180. — B. über Bestand einer abgetretenen verbrieften Forderung II 188, bei Bestreitung der Zulässigkeit der Aufrechnung gegen abgetretene Forderung II 189, bei Bestreitung der Zulässigkeit der Leistung an den bisherigen Gläubiger II 190, bei Forderungsabtretung II 196, für Genehmigung der Schuldübernahme II 201, für Mittheilung von der Uebernahme von Hypotheken durch den Erwerber eines Grundstücks II 203. — B. für Rechtsmängel beim Kauf II 232, 234, der Stundung des Kaufpreises II 241, bei Viehmängeln II 263 f. — B. bei unzeitiger Kündigung in Folge gehinderten Gebrauchs der Miethsache II 300 f., bei Nichtanzeige von Mängeln durch den Miether II 303. — B. des Verleihers bei Kündigung der Leihe II 340. — B. des Darlehens II 343, 345. — B. bei Krankheiten von Dienstboten II 357, bei stillschweigender Verlängerung des Dienstvertrages II 364. — B. der Unerheblichkeit von Mängeln bei Werkvertrag II 374, bei Rücktritt des Bestellers von nicht rechtzeitiger Herstellung II 375, bei verweigerter Abnahme des Werks II 380. — B. bei Mäklervertrag II 395, bei Auftrag II 416, bei Geschäftsführung ohne Auftrag II 429, 432, 433, bei Verwahrungsvertrag II 438, 441, bei Kündigung der Gesellschaft II 471, 476, bei Bürgschaft II 511, 528, 529, bei Einrede der Vorausklage II 515, 517, bei Haftung des Gastwirths II 450, bei Schuldversprechen II 529, bei Einreden gegen Schuldverschreibung auf den Inhaber II 555, bei Verlust von Zins- rc. scheinen II 563, bei ungerechtfertigter Bereicherung II 582, Nichtschuld II 586, nicht erfolgtem Zwecke II 587, verwerflichem Empfange II 590, für Wegfall der Bereicherung II 593, behaupteter Unzurechnungsfähigkeit bei unerlaubten Handlungen II 619, fehlender Einsicht bei unerlaubten Handlungen jugendlicher Personen II 620, bei Ersatzpflicht trotz mangelnden Verschuldens II 621, bei Haftung des Geschäftsherrn für Schadensersatz aus unerlaubten Handlungen seiner Angestellten rc. II 624, bei Haftung aus Aufsichtsrecht II 627, bei Schädigung durch Thiere II 628, 630, durch Gebäudeeinsturz II 633 f., bei Amtspflichtverletzung

II 639, bei zufälligem Untergange der durch unerlaubte Handlung entzogenen Sache II 649, bei Ersatzleistung an einen Nichtberechtigten II 650, bei Negatorienklage III 139, 140, 141, bei Ueberbau III 145 f., bei Baum als Grenzzeichen III 161, des Eigenthumserwerbes an beweglichen Sachen III 177. — B. für Eigenthumserwerb bei unfreiwilligem Besitzverluste beweglicher Sachen III 189. — B.erleichterung bei Ersitzung III 194. — B. bei Herrenlosigkeit wilder Thiere III 223, für Verwendungen gegenüber Eigenthumsanspruch III 267, für Kenntniß des Eigenthümers von Uebertragung der Hypothek III 545. — B. der Forderung bei Sicherungshypothek III 604, bei Aufgebot des unbekannten Gläubigers aus Vormerkung im Grundbuche III 100, gegen die Rechtsvermuthung der Nichtigkeit der Eintragungen im Grundbuch III 107. — B. bei Verlöbnißaufhebung IV 13, 14, bei Ansprüchen gutgläubiger Dritter gegen nichtige Ehen IV 69, bei Tragung der Kosten des Rechtsstreits der Frau durch den Mann IV 136, bei Gesammtgutsverbindlichkeiten IV 219, bei Herausgabe des eingebrachten Guts IV 179. — B. für Gesammtgutseigenschaft IV 203, für Ausnahme von Haftung des Gesammtgutes IV 219. — B. in Ehescheidungssachen IV 324, 327. — B. für Unmöglichkeit der Zeugung eines Kindes durch den Mann IV 344, für Ausschluß der Frist zur Anfechtung der Ehelichkeit IV 348. — B. bei Herausgabe des Kindesvermögens IV 434. — B. bei Rücktritt von nicht genehmigten Verträgen des Vormundes IV 580. — B. der Erbschaftsannahme V 39, der Erschöpfung des Nachlasses durch Befriedigung der im Aufgebot sich meldenden Gläubiger V 77, der Wahrung der Inventarfrist V 121, der Unvollständigkeit des Nachlaßinventars V 134, bei Streit über beschränkte oder unbeschränkte Haftung des Erben V 146 f., für Frist bei aufschiebenden Einreden des Erben V 150, bei Erbschaftsanspruch V 160, bei Behauptung geschehener Erbtheilung V 220. — B.kraft öffentlicher Testamente V 437, eigenhändiger Testamente V 442 f. — B. für Widerruf des T. V 478, für Grund der Entziehung des Pflichttheils V 616, für Verzeihung V 619, für Grund der Beschränkung des Pflichttheilsrechts in guter Absicht V 619, für Verzeihung des Erbunwürdigkeitsgrundes V 629. — B. der Voraussetzungen des Erbscheins V 649 f., 655. — B. für unrichtigen Inhalt des Erbscheins V 665. — B. ausländischen Rechts VI 25.

**Beweisaufnahme** zur Sicherung des Beweises bei Mängeln des Kaufgegenstandes II 257 f., bei Viehmängeln II 264.

**Beweisurkunden,** Herausgabe bei Abtretung der Forderung II 186, beim Kauf II 235.

**Beweisvertrag** II 150, 530.

**Bewilligung** der Eintragung einer Vormerkung im Grundbuche III 97, eines Widerspruchs III 121.

**Bewirthschaftung** landwirthschaftlicher Pachtgrundstücke, Aenderung II 327.

**Bewußtlosigkeit** I 150, Nichtigkeit der Willenserklärung I 151, der Ehe IV 50 f. — B. bei unerlaubten Handlungen II 617.

**Bienen, Bienenschwarm:** Verfolgung III 224, Betreten fremder Grundstücke, Oeffnen fremder Bienenwohnungen III 224 f. — Vereinigung von B. III 225. — Einziehen eines B. in fremde Bienenwohnung III 225.

**Bigamie** s. Doppelehe.

**Bilanz** eines kaufmännischen Geschäfts des Mündels IV 592. — B. bei Nachlaßinventar V 127.

**Billet** II 565.

**Billiges** Ermessen bei Bestimmung der Leistung durch einen der Vertragschließenden II 86 f., durch einen Dritten II 88 f., 90. — B. E. eines Dritten bei Erbauseinandersetzung V 199 f., bei Bestimmung der Leistung aus Vermächtniß V 336.

**Billigung** bei Kauf auf Probe oder Besicht II 269 f.

**Bindung** durch Vertragsantrag I 196 f.

**Binnenschiffahrt,** Gesetz betr. die II 346, 626, III 709, 713, 714, 716, 720, 723, 724, VI 182.

**Blankoabtretung, Blankozession** III 532, 636, VI 346.

**Blanko-Indossament** III 745 (s. auch Orderpapiere).

**Blinde,** Pflegschaft IV 650, 666. — Testamentserrichtung V 453, 461.

**Blutige Hand** nimmt kein Erbe V 625.

**Blutsverwandtschaft** IV 340.

**Boden** s. Grund und Boden.

**Bodenbestandtheile** als Frucht I 137, als Gegenstand des Nießbrauchs III 336 f. — Anlage zur Gewinnung von B. durch Nießbraucher III 335, als Gegenstand der Nacherbschaft V 301.

**Bodenerzeugnisse** als wesentliche Bestandtheile des Grundstücks I 130 f.

**Bodmereibrief** III 611, 645.

**Börsengesetz** II 242, 392, 503, 508, 553, III 672.

**Börsenpreis,** Verkauf von Sachen zum B. zwecks Hinterlegung II 167, von Pfand, welches B. hat, III 672, 686, 747, 749, Verfall desselben III 679.

**Börsenterminhandel** II 508.

**Böser Glaube** s. guter Glaube.

**Bösliche Verlassung,** Ehescheidungsgrund IV 318 f., VI 370.

**Böswillig,** Terminologie II 100.

**Bote,** Abgabe von Willenserklärungen durch B. I 170, 181, 184, 210, 214, II 393. — Anspruchsverjährung für Botenlohn I 246, 252.

**Brandschaden,** Versicherung der Nießbrauchssache gegen B. III 344.

**Brauhaus.** Zubehör eines B. I 136. — Nutzungen an B., Uebergangsbestimmung VI 266.
**Braunschweig,** Ausführungsgesetze zum B.G.B. VI 6, 208, 335, 361, 368. — Gesetz betr. den bäuerlichen Grundbesitz VI 145.
**Braut** s. Verlöbniß. — Schwächung der B., Uebergangsvorschrift VI 388.
**Brautgeschenke** IV 15.
**Brautkinder** IV 8, 457, VI 69, 384 f. — Erbrecht V 15.
**Bremen,** Ausführungsgesetze zum B.G.B. IV 601, V 486, VI 6, 163, 179, 185, 232, 234, 235, 242, 263, 266, 308, 344, 361. — Gesetz betr. den Grundbesitz im Landgebiete VI 145, 148. — Hinterlegungsordnung VI 238. — Schiffsregister III 714, 724.
**Brevi manu traditio** II 237, III 35, 169, 330.
**Brief.** Vertragsanträge durch B. I 198, 199.
**Briefgrundschuld** III 439, 643.
**Briefhypothek** III 439, 442 f., 463 f., — Behandlung landesgesetzlicher Pfandrechte als B. VI 344, bestehender Grundschuld als B. VI 346.
**Briefschutz** II 612.
**Briefrentenschuld** III 439.
**Brieftauben,** Gesetz, betr. den Schutz von III 224, VI 219.
**Briefwechsel** zur Wahrung der Schriftform für Rechtsgeschäfte I 177 f.
**Bringschuld** II 12. — Geldschuld ist B. II 42. — Verzug bei B. II 62, 70, 75. — Leihe als B. II 339.
**Bruchtheile.** Vertrag über B. künftigen Vermögens II 83, gegenwärtigen Vermögens II 83. — Uebernahme eines B. eines Vermögens II 208. — Gemeinschaft nach B. II 483 ff. (s. Gemeinschaft). — B. von Grundstückseigenthum, Auflassung III 164. — Gemeinschaftliches Eigenthum nach B. III 285 ff. (s. Miteigenthum). — Erbbaurecht nach B. III 295. — Grunddienstbarkeit an B. III 301, Nießbrauch III 328, 334, 374, 398, 407, beschränkte persönliche Dienstbarkeit III 410, dingliches Vorkaufsrecht III 416, Reallast III 431, Hypothek III 455, 579, Pfandrecht III 654, 712. — Erbeinsetzung auf B. V 257 ff., Nacherbeinsetzung V 273. — B. bei gemeinschaftlichem Vermächtniß V 336. — Erhöhung, Minderung der B. bei Erbvertrag V 526. — Schenkungsversprechen für den Todesfall auf B. des Vermögens V 559. — Kauf des B. einer Erbschaft V 678, 680. — Uebergangsbestimmungen für bestehende Gemeinschaft nach B. VI 286 f., für Miteigenthum nicht nach B. VI 300 f.
**Bruder** als Nacherbe V 282, als Vermächtnißnehmer V 340.
**Brückengerechtsame** VI 347.
**Brunnen** III 141, 158.
**Buchforderung** gegen Reich oder Bundesstaat, Sicherheitsleistung durch solche I 286, 289. — Umwandlung von Forderungen gegen Reich oder Bundesstaat in B. bei Gefährdung des eingebrachten Guts IV 142. — Verfügungen der Frau über B. des eingebrachten Guts IV 145 f. — B. des Kindesvermögens IV 421, des Mündelvermögens IV 559, 605. — B. der Nacherbschaft V 297. — Uebergangsbestimmung für B. VI 297 f.
**Buchgrundschuld** III 439, 643.
**Buchhypothek** III 439, 442 f., für Darlehn, Eintragung eines Widerspruchs III 504 f. — Abtretung der B. III 530 f., Geltendmachung III 546 f. — B. als Eigenthumshypothek III 552, 556. — Sicherungshypothek ist B. III 606. — Behandlung bestehender Pfandrechte an Grundstücken als B. VI 336 f., 344.
**Buchrentenschuld** III 439.
**Buchungszwang,** Befreiung davon (buchungsfreie Grundstücke) III 64, 176, VI 216, 321. — Dienstbarkeiten an solchen VI 217, 322.
**Buchmacher** II 502.
**Büdnerrecht.** Fortbestand der Landesgesetze VI 143 f.
**Bürge, Bürgschaft** II 508 ff. — Einreden des B., welche die Anspruchsverjährung nicht hemmen I 252 f. — B. als Mittel der Sicherheitsleistung I 286, 290, nicht zur Abwendung des Zurückbehaltungsrechts II 44. — Erlöschen von B. durch Hinterlegung II 160. — Uebergang der B. mit Abtretung der Forderung II 185, Erlöschen bei Schuldübernahme II 205 f. — Begriff und Gegenstand der B., bedingte, künftige Verbindlichkeit II 509 f. — Form der B., Heilung des Formmangels I 290 f. II 511. — B. als Handelsgeschäft II 512. — Umfang der Verbindlichkeit des B., Kosten der Kündigung und Rechtsverfolgung, Vertragszinsen, Vertragsstrafen II 512 f. — Einreden des B. aus der Person des Hauptschuldners II 513 f., Haftung der Mitbürgen II 514, Anfechtbarkeit der Hauptschuld, Aufrechnung II 514, Einrede der Vorausklage II 515 ff., Ausschluß derselben II 516. — Uebergang der Hauptforderung auf den B. II 517 f. — Anspruch des B. auf Befreiung II 518 f. — Aufgeben von Rechten Seitens des Gläubigers II 519 f. — B. auf Zeit II 520 f. — Kreditauftrag II 521 f. — Erlöschen der B. durch Vergleich II 524. — Uebernahme von B. für den Mündel IV 569.
**Bürgerliche Früchte** I 138, 139.
**Bundesakte** VI 137.
**Bundesangehörigkeit.** Gesetz, betr. den Erwerb und Verlust der B. I 62, IV 79, V 25. — Aenderungen VI 115 f. — (S. auch Staatsangehörigkeit.)
**Bundeskonsulate,** Gesetz betr. die Organisation der, Abänderung VI 113.
**Bundesrath.** Verleihung der Rechtsfähigkeit an Vereine I 81, 90, Entziehung derselben I 95. — Genehmigung von Stiftungen I 115. — Bestimmungen über Bekanntmachung von Funden III 244. — Bestimmungen über

Güterrechtsregister IV 199, 309, über Ausführung des Personenstandsregisters IV 315, 316, über Mündelsicherheit von Werthpapieren IV 550, VI 396. — Anerkennung der Rechtsfähigkeit ausländischer Vereine VI 38. — Bestimmung über Vergeltungsrecht VI 199.

**Bundesstaaten.** Verleihung der Rechtsfähigkeit an Vereine I 81. — Genehmigung von Stiftungen I 115. — Buchforderungen gegen B., Sicherheitsleistung I 286, 289. — Aufrechnung gegen Forderung von B. II 177f. — Ausgabe von Schuldverschreibungen auf den Inhaber 552f. — Bestimmungen über Mündelsicherheit IV 550, über Bekanntmachung von Funden III 244. — Zuständigkeit für Befreiung von Ehehindernissen IV 41, für Ehelichkeitserklärung IV 479, für Befreiung vom Erfordernisse des Alters bei Annahme an Kindesstatt IV 492. — Fiskalisches Erbrecht mehrerer B. V 25 — Buchforderungen gegen B. bei Nacherbschaft V 297. — Staatsverträge der B. VI 134. — Staatsschuldbücher, Staatsschulden VI 185ff.

**Buße** II 25, 641, 647, 648, V 4.

## C.

(S. auch K.)

**Cautela Socini** V 569, 570.

**Cautio** damni infecti II 634, III 141, **Muciana** V 240.

**Check** II 341, 533, 535, 548, 568, III 745.

**Chikane** I 276f., III 130.

**Civilehe** IV 5f.

**Civilprozeßordnung** I 17, 39, 40, 41, 42, 43, 44, 59, 60, 62, 63, 64, 68f., 73f., 82, 103, 104, 126, 128, 131, 150, 159, 160, 161, 177, 185, 187, 188, 189, 205, 207, 209, 211, 224, 232, 241, 242, 243, 255, 260, 261, 262, 263, 264, 266, 267, 268, 269, 270, 271, 279, 283, 284, 285, 286, 290, II 20, 32, 33, 40, 46, 57, 58, 61, 67, 68, 96, 129, 135, 145, 158, 162, 168, 170, 171, 173, 176, 182, 184, 185, 186, 190, 191, 194, 196, 198, 209, 210, 216, 230, 233, 235, 244, 248, 250, 253, 256, 258, 259, 260, 263, 266, 270, 280, 292, 305, 306, 309, 311, 318, 328, 334, 343, 345, 350, 351, 353, 377, 405, 407, 413, 420, 453, 456, 468, 473, 474, 487, 494, 500, 504, 516, 524, 529, 551, 555, 558, 559, 560f., 562, 569, 571, 572, 577, 594, 604, 643, 644, 646, 648, III 36, 41, 45, 49, 50, 53, 54, 56, 59, 60, 61, 68, 75, 76, 77, 78, 95, 96, 98, 99, 100, 101, 107, 119, 122, 125, 139, 154, 156, 157, 163, 172, 173, 175, 176, 181, 184, 185, 187, 193, 196, 197, 210, 211, 236, 237, 248, 249, 250, 251, 252, 254, 256, 257, 258, 269, 275, 278, 279, 281, 283, 307, 313, 315, 316, 319, 337, 348, 367, 368, 372, 381, 391, 399, 400, 426, 429, 431, 432, 433, 434, 438, 442, 445, 449, 451, 455, 459, 461, 465, 466, 468, 471, 472, 474, 478, 497, 514, 518, 519, 520, 521, 523, 524, 531, 533, 534, 536, 538, 546, 547, 550, 551, 552, 566, 567, 568, 570, 585, 588, 593, 601, 603, 606, 608, 616, 621, 624, 636, 640, 641, 652, 660, 663, 668, 669, 670, 679, 680, 681, 682ff., 687, 689, 691, 697, 701, 702, 703, 711, 714, 715, 719, 720, 722, 724, 725, 731, 732, 736, 738, 739, 741, 743, 747, IV 8, 9, 15, 27, 30, 43ff., 50, 51, 53, 54, 55, 60, 61, 62, 63, 65, 67, 69, 74, 75, 76, 79, 80f., 92, 94, 95, 96, 105, 107, 108, 125, 126, 135, 137, 138, 144, 148, 149, 153, 155, 157, 158, 160, 162, 163f., 166, 173, 174, 175, 176, 177, 179, 180, 181, 182, 185, 199, 205, 208, 211, 215, 216, 217, 219, 220, 228, 231, 232f., 240, 242, 251, 255, 258, 259, 263, 265, 272, 278, 279, 285, 290, 293, 299, 300, 305, 309, 312, 313, 314ff., 318, 319, 320, 322, 323, 324, 325, 326, 327, 332, 333, 338, 343, 345, 347, 348, 349, 350, 353, 356, 360, 367, 370f., 376, 380, 381, 384, 385, 386, 387, 389, 390, 393, 403, 404, 411, 413, 414, 429, 434, 437, 452, 455, 457, 463, 465, 468, 470, 471, 472, 474, 476, 490, 537, 539, 540, 542, 556, 572, 573, 597, 619, 625, 630, 632, 636, 643, 644, 647, 652, 655, 662, 667, V 10, 23, 25, 27, 33, 36, 37, 39, 40, 52, 53, 58, 59, 62f., 66, 67, 69, 70, 71, 72, 73, 74, 75, 77, 78, 80, 82, 87, 89, 93, 94, 97, 101, 103, 104, 106, 107, 108, 110f., 114, 116, 117, 119, 123, 124, 133, 134, 137, 138, 139, 140, 141, 142, 143, 144, 145, 146, 147, 148, 149, 150, 151, 152, 153, 154, 155, 156, 157, 159, 166, 172, 173, 175, 177, 180, 181, 187, 188, 190, 200, 214, 216, 217, 219, 220, 221, 224, 245, 271, 272, 289, 290, 291, 293, 294, 295, 301, 306, 307, 316, 321, 331, 342, 357, 371, 377, 379, 380, 383, 384, 385, 392, 394, 396, 401, 406, 407, 408, 409, 410, 411, 412, 413, 414, 423, 426, 428, 433, 434, 435, 436, 443, 447, 450, 455, 478, 485, 495, 503, 583, 584, 595, 596, 604, 616, 622, 628, 631, 645, 647, 649, 651, 653, 654, 655, 659, 660, 665, 667, 671, 674, 675, 701, 702, VI 16, 25, 26, 30, 31, 32, 33, 35, 36, 39, 45, 46, 59, 60, 62, 63, 67, 69, 73, 95, 98, 99, 101, 108, 110, 119, 141, 144, 166, 183, 190, 201, 236, 245, 254, 255, 258, 266, 291, 295, 296, 311, 337, 340, 358, 378, 405. — Aenderungsgesetz VI 13f., 255. — Anwendung der Vorschriften des B.G.B. über Vormundschaft und Schwägerschaft VI 102f. — Geltung der Vorschriften der C.P.O. bei Zustellung von Willenserklärungen I 184f., bei Kraftloserklärung von Vollmachtsurkunden I 224.

**Code civil** I 2f., II 623, III 11, 21, 129, 135, 140, 142, 157, 158, 279, 705, V 181, 208, 229, 239, 257, 258, 284, 372, 380, 424, 438, 452, 471, 472, 481, 490, 534, 602, 608, 623, 649, 677, VI 49, 214, 215, 217, 218, 219, 254, 313, 328, 336, 370, 381, 385, 390, 395.
**Codex Maximilianeus Bavaricus civilis** I 3.
**Commis interessé** II 453.
**Communis opinio** I 2.
**Communio** pro diviso III 160, incidens VI 286.
**Compensatio lucri cum damno** II 23, 463.
**Concursus causarum** lucrativarum II 138.
**Condictio ob causam finitam** II 99, 581, 597, IV 15, **indebiti** II 180, 581, 593, Juventiana II 341, **causa** data causa non secuta II 581, IV 15, **sine causa** II 502, 580, ob rem II 581, **ob turpem causam** II 588, 590, ob injustam causam II 590, furtiva II 590.
**Conditio juris** I 205, V 238.
**Conjunctio** Heredes re, re et verbis, verbis tantum conjuncti V 261. — C. bei Vermächtniß V 337.
**Constitutum** possessorium II 437, III 35, 57, 169, 179, 182, 187, 188, 193, 330, 656, 680, V 668. — C. debiti alieni II 509.
**Contractus** mohatrae II 341, 342.
**Coupon** f. Zinsschein.
**Culpa** in contrahendo II 80.

## D.

**Dampf.** Zuführung auf fremdes Grundstück III 138, VI 215.
**Dampfschiffahrtsunternehmungen.** Landesgesetze über Schadloshaltung durch D. VI 215.
**Damwild,** Schaden durch II 630.
**Daraufgabe** f. Draufgabe.
**Darlehen** II 340ff.: Gegenstand II 340ff., Pflicht der Zurückerstattung, Umwandlung anderer Schuld in D. II 342f. — Bedungene Zinsen, Zahlungszeit II 344. — Kündigung II 345. — D.versprechen II 346. — Anwendung der Vorschriften über D. bei Verwahrungsvertrag über vertretbare Sachen II 444. — Verhältniß des D. zur Gesellschaft II 453. — D. zu Spiel und Wette II 502. — Umwandlung von Spielschuld in D.schuld II 505. — D. von öffentlichen Pfandleihanstalten VI 179.
**Darlehenshypothek** III 504f., 607, VI 207.
**Darlehensversprechen** f. Darlehen.
**Darlehensvertrag** f. Darlehen.
**Datum** des Testaments V 439f., 456, 493.
**Dauer.** Dauerndes Dienstverhältniß II 357. — D. der Wartezeit der Frauen IV 31.
**Decharge** des Vormundes IV 629.
**Deflorationsanspruch** II 615, IV 457, 469, VI 387, bei Verlöbniß IV 14, VI 69, 350.
**Deichrecht.** Fortbestand der Landesgesetze VI 150.
**Delation der Erbschaft** V 33, der Vormundschaft IV 519.
**Delegation** f. Schuldübernahme.
**Deliberationsfrist** V 40.
**Deliktsfähigkeit** II 617ff. VI 43.
**Deliktsobligationen** II 599ff. (f. unerlaubte Handlungen). — D. von Ausländern VI 28.
**Delkredere-Vertrag** II 509.
**Denunziation** f. Anzeige.
**Depositengeschäft** f. Verwahrung.
**Deposition** f. Hinterlegung.
**Depositum** irregulare II 341, 436, 444.
**Depotgesetz** II 437, 445, Anwendung auf Gastwirthe II 449.
**Depotschein** II 567.
**Dereliktion** beweglicher Sachen III 221f., von Grundstücken III 173f. — Verfolgung des Anspruchs aus Reallast bei D. des Grundstücks III 431.
**Derivativer** Eigenthumserwerb III 185.
**Derogatorische Klausel** V 475, 561.
**Desertion** IV 320.
**Deszendenten** f. Abkömmlinge.
**Detention** f. Besitz, Inhabung.
**Deutsche.** Verschollenheitserklärung I 69 VI 33f. — Pflicht zur Uebernahme der Vormundschaft IV 527, Pflegschaft IV 661, Nachlaßpflegschaft V 36, Nachlaßverwaltung V 99, 101. — Entmündigung von D. im Auslande VI 33. — Unerlaubte Handlungen von D. im Auslande VI 43. — Anwendung der Gesetze auf persönliche Rechtsbeziehungen d. Ehegatten VI 47, auf eheliches Güterrecht d. Ehegatten VI 49f., auf Beurtheilung ehelicher Abstammung VI 61f., auf Rechtsverhältniß zwischen unehelichen Kindern und Mutter VI 66f. — Vormundschaft über D. im Auslande VI 75. — Erbrechtliche Ansprüche eines D. auf Nachlaß eines Ausländers im Inlande VI 82. — Anwendung d. Gesetze durch Rückverweisung VI 86f.
**Deutsche Sprache** des Protokolls über Testamentserrichtung V 455. — Testamentserrichtung bei Unkenntniß der d. S. V 462f.
**Dienendes** Grundstück f. Grunddienstbarkeiten.
**Dienstanweisung** für Vormundschaftsgerichte IV 515.
**Dienstbarkeiten** III 300ff. (f. Grundd., persönliche D.). — Beeinträchtigung einer D. durch Ueberbau III 149, durch Nothweg III 151, 152. — D. bei Fahrnißgemeinschaft IV 306. — Fortbestand der Landesgesetze über Ablösung von D. VI 201f., über D. an buchungsfreien Grundstücken VI 217. — Uebergangsvorschrift für Besitzschutz von D. VI 332f.
**Dienstberechtigter** f. Dienstvertrag.
**Dienstboten, Dienstleute** f. Dienstvertrag, Gesinderecht.
**Dienstbezüge** im Privatdienst, Anspruchsverjährung I 246, 252.

**Dienste, Dienstleistung.** Anspruchsverjährung I 246, 252. — Werthvergütung für geleistete D. bei vertragsmäßigem Rücktrittsrecht II 128. — D. als Gegenstand des Dienstvertrags II 348 ff. (s. auch Dienstvertrag), des Werkvertrags II 369 f. (s. auch Werkvertrag). — D. als Beitrag zur Gesellschaft II 458, 478. — D. der Kinder für Eltern IV 372, des Vormundes, Gegenvormundes IV 584. — Geldrente für entgangene D. in Folge Tödtung ꝛc. II 646.
**Diensteinkommen.** Abtretung II 196, VI 120.
**Dienstkaution,** Fortbestand der Landesgesetze VI 177.
**Dienstlohn,** Anspruchsverjährung I 246 f., 252, Pfändung II 350.
**Dienstlicher Wohnsitz** I 62.
**Dienstsiegel** s. Amtssiegel.
**Dienstverhältniß** Minderjähriger I 158 f., IV 385. — Aufsuchen neuen D. II 367. — Auslegung letztwilligen Bedenkens der im D. zum Erblasser stehenden Personen V 236. — Vermögensrechtliche Ansprüche aus D., Fortbestand der Landesgesetze VI 165. — Uebergangsvorschriften für bestehende D. VI 280 f., 284.
**Dienstverpflichteter** s. Dienstvertrag.
**Dienstvermittelung** II 399.
**Dienstvertrag** II 88, Minderjähriger I 158 ff., VI 252. — D. im Allgemeinen II 346 ff. — Begriff, Vergütung II 348 ff., Recht des Dienenden auf Dienstleistung II 351. — Mehrheit gleichzeitiger D. II 351. — Stillschweigende Vereinbarung der Vergütung, Taxe, Ueblichkeit II 352. — Leistung, Empfang der Dienste in Person II 352 f. — Vorleistung des Dienstverpflichteten, Zeit der Vergütung II 353. — Annahmeverzug des Dienstberechtigten II 353 f., vorübergehende Verhinderung des Dienstverpflichteten, Anrechnung von Bezügen aus Kranken- und Unfallversicherung II 354 f. — Krankheit des Dienstverpflichteten II 356 ff., Fürsorgepflicht des Dienstherrn in Bezug auf Wohn-, Schlaf- und andere Räume, Geräthschaften ꝛc. II 358 ff. — Unzulässigkeit entgegenstehender Vereinbarung II 360. — Endigung der Dienstzeit durch Zeitablauf II 361, Kündigung II 361 f., von Dienstverhältnissen höherer Art II 362 f., 365, von Dienstverhältnissen auf länger als fünf Jahre, Lebenszeit II 363. — Stillschweigende Verlängerung des D. II 364. — Kündigung ohne Frist bei wichtigem Grunde, höheren Diensten II 364 f., Regelung der gegenseitigen Ansprüche bei außerordentlicher Kündigung II 366. — Zeit zum Aufsuchen anderen Dienstverhältnisses II 367. — Arbeits-, Führungszeugniß II 367 f. — Mäklerlohn für D. II 399. — D. mit Geschäftsbesorgung, Anwendung der Vorschriften für Auftrag II 422. — Verhältniß des D. zur Gesellschaft II 453. — D. einer Ehefrau II 362, 367, IV 88 f. 183, VI 355, 959, eines Mündels IV 569, 576.
**Dienstzeugniß** II 367.
**Dies certus an incertus quando** I 209, d. certus I 242. — D. legati cedens, veniens V 359.
**Differenzgeschäft** II 500 f., 507, VI 98.
**Dilatorische** Einrede, Verhältniß zu Anspruchsverjährung I 253.
**Diligentia** s. Sorgfalt.
**Dingliche Klage** des Hypothekengläubigers III 520 f.
**Dinglicher Anspruch,** Verjährung I 245, Einrechnung der Besitzzeit des Rechtsvorgängers zu Gunsten des Rechtsnachfolgers I 269.
**Dinglicher Arrest** bei Wegnahme als Mittel der Selbsthülfe I 285.
**Dingliches Recht** II 3. — Verletzung II 608, III 4 f., 213 f. — D. R. an einem gemeinschaftlichen Grundstücke zu Gunsten eines Miteigenthümers III 287 f.
**Dingliche Rechtsgeschäfte,** maßgebende Gesetze für deren Form VI 40, 42.
**Dinglicher Vertrag** I 147, 196. — Keine Anwendung der Vorschriften über Rücktrittsrecht aus obligatorischem Vertrage II 127 f.
**Dingliches Vorkaufsrecht** III 414 ff.
**Direkte Stellvertretung** I 210.
**Dispensation** s. Befreiung.
**Dispositionsbeschränkung** s. Geschäftsfähigkeit, Geschäftsunfähigkeit, Verfügungsbeschränkung.
**Dispositionsnießbrauch** III 352.
**Dispositive** Vorschriften I 21.
**Dissens** bei Vertragsschluß I 202 f.
**Distributive** Methode bei Berechnung des Pflichttheils V 577.
**Dividendenscheine** s. Gewinnantheilscheine.
**Divisio** parentum inter liberos V 199.
**Dolmetscher** bei Testamentserrichtung V 454, 462 f., bei Erbvertrag V 520.
**Dolus** incidens I 174, eventualis III 194.
**Dominium sine re** III 192.
**Domizil** s. Wohnsitz.
**Donatio mortis causa** V 558.
**Doppelehe,** Ehehinderniß IV 25, 75, Nichtigkeit IV 53, 74, Scheidungsgrund IV 317 f. (vgl. IV 338).
**Dorftestament** V 469 f., VI 244.
**Dotalrecht** IV 97, 189.
**Draufgabe** bei Dienstverträgen Minderjähriger I 159. — Zeichen des Vertragsabschlusses, im Zweifel nicht Reugeld II 116 f. — Anrechnung auf die Leistung, Zurückgabe II 117 f. — Zurückbehaltung bei Verschulden des Gebers, Anrechnung auf Schadensersatz II 118 f.
**Drei Jahre** Kriegsverschollenheit I 70, Seeverschollenheit I 71, Lebensgefahr I 72, Wiederkaufsrecht II 274, Erwerb gefundener Sachen III 242. — Verjährung der Ansprüche des Anweisungsempfängers II 539, auf Schadensersatz aus unerlaubter Handlung II 650, des Vertragserben wegen

dolofer Schenkung des Erblassers V 534, des Pflichttheilsanspruchs V 611. — D. J. Geisteskrankheit als Voraussetzung der Scheidung IV 321.
**Drei Monate,** Frist für Berichtigung von Nachlaßverbindlichkeiten V 147 f. — Beschränkung der Gültigkeit des außerordentlichen Testaments auf d. M. III 473 f.
**Dreißig Jahre,** Frist für Anfechtung von Willenserklärungen I 171, 175. — Regelmäßige Verjährungsfrist I 245, für rechtskräftig festgestellte Ansprüche I 267. — Frist für Erlöschen des Gläubigerrechts auf den hinterlegten Leistungsgegenstand II 163 f. — Frist für Ausübung des Wiederkaufsrechts an Grundstücken II 274. — Miethvertrag auf länger als d. J. II 316. — Tabularersitzung in d. J. III 123. — Erlöschen des Rechts des Gläubigers auf den hinterlegten Hypothekenbetrag in d. J. III 569, des Rechts aus Inhabergrundschuld III 641. — Wirkung der Ausschließung der Erbauseinandersetzung nach d. J. V 195 f., Ausschluß der Anfechtung letztwilliger Verfügung V 253. — Wirksamkeit der Nacherbeinsetzung auf d. J. beschränkt V 282, ebenso des Vermächtnisses V 339. — Beschränkung der Testamentsvollstreckung auf d. J. V 405.
**Dreißigste** V 29, 70, 149.
**Dritte.** Wirkung des Urtheils gegen D. I 40 f. — Kenntniß D. von Erlöschen der Vollmacht I 220, 223. — Vollmachtsertheilung durch Erklärung gegenüber einem D., Dauer derselben I 221. — Bewirkung der Leistung aus Schuldverhältniß durch D. II 38 f. — Vertrag über Nachlaß noch lebender D. II 83 f. — Bestimmung der Leistung aus Vertrag durch D. II 88 ff. — Versprechen der Leistung an einen D. I 174, II 106 ff., III 345 (s. Leistung). — Leistung an D. als Erfüllung des Schuldverhältnisses II 139 ff. — Leistung durch einen D. II 142, desgl. Hingabe an Erfüllungsstatt II 145 f. — Rechte D. am Kaufgegenstande II 228, an der Miethsache II 299 f. — Verwahrung bei einem D. II 439. — Zuwendung ungerechtfertigter Bereicherung an D. II 598. — Zustimmung D. zur Aufhebung eines Rechts an Grundstücken III 80 f., zur Aenderung des Inhalts III 82, des Ranges III 86. — Erlöschen der Rechte von D. an veräußerten beweglichen Sachen III 190 f., durch Ersitzung III 200, durch Verbindung, Vermischung III 204, durch Verarbeitung III 206, an Fundsachen III 234, durch Nießbrauchsbestellung III 330. — Schadensersatzanspruch D. aus Verlöbnißbruch IV 11. — Schutz gutgläubiger D. gegen die Wirkungen der Nichtigkeit der Ehe IV 66 f., 77. — Wirksamkeit der Verfügungsbeschränkungen der Frau hinsichtlich des eingebrachten Guts gegenüber D. IV 151. — Schutz gutgläubiger D. bei Beendigung der ehemännlichen Verwaltung und Nutznießung IV 180 f., bei Gütertrennung IV 188 f. — Stellung D. zur Schlüsselgewalt der Frau IV 85, 87. — Letztwillige Zuwendung des einem Abkömmlinge entzogenen Antheils am Gesammtgute der fortgesetzten Gütergemeinschaft an einen D. IV 279. — Anordnungen eines D. hinsichtlich des von ihm einem Kinde in elterlicher Gewalt Zugewendeten IV 394 f., 648, Benennung des Pflegers IV 663. — Abhängigkeit der Geltung des Inhalts letztwilliger Verfügungen von der Bestimmung eines D. V 229 f. — Bedingung bei letztwilliger Zuwendung zu Gunsten eines D. V 240 f. — Bestimmung der Person des Bedachten bei Vermächtniß durch D. V 330, Bestimmung bei Wahlvermächtniß V 335, bei Gattungsvermächtniß V 335, Bestimmung nach billigem Ermessen V 336, Bestimmung des Begünstigten bei Auflagen V 376, des Testamentsvollstreckers V 387. — Erbeinsetzung eines D. im gemeinschaftlichen Testamente V 496 f. — Verzicht auf Zuwendungen an D. im Erbvertrag V 640.
**Drohung.** Anfechtung von Willenserklärungen wegen D. I 173 f., 213 f., des Verlöbnisses IV 12, der Ehe IV 59, 61, 71, der Anerkennung der Ehelichkeit IV 352, letztwilliger Verfügung V 245 f., 251. — Stellung des Kindes bei Anfechtung der Ehe wegen D. IV 455. — Anfechtung der Annahme oder Ausschlagung einer Erbschaft V 50, des Erbvertrags durch Erblasser V 530. — D. als Erbunwürdigkeitsgrund V 624 f.
**Droschke.** Fund in D. III 340.
**Drucken,** Eigenthumserwerb III 206.
**Dünger** als Zubehör eines Landguts I 136. — Zurücklassung des D. bei Beendigung der Pacht eines Landguts II 332, bei Beendigung des Nießbrauchs III 353.
**Düngergruben** III 140.
**Dürfen,** Terminologie I 25.
**Durchschnitt** bei Bestimmung der Vertragsleistung durch mehrere Dritte II 88 f.
**Durchsicht** des Testamentsprotokolls V 458 f.

## E.

**Editionsanspruch** II 569 ff.
**Effektiv,** Begriff I 163, II 14. — E. Nacherbfolge V 270.
**Ehe,** Begriff IV 5 f. — E. zur linken Hand IV 7, 84. — Eingehung der E. IV 17 ff. — E.mündigkeit, Dispensation davon IV 19. — Einwilligung des gesetzlichen Vertreters bei beschränkter Geschäftsfähigkeit, Ersetzung derselben durch Vormundschaftsgericht IV 19 f. — E. zwischen Vormund und Mündel IV 20. — Einwilligung der Eltern IV 22 f., bei Annahme an Kindesstatt IV 23 f., keine Vertretung bei beschränkter Geschäftsfähigkeit der Eltern IV 24.

— Ersetzung der elterlichen Genehmigung durch Vormundschaftsgericht IV 24. — Verbot der Doppelehe IV 25 f. — Wiederholung der E.schließung IV 26, Hinderniß der Verwandtschaft, Schwägerschaft, Geschlechtsgemeinschaft IV 27 f., VI 97, Adoptivverwandtschaft IV 29 f., des E.bruchs IV 30, der Wartezeit der Frau IV 31, Auseinandersetzung mit den minderjährigen Kindern früherer E. IV 32. — Erlaubniß für Militärpersonen, Landesbeamte, Ausländer IV 33 f. — Aufgebot IV 34 ff. — Form der E.schließung, Standesbeamter, Zuständigkeit IV 36 f., Bestimmung eines Standesbeamten IV 40, Ermächtigung eines anderen Standesbeamten IV 40. — Zuständigkeit für Befreiung von aufschiebenden E.hindernissen IV 41. — (S. auch IV 350). — Nichtigkeit und Anfechtbarkeit der E. IV 41 ff., VI 351 f. — Anfechtungs-, Nichtigkeitsklage (Verfahren) IV 43 ff., 54 f. — Klage auf Feststellung des Bestehens oder Nichtbestehens einer E. IV 47 f. — Nichtigkeitsgründe: Nichtbeachtung der Form der E.schließung, Heilung bei Eintragung in das Heirathsregister und Zeitablauf IV 49 f., Geschäftsunfähigkeit, Bewußtlosigkeit, Geistesstörung, Bestätigung solcher E. IV 50 f., Doppelehe IV 53, Verwandtschaft, Schwägerschaft IV 53, E.bruch IV 54, Nichtigkeitsklage IV 54. — Anfechtungsgründe: Mangelnde Einwilligung des gesetzlichen Vertreters IV 55 f., Mangel im Willen, Irrthum über E.schließung IV 56 f., über persönliche Eigenschaften IV 57 f., arglistige Täuschung IV 58 f., Drohung IV 59. — Anfechtungsberechtigte, Vertretung bei beschränkter Geschäftsfähigkeit, Geschäftsunfähigkeit IV 59 f. — Einfluß der Genehmigung oder Bestätigung der anfechtbaren E. IV 60 f. — Anfechtung nach Auflösung der E. IV 62. — Frist der Anfechtung IV 63, für einen Geschäftsunfähigen nach Eintritt der Geschäftsfähigkeit IV 64, Anfechtungsklage, Zurücknahme derselben, Genehmigung, Bestätigung während des Prozesses IV 64 f. — Form der Anfechtung einer durch Tod aufgelösten E. IV 65 f. — Wirkung der Anfechtung IV 66 f. — Schutz gutgläubiger Dritter gegen die Wirkungen der Nichtigkeit IV 67 ff. — Schutz des gutgläubigen E.gatten (Putativehe.) in vermögensrechtlicher Beziehung IV 70 ff., 77, Erklärung desselben über das ihm zustehende Recht, Frist dafür IV 72 (s. auch IV 338, VI 53 f.). — Wiederverheirathung im Falle der Todeserklärung IV 72 ff., VI 353 (s. Wiederverheitathung). — Wirkungen der E. im Allgemeinen IV 79 ff.: E.liche Lebensgemeinschaft IV 81 f., Bestimmungsrecht des Mannes, Wohnung, Wohnort, Folgepflicht der Frau IV 82 f. — Familienname, Stand der Frau IV 83 f. — Leitung des Hauswesens durch die Frau, Arbeit derselben IV 84, häuslicher Wirkungskreis, Schlüsselgewalt der Frau IV 85 f. — Uebernahme persönlicher Leistungen durch die Frau gegenüber Dritten, Kündigungsrecht des Mannes IV 87 ff. — Haftung der E.gatten für Sorgfalt, wie in eigenen Angelegenheiten IV 90. — Unterhaltspflicht der E.gatten, Beerdigungskosten IV 90 f., bei getrenntem Leben der E.gatten. Geldrente IV 92 f. — Vermuthung, daß die im Besitze der E.gatten befindlichen beweglichen Sachen, Inhaberpapiere, Orderpapiere Eigenthum des Mannes; Kleider, Schmucksachen, Arbeitsgeräthe Eigenthum der Frau sind (praesumtio Muciana) IV 96 f. — E.liches Güterrecht IV 97 ff. (s. d. W. Gütertrennung, Gütergemeinschaft, Errungenschaftsgemeinschaft, Fahrnißgemeinschaft). — Scheidung der E. IV 313 ff. (s. Ehescheidung). — Kirchliche Verpflichtungen in Ansehung der E. IV 339 f. — Einfluß der Nichtigkeit, der Auflösung der E. auf gemeinschaftliches Testament der E.gatten V 495 f. — Eingehung der E., maßgebende Gesetze für Form VI 44 f., für persönliche Rechtsbeziehungen der E.gatten VI 47 f., 86 f. — E.recht der souverainen Häuser VI 136. — Uebergangsvorschrift für bestehende E. VI 351 ff., für das Rechtsverhältniß der Kinder aus geschiedener, aufgelöster E. VI 382, aus nichtiger, ungültiger E. VI 383 f.

**Eheauflösung** s. Ehescheidung.

**Ehebruch** als Ehehinderniß IV 30, Nichtigkeitsgrund IV 54, Scheidungsgrund IV 317 f., 326, VI 370.

**Eheeinwilligung** IV 19 ff. — Fortfall des Anspruchs auf Aussteuer bei Heirath der Tochter ohne E. IV 375.

**Eheerlaubniß** IV 33 f.

**Ehefrau,** Wohnsitz I 63 f., VI 49, 54. — E. unter Vormundschaft, Vermögensverwaltung des Vormundes IV 535. — Bestellung zum Vormunde des volljährigen Mannes IV 637. — Inventarfrist für eine E. V 136 f. — Staatsangehörigkeit der E. VI 48. — Gewerbebetrieb ausländischer E. VI 109 f. (s. auch Erwerbsgeschäft).

**Ehegatten.** Hemmung der Anspruchsverjährung unter denselben bei bestehender Ehe I 255, VI 49. — Schenkung unter E. II 281, IV 79. — Unterhaltspflicht IV 90 ff., 363 f., VI 49, 355. — Verhältniß ihres Unterhaltsanspruchs zu demjenigen anderer Verwandter IV 364. — Einwilligung zur Annahme an Kindesstatt IV 492, Stellung desselben nach Annahme an Kindesstatt IV 504. — Berufung zur Vormundschaft über Volljährige IV 637. — Gesetzliches Erbrecht des überlebenden E. V 30 f. — E. gilt nicht als bedacht bei Erbeinsetzung der „Verwandten" V 233. — Letztwillige Zuwendungen unter E. V 241. — Ausschließung von der Mitwirkung bei Testamentserrichtung V 447. — Gemeinschaftliches Testament V 492 ff., Erbvertrag V 517 f., 519, 525, 527, 541, 544 f. — Pflichttheilsrecht der E V 565 f., 590, 592, Entziehung desselben V 616. — Erbverzicht der E. V 634, 640, eines Abkömmlings zu Gunsten des E. des Erblassers V 638. — Maßgebende Gesetze für persönliche Rechtsbeziehungen deutscher E. VI 47, 65. — Anträge eines E. zum Reichsschuldbuch VI 125, Staatsschuldbuch VI 185. — Uebergangsvorschrift für persönliche Rechtsbeziehungen der E. VI 354 f., für Erbrecht derselben VI 356 f. — (S. auch Wiederverheirathung).

**Ehegut** s. Eheliches Güterrecht.

**Ehegutsgelder**, Anlegung IV 122.

**Ehegutsverbindlichkeiten** IV 160 ff.

**Ehehindernisse** IV 19 ff. (s. Ehe, unter Eingehung), 75 f. — Trennende, aufschiebende E. IV 17.

**Eheliche Abstammung** IV 342 ff. (s. eheliche Kinder). — Maßgebende Gesetze für Beurtheilung der e. A. VI 61 f.

**Ehelicher Aufwand** IV 80. Beitrag der Frau aus Vorbehaltsgut IV 107. — Tragung durch den Mann bei gesetzlichem Güterstande IV 136 f., bei Gütertrennung, Beitragspflicht der Frau IV 184, desgl. aus dem Vorbehaltsgut bei Gütergemeinschaft IV 207. — Tragung des e. A. aus Gesammtgut IV 218, 225, aus Gesammtgut der Errungenschaftsgemeinschaft IV 292.

**Eheliche Gemeinschaft** s. Eheliche Lebensgemeinschaft.

**Eheliche Gesinnung** IV 81 f.

**Eheliches Güterrecht** IV 97 ff.: Gesetzliches G. IV 98 ff.: Eingebrachtes Gut IV 99 f., nicht übertragbare Rechte IV 100, Ausnahme von Verwaltung und Nutznießung des Mannes IV 101. — Vorbehaltsgut: gesetzlicher Begriff IV 101 f., V. durch Ehevertrag IV 104, letztwillige Verfügung IV 105, Surrogation IV 106, Anwendung der Vorschriften über Gütertrennung, Beitrag der Frau zum ehelichen Aufwand IV 107. — Verzeichniß des eingebrachten Guts, Feststellung des Zustandes durch Sachverständige IV 107 f. Verwaltung und Nutznießung des Mannes IV 109 ff.: Besitz des Mannes am e. G. IV 114 f., Pflicht zu ordnungsmäßiger Verwaltung, Auskunftsertheilung IV 115 f., keine Verpflichtung der Frau durch Rechtsgeschäfte, Zustimmung derselben zu Verfügungen IV 116 f., Fälle freier ordnungsmäßiger Verfügung des Mannes 118 ff., Anlegung von Geldern, Veräußerung unbrauchbarer Sachen IV 122 f., Verfügung über Grundstücke mit Inventar IV 123. — Ersetzung der Zustimmung der Frau durch das Vormundschaftsgericht IV 123 f. — Aktive Prozeßführung des Mannes, Wirkung des Urtheils gegen und für die Frau IV 124 f. — Erwerb von beweglichen Sachen, Rechten mit Mitteln des e. G., Surrogation IV 126 f. — Ergänzung von eingebrachten Haushaltsgegenständen IV 128. — Analogie des Nießbrauchs für den Erwerb der Nutzungen des e. G. IV 129 f. — Kosten der Gewinnung der Nutzungen und der Erhaltung des e. G. IV 131 f., Tragung der Lasten, Versicherung IV 132 f., Zinsen, wiederkehrende Leistungen, Leistungen aus gesetzlicher Unterhaltspflicht der Frau IV 133 f., Kosten eines Rechtsstreits, der Vertheidigung der Frau IV 134 f., Gesammtschuldnerische Haftung des Mannes IV 136. — Tragung des ehelichen Aufwands IV 136 f. — Aufwendungen auf das e. G. IV 138. — Sicherheitsleistung des Mannes bei Gefährdung des e. G. IV 139 ff., Hinterlegung oder Umschreibung von Inhaber- und Orderpapieren IV 142. — Zeitpunkt der gerichtlichen Geltendmachung der Ansprüche gegen den Mann aus Verwaltung des e. G., des Anspruchs auf Sicherheitsleistung IV 143 f. — Einwilligung des Mannes zu Verfügungen der Frau über e. G. IV 145 ff. — Genehmigung des Mannes, Frist für solche IV 146, Widerrufsrecht des anderen Theils bis zur Genehmigung IV 146, einseitiges Rechtsgeschäft der Frau IV 147, Rechtsgeschäfte der Frau, welche dieselbe zu einer Leistung verpflichten IV 147 f., Rechtsstreit der Frau ohne Zustimmung des Mannes IV 148 f., Verhinderung des Mannes an Zustimmung IV 149 f., Ersetzung derselben durch Vormundschaftsgericht IV 150, einseitige Rechtsgeschäfte bezüglich des e. G. oder einer Verbindlichkeit der Frau, Vornahme gegenüber dem Manne, bezw. der Frau IV 151, Wirksamkeit der Verfügungsbeschränkung der Frau gegen Dritte IV 151 f., selbständiges Erwerbsgeschäft der Frau IV 152 ff., Fälle, in welchen die Frau der Zustimmung des Mannes für Rechtsgeschäfte und Rechtsstreitigkeiten nicht bedarf IV 154 ff. — Nichtübertragbarkeit des ehemännlichen Rechts am e. G. IV 158, Vertretung des unter Vormundschaft stehenden Mannes in solchen Rechten und Pflichten IV 158 f. — Schuldenhaftung des e. G. IV 159 ff., keine Haftung für Schulden des Mannes IV 160, unbedingte Haftung für voreheliche Schulden der Frau IV 160 ff., Ersatzpflicht des Mannes für verbrauchte Sachen gegenüber den Gläubigern IV 160 f. — Vorschriften der Civilprozeßordnung über Art und Weise, in der Gläubiger Befriedigung aus dem e. G. erhalten IV 163 f., Konkurs der Frau IV 164 f. — Haftung des e. G. für Verbindlichkeiten, die nach Eingehung der Ehe mit Zustimmung des Mannes ohne Wirksamkeit für ihn entstanden sind, für Kosten eines Rechtsstreits der Frau IV 166, keine Haftung für Verbindlichkeiten der Frau aus Erbschaft oder Vermächtniß, welche als Vorbehaltsgut erworben sind IV 166 f., für Verbindlichkeiten des

Vorbehaltsguts IV 167 f. — Lasten des Vorbehaltsguts im Verhältnisse der Ehegatten zu einander IV 168 ff., Kosten eines Rechtsstreits zwischen Ehegatten, zwischen Frau und Dritten IV 170 f., Ausgleichung zwischen Vorbehaltsgut und eingebrachtem Gut IV 171 f. — Beendigung der Verwaltung und Nutznießung IV 173 ff.: Gründe für Klage der Frau auf dieselbe, Eintritt mit Rechtskraft des Urtheils IV 174 f., Konkurs des Mannes IV 176 f., Todeserklärung des Mannes IV 177 f. — Folgen der Beendigung, Herausgabe des e. G., Rechnungslegung, landwirthschaftliches Grundstück, Landgut IV 178 f., Wirkung des Urtheils auf Herausgabe zurück auf den Zeitpunkt der Klageerhebung IV 179 f., Mieth- und Pachtverhältnisse IV 180, Fortführung der Verwaltung bis zur Kenntniß des Mannes von der Beendigung, Schutz gutgläubiger Dritter IV 180 f., Wiederherstellung der Verwaltung und Nutznießung IV 182 f. — Gütertrennung IV 183 ff. (s. d. W.). — Vertragsmäßiges e. G. IV 189 ff. (s. Ehevertrag). — Allgemeine Gütergemeinschaft IV 200 ff. (s. Gütergemeinschaft). — Verhältniß des e. G. zur Unterhaltspflicht der Frau IV 358 f. — Maßgebende Gesetze für e. G. VI 49 f., 65, 86 f., 89 f. — Uebergangsvorschrift über e. G. VI 356 ff.

**Eheliche Kinder.** Wohnsitz I 64 f., Eheeinwilligung IV 22. — Eheliche Abstammung IV 342 ff.: Voraussetzung der Ehelichkeit, Vermuthung der Beiwohnung des Mannes IV 342 ff. — Prozessualische Geltendmachung der Ehelichkeit IV 343. — Empfängnißzeit IV 345 f. — Geltendmachung der Unehelichkeit setzt voraus Anfechtung der Ehelichkeit durch den Mann oder dessen Tod IV 346 f. — Anfechtung der Ehelichkeit IV 347 f.: Frist IV 347 f., Anfechtung durch Vertreter IV 348 f., Anfechtungsklage gegen das Kind bei dessen Lebzeiten IV 349 f., Wirkung der Zurücknahme IV 349 f., der Anerkennung IV 349 f., Erklärung gegenüber dem Nachlaßgerichte nach Tod des Kindes IV 350. — Anerkennung der Ehelichkeit IV 350 f., Vertretung bei derselben IV 351, Anfechtung derselben IV 352 f., Bestimmung bei vorzeitiger Wiederverheirathung der Frau IV 353. — Rechtliche Stellung der e. K. IV 369 ff. (s. Eltern). — Stellung als e. K. durch nachfolgende Ehe IV 474, durch Ehelichkeitserklärung IV 486, durch Annahme an Kindesstatt IV 499. — Uebergangsvorschriften für das Rechtsverhältniß von Eltern und e. K. VI 375 ff., nach Ehescheidung, Eheauflösung VI 382 f. — (S. auch VI 19.)

**Eheliche Lebensgemeinschaft** IV 79 ff. (s. Ehe unter Wirkungen im Allgemeinen). — Klage auf Herstellung des ehelichen Lebens IV 80 f. — Aufhebung der e. L. IV 315 f., Klage auf dieselbe IV 326 f., Wirkungen der Aufhebung IV 338, der Wiederherstellung IV 339. — Ausschluß der Vermuthung für Beiwohnung des Mannes nach Aufhebung der e. L. IV 345. — Uebergangsvorschrift für Aufhebung der e. L. VI 369 ff. — Wirkung der Klage auf Aufhebung der e. L. auf Erbrecht des überlebenden Ehegatten V 21, 23, auf letztwillige Verfügung V 241. — Maßgebende Gesetze für Aufhebung der e. L. VI 57 f.

**Eheliche Nutznießung** IV 109 ff.

**Eheliche Pflicht** IV 51, 61, 82, 321. — Verletzung der e. Pfl. als Scheidungsgrund IV 320.

**Ehelichkeitserklärung** IV 478 ff., VI 71, 72 (s. Legitimation). — Erbrecht der für ehelich erklärten Kinder V 15. — Unzulässigkeit der Erbauseinandersetzung bei schwebender Entscheidung über E. V 193.

**Ehemann.** Inventarerrichtung durch den E. für eine der Ehefrau angefallene Erbschaft V 136 f. — Ertheilung des Erbscheins an E. der Erbin V 645. — Ausländischer E., Todeserklärung VI 34 f., eheliches Güterrecht VI 49 f. — (S. auch Ehegatten.)

**Ehemündigkeit** IV 19.

**Eherechtliches Register** s. Güterrechtsregister.

**Ehescheidung** IV 313 ff. — Auseinandersetzung bei Aufhebung der Gütergemeinschaft durch E. IV 238 f. — Absolute, relative Scheidungsgründe, Prinzip der Verschuldung IV 313 f. — Wirkungen der Scheidung IV 314. — Civilprozessualische Vorschriften über E. IV 314 f. — Aufhebung der ehelichen Gemeinschaft IV 315 f. — E. durch Urtheil IV 317. — Scheidungsgründe: Ehebruch, Bigamie, widernatürliche Unzucht IV 317 f., Ausschluß des Rechts bei Theilnahme, Zustimmung IV 317 f. — Lebensnachstellung IV 318. — Bösliche Verlassung IV 318 f. — Relative Scheidungsgründe, Zerrüttung des ehelichen Verhältnisses, Mißhandlung IV 320 f., Geisteskrankheit IV 321 f. — Verzeihung IV 322 f. — Frist der Klageerhebung IV 323 f., Geltendmachung von Scheidungsgründen im Laufe des Rechtsstreits IV 325, Bezeichnung des schuldigen Theils im Urtheil IV 325 f. — Klage auf Aufhebung der ehelichen Gemeinschaft IV 326 f., Scheidung auf Grund der Aufhebung IV 327 f. — Name der geschiedenen Frau IV 328, VI 372. — Unterhaltspflicht des für schuldig erklärten Gattentheils IV 329 f., 363, Art des Unterhalts, Geldrente, Kapitalabfindung IV 332 f. — Einfluß der Wiederverheirathung IV 334, des Todes des Unterhaltspflichtigen IV 334 f. — Unterhaltspflicht bei Scheidung wegen Geisteskrankheit IV 336. — Widerruf von Scheidungen IV 336. — Unterhalt der gemeinschaftlichen Kinder, Beitragspflicht der Frau IV 336 f. — Wirkungen der Aufhebung der ehelichen Gemeinschaft IV 338, der Wiederherstellung derselben IV 339. — Einfluß der E. auf die Sorge für die Person der Kinder IV 392, VI 382 f. — Uebertragung der elterlichen Gewalt nach E. auf die Mutter IV 438. — Gründe der E. zur Ausschließung des gesetzlichen Erbrechts des überlebenden Ehegatten V 22 f. — Einfluß der E. auf letztwillige Zuwendungen unter Ehegatten V 241, auf gemeinschaftliches Testament V 495 f., auf Pflichttheilsrecht der E. V 616. — Einfluß der E. auf den Güterstand, internationales Privatrecht VI 51. — Maßgebendes Recht für E. VI 57 ff., 86 f. — Uebergangsvorschrift für E. VI 369 ff., Wirkungen 372. — Uebergangsvorschrift für das Rechtsverhältniß der Kinder nach E. VI 382 f.

**Ehescheidungsstrafen** VI 372.

**Eheschließung** IV 17 ff. (s. Ehe unter Eingehung). — Gesetz, betr. die E. IV 5, 17 ff., 33, 34 f., 36 f., 39 f., 46, 72, Aenderungen VI 122 ff. — Gesetz, betr. die E. von Bundesangehörigen im Auslande IV 17, 18, VI 44, Aenderungen VI 114 f. — Gesetz, betr. die Aufhebung der polizeilichen Beschränkungen der E. IV 18. — Form der E. in Konsulargerichtsbezirken VI 15. — Verpflichtung zur E., ausländisches Recht VI 95.

**Ehevermittelung** II 399 f.

**Ehevertrag** IV 97 f., 189 ff. — Vorbehaltsgut durch E. IV 104, 207. — Begriff des E. IV 189 f. — Persönliche Fähigkeit zum Abschlusse, Stellvertretung IV 192. — Beschränkung der Vertragsfreiheit, früheres, ausländisches Recht IV 192 f. — Form des E. IV 193 f. — Eintragung des E. in das Güterrechtsregister als Voraussetzung der Wirkung gegen Dritte IV 194 ff. — Wirkung des den gesetzlichen Güterstand oder die Gütergemeinschaft, Errungenschaftsgemeinschaft, Fahrnißgemeinschaft aufhebenden E. ist Gütertrennung IV 199 f. — Vereinbarung oder Aufhebung der allgemeinen Gütergemeinschaft durch E. IV 201 f. — Schuldenhaftung, wenn durch E. ein anderer Güterstand an Stelle der allgemeinen Gütergemeinschaft eingeführt ist IV 241. — E. zur Ausschließung der fortgesetzten Gütergemeinschaft IV 275. — E. bei Errungenschaftsgemeinschaft IV 288, bei Fahrnißgemeinschaft IV 307, 308. — E. ausländischer Ehegatten VI 49 f., 52. — Zulässigkeit von E für bestehende Ehen, Uebergangsvorschrift VI 356 ff.

**Ehre**, Schutz derselben I 51 f., II 606 f., 611, 614, III 133.

**Ehrenrechte**, Verlust I 51. — Keine Zeugenschaft bei Eheschließung IV 36, VI 115. — Aberkennung der E. als Scheidungsgrund IV 321, Unfähigkeit zum Vormunde 2c. IV 524, VI 104, zum Familienrathe IV 513, zur Mitwirkung bei Testamentserrichtung V 449.

**Ehrenvormund** IV 514.

**Ehrloses Verhalten** als Scheidungsgrund IV 320. — E. V. des Vaters bei Ausübung der elterlichen Gewalt IV 419. — Entziehung des Pflichttheils bei e. Lebenswandel V 613, 616.

**Ehrverletzung** s. Ehre.

**Eidliche** Vernehmung. Mitwirkung bei Testamentserrichtung bei Unfähigkeit zur e. V. V 449.

**Eidesstatt.** Verpflichtung des Vormundes durch Handschlag an E. IV 590, des Familienraths IV 615. — E.liche Versicherung bei Antrag auf Erbschein V 649 f., 652.

**Eigenbesitz** III 30, 62. — Haftung des Eigenbesitzers für Schaden durch Einsturz eines Gebäudes, Werkes II 634, 635. — Dreißigjähriger E. eines Grundstücks berechtigt zum Aufgebot zwecks Ausschließung des Eigenthümers III 170 f. — E. als Voraussetzung der Ersitzung III 192, 194, 195. — Fruchterwerb des Eigenbesitzers III 214 f. — E. herrenloser Sachen III 219 f.

**Eigene** Angelegenheiten. Haftung für Sorgfalt wie in solchen II 49 f.

**Eigenhändiges Testament** V 436 ff., 460 f., 468, 511, Verwahrung V 469, Zurücknahme aus solcher V 478, 480. — E. T. von Ehegatten V 493 f. — Erbschein V 657.

**Eigenmacht,** verbotene III 42 f., 59. — Haftung des eigenmächtigen Besitzers gegenüber Eigenthumsklage III 261. — V. E. gegen Quasibesitzer III 324.

**Eigenschaft,** Irrthum über E. einer Person oder Sache bei Willenserklärung I 168 f. — Zugesicherte E. s. Gewährleistung.

**Eigenthum** an Grundstücken, Form der Uebertragung durch Vertrag II 85. — Verschaffung des E. beim Kauf II 226 f. — Vorbehalt des E. beim Kauf II 243 f. — Uebertragung des E. am Werke bei Preisbewerbung II 407. — Erfordernisse der Uebertragung von E. an Grundstücken III 72 f. — Vormerkung auf Einräumung des Eigenthums III 102. — Erwerb des E. durch Tabularersitzung III 123. — Inhalt des Eigenthums III 128 ff.: Definition III 129, Befugnisse des Eigenthümers III 130 f., Beschränkungen derselben III 132 f. — Umfang des Grundstückseigenthums III 135. — Nachbarrecht III 136 ff.: Einwirkung von Dämpfen, Rauch 2c. III 138. — Gefährdende Anlagen auf Nachbargrundstücken III 189. — Gefahr des Einsturzes eines Gebäudes, Werks III 140. — Unzulässige Vertiefung des Bodens III 141. — Wurzeln und Zweige, Ueberhangsrecht III 142. — Ueberfallende Früchte III 143. — Grenzrecht III 144 ff.: Ueberbau III 144 ff., Nothweg III 149 f., Abmarkung der Grenze III 153 f., Ermittelung der Grenze, Grenzverwirrung III 155 f., Grenzeinrichtungen III 157 f., Grenzbaum III 160 f. — Unverjährbarkeit der Ansprüche aus Nachbarrecht III 161 f. — (S. auch VI 212 f.). — Erwerb und Verlust des E. an Grundstücken III 162 ff. (s. unter Grundstücke). — Erwerb und Verlust des E. an beweglichen

Sachen III 177 ff.: Uebertragung, Uebergabe und Einigung III 178 f., Ersatz der Uebergabe, constitutum possessorium III 182 f., durch Abtretung des Anspruchs auf Herausgabe III 183 f., Erwerb von einem Nießbrauchsberechtigten III 184 ff. — Gestohlene, verlorene, abhanden gekommene Sachen III 188 f. — Erlöschen der Rechte Dritter an veräußerten beweglichen Sachen III 190 f. — Ersitzung III 192 ff. (s. d. W.). — Verbindung III 201 f., Vermischung III 204, Erlöschen der Rechte Dritter III 205. — Verarbeitung, Umbildung III 206 f. — Ausgleichung des durch Verbindung, Vermischung, Verarbeitung entstandenen Rechtsverlustes III 208 f. — E. an Urkunden III 210. — Erwerb des E. an Erzeugnissen und sonstigen Bestandtheilen der Sache, Trennung, Aneignung, Besitzergreifung III 211 ff. — Erwerb des E. an herrenlosen Sachen, Aneignung III 219 ff. — E. an wilden Thieren III 222 f., Bienen III 224 f., an Fundsachen III 234 ff., 242 f., am Schatze III 245 f. — Eigenthumsanspruch III 247 ff. — Beeinträchtigung des E. ohne Besitzentziehung III 276 f. — Vermuthung für E. des Besitzers beweglicher Sachen III 279 f. — Hypothekenklage gegen den als Eigenthümer eingetragenen III 522 f. — Erwerb des E. durch rechtmäßigen Pfandverkauf III 692 f., bei unrechtmäßigem Pfandverkauf III 694 f. — Erwerb des E. an beweglichen Sachen für das Kind durch den Vater IV 402. — Uebergangsvorschriften für bestehendes E. VI 300 ff., für Ersitzung des E. an beweglichen Sachen VI 316 f., für Erwerb und Verlust des E. an Grundstücken bis zur Anlegung des Grundbuchs VI 324 ff.

**Eigenthumsanspruch** III 247 ff. — Anwendung der Vorschriften über E. auf den Herausgabeanspruch für bestimmten Gegenstand nach eingetretener Rechtshängigkeit II 67 f. — Einfluß der Hemmung der Verjährung des E. auf Ersitzung III 194, Unterbrechung der Ersitzung durch Erhebung des E. III 996. — Anspruch auf Herausgabe gegen Besitzer III 248 f., Einwendungen des Besitzers III 253 f., Herausgabe der Nutzungen III 255 ff., 262. — Haftung für Verschlechterung, Untergang, Unmöglichkeit der Herausgabe III 258. — Ansprüche gegen den unredlichen Besitzer III 259 f. — Anspruch bei Vorhandensein eines mittelbaren Besitzers III 260 f. — Haftung des eigenmächtigen Besitzers III 261 f. — Gegenansprüche des Besitzers: Nothwendige Verwendungen, Erhaltungskosten III 264 f., Lasten III 265 f., andere Verwendungen III 266, Abtrennungsrecht III 267 f., Bestellungskosten bei Herausgabe eines landwirthschaftlichen Grundstücks III 269 f., Verwendungen eines Vorbesitzers III 270, Zurückbehaltungsrecht III 271, Geltendmachung des Anspruchs für Verwendungen III 271 f., Ausschlußfrist dafür III 273 f., Befriedigung des Besitzers aus der Sache III 274 f. — Beeinträchtigung des Eigenthums ohne Besitzentziehung III 276 f., VI 305. — Anspruch auf Aufsuchung und Wegschaffung der Sache III 278. — Vermuthung für Eigenthum des Besitzers beweglicher Sachen III 279 f. — Anspruch des früheren Besitzers auf Herausgabe III 281 ff. — E. des Miteigenthümers III 290 f., des Erbbauberechtigten III 297 f. — Uebergangsvorschriften über E. VI 304 f.

**Eigenthumsbeschränkungen** III 132 f., im öffentlichen Interesse (Enteignungsrecht), Fortbestand des Landesrechts VI 197 f. — Thatsächliche E. im öffentlichen Interesse, Fortbestand des Landesrechts VI 200 f.

**Eigenthumsfreiheitsklage** III 276 f., VI 305, bei Erbbaurecht III 299.

**Eigenthumsverletzung** II 605 f.

**Eigenthümergesammthypothek** III 572 f., 579 f., 581 f.

**Eigenthümergrundschuld** III 444 f., 467, 555, 584 f., 637, 638, 642 f., 644. — E. auf vermachtem Grundstück V 342. — (S. auch III 351.)

**Eigenthümerhypothek** III 103 f., 444 f., 552 ff., 563 f., 566 ff., 584 f., 644. — E. in den Fällen der Gesammthypothek III 572 ff. — Verwandlung der E. in eine Grundschuld III 584 f. — Zwangshypothek als E. III 445, 603, ebenso Sicherungshypothek III 608, Maximalhypothek III 624. — Anwendung der Vorschriften für E. auf Grundschuld III 637. — E. an vermachtem Grundstück V 342. — E. des bisherigen Rechts, Uebergangsvorschrift VI 340. — (S. auch III 351, ferner Hypothek.)

**Einbringung** von Sachen bei Gastwirthen II 445 ff. (s. Gastwirthe).

**Einfriedigungen**, Besserungspflicht des Pächters II 326. — (S. auch VI 215.)

**Einführungsgesetz** zur Civilprozeßordnung VI 14, 255.

**Eingebrachtes Gut** IV 99 ff., 238 f. (s. eheliches Güterrecht, Gütergemeinschaft), IV 286 f., 295 (s. Errungenschaftsgemeinschaft). — Anwendung der Vorschriften über e. G. der Errungenschaftsgemeinschaft auf nicht übertragbare Gegenstände bei Gütergemeinschaft IV 204 f., bei Auseinandersetzung nach Scheidung IV 239, bei fortgesetzter Gütergemeinschaft IV 252. — E. G. der Fahrnißgemeinschaft IV 305, 308. — Verhältniß der Rechte des Mannes am e. G. zur Unterhaltspflicht der Frau IV 358 f. — Inventarfrist für eine Ehefrau bei Erbschaft, welche zum e. G. gehört V 136 f.

**Eingebrachte Sachen** des Miethers, gesetzliches Pfandrecht des Vermiethers II 311 ff. — Haftung des Gastwirths für e. S. des Gastes II 445 ff., gesetzliches Pfandrecht an denselben II 450. — E. S bei Auseinandersetzung der Gütergemeinschaft IV 237, bei

**Auseinandersetzung** der Gütergemeinschaft nach Scheidung IV 238 f.
**Eingetragene** Vereine I 79 ff., 105 ff. (s. Vereine). — E. Ansprüche aus Schuldverhältnissen, Uebergangsvorschrift VI 297 f.
**Einheitliches Grundstück** I 131, III 104 f., V 207 f.
**Einheitliche Sache,** Herstellung durch Verbindung, Vermischung III 202 f.
**Ein Jahr,** Seeverschollenheit I 71, Verjährung des Gewährleistungsanspruchs für Grundstücke II 257, der Ansprüche des Bestellers bei Werkvertrag über Grundstücke II 377, der Tochter auf Aussteuer IV 376.
**Einigung** der Parteien bei dinglichem Vertrage I 196, III 14 ff. — E. zum Besitzerwerb III 91 f. — E. als Erforderniß des Erwerbs eines Rechts an Grundstücken III 72 ff., der Aenderung des Inhalts solchen Rechts III 82, der Rangänderung III 86, der Auflassung III 162 f., des Eigenthumserwerbs an beweglichen Sachen III 178 f. der Bestellung des Erbbaurechts III 296, der Hypothek III 457 ff., 605, des Schiffspfandrechts III 715, der Verpfändung von Wechseln, Orderpapieren III 744.
**Einkindschaft** IV 262, V 15, VI 390.
**Einlage** bei einer Bank, Sparkasse, Natur des Vertrages II 342. — E. des Gesellschafters, Ergänzung II 458, Zurückerstattung II 478.
**Einlassungspflicht** des Erben nicht vor Annahme der Erbschaft V 52 f.
**Einlösung** von mit Nießbrauch belasteten Papieren III 394.
**Einlösungsrecht** s. Ablösungsrecht.
**Einrechnung** der Ersitzungszeit des Rechtsvorgängers III 198, des Erbschaftsbesitzers III 199.
**Einrede,** Begriff I 49. — E. zur Hemmung der Verjährung I 252 f., 272, 274. — E. der Verjährung I 271 f. — Verzicht auf E. II 79. — E. des nicht erfüllten Vertrags II 92 f., 98 f., 112, 232. — E. gegen den Dritten aus dem zu seinen Gunsten geschlossenen Vertrage II 112 f. — E. der hinterlegten Leistung II 161. — Keine Aufrechnung von Forderung, der eine Einrede entgegensteht II 173 f. — E. des Schuldners bei Forderungsabtretung II 186 f., bei Schuldübernahme II 204 f., der Zahlung bei Gesammtgläubigerverhältniß II 219, gegen Zahlungsforderung nach Verjährung des Gewährleistungsanspruchs II 259, 267. — E. des unter Auflage Beschenkten bei Mängeln II 290, des Beschenkten gegen Rückforderung II 292. — E. des nicht erfüllten Vertrags bei Gesellschaft II 453 f. — Einrede des Bürgen II 513 ff., der veränderten Umstände bei Darlehen II 346, des Angewiesenen II 536, 543, des Ausstellers einer Schuldverschreibung auf den Inhaber II 554 f. — E. gegen eine widerrechtlich erlangte Forderung nach Verjährung des Anspruchs auf Aufhebung derselben II 651. — E. gegen Vormerkung im Grundbuche III 99. — E. des Besitzers gegen Eigenthumsanspruch III 253 f., des Eigenthümers gegen die Hypothek III 499 f., 565 f., 606, VI 342, gegen den bisherigen Gläubiger bei Uebertragung der Hypothek III 452. — E. gegen Inhaber-, Orderhypothek III 613, gegen Grundschuld III 636, 640. — E. des Verpfänders III 662 f., 706. — E. mehrerer Zuhälter IV 472. — Aufschiebende E. des Erben V 147 ff., 702 (s. Nachlaßgläubiger), des überlebenden Ehegatten bei fortgesetzter Gütergemeinschaft IV 259. — E. gegen anfechtbare letztwillige Verfügung V 254.
**Einrichtungen,** Wegnahme solcher von einer herauszugebenden Sache II 30, beim Wiederkauf II 273 f., bei Miethe II 304, bei Leihe II 337, bei Geschäftsführung II 433, bei Nießbrauch III 353, 365, bei Wohnungsrecht III 412 f., bei Pfandrecht III 667, 675. — E. zwischen Grundstücken zu beiderseitigem Vortheil III 157. — E. bei Nacherbschaft V 303.
**Einrichtungsgegenstände** IV 128.
**Einseitige** Rechtsgeschäfte Minderjähriger ohne Einwilligung des gesetzlichen Vertreters I 157, Form der Einwilligung I 157. — Anfechtung ist e. R. I 193. — Anfechtung von e. R., Anfechtungsgegner I 194. — Bevollmächtigung ist e. R. I 215, desgl. Widerruf derselben I 220. — Vollmacht zu e. R. I 223, Vertretungsmacht I 229 ff. — Zustimmung ist e. R. I 233, desgl. Fristbestimmung zur Herstellung als Schadensersatz II 20, Wahl bei Mehrheit von Leistungen II 35, Mahnung II 60, Anbieten der Leistung II 71, Androhung der Besitzaufgabe II 76, Bestimmung der Leistung durch einen der Vertragschließenden II 86, durch einen Dritten II 89, Zurückziehung des durch Vertrag zu seinen Gunsten erworbenen Rechts durch den Dritten II 112, Erklärung des Verlangens der Vertragsstrafe statt Erfüllung, II 121, Erklärung des Rücktritts vom Vertrage II 129 f., Androhung der Versteigerung II 166, Benachrichtigung davon II 166, Aufrechnungserklärung II 170, Anzeige der Forderungsabtretung II 192, Mittheilung der Schuldübernahme II 200, Kündigung des Darlehens II 345, Kündigung, Widerruf des Auftrags II 420, Genehmigung der Geschäftsführung ohne Auftrag II 433, Anzeige des Gastes bei Sachverlust II 450, Widerspruch bei Geschäftsführung der Gesellschaft II 461, Kündigung der Gesellschaft II 472, Anzeige des Anweisungsempfängers II 541. — E. R. der Frau über eingebrachtes Gut IV 147, 151, 152.
**Einsicht** des Vereinsregisters I 115, der Bücher bei Gesellschaft II 465. — Anspruch auf E von Urkunden gegen den Besitzer II 571. —

E. des Güterrechtsregisters IV 312. — E. der Eheanfechtungserklärung IV 66, der die Ehelichkeit anfechtenden Erklärung IV 350, der Vormundschaftspapiere durch Gegenvormund IV 541. — E. der Erklärung der Erbschaftsausschlagung V 49, der Anfechtung derselben V 52, des Nachlaßinventars V 140, der Ermittelungen zur Feststellung des fiskalischen Erbrechts V 64, der Anfechtungserklärung gegen letztwillige Verfügung V 251, der Anzeige vom Eintritte der Nacherbfolge V 324, gewisser Erklärungen bei Testamentsvollstreckung V 428, des Testaments V 488, der Anzeige des Erbschaftsverkaufs V 704.

**Einspruch** der Verwaltungsbehörde gegen Eintragung eines Vereins I 108 f., von Satzungsänderung I 113.

**Einstimmigkeit** der Mitgliederversammlung bei Aenderung des Vereinszwecks I 90, der Liquidatoren eines Vereins I 98, der Gesellschafter II 461.

**Einsturz** eines Gebäudes oder Werks, Schadensersatz II 633 f., Gefahr desselben III 140.

**Einstweilige Verfügung** zur Versteigerung von Hausthieren bei Wandelungsklage II 266, auf Eintragung einer Vormerkung im Grundbuche III 97, auf Eintragung eines Widerspruchs III 121 f. — E. V. zur Sicherstellung der Ansprüche von unehelicher Mutter und Kind vor Geburt IV 470.

**Eintragung** von Vereinen in das Vereinsregister I 79 ff., 105 ff., 110 ff., 114 f. — E. in das Grundbuch ersetzt die fehlende Form des Vertrags über Grundstücke II 85. — Kosten der E. beim Kauf II 239. — Erwerb durch E. in das Grundbuch, Allgemeines III 10 ff., E. der Rechtsbegründung III 72 ff., der Aufhebung III 79 f., der Aenderung des Inhalts III 82, des Rangverhältnisses III 84, der Rangänderung III 86, des Rangvorbehalts III 90, des Höchstbetrages für ein durch Zwangsversteigerung erlöschendes Recht III 93 f. — E. zur Verwirklichung des durch Vormerkung gesicherten Anspruchs III 101, des Rechts des zur Berichtigung des Grundbuchs Verpflichteten III 119. — Rechtserwerb an Grundstücken durch E. und Besitz III 123 f., VI 324 ff. — E. rechtsgeschäftlicher Regelung des Miteigenthums an Grundstücken im Grundbuche III 288 f. — E. des Erbbaurechts III 296, der Grunddienstbarkeit III 304, der Reallast III 430, der Hypothek, Erfordernisse III 457 f. — E. der Abtretung der Hypothek III 530 ff., des Verzichts auf dieselbe III 563. — E. des Treuhänders in das Grundbuch III 616. — Besonderheiten der E. der Maximalhypothek III 622. — Erfordernisse der E. der Eigenthümergrundschuld III 642, der Umwandelung einer Hypothek in Grundschuld und umgekehrt III 645. — E. des Schiffspfandrechts in das Schiffsregister III 715. — E. des Ehevertrags in das Güterrechtsregister als Voraussetzung der Wirkung gegen Dritte IV 194 f., 198, desgl. E. der Beendigung der Errungenschaftsgemeinschaft IV 299.

**Eintragungsbewilligung** für Begründung, Uebertragung von Rechten an Grundstücken III 72 ff., 78, für Aenderung des Inhalts solcher Rechte III 82, für Hypothek III 457 f., für Schiffspfandrecht III 715.

**Eintragungsprinzip** des Grundbuchrechts III 65, 78.

**Eintritt** der Bedingung I 204 f., Verhinderung desselben wider Treu und Glauben I 208.

**Einunddreißigstes Lebensjahr**, Verschollenheitserklärung I 69.

**Einundzwanzigstes Lebensjahr**, Volljährigkeit I 53.

**Eintrittsrecht** bei gesetzlicher Erbfolge V 13, 15.

**Einwendung** I 49. — E. gegen den Dritten aus dem zu seinen Gunsten geschlossenen Vertrage II 112 f., des Schuldners bei Forderungsabtretung II 186 f., bei Schuldübernahme II 203 f. — E. des Angewiesenen nach Annahme der Anweisung II 536, 543, des Ausstellers einer Schuldverschreibung auf den Inhaber II 554 f. — (S. auch Einrede.)

**Einweisung** des muthmaßlichen Erben in den Besitz bei Verfahren auf Todeserklärung, Uebergangsbestimmung VI 261 f.

**Einwilligung**, Begriff I 153, 235. — E. des Minderjährigen zur Volljährigkeitserklärung I 54, desgl. des Gewalthabers I 54. — E. des gesetzlichen Vertreters zu Willenserklärungen Minderjähriger I 152 f., zu einseitigen Rechtsgeschäften derselben I 157, zu Willenserklärungen gegenüber beschränkt Geschäftsfähigen I 182 f. — E. zu Rechtsgeschäften, Widerruf I 235 f., zur Verfügung eines Nichtberechtigten über einen Gegenstand I 238 f. — E. des Gläubigers zur Schuldübernahme II 201. — E. zur Erhaltung des gemeinschaftlichen Gegenstandes II 486. — E. des Verletzten bei unerlaubten Handlungen II 609, der verführten Frauensperson II 616. — E. zur Eheschließung IV 19 ff., VI 351, Mangel derselben IV 55 f., 183. — E. des Mannes zu Verfügungen der Frau über eingebrachtes Gut IV 145 ff., der Frau zu Verfügungen über Gesammtgut IV 211 f. — E. zur Ehelichkeitserklärung IV 480 f., zur Annahme an Kindesstatt IV 492 f., des Gebrechlichen zur Anordnung einer Pflegschaft IV 651. — E. des Nacherben zu nothwendiger Verfügung über Vorerbschaft V 299, des Erben zur Eingehung von Verbindlichkeiten durch Testamentsvollstrecker V 400 f.

**Einwirkung** auf fremdes Eigenthum, Zulässigkeit III 132, unzulässige III 138 ff.

**Einziehung** gemeinschaftlicher Forderung II 494, der mit Nießbrauch belasteten Forderung III 384 f., 390 f., Inhaberpapiers III 394, einer verpfändeten Geldforderung III 735, 738, 739, 741 f., 743. — E. der Zinsen derselben III 742. — E. verpfändeter Wechsel, Inhaberpapiere, Orderpapiere. — E. von Hypotheken, Grundschulden, Rentenschulden der Nacherbschaft V 292. — E. des unrichtigen Erbscheins V 658f., 665, des unrichtigen Zeugnisses über Ernennung zum Testamentsvollstrecker V 672.

**Eisenbahnbetrieb**, Landesgesetze über Schadenhaftung des Unternehmers VI 194.

**Eisenbahnfahrkarten** II 565.

**Eisenbahngrundstücke**, Landesgesetze über Einheit VI 201.

**Eisenbahnunternehmungen**, Anspruchsverjährung I 246, 252. — Haftung II 446, VI 117f. — Fortbestand der Landesgesetze über Bahneinheiten VI 201, über Schadloshaltung durch E. VI 215.

**Eisenbahn-Verkehrsordnung** III 340.

**Eisernviehvertrag** II 328.

**Elchwild**, Schaden durch II 630.

**Elsaß-Lothringen** als Bundesstaat VI 20. — Sparkassengesetz VI 187. — Agrargesetze VI 204. — Hinterlegungsordnung VI 238. — Verordnung, betr. das Grundbuchwesen VI 319, 335. — Ausführungsgesetze zum B.G.B. III 672, IV 552, V 468, 584, VI 7, 132, 133, 149, 151, 155, 163, 164, 173, 177, 178, 179, 214, 215, 217, 222, 225, 229, 232, 233, 234, 235, 236, 242, 245, 266, 308, 314, 334, 335, 336, 338, 344, 361, 362, 363, 364, 365, 367, 368, 388, 394, 396, 401.

**Eltern, elterliche Gewalt, elterliches Recht.** Einwilligung des Gewalthabers zur Volljährigkeitserklärung I 54f. — Hemmung der Anspruchsverjährung zwischen E. und minderjährigen Kindern I 255. — Vermuthung, daß E. für an Abkömmlinge gewährten Unterhalt keinen Ersatz verlangen II 433. — Schadensersatzanspruch der E. bei Verlöbnißbruch IV 10. — Einwilligung zur Eheschließung IV 22, VI 351. — Rechtsverhältniß zwischen E. und dem Kinde im Allgemeinen IV 370ff.: Rechtsstreit über Bestehen oder Nichtbestehen von E.- und Kinderverhältniß IV 370. — Familiennamen des Kindes IV 371. — Verpflichtung des Kindes zur Dienstleistung für die E. IV 372. — Aufwendungen des Kindes im Haushalt der E. IV 372. — Ueberlassung der Vermögensverwaltung an die E. IV 373. — Aussteuer einer Tochter, Verpflichtung der E. IV 373f., Wegfall der Verpflichtung IV 375, Unübertragbarkeit, Verjährung des Anspruchs IV 376. — Ausstattung eines Kindes durch die E. IV 376, aus dem Vermögen des Kindes IV 377. — Elterliche Gewalt: Allgemeines IV 378 ff. — E. G. des Vaters IV 382 ff.: Sorge für Person und Vermögen des Kindes IV 383 f. — Zusammentreffen der e. G. mit einer Pflegschaft IV 385 f. — Vertretungsmacht IV 386. — Erziehungsrecht IV 388. — Herausgabe des Kindes IV 389. — Sorge für Person der verheiratheten Tochter IV 390. — Stellung der Mutter zur Sorge für die Person des Kindes IV 391. — Einfluß der Ehescheidung auf die Sorge IV 392 f., bei Wiederverheirathung im Falle der Todeserklärung und Auflösung dieser Ehe IV 393. — Vermögensverwaltung, Ausnahmen von derselben IV 394 f., Verwaltung nach Anordnungen eines Dritten IV 395, VI 379. — Verzeichniß des Kindesvermögens IV 396 f., VI 378. — Schenkung aus dem Kindesvermögen IV 398. — Anlegung von Geldern IV 398. — Genehmigung des Vormundschaftsgerichts zu Rechtsgeschäften für das Kind IV 399 f., Fälle, in welchen solche nicht erforderlich IV 400, Stellung des Vaters in Ansehung der Hypotheken IV 400 f. — Ueberlassung von Gegenständen an das Kind mit Genehmigung des Vormundschaftsgerichts IV 401. — Beginn eines Erwerbsgeschäfts IV 402. — Rechtserwerb des Kindes durch den Vater, Surrogation IV 402. — Konkurs des Vaters IV 403. — Aufwendungen des Vaters IV 404. — Nutznießung des Vaters IV 405, freies Vermögen des Kindes IV 405 f. — Erwerb der Nutzungen durch den Vater IV 406, Nutznießung an verbrauchbaren Sachen IV 407. — Lasten der Nutznießung IV 408. — Nutznießung an einem Erwerbsgeschäfte IV 410. — Nutznießung ohne Vermögensverwaltung IV 411. — Erfüllung der Verbindlichkeiten gegen das Kind bei Ausschluß von Ausübung der Nutznießung IV 412. — Unübertragbarkeit der Nutznießung IV 412. — Schulden des Kindes: Rechte der Gläubiger IV 413, Verhältniß des Vaters und des Kindes zu einander IV 414 f. — Beendigung der Nutznießung: Heirath des Kindes IV 416, Verzicht des Vaters IV 416, Einfluß der Beendigung auf Miethe und Pacht IV 417 f. — Grad der vom Vater zu vertretenden Sorgfalt IV 418. — Einschreiten des Vormundschaftsgerichts: Verhinderung des Vaters IV 418, Gefährdung der Person des Kindes IV 419 f., Gefährdung des Vermögens, Maßregeln des Vormundschaftsgerichts IV 421 f., Sicherheitsleistung des Vaters IV 423, Auseinandersetzung vor Wiederverheirathung IV 423 f., Entziehung der Vermögensverwaltung IV 425, Aufhebung der getroffenen Maßregeln IV 426, Stellung des Kindes bei der Sicherheitsleistung IV 426, Anhörung des Vaters und sonstiger Angehöriger des Kindes vor Entscheidung des Vormundschaftsgerichts IV 427. — Haftung des Vormundschaftsrichters IV 427, Anzeigepflicht des Gemeindewaisenraths IV 427. — Ruhen der elterlichen Gewalt: Rechtliche Hindernisse der Ausübung, Geschäftsunfähigkeit, beschränkte Geschäftsfähigkeit IV 428, thatsächliche Hindernisse IV 429, Wirkungen des Ruhens IV 430. — Beendigung der elterlichen Gewalt:

Todeserklärung des Inhabers IV 431 f., VI 260, Verwirkung IV 432. — Folgen der Beendigung oder des Ruhens der e. G.: Herausgabe des Vermögens, Rechnungslegung IV 433 f., Fortführung der Geschäfte IV 434, insonderheit bei Tod des Kindes IV 435. — Elterliche Gewalt der Mutter: Formen und Inhalt IV 435 f., Fälle IV 437 f., thatsächliche Verhinderung des Vaters, Ruhen seiner e. G. IV 438, Uebertragung der Nutznießung an die Mutter IV 438 f. — Anwendung der Vorschriften über e. G. des Vaters IV 439. — Bestellung eines Beistandes IV 440, Wirkungskreis desselben IV 441, Aufgabe desselben, Unterstützung, Ueberwachung IV 442, Genehmigung von Rechtsgeschäften IV 442, Anlegung von Geld IV 443 f., Zuziehung bei Aufnahme des Vermögensverzeichnisses IV 444, Uebertragung der Vermögensverwaltung IV 445, Stellung des Beistandes, Berufung, Bestellung, Beaufsichtigung, Haftung, Vergütung IV 446 f., Aufhebung der Beistandschaft, der Vermögensverwaltung IV 448. — Stellung des Vormundes als Beistand bei Ruhen der e. G. wegen Minderjährigkeit der Mutter IV 448 f. — Wiederverheirathung der Mutter IV 449. — Stellung der Mutter neben Vormund und Pfleger IV 450. — E. G. der Mutter über Kinder aus nichtiger Ehe bei Kenntniß des Vaters von der Nichtigkeit IV 453. — Einwilligung der E. zur Ehelichkeitserklärung IV 493, zur Annahme an Kindesstatt IV 493, Stellung derselben nach geschehener Annahme IV 505. — Verhältniß der e. G. zur Anordnung einer Vormundschaft IV 515 f., 607, eines Familienraths IV 614. — Benennung des Vormundes durch E. IV 519 f., Ausschließung desselben IV 525. — Berufung der E. zur Vormundschaft über Volljährige IV 637. — Pflegschaft neben e. G. IV 648 f., 664. — E. gesetzliche Erben zweiter Ordnung V 16. — Pflichttheilsrecht der E. V 565 f., 574 f., 579. — Entziehung des Pflichttheils V 615 f. — Rechtsverhältniß zwischen E. und Kindern, internationales Privatrecht VI 61 ff., 89 f. — Entlassung eines unter e. G. Stehenden aus der Staatsangehörigkeit VI 116. — Entlassung aus e. G. nach französischem, badischem Recht, Uebergangsbestimmung VI 251. — Uebergangsvorschriften für das Rechtsverhältniß zwischen E. und ehelichen Kindern VI 375 ff. — (S. auch VI 20, 260.)

**Elterliche Nutznießung** IV 405 ff. (s. Eltern). — Verhältniß zur Unterhaltspflicht des Kindes IV 361. — Vertragsmäßige Ausschließung der e. N. am Vermögen des angenommenen Kindes IV 507.

**Elterliche Vermögensverwaltung** IV 394 ff. (s. Eltern).

**Emanzipation** des französischen, badischen Rechts, Uebergangsbestimmung VI 251.

**Empfänger** I 180 f.

**Empfängnißzeit** IV 345 f., 471 f., 475 f., V 12, VI 387 (s. auch IV 338, 339).

**Empfangene, noch nicht geborene Personen**, Vermächtniß an solche II 111, V 339, Anfall desselben V 359. — E. P. als gesetzliche Erben V 11, Unterhaltsanspruch der schwangeren Mutter V 60, 597, Unzulässigkeit der Erbauseinandersetzung V 193. — Einsetzung als Nacherbe V 273, 278, 279, Berechnung des Pflichttheils V 579.

**Empfangsbedürftige** Rechtsgeschäfte, Willenserklärung I 143, 164, 180 ff. — Anfechtung I 193, Vertragsart I 197. — Vollmacht ist e. R. I 215, ebenso deren Widerruf I 220. — Vornahme e. R. ohne Vertretungsmacht I 229. — Zustimmung ist e. R. I 233. — Fristbestimmung zur Herstellung bei Schadensersatz als e. R. II 20, desgl. Wahl bei Mehrheit von Leistungen II 35, Mahnung II 60, Anbieten der Leistung II 71, Androhung der Besitzaufgabe II 76, Bestimmung der Leistung durch einen der Vertragschließenden II 86, durch einen Dritten II 89, Zurückweisung des durch Vertrag zu seinen Gunsten erworbenen Rechts durch den Dritten II 112, Erklärung des Verlangens der Vertragsstrafe statt Erfüllung, II 121, Erklärung des Rücktritts vom Vertrage II 129, Androhung der Versteigerung II 166, Benachrichtigung davon II 166, Aufrechnungserklärung II 170, Anzeige der Forderungsabtretung II 192, Mittheilung der Schuldübernahme II 200, Bestimmung einer Erklärungsfrist für Billigung bei Kauf auf Probe oder Besicht II 270, Erklärung zur Ausübung des Wiederkaufsrechts II 272, Widerruf der Schenkung II 293, Kündigung des Darlehens II 345, Auslobung II 401, Kündigung, Widerruf des Auftrags II 420, Genehmigung der Geschäftsführung ohne Auftrag II 433, Anzeigepflicht des Gastes bei Verlust von Sachen II 450, Widerspruch bei Geschäftsführung der Gesellschaft II 461, Anzeige des Anweisungsempfängers bei Verweigerung der Annahme II 541, Verzicht auf Rechte an Grundstücken III 79, Zustimmung Dritter zu deren Aufhebung III 81, Anzeigepflicht des Nießbrauchers III 342. — Widerruf gemeinschaftlichen Testamentes V 503.

**Empfangsbekenntniß** II 148 ff.

**Empfehlung** II 423 f.

**Emphyteuse** VI 143, 347 (s. Erbpachtrecht).

**Emtio** spei, rei speratae II 226.

**Ende** des Monats I 242, Feststellung der Todeszeit, bei Todeserklärung auf E. eines Tages, Jahres I 74 f.

**Endtermin** bei Rechtsgeschäften I 209, bei Erbeinsetzung V 276, bei Ernennung des Testamentsvollstreckers V 387.

**En fait de meubles la possession vaut titre** III 21, 279.
**Engagementsvertrag** II 368.
**Entbindungskosten** IV 469, V 60, 67 f.
**Enteignungsgesetze** (verschiedener Bundesstaaten) VI 199.
**Enteignungsrecht** II 269. — Fortbestand des Landesrechts VI 197 f. — E. nach Reichsgesetzen, Ansprüche Dritter an die Entschädigung VI 126 f., 150.
**Enterbung** s. Entziehung (des Pflichttheils), Ausschließung. — E. in guter Absicht V 404, 619 f.
**Entfernung** von Sachen des Miethers, Verhältniß zum Pfandrecht des Vermiethers II 312, des Gastes, Verhältniß zum Pfandrecht des Gastwirths II 450 f. — Ablehnung der Vormundschaft wegen weiter E. IV 528. — E. von Erzeugnissen, Bestandtheilen eines mit Hypothek belasteten Grundstücks III 475, von Zubehörstücken III 497.
**Entgelt.** E. Rechtsgeschäfte I 148. — Anwendung der Vorschriften über Gewährleistung beim Kauf auf ähnliche e. Verträge II 236, 268.
**Enthebung** s. Entlassung.
**Entlassung** des Vormundes IV 626 f., Vorbehalt derselben bei Bestellung IV 531. — E. der Mitglieder des Familienraths IV 615, 620, des Testamensvollstreckers V 427. — E. aus elterlicher Gewalt nach französischem, badischem Recht, Uebergangsbestimmung VI 251.
**Entlastung** des Vormundes IV 629, des Vormundschaftsrichters IV 632.
**Entleiher** s. Leihe.
**Entmündigung** I 57 ff. — E. wegen Geisteskrankheit, Geschäftsunfähigkeit I 150. — Beschränkte Geschäftsfähigkeit bei E. wegen Geistesschwäche, Verschwendung, Trunksucht I 160 f. — Wirkung der Aufhebung der E. auf während derselben vorgenommene Rechtsgeschäfte I 161. — E. des Mannes, Grund zur Klage der Frau auf Aufhebung der ehemännlichen Verwaltung und Nutznießung IV 174 f., Wiederherstellung der Verwaltung ꝛc. IV 181 f. — Zurückbehaltung des Beitrags der Frau zum ehelichen Aufwand bei E. des Mannes IV 185. — E. des Mannes wegen Verschwendung, Aufhebung der Gütergemeinschaft IV 227, des überlebenden Ehegatten, Aufhebung der fortgesetzten Gütergemeinschaft IV 263. — Wiederherstellung der Errungenschaftsgemeinschaft bei E. des Mannes IV 301. — Ausschluß der Bestellung zum Vormunde IV 524. — E. des Vormundes IV 625. — E. eines Volljährigen, Vormundschaft IV 635, vorläufige Vormundschaft bei Antrag auf E. IV 643. — Testamentsfähigkeit V 433 ff., VI 406. — Widerruf des Testaments V 475. — Erbvertrag V 519. — E. von Ausländern VI 31 f., 74, von Deutschen im Auslande VI 33. — E. wegen Geisteskrankheit, Uebergangsbestimmung VI 252 f., desgl. wegen Verschwendung VI 254.
**Entsagung** s. Ausschlagung, Verzicht.
**Entsetzung** des Thäters verbotener Eigenmacht bei Besitz von Grundstücken III 43 f.
**Entschädigung** des Unternehmers bei Verzug des Bestellers II 382 f. — E. für Enteignung, Ansprüche Dritter daran VI 126 f., 150. — (S. auch Schadensersatz.)
**Entschuldbarer** Irrthum II 49.
**Entreprisevertrag** II 368.
**Entwässerung** von Ländereien, Fortbestand der Landesgesetze VI 149.
**Entwehrung** beim Kaufe II 231 ff. (s. auch Gewährleistung).
**Entziehung** der Rechtsfähigkeit von Vereinen I 94 ff., 100, der Geschäftsführung bei Gesellschaft II 462, der Vertretungsmacht bei Gesellschaft II 464 f. — E. des Antheils eines Abkömmlings bei fortgesetzter Gütergemeinschaft IV 278 f. — E. der Vertretungsmacht des Inhabers der elterlichen Gewalt IV 386. — E. der elterlichen Vermögensverwaltung und Nutznießung IV 419, 425. — E. des Pflichttheils V 502, 506 f., 613 ff., Unterhalt bei Berechtigung zu solcher IV 365, Aussteuer IV 375. — Rücktritt vom Erbvertrage bei Verfehlungen des Bedachten, welche zur E. des Pflichttheils berechtigen V 547, 551. — E. des Verwaltungsrechts der Vorerben V 306 f.
**Erbanfall** kraft Gesetzes V 8 f. — E. bei Erbunwürdigkeitserklärung V 630.
**Erbbaurecht** III 3, 292 ff. — Beeinträchtigung eines E. durch Ueberbau III 149, durch Nothweg III 151, 152. — Begriff und Inhalt des E. III 292 f., Erweiterung über das Bauwerk hinaus III 295, Verbot der Beschränkung auf Gebäudetheile III 295, Art der Bestellung III 296, Untergang des Bauwerks 297, Anwendung der Vorschriften für Grundstücke, Eigenthumserwerb, Eigenthumsanspruch III 297 f. — E. bei Fahrnißgemeinschaft IV 306. — Anwendung der Vorschriften des B.G.B. auf bestehendes E. VI 310 f., 315, 329, 347.
**Erblosigkeit** V 24.
**Erbe.** Begriff V 8. — E. des Stifters, Widerruf der Stiftung I 117. — Einreden des E., welche die Anspruchsverjährung nicht hemmen I 252 f. — Kein Vorkaufsrecht bei Verkauf an gesetzliche E. II 279. — Pflichten des E., des Beauftragten II 421, des Geschäftsführers ohne Auftrag II 430, des Gesellschafters II 474 f. — Fortsetzung der Gesellschaft mit E. II 480. — Uebergang des Besitzes auf den E. III 39 f., fehlerhafter Besitz des Erblassers III 42. — Verpflichtung des E. des unterhaltspflichtigen schuldigen Theils nach Ehescheidung IV 334. — Anfechtung der Anerkennung der Ehelichkeit durch E. des Vaters IV 352. — Unterhaltspflicht der E.

des unehelichen Vaters IV 466. — Anzeigepflicht des E. bei Tod des Vormundes IV 634. — Rechtliche Stellung des E. V 32 ff. (s. Erbschaft, Nachlaßverbindlichkeiten, Erbschaftsanspruch, Miterben), vor Annahme oder Ausschlagung der Erbschaft V 52 ff. — Beschränkung der Haftung des E. V 83 ff. (s. Nachlaßgläubiger). — Unbeschränkte Haftung des E. V 116 ff. (s. Inventarerrichtung, Nachlaßgläubiger). — Aufschiebende Einreden des E. V 147 ff. (s. Nachlaßgläubiger). — Mehrheit von E. V 176 ff. (s. Miterben). — Nichterforderniß des Wortes „Erbe" bei Erbeinsetzung V 228, 257. — E. als Testamentsvollstrecker V 386. — Einweisung des muthmaßlichen E. in den Besitz beim Verfahren auf Todeserklärung, Uebergangsbestimmung VI 261 f.

**Erbengemeinschaft** V 176 ff., VI 78 (s. Miterben).

**Erbeinsetzung** V 256 ff. — Testament ohne E. V 28. — Begriff, Wort „Erbe" nicht erforderlich V 257. — Einsetzung auf Bruchtheile V 258 ff: Gesetzliche Erbfolge neben testamentarischer V 258, Erhöhung der Bruchtheile V 259, Minderung der Bruchtheile V 260. — Vermuthung für Gleichheit der Erbtheile V 260. — Bestimmung von Bruchtheilen für einige von mehreren Erben V 261. — Gemeinschaftlicher Erbtheil V 261. — Anwachsung unter eingesetzten Erben V 262, Behandlung des angewachsenen Erbtheils in Ansehung der Vermächtnisse, Auflagen, Ausgleichungspflicht V 264 f. — Einsetzung eines Ersatzerben V 266 ff. (s. d. W.). — Einsetzung eines Nacherben V 269 ff. (s. d. W.). — E. eines Dritten in gemeinschaftlichem Testament V 496 ff. — Zuwendung des Pflichttheils keine E. V 567. — Vertraglicher Verzicht auf E. V 640 f.

**Erbeinsetzungsvertrag** V 523 f. (s. Erbvertrag).

**Erbentsagung** s. Ausschlagung, Verzicht.

**Erbenzeugniß** s. Erbschein.

**Erbeserben**, Ausschlagungsrecht V 47 f.

**Erbfähigkeit**, passive, aktive V 10, 11 f.

**Erbfall**, Begriff V 8, 10. — Einfluß der Zeit des E. auf Berechnung des Pflichttheils V 579. — E. als Voraussetzung des Pflichttheilsanspruchs V 594.

**Erbfolge**, gesetzliche V 5, 7 ff.: Erbfall, Erbschaft, Erbe, Erbtheil V 8 ff. — Bestimmung nach der Zeit des Erbfalls, noch nicht geborene Personen V 11 f. — Juristische Person V 12. — Gesetzliche E. nach Parentelensystem, Stämmen, Linien V 13 ff. — Ordnungen der gesetzlichen Erben V 13 ff. — Mehrfacher Erbtheil in den drei ersten Ordnungen VI 17. — Berufung nach Ordnungen V 19 f. — Gesetzliches Erbrecht des überlebenden Ehegatten V 20 ff. — Mehrere Erbtheile V 23 f. — Gesetzliches Erbrecht des Fiskus V 24 f. — Gewillkürte E., Verfügung von Todeswegen V 27 f. — Ausschließung der Verwandtenerbfolge durch Testament V 28. — Vermächtniß V 28 f. — Auflage V 30. — Erbvertrag, Vertragserbe V 31. — Gesetzliche E. neben Erbeinsetzung V 258. — Erfordernisse der Ertheilung des Erbscheins bei gesetzlicher E. V 646 f. — Uebergangsvorschrift für gesetzliche E. VI 397. —

**Erblasser**, Bezeichnung im Protokolle über Testamentserrichtung V 456 f.

**Erblegitimation** s. Erbschein.

**Erbleihe** s. Erbpachtrecht.

**Erblosigkeit** nach B.G.B. nicht möglich V 24.

**Erbmiethe** II 316.

**Erbpachtrecht** bei Fahrnißgemeinschaft IV 306. — Fortbestand der Landesgesetze über E. VI 143 f. — (S. auch VI 90, 347, 349.)

**Erbrecht** V 1 ff. — Gesetzliches E. V 13 ff. — Erwerb mit Rücksicht auf künftiges E. ist eingebrachtes Gut der Errungenschaftsgemeinschaft IV 286. — Entstehung von E. durch Annahme an Kindesstatt IV 500, Ausschließung desselben im Annahmevertrage IV 507. — Stellung des Testamentsvollstreckers bei Streit über E. 383. — Nachweis des E. gegenüber Dritten V 670. — E.liche Rechtsgeschäfte von Ausländern VI 27, 30. — E.liche Verhältnisse, internationales Privatrecht VI 77 ff., 86 f., 89 f. — E. des Fiskus am Nachlasse verpflegter Personen, Landesrecht VI 231. — Uebergangsvorschriften für E. am Nachlasse eines vor Inkrafttreten des B.G.B. verstorbenen Erblassers VI 325, 397 ff., für E. der Ehegatten VI 356 ff.

**Erbrechtsgrenze** V 19.

**Erbschaft**, Begriff V 5, 8. — Verzicht auf E. keine Schenkung II 283. — Nießbrauch an E. III 406. — Anfall einer E. an eine Ehefrau V 136. — Annahme oder Ausschlagung einer E. durch die Frau ohne Zustimmung des Mannes IV 154 f., 215, Erwerb als Vorbehaltsgut IV 166 f., 221. — Ausschlagung einer E. durch den Inhaber der elterlichen Gewalt für das Kind IV 399. — Rechtsgeschäft über eine dem Mündel angefallene E. IV 568. — Annahme, Ausschlagung der E., Antretung V 32 ff, VI 397 f. — Vermächtniß einer E. V 355. — Kauf einer E. V 677 f. (s. Erbschaftskauf).

**Erbschaftliches Liquidationsverfahren**, Uebergangsvorschrift VI 397 f.

**Erbschaftsanspruch** V 154 ff., VI 399. — Beginn der Verjährung des E. I 251. — Begriff des E. V 154 ff. — Erbschaftsbesitzer V 157 f. — Gegenstand des E. V 158 f. — Beweislast V 160. — Surrogation V 160 f. — Herausgabe von Nutzungen, Früchten, Zinsen V 162 f. — Unmöglichkeit der Herausgabe, Anwendung der Vorschriften über ungerechtfertigte Bereicherung V 164. — Anspruch auf Ersatz von Verwendungen des Erbschaftsbesitzers V 164 f.

— Einfluß der Rechtshängigkeit V 164, 166 f. — Haftung des unredlichen Erbschaftsbesitzers V 168 f., Haftung bei Erlangung eines Erbschaftsgegenstandes durch strafbare Handlung, verbotene Eigenmacht V 169 f. — Ausschluß der Berufung auf Ersitzung von Erbschaftssachen V 170. — Auskunftspflicht V 154, 171, der Hausgenossen des Erblassers V 172, Offenbarungseid V 172. — Anwendung der Vorschriften über E. auf erbschaftliche Singularklagen V 172 f. — Haftung desjenigen, welcher die Erbschaft vom Erbschaftsbesitzer durch Vertrag erworben hat V 174 f. — Anwendung der Vorschriften über E. bei irrthümlicher Todeserklärung oder Todesannahme V 175. — E. des Testamentsvollstreckers V 384, 409.

**Erbschaftsbesitz**, vorläufiger V 156.

**Erbschaftsbesitzer** V 157 ff. (s. Erbschaftsanspruch). — Anrechnung der Ersitzungszeit des E. für den Erben III 199.

**Erbschaftserwerb** s. Erbschaft. — Uebergangsvorschrift VI 397.

**Erbschaftsgegenstände** beim Erbschaftsanspruch V 157 ff. — Verfügung des Vorerben über E. V 287 ff., Verzeichniß derselben durch Vorerben V 300. — Verfügung des im Erbschein bezeichneten Erben über E., Wirkung V 665 ff. — Erbschein über einzelne E. V 673 f.

**Erbschaftskauf** V 677 ff. — Antrag des Erbschaftskäufers auf Nachlaßkonkurs V 89, auf Nachlaßverwaltung V 100, Erbschaftsanspruch desselben V 157. — E. vom Erbschaftsbesitzer V 174. — Kauf des Antheils eines Miterben V 181 f. — Begriff und Gegenstand des E. V 677 f., Form des Vertrags V 680. — Vortheil des Käufers aus Wegfall von Vermächtniß, Auflage, aus Ausgleichungspflicht V 681. Nichterstreckung auf Erbtheil durch Nacherbfolge, Wegfall eines Miterben, Vorausvermächtniß V 681 f. — Herausgabepflicht der Verkäufers, Surrogation V 682 f., Werthersatz für veräußerte Gegenstände V 685 f., Gewährleistung für Rechtsmängel, nicht für Fehler V 687 ff. — Aufhebung der Vereinigung von Rechten und Pflichten V 690 f. — Pflicht des Käufers zur Erfüllung der Nachlaßverbindlichkeiten V 692. — Nutzungen, Lasten, Zinsen, Abgaben V 693 f. — Uebergang der Gefahr V 694. — Ersatz von Verwendungen des Verkäufers V 695 f. — Haftung des Käufers für die Nachlaßverbindlichkeiten V 696 ff., Inventarerrichtung V 697, Aufgebot der Nachlaßgläubiger V 698, Nachlaßkonkurs V 698 f., Nachlaßverwaltung V 700 f. — Anzeige des Verkaufs an Nachlaßgericht V 703. — Anwendung der Vorschriften über E. auf verwandte Verträge, Schenkung V 704 f. — (S. auch VI 79, 400.)

**Erbschaftsvertrag** II 84.

**Erbschein** V 642 f.: Begriff, Ertheilung durch Nachlaßgericht, über Erbtheil V 643 f. — Erfordernisse der Ertheilung im Falle der gesetzlichen Erbfolge V 646 f., im Falle einer Verfügung von Todeswegen V 648 f., Nachweis der Voraussetzungen V 649 ff. — Gemeinschaftlicher E. V 652 f. — Thätigkeit des Nachlaßgerichts: Erhebung von Ermittelungen, öffentliche Aufforderung zur Anmeldung anderer Erbrechte V 654 f., Feststellung der begründenden Thatsachen, freie Beweiswürdigung, Beschwerde gegen Ablehnung V 655 f. — Anhörung Dritter bei Rechtsstreit über das Erbrecht, bei nicht öffentlichen Urkunden, auf denen das Erbrecht beruht V 656 f. — Einziehung, Kraftloserklärung des unrichtigen E. V 658 f. — Herausgabeanspruch des wirklichen Erben gegen den Besitzer des E., Auskunftspflicht des Besitzers V 660. — Ertheilung des E. an Vorerben V 661 f., bei ernanntem Testamentsvollstrecker V 662. — Vermuthung für Richtigkeit des Inhalts des E. V 663 f. — Oeffentlicher Glaube des E., Rechtsbestand der Rechtsgeschäfte des bezeichneten Erben V 665 ff., Leistungen an denselben, Verfügungen über erbschaftliche Rechte V 669 f. — Keine Verpflichtung des Erben, sich Dritten gegenüber durch E. auszuweisen V 670. — Zeugniß über die Ernennung eines Testamentsvollstreckers V 671 f. — E. für einzelne im Inlande befindliche Gegenstände V 673 f. — Irrthümliche Annahme des Todes einer Person, Rechtsgeschäfte des vermeintlichen Erben, Befugnisse des noch Lebenden bei ertheiltem E. V 675 f. — (S. auch VI 400.)

**Erbtheil**, Begriff V 8, 10 f. — Vertrag über gesetzlichen E. am Nachlasse noch lebender Dritter II 84. — Nießbrauch an E. III 407. — Rechtsgeschäft über künftigen gesetzlichen E. des Mündels IV 568. — Mehrheit von E. V 23 f. — Berufung zu mehreren E. V 46, Schuldenhaftung in diesem Falle V 134 f. — Bruchtheile der Erbschaft V 258 ff. (s. Erbeinsetzung). — Erbschein über Größe des E. V 643, 652 f. — Kauf eines E. V 678, 680, 684, 687, 688, 691, 693, 694, 695, 696, 702. — Nichterstreckung auf E. durch Nacherbfolge, Wegfall eines Miterben V 681 f. — Schenkung eines E. V 706.

**Erbtheilung** V 189 ff. (s. Miterben, unter Auseinandersetzung). — E.vertrag des Mündels IV 568.

**Erbtheilungsklage** V 190.

**Erbunwürdigkeit** V 623 ff. — E. eines Abkömmlinges bei Theilung nach fortgesetzter Gütergemeinschaft IV 273 f. — Wirkung der E. eines Pflichttheilsberechtigten für entferntere Berechtigte V 576, auf Berechnung des Pflichttheils V 577 f. — Gründe der E. V 624 f., Geltendmachung durch Anfechtung des Erbschaftserwerbes V 626 f., Frist V 627, Anfechtungsberechtigter V 627, Anfechtungsklage V 628, Ausschließung durch Verzeihung V 629, Wirkungen der E.-

erklärung V 630. — E. eines Vermächtnißnehmers, eines Pflichttheilsberechtigten V 631 f.

**Erbvertrag** V 513 ff. — Begriff V 31. — Stiftung durch E. I 119, 121. — E. neben Testament, Annahme oder Ausschlagung der Erbschaft V 44. — Konversion eines E. I 191. — Verwandtschaft des E. mit gemeinschaftlichem Testament V 491 f. — Verhältniß des E. zu letztwilligen Verfügungen V 515. — Persönliche Schließung, Unzulässigkeit der Vertretung V 516, Erforderniß unbeschränkter Geschäftsfähigkeit V 517, Schließung zwischen Ehegatten und Verlobten V 517 f. — Form V 519 f., Verschluß und Verwahrung V 521 f. — Inhalt V 523 f., Anwendung der Vorschriften über letztwillige Verfügungen V 525 f. — Verfügungen in E. zwischen Ehegatten V 527. — Anfechtung des E. V 527 ff.: durch den Erblasser V 527 f., Vertretung, Form V 529 f., Frist V 530, Bestätigung des E. V 531, Anfechtung durch andere Personen V 532. — Einfluß des E. auf Verfügungen des Erblassers: Verfügungen unter Lebenden V 532, Schenkung V 533 f., Vereitelung von Vermächtnissen V 536 f. — Verhältniß des E. zu früheren letztwilligen Verfügungen des Erblassers V 537 f. — Aufhebung des E.: durch Vertrag V 540 f., durch Testament V 242 f., durch gemeinschaftliches Testament V 544 f. — Rücktrittsrecht des Erblassers V 545 ff.: Vorbehalt des Rücktritts V 546, 552, wegen Verfehlung des Bedachten, welche zur Entziehung des Pflichttheils berechtigt V 547, wegen Wegfalls der in wiederkehrenden Leistungen an den Erblasser bestehenden Gegenleistung V 548 f., Form des Rücktritts V 550, Ausübung des Rücktrittsrechts durch Testament nach dem Tode des andern Vertragschließenden V 551, gegenseitige Abhängigkeit der vertragsmäßigen Verfügungen V 552 ff. — Einseitige Verfügungen V 555 f. — Eröffnung des E. V 557. — Schenkung von Todeswegen V 558 f. — Nichtigkeit obligatorischer Verträge auf Errichtung oder Aufhebung einer Verfügung von Todeswegen V 560 f. — Verzicht auf Zuwendung aus E. V 640 f. — Uebergangsvorschrift VI 401, 404 f.

**Erbverzicht** V 26, 633 ff. — E. der Frau ohne Zustimmung des Mannes IV 156. — Anwendung der Vorschriften über E. auf den Verzicht eines Abkömmlinges auf seinen Antheil am Gesammtgute der fortgesetzten Gütergemeinschaft IV 282. — E. eines Pflichttheilsberechtigten, Wirkung für entferntere Berechtigte V 576, auf Berechnung des Pflichttheils V 577 f., 589 f. — Begriff, Wirkung des E., verzichtende Personen V 634, Beschränkung auf Pflichttheilsrecht V 634, Erfordernisse für Bevormundete, für beschränkte Geschäftsfähige, für Geschäftsunfähige V 635 f., Form V 636, Wirkung für Abkömmlinge des Verzichtenden V 637. — Verzicht zu Gunsten eines Anderen (relativer E.) V 638 f. — Aufhebung des Verzichts durch Vertrag V 639 f. — Verzicht auf Zuwendung aus einer Verfügung von Todeswegen V 640 f. — Uebergangsvorschrift für E.verträge VI 409 f.

**Erbverpfründungsvertrag** V 548.

**Erbzinsrecht** VI 143, 347.

**Erdboden**, unzulässige Vertiefung III 141.

**Erdkörper** I 131, unter einem Grundstücke III 135.

**Erfüllung** von Verträgen Minderjähriger I 156, von Verträgen, welche Vertreter ohne Vertretungsmacht abschloß I 226. — E. durch einen Dritten II 38 f. — Verurtheilung zur E. Zug um Zug bei Geltendmachung des Zurückbehaltungsrechts II 45 f. — E. gegenseitiger Verträge, mangelndes Interesse an derselben II 101 ff. — Vertragsstrafe statt E. II 120 f., E. neben Vertragsstrafe II 121 f. — E. der Schuldverhältnisse II 139 ff.: Bewirkung der geschuldeten Leistung, Leistung an einen Dritten II 139 ff., durch einen Dritten II 142, Beweislast nach Annahme einer Leistung als E. II 142, an Erfüllungsstatt II 143 f., Gewährleistung in diesem Falle II 144 f., Rücktritt II 144 f. — Theilweise E. bei Mehrheit von Schuldverhältnissen II 146 f., Anrechnung zunächst auf Kosten und Zinsen II 147 f. — Empfangsbekenntniß, Quittung II 148 ff., Kosten derselben II 152, E. an Ueberbringer der Quittung II 152. — Rückgabe des Schuldscheins, Anerkenntniß des Schulderlöschens II 153. — Hinterlegung als Surrogat der E. II 153 ff. (s. Hinterlegung). — E. durch Aufrechnung II 168 ff. (s. Aufrechnung). — E. durch einen Gesammtschuldner II 212. — E.versprechen an einen Gesammtgläubiger II 220, 224. — (S. auch VI 278.)

**Erfüllungshalber** II 146.

**Erfüllungsort.** Gefahr der Versendung der Kaufsache an einen andern als den E. II 238 (s. Ort).

**Erfüllungsstatt.** Annahme einer Leistung an E. II 143 f., Gewährleistung II 144 f., Rücktritt II 144 f. — Hingabe an E. durch Dritte II 145 f. — Leistung an E. durch einen Gesammtschuldner II 212, 218, an einen Gesammtgläubiger II 220, 222, 224.

**Erfüllungsübernahme** II 109.

**Erfüllungsvertrag** II 140.

**Ergänzung** der Sicherheitsleistung I 290. — E. miterpachteten Inventars durch den Pächter II 328. — E. des Beitrages zur Gesellschaft II 458. — Vorschriften über Pflichttheilsergänzung bei Erbfolge in Vorbehaltsgut und Sondergut der Gütergemeinschaft IV 249, bei E. des Antheils eines Abkömmlings nach fortgesetzter Gütergemeinschaft IV 272. — E. des Nachlaßinventars V 130 f., 132. — Vorbehalt der E. letztwilliger

Verfügung V 255. — E. des Pflichttheils wegen Schenkungen V 602 ff., 612.
**Erhaltung.** Kosten der E. des Leistungsgegenstandes bei Gläubigerverzug II 77. — E.pflicht des Vermiethers II 296, des Pächters II 329, des Entleihers III 337. — E. des gemeinschaftlichen Gegenstandes II 486. — Gewöhnliche E.kosten gegenüber Eigenthumsanspruch III 264. — E. von Anlagen für Grunddienstbarkeit III 307 f., VI 205, der Nießbrauchssache III 334, 340. — Kosten der E. des eingebrachten Guts IV 131. — E. des Nachlasses bei Erbengemeinschaft V 185 f. — Kosten der E. der Nacherbschaft V 302.
**Erhaltungspflicht** des Vermiethers II 296, des Pächters für mitverpachtetes Inventar II 328 f., des Entleihers II 337, bei Anlagen für Grunddienstbarkeit III 307 f., VI 205, des Nießbrauchers II 334, 340.
**Erhöhung** des Beitrags zur Gesellschaft II 458, des Zinsfußes bei Hypothek III 469, bei Schiffspfandrecht III 719. — E. von Erbtheilen bei gesetzlicher Erbfolge V 23 f. — E. von Grundstücken VI 214.
**Erholungszeit** für Dienstboten II 358.
**Erklärung** des Willens I 142 f. — E. des gesetzlichen Vertreters zu Verträgen Minderjähriger I 153, des Rücktritts vom Vertrage II 129 f. — E.pflicht des Berechtigten bei Fundsachen III 235 f.
**Erklärungsfristen,** Beweislast I 46.
**Erklärungstheorie** I 165 f.
**Erkrankung,** gefährliche, Unterbleiben des Aufgebots zur Eheschließung IV 34.
**Erlaßvertrag** II 168, 179 ff. — E. mit einem Gesammtschuldner II 212, 218, Gesammtgläubiger II 220, 222, 224. — Erlaß künftiger Zinsen als Schenkung II 284. — E. über Pflichttheilsanspruch V 595.
**Erlaubniß** zur Eheschließung für Militärpersonen, Landesbeamte, Ausländer IV 33.
**Erlöschen** der Stiftung I 125, des Vertragsantrags I 197, 200 f., der Vollmacht I 219, 220 f., der Rechte durch Ausschlußfrist I 244, der Schuldverhältnisse II 138 ff. — E. der Rechte Dritter an veräußerten beweglichen Sachen III 190 f., durch Ersitzung III 200, durch Verbindung, Vermischung III 204, Verarbeitung III 206, an Fundsachen III 234. — E. des Nießbrauchs III 369. — E. der Forderung, Eigenthümerhypothek III 550 ff. — E. der Hypothek durch Befriedigung III 596 ff., des Pfandrechts III 701, 729, 732.
**Ermächtigung** des Minderjährigen zum Betriebe eines selbständigen Erwerbsgeschäfts I 158, zu Dienst- und Arbeitsverträgen I 158 ff., des Vormundes zu Rechtsgeschäften IV 574. — E. eines nicht zuständigen Standesbeamten zur Eheschließung IV 40.
**Ermäßigung** der Vertragsstrafe II 123.
**Ermessen** s. billiges Ermessen.
**Ermittelung** des Erben V 61 f.
**Ernennung** von Testamentsvollstreckern V 385 ff.
**Erneuerung** von Schuldverschreibungen auf den Inhaber II 557 ff. — E. der Nießbrauchssache III 340, 343 f., bei Wohnungsrecht III 412.
**Erneuerungsscheine** II 564. — E. mit dem Werthpapier zur Sicherheitsleistung zu hinterlegen I 288, ebenso bei Gefährdung des eingebrachten Guts IV 142. — Unzulässigkeit des Aufgebots von E. II 558, Erlöschen mit der Hauptschuld II 562. — E. bei Nießbrauch III 393 f. — E. von Inhaberpapieren des Mündelvermögens IV 558, der Nacherbschaft V 295. — (S. auch VI 292.)
**Eröffnung** des Nachlaßinventars V 120, 141, des Testaments V 482 ff., VI 399, des gemeinschaftlichen Testaments V 510 f. VI 400, des Erbvertrags V 557.
**Erpressung,** Schadensersatz II 611.
**Errungenschaftsgemeinschaft** IV 283 ff. — Vertragsmäßige Aufhebung der E. bewirkt Gütertrennung IV 199 f. — Anwendung der Vorschriften über eingebrachtes Gut der E. auf nicht übertragbare Gegenstände der Gütergemeinschaft IV 204 f. — Begriff der E. IV 283 f. — Gesammtgut, Anwendung der Vorschriften für allgemeine Gütergemeinschaft IV 285. — Eingebrachtes Gut IV 285 ff., Schutz gutgläubiger Schuldner IV 288. — Verwaltung des eingebrachten Guts, Rechtsstellung des Mannes IV 289 f. — Vorbehaltsgut der Frau IV 290. — Vermuthung für Gesammtgut IV 291. — Feststellung des eingebrachten Guts, Verzeichniß, Schätzung IV 291 f. — Ehelicher Aufwand, Lasten des eingebrachten Guts IV 292. — Gesammtgutsverbindlichkeiten IV 292 ff., gesammtschuldnerische Haftung des Mannes IV 292 f., Verbindlichkeiten der Frau, für welche das Gesammtgut haftet IV 293 f., Gesammtgutsverbindlichkeiten im Verhältnisse der Ehegatten zu einander IV 295 f., Ausstattung aus Gesammtgut IV 296. — Ausgleichung der Bereicherung der Vermögensmassen IV 297, Vermuthung wegen nicht mehr vorhandener verbrauchbarer Sachen des eingebrachten Guts IV 297, Zeit der Ausgleichung IV 298. — Aufhebung der E.: Klage auf dieselbe IV 298, Konkurs des Mannes IV 298 f., nicht der Frau IV 299, Todeserklärung eines Ehegatten IV 299, Gütertrennung nach Beendigung IV 300, Wirkung gegen Dritte abhängig von Eintragung in das Güterrechtsregister IV 300, Auseinandersetzung IV 300 f. — Wiederherstellung der E. IV 301 f. — Verhältniß der E. zur Unterhaltspflicht der Ehegatten IV 358 f. — Ausgleichungspflicht für Zuwendungen aus Gesammtgut der E. V 209 f. — Schenkungen aus Gesammtgut, Verhältniß zum Pflichttheilsanspruch V 610 f.

**Ersatz** s. Schadensersatz. — E. von Verwendungen II 28f., 44. — Abtretung von E.ansprüchen des Schuldners bei unmöglicher Leistung II 56, 96f., 100f. — Ersatzansprüche des Geschäftsführers ohne Auftrag II 431ff., bei ungerechtfertigter Bereicherung II 590f. — E.pflicht des Eigenthümers bei Nießbrauch III 353f., 365, des Eigenthümers gegenüber dem persönlichen Schuldner bei Hypothek III 557ff., eines Eigenthümers gegen den andern bei Gesammthypothek III 575, des persönlichen Schuldners bei Gesammthypothek III 579. — E.anspruch des Erbschaftsbesitzers V 165. — E. für Erbschaftsgegenstände bei Nacherbschaft V 286, bei Vermächtniß V 340, 346. — E.anspruch bei Erbschaftskauf V 685ff. — E. für aus öffentlichen Mitteln gewährten Unterhalt, Landesgesetze VI 91f.

**Ersatzberufung** V 266ff. (s. Ersatzerbe). — E. bei Vermächtniß V 372, bei Erbvertrag V 526.

**Ersatzerbe** V 266ff. — Stellung des E. eines ausgleichungspflichtigen Abkömmlings V 206f. — Begriff des E. V 266. — E. gilt für Nichtkönnen und Nichtwollen V 268. — Gegenseitige E. V 268. — E. geht vor Anwachsung V 269. — Nacherbe gilt im Zweifel als E. V 275. — Einsetzung des Pflichttheilsberechtigten als E. V 569.

**Ersatzgeld** bei Pfändung VI 175.

**Ersatzmann** I 211.

**Ersatzvermächtniß** V 372.

**Ersatzvertheilung**, Gesetz betr. die VI 121.

**Erschütterungen**, Zuführung auf fremdes Grundstück III 138, VI 215.

**Ersetzung** der Eheeinwilligung durch Vormundschaftsgericht IV 20, 24, der Genehmigung anfechtbarer Ehe IV 61, der Zustimmung zu persönlichen Diensten der Frau gegenüber Dritten IV 87f., der Zustimmung der Frau zu Rechtsgeschäften über eingebrachtes Gut IV 123, desgleichen des Mannes IV 150, der Zustimmung der Frau zu Rechtsgeschäften über Gesammtgut IV 212f., die Zustimmung des Mannes zu solchen IV 215.

**Ersitzung** III 192ff. — Fortsetzung der E. durch den Erben III 40. — Erfordernisse der E.: 10 Jahre Eigenbesitz, guter Glaube III 192f., Beweiserleichterung, Vermuthung des Eigenbesitzes III 194. — Keine E. bei Hemmung der Verjährung des Eigenthumsanspruchs III 194f. — Unterbrechung der E. durch Verlust des Eigenbesitzes III 195f., durch Erhebung des Eigenthumsanspruchs III 196, Wirkung der Unterbrechung III 197f. — Anrechnung der E.zeit eines früheren Eigenbesitzers III 198, eines Erbschaftsbesitzers III 199. — Erlöschen der Rechte Dritter nach E. III 200. — E. des Nießbrauchs an beweglichen Sachen III 331f. — Berufung des Erbschaftsbesitzers auf E. gegenüber dem Erben V 17. — Uebergangsvorschriften für E. des Eigenthums oder Nießbrauchs an beweglichen Sachen VI 316f., für E. eines Rechts an Grundstücken VI 324, 329f.

**Ersparungen** bei verschuldeter Unmöglichkeit einer Leistung aus gegenseitigem Vertrage II 100.

**Erstattung** s. Schadensersatz.

**Erstreckung** der Verjährungsfrist I 256f.

**Erstgeburt** I 53.

**Erträge** einer Sache, eines Rechts als Frucht I 137.

**Ertragswerth** eines Landguts, Uebernahme zum IV 281, V 200, 581f. — Feststellung des E., Landesrecht VI 229f.

**Erwählter Wohnsitz** des französischen, badischen Rechts, Uebergangsbestimmung VI 255.

**Erwerb** des Besitzes III 31f., des Eigenthums an Grundstücken III 162ff., an beweglichen Sachen III 177ff. — E. von Todeswegen als Vorbehaltsgut IV 105. — E. des Mannes mit Mitteln des eingebrachten Guts IV 126f. — E. von Todeswegen ist eingebrachtes Gut der Errungenschaftsgemeinschaft IV 286. — E. von Todeswegen als freies Vermögen des Kindes in elterlicher Gewalt IV 405. — E. von Todeswegen durch juristische Personen, religiöse Orden, Fortbestand der Landesgesetze VI 171ff.

**Erwerb von Todeswegen**, Begriff IV 105, V 4 (s. Erwerb).

**Erwerbsbeschränkungen** für juristische Personen, Fortbestand der Landesgesetze VI 171f.

**Erwerbsfähigkeit**, Aufhebung, Verminderung durch Körperverletzung, Rentenanspruch II 642.

**Erwerbsgeschäft**, selbständiges, Minderjähriger I 158, IV 385, VI 251. — E. der Frau IV 84, 102, 120f., 152ff., 163f., 167f., 184, 198, 207, 215, 220, 221, 294, 337, VI 56f., 109f., 359. — Erwerb aus E. bei Errungenschaftsgemeinschaft IV 288. — E. für Rechnung des Gesammtguts bei Errungenschaftsgemeinschaft IV 195. — Einspruch gegen E. der Frau, Zurücknahme der Einwilligung zu demselben, Eintragung in das Güterrechtsregister IV 312. — E. des Vaters im Namen des Kindes IV 402, Erwerb des Kindes aus selbständigem E. IV 405. — Elterliche Nutznießung an einem E. IV 410. — E. des Mündels IV 568, 573, 575, 576, 592. — Ausübung des Besitzes durch Dritte im E. des Besitzers Angestellte III 35. — E. der Nacherbschaft V 298.

**Erwerbsschädigung** II 614, Berücksichtigung bei Beurtheilung der Schadensersatzpflicht II 641f.

**Erwerbsunfähigkeit**, Voraussetzung des Unterhaltsanspruchs IV 357.

**Erwerbs- und Wirthschaftsgenossenschaften**, Gesetz betr. die I 93, 95, 111, 250, II 177, 473, VI 268, Bayerisches Gesetz, betr. die privatrechtliche Stellung der VI 267f.

**Erzeugnisse** eines Grundstücks als wesentliche Bestandtheile desselben I 130 f. — Landwirthschaftliche E. als Zubehör eines Landguts I 136. — E. einer Sache, eines Rechts als Früchte I 137. — E. von Grundstücken, Ersatz des Wildschadens II 630. — Eigenthumserwerb an E. III 211 ff. — Haftung der getrennten E. des Grundstücks für Hypothek III 472 ff. — Pfandrecht an E. III 656, 664. — Sondereigenthum an stehenden E. eines Grundstücks, Uebergangsvorschrift VI 300 f., 308.
**Erzeugte.** Noch nicht e. Person als Nacherbe V 273, 578, 279, als Vermächtnißnehmer V 339. — Anfall des Vermächtnisses V 359f.
**Erzieher,** Dienstverhältniß, Kündigung II 362, 365.
**Erziehungsanstalten,** Anspruchsverjährung I 247, 252. — Unterbringung eines Kindes in E. IV 419, 589 f., VI 104, eines volljährigen Mündels IV 639. — Bevormundung durch Vorstand von E., Landesrecht VI 225 f.
**Erziehungskosten** als Unterhalt IV 364, 461.
**Erziehungsrecht, Pflicht,** des Inhabers der elterlichen Gewalt IV 388, für uneheliche Kinder IV 465.
**Erziehungsvertrag** II 349.
**Esel,** Gewährleistung beim Kauf derselben II 261 ff.
**Eventualmaxime** I 253.
**Eviktion** s. Entwehrung.
**Ewiggiltbriefe** III 429, 646.
**Eßmarken** II 565.
**Ex asse fit dupondium, tripondium** V 261.
**Exceptio** rei venditae et traditae I 238, III 254, doli generalis II 11, 556, non adimpleti contractus II 93, 453f., non numeratae pecuniae II 342, non numeratae dolis IV 108, vitiosae possessionis III 46, spolii III 47. — E. ne praejudicium fiat hereditati V 172, rei judicatae V 411, quod metus causa VI 276, plurium VI 386.
**Executionsinterventionsklage** III 472.
**Exheredatio** bona mente V 308, 538, 619f. — (S. auch VI 279.)
**Expropriation** s. Enteignungsrecht.
**Exterritoriale,** strafrechtlicher Wohnsitz VI 108.

## F.

**Fabrik.** Zubehör einer F. I 136.
**Fabrikanten,** Anspruchsverjährung I 246, 252.
**Fabrikarbeiter,** Anspruchsverjährung I 247, 252. — Dienstverhältniß II 346.
**Facultas alternativa** I 228, II 34. — F. a. des Gläubigers bei Schadensersatz für Personenverletzung, Sachbeschädigung II 18, bei Vertragstrafe statt Erfüllung II 120, bei Darlehen II 343, bei Uebernahme von Nachlaßsachen zum Werthe statt Herausgabe V 116.
**Fahrkarten** II 565.
**Fall** der Nacherbfolge V 315.
**Fälligkeit** von Früchten I 139 f., Lasten I 141. — Zahlung einer unverzinslichen Schuld vor F., Zwischenzinsen II 43. — F. des Anspruchs als Voraussetzung des Zurückbehaltungsrechts II 44 f. — F. Voraussetzung des schuldnerischen Verzugs II 59. — Zinsen von f. Schuld bei Rechtshängigkeit II 67. — Anrechnung theilweiser Erfüllung bei Mehrheit von Schuldverhältnissen auf die fälligen Schulden II 146 f. — Einfluß der F. auf Aufrechnung gegen beschlagnahmte Forderung II 176, gegen abgetretene Forderung II 188. — F. des Miethzinses II 306, des Pachtzinses II 327. — Nichtfällige Schulden bei Auflösung der Gesellschaft II 478, 481. — Kündigung der Hypothek bei F. der persönlichen Forderung II 507, Befriedigung des Hypothekengläubigers III 509 f., 524 f. — F. der Grundschuld III 638. — F. der Forderung als Voraussetzung des Pfandverkaufs III 677. — F. einer verpfändeten Forderung III 737, 739. — Nichtfällige Verbindlichkeit bei Auseinandersetzung der Gütergemeinschaft IV 235. — F. des Unterhalts IV 366 f. — F. des Vermächtnisses V 364, des Untervermächtnisses V 369 f.
**Fahrlässigkeit** I 35 ff. — Haftung des Schuldners für F. II 49 f., bei Verzug II 65, bei Gläubigerverzug II 74. — F. bei Ungewißheit des Schuldners über Person des Gläubigers, Ausschluß der Hinterlegung I 155. — F. bei Rathsertheilung II 424. — F. bei unerlaubten Handlungen II 605 ff., 610, bei Verletzung der Amtspflicht II 637. — F. des Erben bei Nichtbeantragung des Nachlaßkonkurses V 98. — (S. auch grobe F.)
**Fahrnißgemeinschaft** IV 302 ff. — Vertragsmäßige Aufhebung der F. bewirkt Gütertrennung IV 199 f. — Anwendung der Vorschriften für allgemeine Gütergemeinschaft IV 302 f., 304 f. — Eingebrachtes Gut IV 305 ff.: Unbewegliches Vermögen IV 305 f., unübertragbare Rechte IV 306, Bestimmung Dritter IV 307, Ehevertrag IV 307, Surrogation IV 307. — Vorbehaltsgut des Mannes ausgeschlossen IV 307. — Schuldenhaftung IV 303, 307 f. — Fortgesetzte Gütergemeinschaft IV 308. — Verhältniß der F. zur Unterhaltspflicht der Ehegatten IV 359 f. — Ausgleichungspflicht für Zuwendungen aus Gesammtgut der F. V 209 f. — Schenkungen aus Gesammtgut, Verhältniß zum Pflichttheilsanspruch V 610 f.
**Fährgerechtigkeiten** VI 160, 347.
**Fälschung** der Anweisung II 536. — F. einer Verfügung von Todeswegen, Erbunwürdigkeitsgrund V 624 f.
**Falsa demonstratio non nocet** V 228.
**Familie** IV 3 f. — Haftung des Gastwirths für Werthsachen einer ganzen F. II 449. —

F. des Wohnungsberechtigten III 411. — Unterbringung von Mündeln in einer F. IV 589, eines volljährigen Mündels IV 639.
**Familienangehörige** des Erblassers, Unterhaltsanspruch V 70, 149.
**Familienbilder** bei Erbschaftskauf V 682.
**Familienfideikommisse**, Fortbestand der Landesgesetze VI 139. — (S. auch VI 90.)
**Familiennamen**, Unterzeichnung von Willenserklärungen I 177. — F. der Frau IV 83, der geschiedenen Frau IV 328, des Kindes IV 371, des unehelichen Kindes IV 458, VI 383, 385 f., des angenommenen Kindes IV 500, 504, 511.
**Familienpapiere** s. Familienschriftstücke.
**Familienrath** IV 513, 608 ff., 643, 662 (s. unter Vormundschaft). — Uebergangsvorschrift VI 391 f.
**Familienrechtliche** Verhältnisse, Unverjährbarkeit I 244 f., 249. — Verjährung des durch Anfechtung eines f. V. entstehenden Anspruchs I 250, 251. — F. Rechtsgeschäfte von Ausländern VI 27, 30. — Uebergangsvorschriften VI 349 ff.
**Familienschriftstücke** bei Erbschaftstheilung V 198, bei Erbschaftskauf V 682.
**Familienstand**, nicht zu ermittelnder von Minderjährigen, Anordnung einer Vormundschaft IV 515.
**Familienverhältnisse** des hohen Adels VI 137 f.
**Fasanen**, Schaden durch II 630.
**Faustpfand**, Prinzip des III 11 f.
**Fehler** s. Gewährleistung.
**Fehlerhafte** Beschaffenheit eines Gebäudes, Schadensersatz II 635. — F. Besitz III 42 f., Rechte gegen denselben III 44 f. — (S. auch VI 299.)
**Feiertage**, staatlich anerkannte, Einfluß auf Ablauf von Fristen I 242.
**Feldfrevel** VI 196.
**Fenster** als Bestandtheile eines Gebäudes I 132. — Schutz beim Putzen von F. II 359.
**Fensterrecht** VI 214.
**Fernsprechanstalt**. Abgabe von Willenserklärungen durch F. I 181, Vertragsanträge I 198. — (S. auch III 136.)
**Festnahme** eines Verpflichteten als Selbsthülfe I 283 f.
**Feststellung** im Konkurse, Wirkung auf Verjährung I 267. — F. des Zustandes des eingebrachten Guts IV 107 f. — F. des gesetzlichen Erbrechts des Fiskus V 61 f. — Rechtsstreitigkeiten über F. des Eltern- und Kindesverhältnisses, internationales Privatrecht VI 62, 66, 67, 73. — F. des Ertragswerths eines Landguts, Landesrecht VI 229 f.
**Feststellungsanspruch** I 48.
**Feststellungsklage** unterbricht Verjährung I 260, 265. — F. auf Bestehen oder Nichtbestehen einer Ehe IV 47 f.
**Festungen**. Gesetz betr. die Beschränkungen des Grundeigenthums in der Umgebung von F. III 130, 342, VI 127, Aenderungen VI 129.
**Feuerbestattung** IV 396.
**Feuersgefahr** s. Versicherung.
**Fictus possessor** III 252, V 158.
**Fideikommiß**. Fideikommissarische Stiftung V 30. — Anfechtung der Ehelichkeit eines F.-anwärters IV 347. — F.-Substitution V 266, VI 398, bei Vermächtniß V 373. — Deutschrechtliche F. VI 139. — (S. auch III 214.)
**Fiducia** I 274.
**Fiduziar** V 269. — F.-Stiftung I 116.
**Findelkinder** IV 457.
**Fiktion** der Willenserklärung I 143.
**Finden** III 226 ff. (s. Gefundene Sachen).
**Finderlohn** III 232, 233.
**Firma** des Handelsgeschäfts der Frau IV 84, 121 f.
**Firmenrecht**, Verletzung II 608.
**Fische** in Teichen, Eigenthum III 222.
**Fischereirecht** bei Fahrnißgemeinschaft IV 306. — Verletzung des F. III 221. — Fortbestand der Landesgesetze über F. VI 152 f., 347.
**Fiskus**. Anfall von Vereinsvermögen I 96 ff., V 25, von Stiftungsvermögen I 125. — Haftung des Fiskus für Schadensersatz I 125 f. — Aneignung von Grundstücken nach Hypothektitel des F. VI 177. — Verzicht des Eigenthümers III 174. — (S. auch VI 218, 331.) — Gesetzliches Erbrecht des F. V 24 f., VI 93, 230, kein Ausschlagungsrecht V 37 f. — Feststellung des fiskalischen Erbrechts V 61 f. — Keine Inventarfrist des F. als gesetzlichen Erben, Auskunftspflicht desselben V 141 f. — F. nicht gesetzlicher Erbe bei zeitlicher Begrenzung der Erbeinsetzung V 276, bei Vermächtniß an gesetzlichen Erben V 328. — Erbverzicht des F. V 634. — Erbrecht des F. am Nachlasse verpflegter Personen, Landesrecht VI 231.
**Fixgeschäft** I 243, II 105 f., Rücktritt II 137. — Miethvertrag als F. II 301. — Werkvertrag II 375, 376. — Mäklerlohn bei F. II 396.
**Flaggenrecht**. Gesetz, betr. das F. der Kauffahrteischiffe III 713, 714, 724, V 473.
**Flößereirecht**, **Flötzrecht** II 346, III 709, VI 182. — Fortbestand der Landesgesetze VI 149.
**Flußbett**, verlassenes, Fortbestand der Landesgesetze VI 149. — Verlassenes F. bei Nacherbschaft V 286.
**Forderung** s. Leistung, Erfüllung, Hinterlegung, Aufrechnung, Erlaß, Vereinigung, Uebertragung. — Verpfändung von F. zur Sicherheitsleistung II 285, 389. — Verkauf von F. II 229 f., gemeinschaftlicher F. II 494. — F. eines Theilhabers gegen den andern aus Gemeinschaft II 495. — Einrede gegen eine durch unerlaubte Handlung

erlangte F. nach Verjährung des Anspruchs auf deren Aufhebung II 651. — Nießbrauch an F. III 384f. — F. als Voraussetzung der Hypothek III 452f., 461, 490, 502, Theilung derselben III 527f., Uebertragung derselben III 529f., Voraussetzungen der Geltendmachung gegen den Eigenthümer, welcher zugleich persönlicher Schuldner ist III 549, Eigenthümerhypothek bei nicht entstandener, erloschener F. III 552f., Erwerb der F. durch einen der Eigenthümer bei Gesammthypothek III 578. — Vereinigung von F. aus Hypothek in der Person des Eigenthümers III 584f. — Uebertragung der Hypothek auf eine andere F. III 593. — F. bei Sicherungshypothek III 604f., 606f., Maximalhypothek III 621f., 625f. — F. ist nicht Voraussetzung der Grundschuld III 628f. — F. als Voraussetzung des Pfandrechts III 654, 675, 704f., als Erlös des Pfandverkaufs III 699, Uebergang des Pfandrechts mit Uebertragung der F. III 701f., 728. — Eintragung der F. in das Schiffsregister III 715. — Pfandrecht an einer F. III 732ff. — Aufrechnung von F. der Frau durch den Mann IV 118f. — F., in welchen Mündelgeld anzulegen ist IV 550f., Verfügung über solche IV 555f. — F. als Gegenstand des Vermächtnisses V 337, 352f.

**Form** der Anmeldung zum Vereinsregister I 115, des Stiftungsgeschäfts unter Lebenden I 117. — F. der Einwilligung des gesetzlichen Vertreters zu einseitigen Rechtsgeschäften Minderjähriger I 157. — F. der Rechtsgeschäfte I 175ff. — Nichtigkeit wegen mangelnder gesetzlicher F. I 175f., Schriftf. I 176f. — F. der Bestätigung anfechtbarer Rechtsgeschäfte I 195f. — F. der Vollmachtsertheilung I 215, der Zustimmung I 233, der Uebertragung gegenwärtigen Vermögens, der Nießbrauchbestellung daran II 83, des Vertrags über künftigen gesetzlichen Erbtheil II 84, des Vertrags auf Eigenthumsübertragung an Grundstücken II 85, der Quittung II 149f., des Erlaßvertrags II 179, des Abtretungsvertrags II 183, der Abtretungsurkunde II 186, 195, der Schuldübernahme II 199f., des Wiederkaufs II 271, der Ausübung des Vorkaufsrechts II 275, des Schenkungsversprechens II 284f., des Miethvertrags II 296, über Grundstücke II 315, des Arbeits-, Führungszeugnisses bei Dienstvertrag II 367, des Widerrufs der Auslobung II 404, des Gesellschaftsvertrags II 457, des Leibrentenvertrags II 500, der Bürgschaft II 511, des Kreditauftrags II 522, des Vergleichs II 524, des Schuldversprechens, Schuldanerkenntnisses II 528, 530, 531, der Annahme der Anweisung II 536, der Uebertragung der Anweisung II 543, der Schuldverschreibung auf den Inhaber II 547f. — F. der Einigung über Erwerb eines Rechts an Grundstücken III 72f., der Abtretung der Hypothek III 530, des Verzichts auf dieselbe III 563, der Bestellung einer Sicherungshypothek für Schuldverschreibung auf den Inhaber III 615f., der Abtretung der Grundschuld III 636. — F. des vertraglichen Verzichts auf Zuwendung aus letztwilliger Verfügung V 640. — F. der Anerkennung der unehelichen Vaterschaft IV 472, bei Legitimation durch nachfolgende Ehe IV 475, des Antrags und der Einwilligung zur Ehelichkeitserklärung IV 483, zur Annahme an Kindesstatt IV 493, des Annahmevertrags IV 494, VI 71, der Bestellung zum Vormunde IV 530, des Verzeichnisses des Mündelvermögens IV 545, der vormundschaftsgerichtlichen Genehmigung einseitiger Rechtsgeschäfte des Vormundes IV 580. — F. der Eheschließung IV 36f., VI 115, Nichtbeobachtung derselben IV 49f., 67, 70, VI 115. — F. der Einwilligung des Mannes zu Verfügungen der Frau über eingebrachtes Gut IV 145. — F. des Ehevertrags IV 193, der Ablehnung der fortgesetzten Gütergemeinschaft IV 251, des Verzichts eines Abkömmlings auf seinen Antheil am Gesammtgut der fortgesetzten Gütergemeinschaft IV 260, der Aufhebung der fortgesetzten Gütergemeinschaft durch den überlebenden Ehegatten IV 261, der Zustimmung des andern Ehegatten zur Verfügung über den Antheil eines Abkömmlings an fortgesetzter Gütergemeinschaft IV 281, zum vertragsmäßigen Verzichte eines Abkömmlings IV 282. — F. des Antrags auf Eintragung zum Güterrechtsregister IV 311. — F. der Erklärung über Namensführung der geschiedenen Frau IV 328, der Anfechtung der Ehelichkeit eines verstorbenen Kindes IV 350, des Verzichts auf elterliche Nutznießung IV 416. — Stellung der Kinder aus einer wegen F.mangel nichtigen Ehe IV 451. — F. der zur Annahme des Namens des Mannes der unehelichen Mutter durch das Kind erforderlichen Erklärungen IV 458. — F. der Erbschaftsausschlagung V 42, der Anfechtung der Annahme oder Ausschlagung V 51, der Verfügung des Miterben über seinen Antheil V 179, der Anfechtung letztwilliger Verfügung V 251, der Vermächtnißverfügung V 325, der Bestimmung des Testamentsvollstreckers durch einen Dritten V 387, durch Testamentsvollstrecker V 389. — F. der Testamentserrichtung V 429ff., 455ff., 491, des Widerrufs gemeinschaftlichen Testaments V 503, des Erbvertrags V 519f., der Anfechtung desselben V 529, der Aufhebung V 541, des Rücktritts V 550, des Erbverzichts V 636, der Aufhebung desselben V 639, des Erbscheins V 645, des Erbschaftskaufs V 680. — Maßgebende Gesetze für F. der Rechtsgeschäfte VI 40f., für Eheschließung VI 44f.

**Formale Rechtskraft** des Grundbuchs III 13, 14, 24.

**Fortgesetzte Gütergemeinschaft** IV 243ff. (s. Gütergemeinschaft). — F. G. nach Fahrnißgemeinschaft IV 308. — (S. auch VI 51.)

**Fortkommen**, Schädigung desselben II 614, Berücksichtigung bei Beurtheilung der Ersatzpflicht II 641f.

**Forstwirthschaftliche Grundstücke**, Anerbenrecht VI 145f. — Uebergangsbestimmungen für Nutzungen an F. G. VI 266.

**Forstwirthschaftsbetrieb**, Anspruchsverjährung I 246, 252.

**Fracht**, Nichthaftung für Schiffspfandrecht III 720.

**Frachtfuhrleute**, Anspruchsverjährung I 246, 252. — Uebergabe des Leistungsgegenstandes an F. bei Gattungsschuld II 12f., des Kaufgegenstandes, Uebergang der Gefahr II 238. — Gesetzliches Pfandrecht III 709.

**Frachtgeschäft**, Wirkung zu Gunsten des Empfängers II 109. — Gesetzliche Bestimmungen über F. II 346.

**Französisches Recht** über Emanzipation, Uebergangsbestimmung VI 251, Beistand wegen Geistesschwäche VI 253, 395f., wegen Verschwendung VI 254, 395, erwählter Wohnsitz VI 255, Todeserklärung VI 257, 261, Vermögensabsonderung VI 356f. — Anerkanntes Kind nach f. R., Uebergangsvorschrift VI 384f.

**Frauen**. Allgemeines über Rechtsstellung nach dem B.G.B. I 19f. — F. im Sinne des B.G.B. I 65. — Interzession der F. II 508. — Ehemündigkeit IV 19. — Wartezeit bei neuer Eheschließung IV 31. — Stellung der F. in der ehelichen Lebensgemeinschaft IV 81ff., Familienname, Stand IV 83, Leitung des Hauswesens IV 84, Schlüsselgewalt IV 85f., persönliche Leistungen an Dritte IV 87ff., Unterhaltsanspruch, Unterhaltspflicht IV 90ff. — F. als Vormund des Mannes vertritt dessen Rechte und Pflichten am eingebrachten Gut IV 158f. — Name der geschiedenen Frau IV 328. — Einwilligung der F. des Vaters zur Ehelichkeitserklärung IV 480. — Bestellung zum Vormunde IV 526, Ablehnung IV 527, Entlassung IV 627f.

**Frauensperson**, Verführung II 615f., Anspruch aus immateriellem Schaden II 647f., VI 69.

**Freie Verfügung**, Anordnung bei Nacherbfolge gilt als Einsetzung auf den Ueberrest V 313.

**Freies Vermögen** des Kindes in elterlicher Gewalt IV 405f., 414f., des angenommenen Kindes IV 507.

**Freihändiger Verkauf** des Pfandes III 672.

**Freiheit**. Wilde Thiere in F., Eigenthumserwerb III 222f.

**Freiheitsentziehung** I 51f., II 605f., 611, III 133, Ansprüche Dritter aus entgangenen Diensten, welche der Verletzte zu leisten hatte II 646, immaterieller Schaden II 647f.

**Freiwillige**, Wohnsitz I 63.

**Freiwillige Gerichtsbarkeit**, Gesetz betr. Angelegenheiten der I 17, 54, 81, 87, 92, 106, 110, 115, 160, 179, 180, II 34, 137, 439, III 74, 332, 442, 449, 532 602, 697 714, 715, 716, 717, 718, 719, 721, 722, 723, 731, 732, IV 21, 25, 33, 66, 86f., 88, 89, 108, 124, 151, 179, 181, 194, 232, 235, 251, 253, 257, 258, 261, 262, 265, 269, 271, 275, 282, 301, 309, 310, 311, 312, 313, 329, 349, 367, 380, 386, 390, 392, 393, 394, 397, 401, 402, 403, 407, 417, 419, 421, 423, 425, 426, 428, 429, 430, 433, 434, 439, 441, 442, 445, 447, 448, 449, 459, 473, 476, 481, 482, 485, 491, 495, 497, 502, 503, 509, 513, 514, 516, 517, 518, 519, 524, 529, 530, 539, 540, 542, 543, 547, 564, 565, 566, 570, 576, 586, 588, 589, 595, 596, 598, 599, 600, 610, 611, 616, 617, 618, 619, 620, 621, 623, 624, 626, 627, 633, 634, 644, 645, 650, 652, 654, 658, 659, 664, 666, 667, V 35, 36, 37, 42, 56, 59, 62, 63, 64, 90, 100, 101, 103, 107, 121, 123, 124, 128, 132, 140, 141, 172, 180, 187, 189f., 191, 192, 193, 198, 199, 214, 224, 229, 288, 299, 300, 301, 331, 380, 384, 387, 390, 391, 392, 393, 395, 396, 399, 407, 416, 424, 426, 428, 430, 432, 436, 437, 444, 445, 447, 451, 455, 457, 458, 459, 460, 463, 467, 471, 479, 480, 484, 485, 488, 489, 490, 521, 543, 580, 637, 643, 644, 651, 654, 655, 656, 659, 664, 665, 671, 672, 674, 704, VI 14, 40, 66, 74, 75, 76, 77, 78, 82, 83, 122, 233, 234, 245, 250.

**Freizügigkeit**, Gesetz, betr. die IV 384. — Aenderungen VI 112f.

**Fremdes Recht**, Anwendung VI 21ff.

**Fremde Sprache**, Testamentserrichtung V 462ff., Erbvertrag V 521.

**Friedensübungen**. Gesetz betr. die Unterstützung der Familien der zu F. Einberufenen II 355.

**Frist**. Allgemeines I 240ff.: Berechnung des Anfangs I 240. — F. nach Tagen, Wochen, Monaten, Jahren I 241. — Verlängerung der F. I 242. — Beendigung der F. an Sonn- und Feiertagen I 242. — F. für Todeserklärung I 69ff., für Erhebung des Einspruchs gegen Eintragung eines Vereins I 109, für Anfechtung von Willenserklärungen I 171f., 174f. — F.bestimmung für Vertragsanträge I 198. — F. zur Genehmigung von Verträgen, die Jemand ohne Vertretungsmacht abschloß I 225. — F.bestimmung des Gläubigers zur Herstellung bei Schadensersatzanspruch II 18f., an den wahlberechtigten Gläubiger im Verzuge bei Alternativobligation II 36, an den rechtskräftig verurtheilten Schuldner zur Leistung II 57f., 101. — F. für Anfechtung der von einem Dritten geschehenen Bestimmung der Vertragsleistung II 89, für Ausübung des Rücktrittsrechts bei gegenseitigem Vertrage II 101f.,

104, zur Leistung aus gegenseitigem Vertrage bei Verzug II 104 f. — F.bestimmung bei Rücktrittsrecht II 132 f., Rücktritt bei Leistung zu bestimmter F. II 137. — F. für Erlöschen des Gläubigerrechts auf den hinterlegten Leistungsgegenstand II 163 f., für Genehmigung der Schuldübernahme durch den Gläubiger II 200 f., für Genehmigung der Uebernahme von Hypotheken II 202 f. — F. bei Wandelung II 251, für Verjährung des Gewährleistungsanspruchs II 257 f., für Anzeige von Hauptmängeln beim Viehhandel II 263, für Verjährung des Wandelungs- und Schadensersatzanspruchs beim Viehhandel II 267, für Billigung beim Kauf auf Probe oder Besicht II 270, für Ausübung des Wiederkaufsrechts II 274, des Vorkaufsrechts II 279, für Annahme der Schenkung II 282 f., für Abhülfe bei gehindertem Gebrauch der Miethsache II 300, für Kündigung des Miethverhältnisses II 314 f., des Darlehns II 345, des Dienstverhältnisses II 361 ff. — F.setzung für Beseitigung von Mängeln beim Werkvertrag II 373, für Vornahme einer zur Herstellung des Werks erforderlichen Handlung des Bestellers II 383. — Erforderniß einer F. bei Auslobung zur Preisbewerbung II 407. — F. für Beseitigung von Wurzeln, Zweigen III 142. — F. für Eigenthumserwerb des Finders III 234 f., für Bekanntmachung des Fundes bei Behörden, Verkehrsanstalten, für Eigenthumserwerb am Erlöse III 242 f. — F. für Geltendmachung der Verwendungen gegenüber Eigenthumsanspruch III 273, zur Erklärung über Genehmigung der Verwendungen III 273 f., zur Erklärung über Kündigungsrecht des Eigenthümers hinsichtlich Miethe oder Pacht nach beendetem Nießbrauche III 363. — F.bestimmung des Hypothekengläubigers bei Verschlechterung des Grundstücks III 493. — F. für Kündigung der Grundschuld III 698, der Rentenschuld III 650, für Versteigerung des gefährdeten Pfandes III 671, der Androhung des Pfandverkaufs III 685. — Wirksamkeit der F. für Aufgebot zur Eheschließung IV 34 f. — F. für Anfechtung der Ehe IV 63, nach dem Tode eines Ehegatten IV 65. — F. für Erklärung des gutgläubigen Ehegatten bei Putativehe über das ihm zustehende Vermögensrecht IV 72, für Anfechtung der zweiten Ehe im Falle der Wiederverheirathung nach Todeserklärung, falls der für todt Erklärte noch lebt IV 76. — F. für Erklärung der ehemännlichen Genehmigung zu Verträgen der Frau über eingebrachtes Gut IV 146, der Genehmigung der Frau zu Rechtsgeschäften des Mannes über Gesammtgut IV 213. — F. für Scheidungsklage IV 323, für Widerruf von Schenkungen nach Ehescheidung IV 336, für Anfechtung der Ehelichkeit IV 347 f. — F. der Erbschaftsausschlagung V 38 ff., 47, für Anfechtung der Annahme oder Ausschlagung V 50, für Anmeldung von Erbrechten V 62, für Aufgebot des Nachlaßgläubigers V 72, für Antrag auf Nachlaßverwaltung V 99. — Inventarf. V 120 f. — F. für Berichtigung von Nachlaßverbindlichkeiten V 147 ff., für Vorkaufsrecht der Miterben V 181, für Anmeldung von Nachlaßforderungen auf Aufforderung eines Miterben V 222, für Anfechtung letztwilliger Verfügung V 252 f. — F. für Bestimmung des Bedachten bei Vermächtniß V 330, für Ausschlagung des Vermächtnisses V 363. — F.bestimmung zur Vollziehung letztwilliger Auflage V 376, zur Ernennung des Testamentsvollstreckers V 387, für Erklärung über Annahme oder Ablehnung des Amts V 391, für Gültigkeit außerordentlicher Testamente V 473. — F. für Anfechtung von Erbverträgen durch den Erblasser V 530, für Erklärung des Pflichttheilsberechtigten über Annahme eines Vermächtnisses V 571, für Anfechtung des Erbschaftserwerbers wegen Erbunwürdigkeit V 627.

**Früchte** auf dem Halm, Uebertragung I 131, einer Sache, eines Rechts I 137 f. — Vertheilung der F., Verhältniß mehrerer aufeinander folgenden Berechtigten unter einander I 139 f. — Kosten der F.gewinnung I 140. — Aufrechnung der vom Ersatzberechtigten gezogenen F. gegen Verzinsungspflicht des zum Ersatz von Aufwendungen Verpflichteten II 28. — F. des Pachtgrundstücks, Pfandrecht des Verpächters daran II 327 f. — F. bei Leihe II 339, bei Verwahrungsvertrag II 442, des gemeinschaftlichen Gegenstandes II 485. — Ueberhängende F. III 143. — F. des Grenzbaums III 160. — Eigenthumserwerb an F. III 211 ff., Herausgabepflicht bei Eigenthumsanspruch III 255 f., 262, bei Eigenthumsanspruch auf ein landwirthschaftliches Grundstück III 269. — F.erwerb des Nießbrauchers III 338 f. — Verpfändung fruchttragender Sachen III 665. — Erwerb der F. des eingebrachten Guts durch den Mann IV 129 f. — Pfändung der F. des eingebrachten Guts IV 158, 160. — Herausgabe von F. bei Erbschaftsanspruch V 162 f. — F. der gemeinschaftlichen Erbschaft V 186. — F.bezug des Vorerben V 309. — Herausgabe von F. bei Vermächtniß V 367. — Verhältniß der Entschädigung für enteignete F. eines Grundstücks zu den Rechten Dritter VI 128.

**Fruchtgenuß**, zeitliche Bestimmungen wegen desselben I 139 f. — Gewährung des F. bei Pacht II 325 f. — Uebermäßiger F. des Vorerben V 309.

**Fructus naturales, civiles** V 367.

**Führungszeugniß** II 367.

**Fünf Jahre**, Verschollenheit I 69. — Dienstverhältniß auf länger als f. J. II 363, Verjährung der Ansprüche aus Werkvertrag bei Bauwerken II 377. — Geltendmachung

einer **Nachlaßforderung nach** f. Z. V 81 f., 220, 698.
**Fürsorge des Nachlaßgerichts** V 56 ff., VI 78 (f. Nachlaßgericht), des Vormundschaftsgerichts bei elterlicher Gewalt IV 380, 436.
**Fundrecht** f. Gefundene Sachen. — F. in Konsulargerichtsbezirken VI 15.
**Fungible** Sachen f. vertretbare Sachen.
**Furcht** f. Drohung.
**Futterkosten**, Ersatz bei Wandelung im Viehhandel II 266. — F. bei Miethe II 304, bei Leihe II 337.

## G.

**Garantieversprechen** II 27, 79 f., 119, 230, 372, 375, 385, 410, 424.
**Garantievertrag** II 508, 509.
**Garderobemarken** II 568.
**Garnisonort** als Wohnsitz von Militärpersonen I 62.
**Gase**, Zuführung auf fremdes Grundstück III 138, VI 215.
**Gastwirthe**, Anspruchsverjährung I 246, 252. — Einbringung von Sachen bei G. II 445 ff.: Begriff des G. II 446. — Ersatzpflicht für eingebrachte Sachen des Gastes, Begriff der eingebrachten Sachen, Haftung für Leute, Nichtabwendung derselben durch Anschlag II 446 f. — Erlöschen der Haftung II 448. — Einschränkung der Haftung für Geld, Werthpapiere, Kostbarkeiten II 448 f. — Erlöschen der Haftung, Anzeigepflicht des Gastes vom Verluste II 450. — Gesetzliches Pfandrecht des G. II 450. — (S. auch II 626.)
**Gattung** als Gegenstand der Leistung aus Schuldverhältniß II 11, 52, aus Vermächtniß II 11. — Verzug des Gläubigers bei G. II 74. — Transportgefahr bei G.kauf II 238. — Gewährleistung beim G.kauf II 260 f., 267 f. — G. als Gegenstand der Schenkung II 288 f., des Nießbrauchs III 385.
**Gattungsvermächtniß** II 11, V 334 f., 357, 364 f.
**Gebäude** als wesentliche Bestandtheile des Grundstücks I 130. — Wesentliche Bestandtheile eines G. I 131. — Einfügung von Sachen in ein G. zu vorübergehendem Zwecke I 132 f. — Zubehör von G. I 136. — Ausbesserungspflicht des Pächters II 326 f. — Schaden durch Einsturz von G. II 633 f., 640 f. — Gefahr des Einsturzes III 140. — Verbot des Erbbaurechts an G.theilen III 295. — Wohnungsrecht III 411 ff. — Retablissementsgesetze über zerstörte G., Landesrecht VI 199. — Landesrecht über Miteigenthum an G. VI 219.
**Gebäudeversicherung**, Haftung für Hypothek III 484 f.
**Gebiet** f. Staatsgebiet.
**Gebot** bei Versteigerung I 203.
**Gebrauch** einer Sache, eines Rechts als Nutzung I 138. — Einräumung des G. bei Miethe II 295, Pacht II 325. — Veränderungen, Verschlechterungen bei ordnungsmäßigen G. der Miethsache II 304. — Vertragswidriger G. der Miethsache II 305. — Nichtausübung des G. durch den Miether II 306. — G. als Voraussetzung der Leihe II 336. — G. bei Verwahrungsvertrag II 438. — G. des gemeinschaftlichen Gegenstandes II 485.
**Gebrauchsleihe** f. Leihe.
**Gebrauchsmuster**, Verletzung des Rechts II 608, VI 102, 104.
**Gebrauchsrecht** f. persönliche Dienstbarkeiten.
**Gebrechen**, körperliche, kein Scheidungsgrund IV 317. — Verletzung der Aufsichtspflicht über Gebrechliche, Schadensersatz II 627. — Ablehnung der Vormundschaft wegen G. IV 528. — Testamentsfähigkeit V 435, 460 f. — Pflegschaft über G. IV 650 f., 666, VI 76. — Uebergangsvorschrift für Vormundschaft über G. VI 391 f.
**Gebühren** der Rechtsanwälte, Notare, Gerichtsvollzieher, Anspruchsverjährung I 247, 250, 252, desgl. der Zeugen und Sachverständigen I 247, 252.
**Gebührenordnung** für Gerichtsvollzieher I 248, VI 14, für Zeugen und Sachverständige I 248, VI 14, für Rechtsanwälte I 250, VI 14.
**Gebundensein** f. Bindung.
**Geburt**, Vollendung derselben als Beginn der Rechtsfähigkeit I 52. — Mitberechnung des Tages der G. bei Berechnung des Lebensalters I 240. — G. des Dritten, an welchen eine Leistung geschehen soll, nach dem Tode des Versprechensempfängers II 110. — Berechnung des Grades der Verwandtschaft nach G. IV 341. — (S. auch Empfangene 2c. Personen, nasciturus.)
**Geburtshelfer**, Anspruchsverjährung I 247, 252.
**Gefängnißstrafe**. Unterhaltspflicht der Ehegatten bei G. IV 91. — Verwirkung der elterlichen Gewalt durch G. IV 432.
**Gefährdung** der Hypothekensicherheit, Befugnisse des Gläubigers III 493 f.
**Gefahr**. Umkommen in gemeinsamer G. I 76. — Zerstörung, Beschädigung fremder Sachen zur Abwehr von G. I 281 f. — Selbsthülfe bei G. für Verwirklichung des Anspruchs I 283 f. — Uebergang der G. auf den Gläubiger bei Gattungsschuld II 11 f. — Pflicht des Beschädigten, den Schuldner auf die G. eines ungewöhnlich hohen Schadens aufmerksam zu machen II 25 f. — G. der Geldsendung an Gläubiger II 41 f., der Gattungsschuld bei Gläubigerverzug II 74. — Tragung der G. bei gegenseitigem Vertrage II 97, bei hinterlegtem Leistungsgegenstande II 157, 161, beim Kauf II 236 ff., VI 328. — G. des zum Schätzungswerth übernommenen Inventars bei Grundstückspacht II 328 f. — G. bei Werkvertrag II 384 f., der Versendung bei demselben II 385. — Geschäftsführung ohne Auftrag bei drohender G. II 429. — G. der Rückgabe bei Ver-

wahrungsvertrag II 442, 444. — G. beim unregelmäßigen Verwahrungsvertrag II 444. — G. der Vorlegung von Sachen, Urkunden II 573. — Einwirkung auf fremde Sachen zur Abwendung von G. III 132 f. — G. des Einsturzes eines Gebäudes, Werks III 140. — G. für die Nießbrauchssache, Anzeigepflicht des Nießbrauchers III 341 f. — Uebergang der G. bei Erbschaftskauf V 694.

**Gefährliche** Beschaffenheit einer Miethwohnung II 302 f. — G. Anlagen auf Nachbargrundstücken III 139 f.

**Gefundene Sachen** III 226 ff.: Anzeige des Fundes III 227 f., Verwahrungspflicht, Versteigerung III 229 f., Ablieferung an Polizeibehörde III 230, Haftung des Finders, Befreiung von derselben III 230 f., Aufwendungen des Finders III 232, 233, Finderlohn III 232 f., Eigenthumserwerb des Finders III 234 ff., Verzicht des Finders, Eigenthumserwerb der Gemeinde des Fundorts III 238. — Ausgleichung des durch Fund erlittenen Rechtsverlustes III 239. — Fund bei Behörden und Verkehrsanstalten: Ablieferungspflicht III 240 f., Versteigerung III 241, Bekanntmachung III 242, 244, Eigenthumserwerb am Erlöse III 242 f., verwandte Fälle der Herausgabepflicht von Behörden III 245. — Schatz III 245 f. — Uebergangsvorschrift für Eigenthumserwerb an g. S. VI 302.

**Gegenbeweis** gegen Vermuthung I 43, gegen Todesvermuthung I 74.

**Gegenleistung** s. gegenseitiger Vertrag. — Bestimmung der G. bei Verträgen durch den Berechtigten II 88. — Hinterlegung bei Verpflichtung zu G. II 156.

**Gegenpfleger** IV 662.

**Gegenseitige.** Gläubigerverzug bei g. Leistungen II 72. — G. Verträge II 91 ff. (s. Vertrag). — G. Einwilligung kein Scheidungsgrund IV 317.

**Gegenstand,** Begriff I 43, 127. — Abhängigkeit des G. letztwilliger Zuwendung von Bestimmung eines Dritten V 230. — Letztwillige Zuwendung einzelnen G. V 257.

**Gegenvormund** IV 513, 514, 532, 541, 544, 553, 555, 557, 565 f., 575, 581, 584, 590, 592, 601, 604, 605, 609, 613, 631, 634, 641, 642, 660, VI 225, 260. — Uebergangsvorschrift VI 391 f.

**Gehalt** im Privatdienste, Anspruchsverjährung I 246, 252. — Abtretung II 196.

**Gehege** für Wild VI 156.

**Geheimer Vorbehalt** bei Willenserklärung I 167.

**Gehorsam,** kindlicher IV 370.

**Gehülfen,** gewerbliche, Anspruchsverjährung I 247, 252. — Haftung des Beauftragten für G. II 413 f., des Verwahrers II 439. — G. bei unerlaubten Handlungen, gesammtschuldnerische Haftung II 622. — Haftung des Geschäftsherrn für G. II 623 ff. — G. des Richters oder Notars, Unfähigkeit zum Testamentszeugen V 449. — Haftung der Beamten für G., Fortbestand der Landesgesetze VI 163.

**Geisteskrankheit,** Entmündigung I 57 ff. — Geschäftsunfähigkeit I 150. — Verletzung der Aufsichtspflicht über G., Schadensersatz II 627 f. — Theilung des Gesammtgutes der Gütergemeinschaft nach Scheidung wegen G. IV 239. — G. als Ehescheidungsgrund IV 321 f., VI 370, Unterhaltspflicht in diesem Falle IV 336. — Uebergangsbestimmung betr. Entmündigung wegen G. VI 252.

**Geistesschwäche,** Entmündigung I 57 ff., beschränkte Geschäftsfähigkeit I 160. — Entmündigung wegen G., Ausschluß der Bestellung vom Vormunde IV 524. — Testamentsfähigkeit V 433, VI 81, Widerruf des Testaments V 475, Erbvertrag V 519. — Uebergangsvorschrift für Vormundschaft wegen G. VI 391 f. — (S. auch VI 253, 395 [badisches, französisches Recht].)

**Geistesstörung,** Geschäftsunfähigkeit I 150, Nichtigkeit der Willenserklärung I 151, der Ehe IV 50 f. — G. bei unerlaubten Handlungen II 617 f.

**Geistiges Eigenthum** III 128.

**Geistige Getränke,** Einfluß auf Schadensersatz für unerlaubte Handlungen II 617 f.

**Geistliche.** Abtretung von Gehaltsansprüchen &c. II 196. — Kündigung des Miethverhältnisses bei Versetzung II 317, nicht des Pachtverhältnisses II 333 f. — Fortbestand der Landesgesetze über vermögensrechtliche Ansprüche der G. aus dem Dienstverhältnisse VI 165.

**Geistliche Gesellschaften,** Rechtsfähigkeit, Fortbestand der Landesgesetze VI 170.

**Geißeln,** letztwillige Verfügung VI 121.

**Geld.** Hinterlegung von G. zur Sicherheitsleistung I 286, Pfandrecht des Berechtigten I 287, Umtausch I 288. — G. als Gegenstand des Schadensersatzes bei Verletzung einer Person oder Beschädigung einer Sache II 16 f., 18, bei nicht innegehaltener Frist zur Herstellung II 18 f., bei Unmöglichkeit der Herstellung II 21, bei unverhältnißmäßigen Aufwendungen für die Herstellung II 21, bei anderem als Vermögensschaden II 24. — Uebermittelung von G. an den Wohnsitz des Gläubigers II 41 f. — Leistung einer Gattungsschuld durch Aufwendung von G.mitteln II 51. — G. als Vertragsstrafe II 119 f. — Zinsen von empfangenem G. bei vertragsmäßigem Rücktrittsrecht II 128 f. — Hinterlegung von G. zur Erfüllung II 155. — G. als Gegenstand des Darlehens II 340 ff. Selbstnützige Verwendung von G. durch den Beauftragten II 417, den Verwahrer II 443. — Haftung des Gastwirthes für G. II 448 f. — G. als Gegenstand der Anweisung II 534. — Schuldverschreibungen auf den Inhaber auf bestimmte G.summe,

Voraussetzungen der Ausgabe II 552 f. — Eigenthumserwerb an G. III 188 f., Vermengung III 204. — Gefundenes G. bei Behörden, Verkehrsanstalten III 243. — Vermuthung für Eigenthum an G. III 279, Herausgabe an früheren Besitzer III 281. — G.erlös aus Pfandverkauf III 698 f. — Einziehung verpfändeter G.forderung III 735, 741 f., 744. — Erhebung und Anlegung von G. des eingebrachten Guts durch den Mann IV 118 ff. — Anlegung von G. des Kindesvermögens IV 398, Verbrauch desselben IV 407. — Anlegung durch Beistand IV 443. — Aufnahme von G. auf Kredit des Kindes IV 400, des Mündels IV 569. — Hinterlegung von G. vor Erbschaftsannahme V 56. — Anlegung von G. der Nacherbschaft V 298. — Vermächtniß einer Forderung auf G. V 352.

**Geldrente.** Sicherheitsleistung bei Verurtheilung zur Zahlung einer G. I 40. — Vorausleistung II 499. — Schadensersatz aus unerlaubter Handlung durch G. II 642 f. — G. an dritte Unterhaltsberechtigte bei widerrechtlicher Tödtung II 644 f., für entgangene Dienste, welche der Getödtete, Verletzte einem Dritten zu leisten hatte II 646, für Ueberbau III 145 f., 328, VI 205, für Nothweg III 150 f., 328 f., VI 205. — G. als Reallast III 429. — G. zur Erfüllung der Unterhaltspflicht der Ehegatten IV 92 f., nach Ehescheidung IV 332 f., 334 f., zur Erfüllung der Unterhaltspflicht im Allgemeinen IV 366, zum Unterhalt des unehelichen Kindes IV 465.

**Geldschuld,** inländische, ausländische II 13 f. — Verzinsung II 15 f. — Verzinsung von Rechtshängigkeit ab II 67. — Keine Verzinsung bei Gläubigerverzug II 75. — Bürgschaft für G., Einrede der Vorausklage II 515.

**Geldstrafe** s. Ordnungsstrafe.

**Geldsumme,** Verpflichtung zur Zahlung als Inhalt der Hypothek III 452, Angabe bei der Eintragung III 457, im Schiffsregister III 715.

**Gelegenheitsgesellschaft** II 451.

**Gemeinden.** Aufrechnung gegen Forderung von G. II 177 f. — Fortdauer der Landesgesetze über Haftung der G. für Beamte II 640, VI 162. — G. des Fundorts, Eigenthumserwerb an Fundsachen III 238.

**Gemeindevorsteher,** Errichtung eines Testaments von dem V 469 f., 492, VI 244, in Konsulargerichtsbezirken VI 15.

**Gemeindewaisenrath** IV 513, 599 ff. — Anzeigepflicht bei elterlicher Gewalt IV 427, 436. — Anhörung bei Auswahl des Vormundes IV 523, des Familienraths IV 611, des vorläufigen Vormundes VI 645, Anordnung der Pflegschaft IV 650, 662.

**Gemeinheitstheilung,** Fortbestand der Landesgesetze VI 201 f.

**Gemeinsame** Gefahr, Umkommen in I 76. — G. Testament V 490. — G. Güterrechte VI 362.

**Gemeinschaft** II 483 ff. — G. der Gesammtgläubiger II 222. — Anwendung der Vorschriften über G. bei Auseinandersetzung der Gesellschaft II 477. — G. nach Bruchtheilen II 483 f. (vgl. III 285 ff.), Gleichheit der Antheile II 485, Früchte, Gebrauch des gemeinschaftlichen Gegenstandes II 485, Verwaltung II 486, Maßregeln zur Erhaltung, Einwilligung dazu II 486 f., Regelung der Verwaltung nach Stimmenmehrheit II 487 f., Wirkung derselben für und gegen Sondernachfolger II 488 (vgl. III 288), Verfügungsrecht der Theilhaber II 489, Lasten und Kosten II 489 f., Ansprüche des Theilhabers, welcher den Kostenantheil eines anderen entrichtet II 490. — Aufhebung der G., wichtiger Grund bei Ausschluß der Aufhebung, Kündigung II 491, Tod eines Theilhabers II 492. Wirkung der Vereinbarung über Ausschluß der Theilung für und gegen Sondernachfolger II 492, Pfändung des Antheils eines Theilhabers II 492, Theilung in Natur, Loose II 492, Verkauf nach den Regeln des Pfandverkaufs, der Zwangsversteigerung II 493, Verkauf g.licher Forderung II 494, Berichtigung g.licher Schuld II 495. — Forderung eines Theilhabers gegen den anderen aus der G. II 495, gegenseitige Gewährleistung der Theilhaber II 496. — Unverjährbarkeit des Anspruchs auf Aufhebung der G. II 496. — G. von Grenzeinrichtungen III 157 f. — Aufhebung der G. bei Nießbrauch III 373, g.licher Nießbrauch III 374. — Anwendung der Vorschriften über G. bei Pfandrecht am Antheil eines Miteigenthümers III 710 f. — Anwendung der Vorschriften über G. auf Theilung nach aufgehobener Güterg. IV 237. — G. des beweglichen Vermögens und der Errungenschaft IV 302 (s. Fahrnißgemeinschaft). — G. der Miterben V 177 f. — Landesrecht über Ausschließung der Aufhebung von G. an Gebäuden VI 219. — Uebergangsbestimmungen für bestehende G. nach Bruchtheilen VI 286 f. — (S. auch Miteigenthum.)

**Gemeinschaftlicher Antheil** bei Vermächtniß, Anwachsung V 337.

**Gemeinschaftlicher Besitz** III 51.

**Gemeinschaftlicher Erbschein** V 652 f.

**Gemeinschaftlicher Erbtheil** V 261, Anwachsung V 262, Einsetzung als Ersatzerbe V 208.

**Gemeinschaftliches Kind,** Annahme als solches IV 494, 499, 503, 508, 511.

**Gemeinschaftliche Nachlaßverbindlichkeiten** V 217 f.

**Gemeinschaftliche Sache** s. Miteigenthum.

**Gemeinschaftliches Testament** V 490 ff. (s. unter Testament). — Verfügung über den Antheil eines Abkömmlinges an fortgesetzter Güter-

gemeinschaft durch g. T. IV 281. — Uebergangsvorschrift für g. T. VI 401, 404 f.
**Gemeinschaftliches Vermächtniß** V 328, 336 f.
**Gemeinschaftliches Vermögen** der Gütergemeinschaft (Gesammtgut) IV 203.
**Gemeinschuldner** s. Konkurs.
**Gemischt-generisches Vermächtniß** V 335.
**Genehmigung,** Begriff I 237. — Staatliche G. oder des Bundesraths zur Aenderung der Satzung eines auf Verleihung beruhenden Vereins I 90. — G. der Stiftung I 115 ff., 121, 122. — G. des gesetzlichen Vertreters zu Vertragsschließung von Minderjährigen I 153 f., des Vormundschaftsgerichts zu selbständigem Betriebe eines Erwerbsgeschäfts durch Minderjährige I 158. — G. von Verträgen, welche von einem Dritten ohne Vertretungsmacht abgeschlossen sind I 225, Widerruf des anderen Theils bis zu solcher G. I 225. — G. eines Rechtsgeschäfts, Rückwirkung I 237 f., der Verfügung eines Nichtberechtigten über einen Gegenstand I 238 f. — G. des Gläubigers zur Schuldübernahme II 200 f., bei Uebernahme von Hypothek II 202 f. — G. der Geschäftsführung ohne Auftrag II 432 f. — Staatliche G. des Lotterie-, Ausspielvertrages II 505, der Ausgabe von Schuldverschreibungen auf den Inhaber II 546, 552 f. — G. von Verwendungen bei Eigenthumsanspruch III 272 ff. — G. des Vormundschaftsgerichts zur Anfechtung der Ehe eines Geschäftsunfähigen IV 59. — G. einer anfechtbaren Ehe IV 60 f., 64 f. — G. des Mannes zu vertraglichen Verfügungen der Frau über eingebrachtes Gut II 146, der Frau zu Verfügungen des Mannes über Gesammtgut IV 211 ff. — G. des Vormundschaftsgerichts zu Eheverträgen IV 201, zur Ablehnung der Fortsetzung der Gütergemeinschaft IV 250, zum Verzichte eines Abkömmlings auf seinen Antheil am Gesammtgute der fortgesetzten Gütergemeinschaft IV 261, zur Anfechtung der Ehelichkeit IV 348, zu Rechtsgeschäften des Inhabers der elterlichen Gewalt für das Kind IV 399 f., zur Ueberlassung von Gegenständen an das Kind IV 401, zum Beginne eines Erwerbsgeschäfts IV 402, zum Verbrauche von Geld IV 407. — G. von Rechtsgeschäften durch Beistand, Ersatz durch G. des Vormundschaftsgerichts IV 442. — G. des Vormundschaftsgerichts zu Vergleich über Unterhalt des unehelichen Kindes IV 468, zum Annahmevertrage IV 494 f., zur Abweichung von den Anordnungen Dritter über Verwaltung von Mündelvermögen IV 546 f., zur Erhebung von Mündelgeld IV 553, zur Verfügung darüber IV 555, 558, 561, 562, zur Verfügung über sonstiges Mündelvermögen IV 563 ff., 639, bei Pflegschaft IV 661. — G. des Protokolls bei Testamentserrichtung V 458. — G. zu Erbvertrag V 517, zur Aufhebung desselben V 541, zu Erbverzicht V 635, zur Aufhebung desselben V 639, zum vertraglichen Verzicht auf Zuwendung aus letztwilliger Verfügung V 640. — Staatliche G. zum Erwerbe juristischer Personen, Fortbestand der Landesgesetze VI 171 f., zum Erwerbe von Grundstücken durch Ausländer VI 175.
**Generalhypothek** III 439.
**Generalversammlung** s. Mitgliederversammlung.
**Generalvollmacht** I 218, 231.
**Generalvormund** IV 513, VI 225 f.
**Generische Obligation** II 11, 51, 74.
**Genossenschaft** s. Erwerbs- und Wirthschafts-G., Wald-G.
**Genus** s. Gattung.
**Gepäckschein** II 568.
**Gerade** V 22.
**Gerade Linie** der Verwandtschaft, Schwägerschaft IV 34 ff. — Ehehinderniß IV 27. — Unterhaltspflicht IV 356.
**Geräthschaften** als Zubehör eines Gebäudes, eines Landguts I 136. — G. für Dienstboten II 358. — G. für Verrichtungen durch Angestellte, Haftung des Geschäftsherrn für Sorgfalt bei deren Beschaffung II 623, 626.
**Geräusch,** Zuführung auf fremdes Grundstück III 138, VI 215.
**Gerechtigkeiten,** Gerechtsame. Auskunftspflicht des Verkäufers über G. des Grundstücks II 235. — (S. auch Berechtigungen.)
**Gerichtliche** Form, Beurkundung des Vertrags I 178 f. — G. Beglaubigung des Handzeichens I 176 f. — Wirkung eines g. Veräußerungsverbots auf Verfügungen über einen Gegenstand I 188. — G. Beurkundung eines Vertrags ohne gleichzeitige Anwesenheit beider Theile, Zeitpunkt des Zustandekommens I 201. — G. F. des Vertrags über gegenwärtiges Vermögen, Nießbrauchbestellung daran II 83, über künftigen gesetzlichen Erbtheil, Pflichttheil II 84, des Vertrags auf Eigenthumsübertragung von Grundstücken II 85, III 298, VI 327, des Schenkungsversprechens II 284 f. — Bedeutung der g. F. der Einigung zum Erwerb eines Rechts an Grundstücken III 72 f. — G. F. des Ehevertrags IV 193, des Verzichts eines Abkömmlings auf seinen Antheil am Gesammtgut der fortgesetzten Gütergemeinschaft IV 260, 269, der Aufhebung der fortgesetzten Gütergemeinschaft durch den überlebenden Ehegatten IV 261, der Zustimmung des anderen Ehegatten zur Verfügung über den Antheil eines Abkömmlings an fortgesetzter Gütergemeinschaft IV 281, zum vertragsmäßigen Verzichte eines Abkömmlings IV 282, des Antrags und der Einwilligung zur Ehelichkeitserklärung IV 483, zur Annahme an Kindesstatt IV 493, des Annahmevertrags IV 494, des Wiederaufhebungsvertrags IV 509, des Erbvertrags V 519 f., der Anfechtung desselben V 529, der Aufhebung V 541, 543, des Rücktritts V 550, des Erbverzichts V 636, der Aufhebung

desselben V 639. — G. F. der Verfügung des Miterben über seinen Antheil V 179, des Erbschaftskaufs V 680. — G. Beurkundung von Rechtsgeschäften, Landesgesetze VI 233 f., der Auflassung VI 235 f. — G. Urkunden über Verfügung von Todeswegen, Landesgesetze VI 244 f.

**Gerichtskostengesetz** V 72, 120. — Aenderungsgesetz VI 14.

**Gerichtsschreiber** bei Testamentserrichtung V 445 ff. (s. auch VI 243), bei Testamentseröffnung V 485.

**Gerichtsstand** I 290. — Zur Sicherheitsleistung tauglicher Bürge muß G. im Inlande haben I 290. — G. für Nachlaßverbindlichkeiten V 69, für Erbschaftsanspruch V 156, der Erbschaft V 127, 409.

**Gerichtsverfassungsgesetz** I 17, 262, 268, II 310, III 151, IV 6, 470, V 447, 451, 460, 463, 464, 470, 629, VI 20, 155, 193, 246. — Aenderungsgesetz VI 13 f. — Anwendung der Vorschriften des B.G.B. über Verwandtschaft und Schwägerschaft VI 102 f.

**Gerichtsvollzieher.** Zustellung von Willenserklärungen I 184 f. — Anspruchsverjährung I 247, 252. — Versteigerung durch G. II 164.

**Gerüche,** Zuführung auf fremdes Grundstück III 138, VI 215.

**Gesammte Hand** bei Gesellschaft II 452, 456, 466, bei Gemeinschaft II 483 f. — Eigenthum zur g. H. III 285, Erbbaurecht III 295. — G. H. bei Gütergemeinschaft IV 200, 203, 208, 229 f., 253, 264, Errungenschaftsgemeinschaft IV 285, 300, Fahrnißgemeinschaft IV 302, Erbengemeinschaft V 176 f.

**Gesammtgläubiger,** Begriff II 219. — (S. im Uebrigen Gesammtschuldverhältniß.)

**Gesammtgrundschuld** III 446 f., 637. — G. an vermachtem Grundstück V 345. — (S. auch III 350.)

**Gesammtgut** der allgemeinen Gütergemeinschaft IV 202 ff. (s. Gütergemeinschaft), der fortgesetzten Gütergemeinschaft IV 251 f., der Errungenschaftsgemeinschaft IV 285 f. (s. Errungenschaftsgemeinschaft), der Fahrnißgemeinschaft IV 302 ff. (s. Fahrnißgemeinschaft). — Schenkungen aus G., Verhältniß zum Pflichttheilsanspruch V 610 f. — Inventarfrist bei einer zum G. gehörenden Erbschaft der Ehefrau V 136 f. — Zuwendungen aus G., Ausgleichungspflicht V 209 f.

**Gesammtgutskonkurs** bei fortgesetzter Gütergemeinschaft IV 257.

**Gesammtgutsverbindlichkeiten** der Gütergemeinschaft IV 218 ff., 235 f. (s. Gütergemeinschaft), der fortgesetzten Gütergemeinschaft IV 255 ff., 267 f. (s. ebenda), der Errungenschaftsgemeinschaft IV 292 ff. (s. Errungenschaftsgemeinschaft).

**Gesammtgutsverwaltung** bei fortgesetzter Gütergemeinschaft IV 257.

**Gesammthypothek** III 446, 489 ff., Kündigung derselben III 493, 508, Befriedigung durch einen der Eigenthümer III 510, Erwerb durch Ablösungsrecht III 527, Abtretung III 531. — Eigenthümer-G. III 555, 572 ff. — Aufgebot des unbekannten Gläubigers bei G. III 567. — Eigenthümerhypothek in den Fällen der G. III 572 f. — Befriedigung des Gläubigers durch einen der Eigenthümer III 575 f., durch den persönlichen Schuldner III 579 f. — Verzicht des Gläubigers auf G. III 581 ff. — Uebertragung der G. auf eine andere Forderung III 596. — Befriedigung des Gläubigers der G. aus einem der belasteten Grundstücke III 596 f., Aufrechterhaltung der Hypothek in diesem Falle III 598 f. — Aufhebung der G. durch Rechtsgeschäft III 601. — G. als Zwangshypothek III 603. — G. an vermachtem Grundstück V 344. — Uebergangsvorschrift für G. VI 342. — (S. auch III 350.)

**Gesammtpreis.** Wandelung bei Verkauf mehrerer Sachen zu G. II 253 f., Minderung II 255, Vorkaufsrecht II 277 f.

**Gesammtrentenschuld** an vermachtem Grundstück V 345.

**Gesammtschuldner,** Begriff II 211 (s. im Uebrigen Gesammtschuldverhältniß).

**Gesammtschuldverhältniß.** Gesammtschuldnerische Haftung des Vereinsvorstandes I 94, der Vereinsliquidatoren I 102, bei nicht rechtsfähigen Vereinen I 103 ff. — Gesammtschuldverhältniß im Allgemeinen II 209 ff.: Mehrheit von Berechtigten oder Verpflichteten zu theilbarer Leistung II 210. — Begriff des Gesammtschuldners II 211 f. — Wirkung des G. II 212, Erfüllung und deren Surrogate durch einen Gesammtschuldner II 212, Erlaßvertrag mit einem Gesammtschuldner II 212, ebenso Vergleich II 213, Schuldübernahme II 213, Wirkung des Gläubigerverzugs II 213 f., Wirkung sonstiger Thatsachen in der Person eines Gesammtschuldners II 214 ff., Ausgleichung unter den Gesammtschuldnern, Uebergang der Forderung auf den zahlenden G. II 216 ff., G. bei gemeinschaftlicher Vertragsverpflichtung zu theilbarer Leistung II 218 f. — Begriff des Gesammtgläubigers II 219, Erfüllungsversprechen, Leistung an Erfüllungsstatt seitens des Schuldners an einen Gläubiger II 220, Verzug eines Gesammtgläubigers, Vereinigung von Forderung und Schuld in dessen Person, Uebertragung der Forderung durch denselben auf Dritten II 220 ff., Verhältniß der Gesammtgläubiger unter sich, Ausgleichungspflicht II 222. — Untheilbare Leistungspflicht Mehrerer erzeugt G. II 223. — Verhältniß des Schuldners einer untheilbaren Leistung zu mehreren Gläubigern II 223 f. — G. der Gesellschafter II 464, von Gemeinschaftstheilhabern II 495, von

Mitbürgen II 514, bei unerlaubten Handlungen II 622, 640 f., für Wildschaden II 633. — G. bei Theilung des mit Reallast belegten Grundstücks III 434. — Eingehung einer G. durch Ehegatten IV 219. — G. des Mannes neben der Frau für Verbindlichkeiten aus eingebrachtem Gut IV 136, aus Gesammtgut IV 218 f., für nicht berichtigte Gesammtgutsverbindlichkeiten nach Auflösung der Gütergemeinschaft IV 240 f., für Gesammtgutsverbindlichkeiten der Errungenschaftsgemeinschaft IV 292 f. — G. der Miterben V 214 ff., mehrerer Testamentsvollstrecker V 420.

**Gesandtentestament** V 430.

**Geschäftsbetrieb** Minderjähriger, selbständiger I 158.

**Geschäftsbesorgung,** gewerbsmäßige, Anspruchsverjährung I 246, bei öffentlicher Bestellung oder Zulassung I 247, 252. — Anzeigepflicht bei Ablehnung eines Auftrags II 412. — Dienst- oder Werkvertrag mit G., Anwendung der Vorschriften für Auftrag II 422.

**Geschäftsbücher** der Gesellschaft, Einsicht II 465, 483.

**Geschäftsfähigkeit,** Unterschied von Rechtsfähigkeit I 51. — Einfluß der Altersstufen auf G. I 53. — Beschränkte G. hindert Begründung und Aufhebung des Wohnsitzes ohne Vertreter I 61 f. — Geschäftsfähigkeit im Allgemeinen I 142 ff. — Beschränkte G. der Minderjährigen über 7 Jahre I 152 ff., der wegen Geistesschwäche, Verschwendung, Trunksucht Entmündigten, unter vorläufige Vormundschaft Gestellten I 160. — Eintritt der beschränkten G. nach Abgabe einer Willenserklärung unter Abwesenden I 180 f. — Willenserklärung gegenüber beschränkter G. I 182 f. — Beschränkte G. des Vertreters I 212, 226. — Vollendung der Anspruchsverjährung gegen beschränkt Geschäftsfähige ohne gesetzlichen Vertreter I 256. — Beschränkte G. des Auftraggebers II 421, des Beauftragten II 421, des Geschäftsführers ohne Auftrag II 431. — Beschränkte G. bei Besitzerwerb III 33. — Beschränkte G. bei Verlöbniß IV 11, bei Eheschließung IV 19 ff., Eheeinwilligung IV 24, 55 f. — Berechtigter zur Anfechtung der Ehe bei beschränkter G. eines Ehegatten IV 59 f. — Beschränkte G. des Mannes bei gesetzlichem Güterrecht IV 100, der Frau IV 101. — Gütertrennung bei Ehe mit beschränkt geschäftsfähiger Frau IV 183. — Beschränkte G. des Ehegatten bei Zustimmung zu Verfügungen des andern über den Antheil eines Abkömmlings am Gesammtgute der fortgesetzten Gütergemeinschaft IV 281, bei Anfechtung der Ehelichkeit IV 348, bei Anerkennung derselben IV 351, bei Anfechtung der Anerkennung IV 352. — G. des Kindes in elterlicher Gewalt IV 380, 385. — Beschränkte G. des Inhabers der elterlichen Gewalt IV 428, eines Betheiligten bei Ehelichkeitserklärung IV 482, bei Annahme an Kindesstatt IV 493, 495, bei Wiederaufhebung des Annahmevertrags IV 509. — G. des Gebrechlichen unter Pflegschaft IV 652, 661. — G. als Voraussetzung der Annahme oder Ausschlagung der Erbschaft V 33. — Versäumung der Inventarfrist bei beschränkter G. des Erben V 122, 124. — Beschränkte G. Unfähigkeit zum Testamentsvollstrecker V 390, 426. — Testamentserrichtung bei beschränkter G. V 433 f. — Erforderniß unbeschränkter G. für Erbvertrag V 517 f. — Anfechtung des Erbvertrags bei beschränkter G. des Erblassers V 529, Bestätigung desselben V 530, Aufhebung V 541, Rücktritt V 550. — Erbverzicht bei beschränkter G. V 635, Aufhebung desselben V 639, vertraglicher Verzicht auf Zuwendung aus letztwilliger Verfügung V 640. — G. der Ausländer VI 27 ff., 33, 86 f. — Beschränkte G. der Ehefrau nach bisherigem Rechte, Uebergangsvorschrift VI 356 ff. — (S. auch VI 249.)

**Geschäftsführer** s. Geschäftsführung, G. ohne Auftrag, Gesellschaft.

**Geschäftsführung** des Vereinsvorstandes I 84 f., der Gesellschafter II 459 ff. (s. Gesellschaft), der Gemeinschaft II 486 f.

**Geschäftsführung ohne Auftrag** II 425 ff.: Begriff II 425 f. — G. aus Amtspflicht II 426. — Anspruch aus nützlicher Verwendung II 426. — Voraussetzungen der G. II 426 f. — Irrthum über die Person des Geschäftsherrn II 427. — Pflichten des Geschäftsführers II 427. — G. gegen den Willen des Geschäftsherrn, Schadensersatzpflicht II 428, Ausnahmen von derselben II 428 f. — Haftung des Geschäftsführers bei G. zur Abwendung drohender Gefahr II 429 f. — Anzeigepflicht des Geschäftsführers II 430. — Anwendung der Vorschriften für Auftrag II 430. — Haftung des geschäftsunfähigen, des in der Geschäftsfähigkeit beschränkten Geschäftsführers II 431. — Aufwendungen des Geschäftsführers II 431 f. — Herausgabepflicht des Geschäftsherrn II 432 f., bei Genehmigung der G. II 432 f. — Kein Anspruch des Geschäftsführers, wenn er ohne Willen auf Erlangung solchen handelt, Vermuthung, daß bei Unterhaltsgewährung an Eltern oder Abkömmlinge der Verpflichtungswille fehlt II 433 f. — Irrthum über die Person des Geschäftsherrn II 427, 434. — Besorgung fremder Geschäfte als eigene II 434 f., Ansprüche des Geschäftsherrn in diesem Falle II 435. — Rechte des Bürgen bei Bürgschaft in Folge G. o. A. II 518 f. — Analogie der G. o. A. für Verantwortlichkeit des Erben aus Nachlaßgeschäften vor Ausschlagung der Erbschaft V 54 f., vor Eröffnung der Nachlaßverwaltung, des Nachlaßkonkurses V 93.

**Geschäftsherr** s. Geschäftsführung ohne Auftrag. — Haftung des G. für Schadenzufügung durch Angestellte ꝛc. II 623ff.
**Geschäftsmann,** Unterzeichnung von Willenserklärungen I 177.
**Geschäftsräume.** Fund in G. öffentlicher Behörden, Verkehrsanstalten III 340f. — Schutz des Besitzes an abgesonderten G. III 50.
**Geschäftsunfähigkeit** hindert Begründung und Aufhebung des Wohnsitzes I 61f. — G. der Kinder unter 7 Jahren, Geistesgestörten, Geisteskranken I 150. — Nichtigkeit der Willenserklärung eines G. I 151. — Eintritt der G. nach Abgabe einer Willenserklärung unter Abwesenden I 180f. — Willenserklärung gegenüber G. I 182f. — Eintritt der G. des Antragenden vor Annahme des Vertrags I 201f. — G. des Vertreters I 212. — Vollendung der Anspruchsgewährung gegen G. ohne gesetzlichen Vertreter I 256. — G. des Auslobenden II 404, des Auftraggebers II 420, des Beauftragten II 421, des Geschäftsführers ohne Auftrag II 431, eines Gesellschafters II 475. — Einfluß des Eintritts der G. eines Betheiligten bei Anweisung II 543, des Ausstellers einer Schuldverschreibung auf den Inhaber II 552. — G. des Besitzers bei Eigenthumserwerb an beweglichen Sachen III 189. — G. bei Verlöbniß IV 11, Eheschließung IV 20, Nichtigkeit der Ehe IV 50f. — Berechtigung zur Anfechtung der Ehe bei G. eines Ehegatten VI 59f., 64. — G. bei Anfechtung der Ehelichkeit IV 348, bei Anerkennung derselben IV 351, bei Anfechtung der Anerkennung IV 352, des Inhabers der elterlichen Gewalt IV 428, des Kindes bei Ehelichkeitserklärung IV 482, des Annehmenden IV 495. — Nichtbestellung zum Vormunde IV 524. — Erklärung über Erbschaft bei G. V 33. — G. des Testamentsvollstreckers V 390, 426. — Anfechtung des Erbvertrags durch gesetzlichen Vertreter bei G. des Erblassers V 529. — Erbverzicht V 635, Aufhebung desselben V 639, vertraglicher Verzicht auf Zuwendung aus letztwilliger Verfügung V 640. — Versäumung der Inventarfrist bei G. des Erben VI 122, 124. — G. der Ausländer VI 27f., 33.
**Geschäftsverhältniß.** Letztwilliges Bedenken der im G. zum Erblasser stehenden Personen V 236.
**Geschenk** s. Schenkung.
**Geschlecht,** Einfluß auf Rechtsfähigkeit I 51.
**Geschlechtsehre,** weibliche, Schutz II 615f.
**Geschlechtsgemeinschaft** als Ehehinderniß IV 27f., 53.
**Geschoßeigenthum** VI 219.
**Geschwister,** Eheverbot IV 27. — Keine Unterhaltspflicht IV 356. — G. gesetzliche Erben zweiter Ordnung V 16. — Auslegung der Erbeinsetzung der G. V 233. — G. als Nacherben V 282, 284.
**Gesellen,** Anspruchsverjährung I 247, 252, Dienstverhältniß II 346.
**Gesellschaft** II 451ff. — Anwendung der Vorschriften über G. auf nicht rechtsfähige Vereine I 103ff., VI 38. — Begriff der G. II 451f., Zweck II 451f., Prinzip der gesammten Hand II 452. — Anwendung der Vorschriften über gegenseitige Verträge II 454f. — Gegenstand des Gesellschaftsvertrags II 456f., Form II 457. — Schadensersatzpflicht des Gesellschafters II 457. — Beiträge II 457f., vertretbare, verbrauchbare Sachen, Dienste II 458. — Ergänzung, Erhöhung des Beitrags II 458. — Haftung des Gesellschafters für Sorgfalt in eigenen Angelegenheiten II 459, Geschäftsführung II 459ff.: Grundsatz der Einstimmigkeit, Stimmenmehrheit II 460, Uebertragung an einen oder mehrere Gesellschafter II 461, Widerspruch II 461, Entziehung der Geschäftsführung, Kündigung II 462, Rechte und Pflichten der geschäftsführenden Gesellschafter, Analogie des Auftrags II 462f., Vertretung durch die geschäftsführenden Gesellschafter II 463f. — Berechtigung und Verpflichtung der einzelnen Gesellschafter aus den für die G. abgeschlossenen Rechtsgeschäften II 464. — Handeln des geschäftsführenden Gesellschafters in eigenem Namen, aber für die G. II 464, Entziehung der Vertretungsmacht II 464f. — Kenntnißnahme von den Angelegenheiten der G., Einsicht der Bücher durch jeden Gesellschafter II 465f. — Unübertragbarkeit der Ansprüche aus dem G.-verhältnisse II 466. — Gesellschaftsvermögen II 466f. — Verfügung über den G antheil, keine Theilung, Aufrechnung II 467f. — Schutz gutgläubiger Schuldner II 469f. — Rechnungsabschluß, Gewinnvertheilung II 470. — Antheile an Gewinn und Verlust II 470. — Kündigung der G. durch einen Gesellschafter II 471f., bei G. auf Lebenszeit II 473, durch einen Gläubiger nach Pfändung eines G.antheils II 473f. — Beendigung der G. mit dem Zwecke II 474, Tod eines Gesellschafters II 474f., Geschäftsunfähigkeit II 475, Konkurs II 475f., Fortdauer für den geschäftsführenden Gesellschafter außer bei Kündigung II 176. — Auseinandersetzung II 476ff.: gemeinsame Geschäftsführung II 476f., Anwendung der Vorschriften für Theilung der Gemeinschaft II 477, Zurückgabe benutzter Gegenstände an einen Gesellschafter II 477f., Schuldenberichtigung, Zurückerstattung der Einlagen II 478, Vertheilung des Ueberschusses II 479, Haftung der Gesellschafter für Fehlbetrag II 479. — Fortdauer der G. trotz Ausscheidens eines Gesellschafters II 479f., Eintreten in eine bestehende G. II 480 (I 104), Fortsetzung der G. mit den

Erben II 480, Ausschließung eines Gesellschafters II 481, Anwachsen des Antheils des Ausscheidenden am G.vermögen, Auseinandersetzung mit demselben II 481 f., Nachschußpflicht des Ausscheidenden II 482, Theilnahme desselben an Gewinn und Verlust aus schwebenden Geschäften, Rechenschaft an denselben II 482 f. — Nießbrauch einer G. III 370. — G.vertrag des Mündels IV 568, 576. — G. in Konsulargerichtsbezirken VI 15.

**Gesellschaften** mit beschränkter Haftung, Gesetz betr. die I 95, 111.

**Gesellschafterinnen**, Dienstverhältniß, Kündigung II 362, 365. — Kein Recht auf Dreißigsten V 70.

**Gesellschaftsvermögen** II 452 ff., 466 ff. (s. Gesellschaft).

**Gesellschaftszweck** II 451 f., 456 f., 474.

**Gesetz**. Begriff VI 16 f., 19. — Uebertragung einer Forderung kraft G. II 191 f. — Bezugnahme auf nicht mehr geltendes G. bei Ehevertrag IV 192.

**Gesetzliche Dienstbarkeit** III 302.

**Gesetzliche Erben, Erbfolge** s. Erbfolge. — Stellung des Fiskus als g. E. V 24 f., bei Anfall eines Vereinsvermögens I 97 f. — Kein Vorkaufsrecht bei Verkauf an g. E. II 279. — Form des Vertrags künftiger g. E. über den Erbtheil, Pflichttheil II 84. — G. E., welcher zugleich Testamentserbe, Annahme, Ausschlagung der Erbschaft V 43 f. — Auslegung der Einsetzung der „gesetzlichen Erben" V 231 f. — G. E. neben testamentarischer V 258. — G. E. als Nacherben bei zeitlicher Begrenzung der Erbeinsetzung V 276, als Vorerben V 278. — Beschwerung mit einem Vermächtnisse V 327, Vermächtniß an g. E. V 328.

**Gesetzliche Form** der Rechtsgeschäfte I 175 f.

**Gesetzliches Güterrecht** IV 98 ff. (s. eheliches G.).

**Gesetzliche Pfandrechte** III 709 f., 729. — Uebergangsvorschrift über grundbuchliche Behandlung bestehender g. Pf. VI 323.

**Gesetzliches Veräußerungsverbot** I 186 ff.

**Gesetzliche Vermächtnisse** V 29, 325, 596.

**Gesetzliches Verbot**, Rechtsgeschäft gegen solches I 185 f.

**Gesetzliche Vertreter** I 210 (s. Vertreter).

**Gesetzlicher Wohnsitz** I 62, der Ehefrau I 63 f.

**Gesetzliche Zinsen** II 15.

**Gesinde**, kein gesetzlicher Wohnsitz I 62. — Kein Recht auf Dreißigsten V 70. — Ausübung des Besitzes durch G. III 35 f. — Verletzung des Aufsichtsrechts über G., Schadensersatz II 627. — G. des Richters oder Notars, Unfähigkeit zum Testamentszeugen V 449.

**Gesindemäkler** II 392, 399.

**Gesinderecht** II 347, 358, 360, 364, 392. — Fortbestand der Landesgesetze VI 181 f.

**Geständniß**, vertragsmäßiges außergerichtliches II 530.

**Gestohlene Schuldverschreibung** auf den Inhaber, Verpflichtung des Ausstellers II 552. — Eigenthumserwerb an g. Sachen III 188 f., 279, Ersitzung III 192, Herausgabe an früheren Besitzer III 281.

**Gesundheit**, Schutz derselben I 51 f., III 133. — Rücksicht auf G. der Dienstboten II 358. — Miethe g.schädlicher Wohnung, Räume II 302. — Verletzung der G. II 605 f., durch Thiere II 628 f., durch Gebäudeeinsturz III 633 f., Ersatz durch Geldrente II 642 f., Ansprüche Dritter aus entgangenen Diensten der Verletzten II 646, immaterieller Schaden II 647 f.

**Getheiltes Eigenthum** III 130.

**Getränkeverabreichung**, gewerbsmäßige, Anspruchsverjährung I 246, 252.

**Gewährfristen** beim Viehhandel II 262 f., 268.

**Gewährleistung** des Stifters I 120. — G. bei Hingabe an Erfüllungsstatt II 144 f., bei Forderungsabtretung II 186. — G. von Rechtsmängeln beim Kauf II 228 ff., bei andern entgeltlichen Verträgen II 236. — G. von Sachmängeln II 246 ff.: Haftung für Fehler, zugesicherte Eigenschaft, Zeitpunkt derselben II 246, Ausschluß derselben bei Kenntniß oder grobfahrlässiger Unkenntniß des Käufers II 247. — Mängel bei öffentlichem Pfandverkauf II 247 f. — Wandelung, Minderung II 248 ff.: Wahlrecht des Käufers II 248 f., Schadensersatz statt W. und M. bei zugesicherter Eigenschaft, Arglist des Verkäufers II 249. — Verlust des Anspruchs bei vorbehaltloser Annahme trotz Kenntniß des Mangels II 249 f. — Vollzug der W. und M. (außergerichtlich, gerichtlich) II 250. — Fristbestimmung des Verkäufers bei Erbieten zur W. II 251. — Anwendung der Vorschriften über vertragsmäßiges Rücktrittsrecht auf die W. II 251 f. — W. bei zugesicherter bestimmter Größe eines verkauften Grundstücks II 253. — W. bei Verkauf mehrerer Sachen zu Gesammtpreis II 253 f. — Mängel der Hauptsache, Nebensache II 254. — W. bei Gesammtpreis und Mängeln einzelner Sachen II 254. — Herabsetzung des Kaufpreises bei M. II 255. — M. wenn neben Geld andere auf nicht vertretbare Sachen gerichtete Leistungen als Preis bestimmt sind II 255 f. — M. von und gegen Mehrere II 256. — Wiederholte W. und M. wegen weiterer Mängel II 256. — Vertragsmäßige Ausschließung der G. wegen Mängel II 257. — Verjährung der Ansprüche auf G. II 257 f. — Berechtigung des Käufers (Einrede) zur Weigerung der Zahlung nach Verjährung der G. II 259. — Aufrechnung des Schadensersatzanspruchs nach Verjährung der G. II 260. — G. bei Gattungskauf, Anspruch auf Lieferung mangelfreier Sache II 260 f. — G. bei Viehmängeln II 261 ff.: Arten der Thiere II 261 f., Hauptmängel, Gewährfristen II 262. — Beginn der Gewährfrist

II 263, Vermuthung für Bestehen des innerhalb derselben hervortretenden Hauptmangels zur Zeit des Gefahrübergangs II 263, Anzeigepflicht des Käufers, Frist dafür, Folgen der Unterlassung II 263, Verlängerung, Abkürzung der Gewährfrist II 264, Ausschluß der Minderung, nur Wandelung, Tod des Thiers, Nutzungen II 264 f., Ersatz von Fütterungs- und sonstigen Kosten II 266, Versteigerung des Thiers bei Rechtsstreit über Wandelung II 266, Verjährung des Wandelungs- und Schadensersatzanspruchs, Berechtigung des Käufers zur Verweigerung der Preiszahlung, Aufrechnung des Ersatzanspruchs II 267, Anspruch bei Gattungskauf auf Lieferung mangelfreien Thiers II 267 f. — G. für einen nicht zu den Hauptmängeln gehörenden Fehler, Zusicherung einer Eigenschaft des Thiers II 268. — Anwendung der Vorschriften über G. auf entgeltliche Verträge außer Kauf II 236, 268. — G. des Schenkers II 287 ff. — G. des Vermiethers II 297 f. — G. des Verleihers II 337, des Unternehmers II 371 f., bei Auslobung II 403. — Gegenseitige G. der Gemeinschaftstheilhaber II 496. — G. bei Ausstattung IV 376. — G. bei Wahlvermächtniß V 334, bei Gattungs-, Verschaffungsvermächtniß V 364 f., bei Erbschaftskauf V 678, 687 ff., bei Schenkung einer Erbschaft V 704 f.

**Gewahrsam** an wilden Thieren III 222 f.

**Gewalt** bei Willenserklärung I 173. — Höhere G. hemmt Anspruchsverjährung I 254. — Thatsächliche G. als Erforderniß des Besitzes III 31 f., Ausübung durch Dritte III 35, Verlust der thatsächlichen G. III 37 f. — G. gegen Besitzentziehung III 43 f.

**Gewalthaber**, Einwilligung zur Volljährigkeitserklärung I 54 f.

**Gewerbebetrieb**, selbständiger, eines Minderjährigen I 158. — Ort der Leistung bei Verbindlichkeit aus G. II 41 f. — Anspruch auf Geldrente für entgangene Dienste, welche der durch eine unerlaubte Handlung Verletzte im G. eines Dritten zu leisten hatte II 646. — G. ausländischer Ehefrau VI 109 f. — Sicherheitsleistung für G., Fortbestand der Landesgesetze VI 177.

**Gewerbeordnung** I 78, 95 f., 109, 160, 248, II 165, 177, 271, 346, 348, 352, 354, 358, 362, 367, 392, 400, 446, 612, 627, III 139, 140, 278, IV 84, 154, 384, 389, 571, VI 56, 127, 160, 179, 180, 182, 215, 368. — Aenderungen der G. VI 109 ff.

**Gewerbliche Anlagen**, Zubehör I 136.

**Gewerbliche Arbeiter**, Anspruchsverjährung I 247, 252. — Dienstverhältniß II 346. — (S. auch VI 111 f.)

**Gewerblicher Betrieb**, Gebäude zu solchem, Zubehör I 136.

**Gewerbliche Schutzgesetze** II 612.

**Gewerbesteuer** der Frau, Haftung des Mannes IV 168.

**Gewillkürte Erbfolge** V 26 ff. (s. Erbfolge).

**Gewinn**, entgangener, als Gegenstand des Schadensersatzes II 17, 21 f.

**Gewinnantheil** bei Gesellschaft II 466, 470, 473, 479, 482, Pfändung desselben II 473.

**Gewinnantheilsscheine** mit dem Werthpapier zur Sicherheitsleistung zu hinterlegen I 288, nicht bei eingebrachtem Gut IV 142. — G. auf den Inhaber II 548. — Unzulässigkeit des Aufgebots von G. II 558. — Vorlegungsfrist II 559. — Erlöschen mit der Hauptschuld II 562, Verlust II 563. — Beschaffung neuer G. von mit Nießbrauch belasteten Inhaberpapieren III 394. — G. von verpfändeten Werthpapieren III 750. — G. von Inhaberpapieren des Mündelvermögens IV 561, der Nacherbschaft V 296. — Uebergangsvorschriften für Kraftloserklärung, Zahlungssperre von G. VI 290, 293.

**Gewinnvertheilung** bei Gesellschaft II 470 f., 479, 482.

**Gewohnheitsrecht** I 33 ff., VI 16.

**Gezähmte Thiere**, Eigenthum III 222 f.

**Girokonto** II 341. — Giroverkehr II 445.

**Gläubiger**, Angabe desselben bei Eintragung der Hypothek III 457 f. — Ertheilung des Erbscheins an G. V 645.

**Gleichartigkeit** der Leistungen als Voraussetzung der Aufrechnung II 168 f.

**Gleichzeitigkeit** des Wohnsitzes an mehreren Orten I 60. — G. des Todes in gemeinsamer Gefahr I 76. — (S. auch V 559.)

**Glücksverträge** II 500 f.

**Goldklausel** II 461.

**Goldsachen**, Pfandverkauf III 691.

**Gottesdienstliche Gebäude**, Fortbestand des Landesrechts über Benutzung VI 221.

**Grabdenkmal** V 69, 95.

**Gräben**, Besserungspflicht des Pächters II 326. — Nachbarrecht III 140, 141. — G. zwischen Grundstücken III 157, 159. — Erhaltung bei Grunddienstbarkeit III 308.

**Grad** der geistigen Anomalie bei der Entmündigungsfrage I 58. — G. der Verwandtschaft, Schwägerschaft IV 341 f. — Gradesnähe bei gesetzlichen Erben vierter ꝛc. Ordnung V 18.

**Graviren**, Eigenthumserwerb III 206.

**Grenzbaum** III 160, VI 212, 213.

**Grenze**. Auskunftspflicht des Verkäufers über G. des Grundstücks II 235. — G.recht III 144 ff. — Anlagen auf der G. VI 215, Schatz III 247. — (S. auch VI 304.)

**Grenzeinrichtungen** III 157, VI 304, 307 f.

**Grenzgestell** III 158.

**Grenzscheidungsklage** III 156.

**Grenzverwirrung** II 484, III 155 f., VI 304.

**Grenzzeichen** III 153 f., 160.

**Grobe Fahrlässigkeit** I 35 ff. — Haftung für g. F. II 49 f., bei Gläubigerverzug II 74. — G. F. des Käufers bei Unkenntniß von Sachmängeln II 247. — Haftung des

Schenkers II 286. — G. F. des Miethers bei Unkenntniß von Fehlern II 299. — Haftung des Verleihers II 336, des Geschäftsführers bei drohender Gefahr II 429. — G. F. schließt guten Glauben aus III 186. — G. F. des Finders III 230.

**Größe,** zugesicherte, bei Grundstückskauf II 253, Grundstücksmiethe II 297.

**Großeltern,** Vermuthung, daß dieselben für den Abkömmlingen gewährten Unterhalt keinen Anspruch erlangen wollen II 433. — Berufung zur Vormundschaft über Volljährige IV 637. — G. gesetzliche Erben dritter Ordnung V 16 f.

**Großjährigkeit** s. Volljährigkeit.

**Großvater,** Berufung zur Vormundschaft IV 519. — Erbrecht unehelicher Kinder gegen den väterlichen G. V 8.

**Grube** III 141.

**Gründungsvertrag** für Vereine I 82.

**Grundbuch.** Kosten der Eintragung in das G. beim Kauf II 239. — Wirkungen der Eintragung vor Uebergabe des gekauften Grundstücks II 236. — Nichteintragung des Miethrechts II 318. — Erwerb durch Eintragung in das G. III 10 f. — Allgemeines über G. III 63 ff. — Oeffentlicher Glaube des G. III 107 ff. — Berichtigung des G. III 115 ff. — Keine Eintragung des Rentenrechts für Ueberbau III 147. — Eintragung des Verzichts auf Eigenthum III 173 f., der rechtsgeschäftlichen Regelung des Miteigenthums III 288 f. — Eintragung der Reallast, Voraussetzungen III 430, Eintragung der Theilung der Reallast III 436. — Nichteintragung der ehemännlichen Verwaltung und Nutznießung in das G. IV 152, desgl. der Gütertrennung IV 188, dagegen der Gütergemeinschaft IV 203, der fortgesetzten Gütergemeinschaft IV 252, der Errungenschaftsgemeinschaft IV 285, 290. — Eintragung der Nachlaßverwaltung V 102, 107, der Rechte des Nacherben V 291. — Eintragungen durch Testamentsvollstrecker V 398. — Berichtigung des G. bei Zusammenlegung von Grundstücken, Gemeinheitstheilung ꝛc., Fortbestand der Landesgesetze VI 201 f. — Landesgesetzliche Vorschriften über Uebertragung des Eigenthums an Grundstücken, welche im G. nicht eingetragen sind VI 216. — Uebergangsbestimmungen für Ansprüche aus Schuldverhältniß, welches durch Eintragung in das G. Wirksamkeit gegen Dritte erhält VI 297, für das Verfahren und den Zeitpunkt der Anlegung des G. VI 318 ff., — Erwerb und Verlust von Rechten an Grundstücken bis zur Anlegung des G. VI 324 ff.

**Grundbuchamt** III 64, Erklärungen von denselben III 74, 79, 162, 173 f., 296, 593, 600.

**Grundbuchbeamter,** Verletzung der Amtspflicht II 640.

**Grundbuchblatt** III 63, 64.

**Grundbuchordnung** I 17, 103, 126, 131, 233, II 149, 227, 235, 239, 467, 484, 640, III 20, 63 ff., 73 f., 77, 78, 79, 80, 81, 82, 83, 84, 85, 86, 87, 89, 90, 91, 97, 98, 99, 100, 101, 102, 105, 106, 109, 115, 116, 117, 119, 120, 122, 123, 162, 166, 171, 174, 175, 211, 285, 292, 294, 296, 297, 301, 312, 370, 383, 417, 426, 436, 443, 455, 456, 457, 459, 461, 462, 464, 466, 467, 482, 488, 490, 492, 504, 507, 514, 515, 516, 517, 528, 530, 531, 532, 533, 550, 551, 562, 563, 564, 574, 576, 587, 588, 592, 594, 595, 599, 600, 601, 612, 614, 615, 616, 620, 641, 642, 646, 648, IV 107, 150, 152, 189, 203, 211, 252, 275, 285, 310, 313, 595, V 10, 36, 37, 71, 90, 102, 141, 199, 272, 291, 292, 297, 312, 313, 380, 387, 399, 406, 407, 426, 443, 457, 467, 489, 643, 645, 661, 662, 663, 664, 666, 671, VI 14, 144, 152, 163, 178, 209, 210, 216, 217, 268, 309, 318, 322, 346.

**Grundbuchsystem** III 10 f.

**Grunddienstbarkeiten** III 300 ff. — Beeinträchtigung einer G. durch Ueberbau III 149. — G. an Erbbaurecht III 298. — Begriff und Inhalt der G. III 301 ff., Erforderniß des Vortheils für das herrschende Grundstück III 305 f., Ausübung durch Dritte III 307, schonende Ausübung III 307 f., Erhaltung von Anlagen auf dienendem Grundstücke III 307 ff. — Bauliche Anlagen als Gegenstand der G. III 311 f. — Verlegung der Ausübung III 312 f. — Zusammentreffen der G. mit G. oder anderem Rechte III 315 f. — Theilung des herrschenden Grundstücks III 316 f., des dienenden Grundstücks III 318 f. — Schutz der G. gegen Beeinträchtigung III 319 f., Verjährung dieses Anspruchs bei Beeinträchtigung durch Anlagen III 320. — Besitzschutz der G. III 321 f. — Landesgesetzliche Verbote von G. VI 203 f. — Anwendung der Vorschriften des B.G.B. auf bestehende G. VI 310 f., 315, 321. — Wirksamkeit bestehender G. ohne Eintragung im Grundbuch VI 322. — Uebergangsvorschrift für Besitzschutz bestehender G. VI 332 f.

**Grundloses Haben,** Herausgabepflicht II 579 f.

**Grund und Boden,** mit demselben verbundene Sachen I 130 ff. — Unzulässige Vertiefung III 141.

**Grundschuld** III 439 f., 627 ff. — Verpfändung einer G. als Mittel der Sicherheitsleistung I 286, 289. — Pflicht des Verkäufers zur Beseitigung von G. am Kaufgegenstande II 231. — Uebernahme einer G. durch den Käufer II 204. — Zahlungspflicht des Nießbrauchers für Zinsen der G. III 449. — Nießbrauch an G. III 392. — Unterschied von G. und Hypothek III 440. — Abtretung der G. III 534, 542. — Eigenthümerg. III 446. — Gesammtg. III 447 f. — Verwandlung der Eigenthümerhypothek in eine G. III 584 f.

— Begriff und Inhalt der G., Zinsen und Nebenleistungen aus dem Grundstücke III 527. — Anwendung der Vorschriften über Hypothek III 528 ff. — Kündigung der G. III 638. — Zahlungsort III 639. — G. für den Inhaber des G.briefs III 639 f. — Eigenthümerg. III 642 f., Beschränkung der Rechte des Eigenthümers als Gläubiger III 643 f. — Umwandlung der G. in Hypothek und umgekehrt III 644 f. — G. als Rentenschuld III 646 ff. (s. Rentenschuld). — Umwandelung der Rentenschuld in gewöhnliche G. und umgekehrt III 650 f. — Pfandrecht an G. III 744. — G. bei Fahrnißgemeinschaft IV 306. — Anlegung von Mündelgeld in G. IV 550, 566. — G. als Gegenstand der Nacherbschaft V 292. — G. auf vermachtem Grundstücke V 341. — Verhältniß der G. zur Entschädigung für Enteignung eines Grundstücks VI 128. — Landesgesetzliche Beschränkung der G. auf Zwangsverwaltung VI 141, sonstige landesgesetzliche Beschränkungen VI 206. — Uebergangsvorschriften für bestehende G. VI 334 ff.

**Grundschuldbriefe.** G. auf den Inhaber II 548, 639 f. Vorlegung zwecks Berichtigung des Grundbuchs III 119. — Eigenthum an G. III 210.

**Grundschuldzinsen** III 526 ff., 639. — Zahlungspflicht des Nießbrauchers III 449.

**Grundstück,** wesentliche Bestandtheile desselben I 130 ff., nicht wesentliche I 132. — Rechte als Bestandtheil eines G. I 133. — Besitzaufgabe eines herauszugebenden G. bei Gläubigerverzug II 76. — Form des Vertrags auf Eigenthumsübertragung an G. II 85. — Veräußerung eines G. mit Uebernahme von Hypotheken durch den Erwerber II 202 f. — Pflicht des Verkäufers eines G. zur Löschung nicht bestehender Rechte im Grundbuch II 228, Nichthaftung für Freiheit von öffentlichen Abgaben und Lasten II 229, Auskunftspflicht desselben II 235 f., Eintragung des Käufers in das Grundbuch vor Uebergabe des G., Wirkung auf die Gefahr II 236 f., Kosten der Auflassung, der Eintragung in das Grundbuch II 239. — Eigenthumsvorbehalt beim Kaufvertrage über G. II 243. — Wandelung bei zugesicherter bestimmter Größe eines verkauften G. II 253. — Frist für Ausübung des Wiederkaufsrechts an G. II 274. — Stundung des Kaufpreises bei Vorkaufsrecht an G., Sicherheitsleistung II 278. — Frist der Ausübung des Vorkaufsrechts an G. II 297. — Zugesicherte Größe eines vermietheten G. II 297. — Zeit der Entrichtung des Miethzinses für G. II 306. — Kein Zurückbehaltungsrecht des Miethers von G. II 309. — Kündigungsfristen bei Miethe von G. II 314 f. — Form des Miethvertrages über G. II 315. — Rechtsstellung des Miethers eines G. im Falle der Veräußerung (Kauf bricht nicht Miethe) II 318 ff., VI 284 ff., Anzeige des Vermiethers an den Miether von solcher Veräußerung II 323, Begründung von Rechten Dritter an dem vermietheten G. II 323 f. — Pacht von G. II 326 ff. (s. Pacht). — Leihvertrag über G. II 335. — Verjährung der Ansprüche des Bestellers wegen Mängel bei Arbeiten an G. II 377. — Wildschaden an G. II 630 f. — Besitzschutz von G. III 43 f. — Aufsuchen und Wegschaffen einer auf fremdes G. gelangten Sache III 52 f. — Erfordernisse des Erwerbs eines Rechts an G. III 72 ff., der Aufhebung eines solchen III 79 f., Zustimmung des Dritten, mit dessen Rechte das Recht belastet ist III 80 f. — Erfordernisse der Aenderung des Inhalts eines Rechts an G. III 82, Einfluß einer Verfügungsbeschränkung nach abgegebener Erklärung III 83. — Rangverhältniß der Rechte an G. III 83 ff, Rangänderung III 86 f., Rangvorbehalt III 90 f. — Eintragung des zu ersetzenden Betrags für ein durch Zwangsversteigerung erlöschendes Recht III 93 f. — Vormerkungen III 94 ff. — Rechte an eigenen G. III 103 f. — Vereinigung von G. III 104 f. — Rechtsvermuthung für Bestehen, Nichtbestehen von im Grundbuche eingetragenen, gelöschten Rechten III 106. — Oeffentlicher Glaube des Grundbuchs III 23 f., 107 ff. — Berichtigung des Grundbuchs III 115 ff. — Widerspruch gegen die Richtigkeit des Grundbuchs III 121 f. — Rechtserwerb an G. durch Eintragung und Besitz (Tabularersitzung) III 123 f. — Verjährung eines mit Unrecht gelöschten, eines kraft Gesetzes entstandenen aber nicht eingetragenen Rechts an G. III 125 f. — Unverjährbarkeit der Ansprüche aus eingetragenen Rechten III 126. — Inhalt und Begrenzung des Eigenthums an G. III 135 ff. (s. Eigenthum). — **Erwerb und Verlust des Eigenthums an Grundstücken** III 162 ff.: Auflassung III 162 f., Erstreckung der Veräußerung auf Zubehör III 166 f., Aufgebot III 170 ff., Verzicht und Aneignung III 173 f., VI 331. — Verbindung beweglicher Sachen mit G. III 201, 204. — Betreten fremder G. bei Verfolgung von Bienen III 224. — Aufsuchen von Sachen auf fremdem G. III 278. — Belastung eines gemeinschaftlichen G. zu Gunsten eines Miteigenthümers III 287 f. — Rechtsgeschäftliche Regelung des Verhältnisses von Miteigenthümern eines G., Erforderniß der Eintragung im Grundbuche III 288 f. — Anwendung der Vorschriften für G. auf Erbbaurecht III 297 f. — Bestellung des Nießbrauchs an G. III 328, 370. — Beschränkte persönliche Dienstbarkeiten an G. III 408 ff. — Vorkaufsrecht an G. III 414 ff. — Reallasten an G. III 427 ff. — Hypothek auf G. III 452 ff. — Grundschuld auf G. III 625 ff. — Verpfändung einer Forderung auf Uebertragung des Eigenthums an einem G. III 740. — Verfügung des Mannes über G. des eingebrachten Guts IV 123, Mieth- und Pachtverhältnisse über solche bei Beendigung der ehemännlichen Verwaltung und Nutznießung IV 180. — Verfügung des Mannes über G. des Gesammtguts IV 211. — G. bei Fahrnißgemeinschaft IV 306. — Vermiethung oder Verpachtung von G. bei elterlicher Nutznießung IV 417. — Verfügung über G. des Mündels oder Rechte an solchen IV 563ff., 576. — Inventar eines erbschaftlichen G. bei Nacherbschaft V 286. — Verfügung des Vorerben über G. V 290, 311. — Belastung eines vermachten G. V 341. — Haftung des Beschwerten bei Vermächtniß eines G. V 364f. — Rechtsgeschäfte von Ausländern über ausländische G. VI 27, 30. — Entschädigung für Enteignung von G., Rechte Dritter an derselben VI 127f. — Feststellung des Werthes von G., Fortbestand der Landesgesetze über Haftung der Sachverständigen VI 164. — Erwerb von G. durch Ausländer, Fortbestand der Landesgesetze VI 175. — Schutz der G. durch Selbstpfändung, Fortbestand der Landesgesetze VI 175f. — Zusammenlegung von G., Gemeinheitstheilung, Fortbestand der Landesgesetze VI 201f., Beschränkung der Belastungen von G., Landesgesetze VI 203ff., Meliorationsdarlehen VI 206f. — Landesgesetze über Veräußerungs-, Theilungs-, Vereinigungsbeschränkungen VI 207f., Unschädlichkeitszeugniß VI 209f., Nachbarrecht VI 213f., über Uebertragung von G. von und an Kommunalverbände oder den Staat VI 216, von nicht gebuchten G. VI 216. — Zuständigkeit für Beurkundung von G.veräußerungen nach Landesrecht VI 235f. — Uebergangsvorschrift für Sondereigenthum an stehenden Erzeugnissen eines G. VI 300f. — Erwerb und Verlust von Rechten an G. bis zur Anlegung des Grundbuchs VI 324ff. — Uebergangsvorschrift für vererbliche und übertragbare Nutzungsrechte an G. VI 347f.

**Grundstücksmäkler** II 392.

**Güte** einer Forderung II 230.

**Güter des hohen Adels** VI 187f.

**Gütergemeinschaft,** allgemeine IV 200ff. — Wirkungen der Eintragung der G. in das Güterrechtsregister gegen Dritte IV 196f. — Aufhebung der G. bewirkt Gütertrennung IV 199f. — Begriff der G. IV 200. — Vereinbarung und Aufhebung durch Ehevertrag, nicht durch gesetzlichen Vertreter, Genehmigung des Vormundschaftsgerichts IV 201f. Gegenstand der G., Gesammtgut IV 202f. Sondergut (nicht übertragbare Rechte), Anwendung der Vorschriften für eingebrachtes Gut der Errungenschaftsgemeinschaft IV 202, 204f. — Vorbehaltsgut IV 207ff.: Begriff und Umfang IV 207. — Anwendung der Vorschriften über Gütertrennung auf Vorbehaltsgut der Frau IV 207. — Beitrag zum ehelichen Aufwand IV 207. — Rechtsverhältniß am Gesammtgut: Ausschluß der Theilung IV 208, Aufrechnung gegen Gesammtgutsforderung IV 208, Verwaltungsrecht des Mannes, Besitznahme, Rechtsstreitigkeiten, keine Verpflichtung der Frau durch Verwaltungshandlungen des Mannes VI 209f., Fälle erforderlicher Einwilligung der Frau IV 211f., Ersetzung derselben durch Vormundschaftsgericht IV 212f., Wirkungen der Vornahme eines Rechtsgeschäfts ohne dieselbe IV 213, Rechtsverfolgung durch die Frau gegen Dritte bei ihrer fehlenden Einwilligung IV 214, Vertretung des behinderten Mannes in Rechtsgeschäften über Gesammtgut durch die Frau IV 214. — Ersetzung erforderlicher Zustimmung des Mannes zu Rechtsgeschäften der Frau durch das Vormundschaftsgericht IV 215. — Erwerbsgeschäft der Frau IV 215. — Annahme, Ausschlagung von Erbschaften, Vermächtnissen, Verzicht auf Pflichttheil, Ablehnung einer Schenkung, Inventarerrichtung der Frau IV 215f., Fortsetzung eines Rechtsstreits IV 216. — Bereicherung des Gesammtguts durch Rechtsgeschäfte eines Ehegatten ohne Zustimmung IV 217. — Verantwortlichkeit des Mannes für Verwaltung des Gesammtguts IV 217f. — Ausübung der Rechte und Pflichten des Mannes durch dessen gesetzlichen Vertreter (Vormund) IV 218. — Ehelicher Aufwand IV 218. — Schuldenhaftung: Gesammtgutsverbindlichkeiten: Persönliche Haftung der Ehegatten IV 218f., Verbindlichkeiten der Frau, für welche das Gesammtgut haftet IV 220f., nicht haftet IV 221f. — Gesammtgutsverbindlichkeiten im Verhältnisse der Ehegatten zu einander IV 222f. — Ausstattung aus Gesammtgut IV 223. — Verwendung von Gesammtgut durch den Mann als Vorbehaltsgut oder umgekehrt, Ausgleichung IV 224. — Zeit der Geltendmachung der gegenseitigen Ansprüche der Ehegatten IV 225f. — Beendigung der Gütergemeinschaft: Klage der Frau auf Aufhebung IV 227f., des Mannes IV 229, Zeitpunkt der Beendigung, Gütertrennung für die Zukunft, Wirkung gegen Dritte IV 229, Rechtsverhältniß nach Beendigung IV 229f., Auseinandersetzung IV 230, gemeinschaftliche Verwaltung des Gesammtguts bis zur Auseinandersetzung IV 231ff. — Zwangsvollstreckung in der G. IV 232, Konkurs IV 233, Surrogationsprinzip für Gesammtgut IV 234, Schutz gutgläubiger Schuldner IV 234. — Ausführung der Auseinandersetzung: Berichtigung der Gesammtgutsverbindlichkeiten IV 235f., Theilung des Ueberschusses, Anrechnung des zu Ersetzenden IV 236f., Uebernahme einzelner Sachen durch jeden Ehegatten IV 337f. — Auseinandersetzung bei

Aufhebung der G. durch Scheidung IV 238 f., durch Urtheil IV 240, Haftung für nicht berichtigte Gesammtgutsverbindlichkeiten IV 240 f., Haftung im Verhältnisse der Ehegatten zu einander IV 242 f. — Nachlaß des verstorbenen Ehegatten bei unbeerbter Ehe IV 243 f. — Fortgesetzte Gütergemeinschaft bei beerbter Ehe IV 243 ff.: Eintritt, Fortsetzung mit den gemeinschaftlichen Abkömmlingen, Auseinandersetzung mit einseitigen Abkömmlingen IV 245 f., Auseinandersetzung zum Zwecke der Ermittelung des Vorbehaltsguts und Sonderguts IV 247. — Ausgleichung des Vorempfanges IV 248 f., Ablehnung der Fortsetzung durch den überlebenden Ehegatten IV 250. — Umfang des Gesammtguts der fortgesetzten G. IV 252 f., Vorbehaltsgut, Sondergut IV 252. — Stellung des Mannes und der Abkömmlinge zu den Rechten und Verbindlichkeiten des Gesammtguts IV 253 f. — Schuldenhaftung: Gesammtgutsverbindlichkeiten IV 255 f., Verbindlichkeiten des überlebenden, des verstorbenen Ehegatten, der Abkömmlinge, Zwangsvollstreckung in das Gesammtgut, Konkurs des überlebenden Ehegatten IV 255, persönliche Haftung des überlebenden Ehegatten, der Abkömmlinge, Herbeiführung der Beschränkung der Haftung auf das Gesammtgut, Verwaltung, Konkurs IV 256 ff., V 149, Wirkung des Todes eines Abkömmlings, Stellung seiner Abkömmlinge, event. Anwachsung seines Antheils IV 260 f., Verzicht eines Abkömmlings IV 260 f., 282. — Aufhebung durch den überlebenden Ehegatten IV 261 f., Wiederverheirathung desselben IV 262, Tod, Todeserklärung desselben IV 263, Fälle der Aufhebung auf Klage eines Abkömmlings IV 263 f., Wirkung des Urtheils IV 264, Auseinandersetzung IV 264 f., Fortdauer des Verhältnisses bis zu derselben IV 265, Art derselben IV 265 f., Schulden, welche dem überlebenden Ehegatten zur Last fallen IV 267 f., welche im Verhältnisse des überlebenden Ehegatten zu den Abkömmlingen letztere sich anrechnen lassen müssen IV 268, Anrechnung von Abfindungen IV 269, Uebernahme des Gesammtguts oder einzelner Gegenstände durch den überlebenden Ehegatten, die Abkömmlinge IV 269 f. — Theilung unter den Abkömmlingen, Ausgleichung des Vorempfangenen IV 270 f. — Auseinandersetzung der Abkömmlinge unter sich wegen der Schulden IV 271 f., Ergänzung des Antheils eines Abkömmlings nach Vorschriften über Pflichttheil IV 272. — Erbunwürdigkeit eines Abkömmlings IV 273 f., V 633. — Zeugniß des Nachlaßgerichts über Fortsetzung der G. IV 274. — Ausschließung der fortgesetzten G. durch Ehevertrag IV 275 f., durch letztwillige Verfügung IV 275 f., Folgen der Ausschließung IV 276. — Letztwillige Verfügung über das Recht eines Abkömmlings: Ausschluß desselben IV 276 f., Herabsetzung seines Antheils IV 278, Entziehung desselben IV 278 f., in guter Absicht IV 279, Zuwendung des Antheils an einen Dritten IV 279 f., letztwillige Verfügung zur Uebernahme des Gesammtguts oder einzelner Gegenstände durch einen Abkömmling IV 280 f., zur Uebernahme eines Landguts IV 281, Erforderniß der Zustimmung des anderen Ehegatten, Verfügung in gemeinschaftlichem Testamente IV 281 f. — Zustimmung zum vertragsmäßigen Verzichte eines Abkömmlings auf seinen Antheil IV 282. — Unzulässige Anordnungen der Ehegatten IV 283. — Anwendung der Vorschriften für G. auf Fahrnißgemeinschaft IV 304 f. (302 f.). — Verhältniß der G. zur Unterhaltspflicht der Eheleute IV 359 f. — Ausgleichungspflicht für Zuwendungen aus Gesammtgut der G. V 209 f. — Schenkungen aus Gesammtgut, Verhältniß zum Pflichttheilsanspruch V 610 f.

**Gütergemeinschaftliche Erbfolge** IV 245 ff. (s. Gütergemeinschaft).

**Gütergemeinschaftliches Erbrecht** IV 245 ff. (s. Gütergemeinschaft).

**Güterrecht**, eheliches IV 97 ff. (s. eheliches G.).

**Güterrechtsregister** IV 87, 154, 309 ff. — Eintragung des Ehevertrags in das G. als Voraussetzung der Wirkung gegen Dritte IV 194 f., 198, VI 51 f., 109 f., ebenso Eintragung der Beendigung der Errungenschaftsgemeinschaft IV 299, der Wiederherstellung derselben IV 302. — Führung des G. durch das Amtsgericht IV 309, Wiederholung bei Verlegung des Wohnsitzes des Mannes IV 310, Antrag, Form desselben IV 311, Antragsberechtigung IV 311, Bekanntmachung der Eintragung IV 312, Einsicht des G., Abschriften IV 713. — Eintragung der Gütertrennung nach Wiederherstellung der ehelichen Gemeinschaft IV 339. — Bestimmungen des Bundesraths über G. IV 309, VI 199.

**Güterstand**, gesetzlicher IV 98 ff. (s. eheliches Güterrecht). — Vertragsmäßige Aenderung des G. IV 189 ff. — Anwendung der Vorschriften für g. G. auf Verbindlichkeiten des Kindes in elterlicher Gewalt gegenüber dem Vater IV 414. — Ausländischer gesetzlicher G. als vertragsmäßiger G. bei Wohnsitz der Ehegatten im Inlande VI 53 f. — Uebergangsvorschrift für den G. bestehender Ehen VI 325, 356 ff., Landesrecht für Ueberleitung der G. in das Recht des B.G.B. VI 361 ff.

**Gütertrennung** IV 183 ff.: Eintritt derselben, Vertrag (Ehe mit beschränkt geschäftsfähiger Frau ohne Zustimmung des gesetzlichen Vertreters, Aufhebung der ehemännlichen Verwaltung und Nutznießung) IV 183 f. — Ehelicher Aufwand, Beitragspflicht der Frau, Zurückbehaltung des Beitrags bei Gefährdung der Unterhaltspflicht des Mannes, Einfluß einer Entmündigung des Mannes, einer Pflegschaft IV 184 ff. — Vermuthung für fehlende Absicht des Ersatzes bei Aufwendungen der Frau IV 186 f. — Ueberlassung der Vermögensverwaltung an den Mann, Analogie des Auftrags IV 187 f. — Schutz gutgläubiger Dritter IV 188 f. — G. als Wirkung vertragsmäßiger Aufhebung des gesetzlichen Güterstandes, der Gütergemeinschaft, Errungenschaftsgemeinschaft, Fahrnißgemeinschaft IV 199 f. — Anwendung der Vorschriften über G. auf das Vorbehaltsgut der Frau IV 107, 207 f., 290, der Gütergemeinschaft IV 207. — G. nach Aufhebung der Gütergemeinschaft IV 229, der Errungenschaftsgemeinschaft IV 299, nach Wiederherstellung der aufgehobenen ehelichen Gemeinschaft IV 339. — Verhältniß der G. zur Unterhaltspflicht der Ehegatten IV 359.

**Gunst.** Ausschlagung der Erbschaft zu G. eines Anderen V 43.

**Gutachten** s. Anhören, Sachverständige.

**Guter Glaube** I 38, kein Erforderniß der Anspruchsverjährung I 246. — Schutz gutgläubiger Schuldner bei Gesellschaft II 469 f. — Mangel des g. G. bei Empfang ohne Rechtsgrund II 594. — G. G. bei Erwerb von einem Nichtberechtigten III 20 f. — G. G. des Erwerbers von Rechten an Grundstücken gegenüber dem öffentlichen Glauben des Grundbuchs III 110 ff. — G. G. bezüglich des Zubehörs eines veräußerten Grundstücks III 166 f., bei Eigenthumserwerb an beweglichen Sachen III 186 f., 190 f., VI 300, bei Ersitzung III 193 ff., nicht erforderlich bei Verbindung, Vermischung III 202, Verarbeitung III 206. — G. G. bei Fruchterwerb des Eigenbesitzers III 214 f., bei Fruchterwerb auf Grund persönlichen Rechts III 218. — Haftung des nicht gutgläubigen Besitzers gegenüber Eigenthumsanspruch III 259 f., 265, 267. — Herausgabeanspruch des früheren Besitzers gegen den nicht gutgläubigen Besitzer einer beweglichen Sache III 281 f. — G. G. bei Erwerb des Nießbrauchs III 330, bei Erwerb von Erzeugnissen, Bestandtheilen eines mit Hypothek belasteten Grundstücks III 475, bei Verpfändung durch einen Nichtberechtigten III 658. — G. G. des Erwerbers bei unrechtmäßigem Pfandverkauf III 694 f., des Erwerbers eines Schiffes gegenüber eingetragenen Pfandrechten III 717. — G. G. des Erwerbers bei Pfandrecht an Rechten III 727. — Schutz gutgläubiger Dritter gegen die Folgen der Nichtigkeit einer Ehe IV 67 f., 77. — G. G. der Ehegatten nichtiger Ehe IV 70 f. — Schutz gutgläubiger Dritter bei Beendigung der ehemännlichen Verwaltung und Nutznießung IV 180, bei Gütertrennung IV 188 f., bei Ehevertrag IV 194 f., Aufhebung der Gütergemeinschaft IV 229. — Schutz gutgläubiger Schuldner bei Gesammtgut IV 234, bei eingebrachtem Gute der Errungenschaftsgemeinschaft IV 288. — Schutz gutgläubiger Schuldner bei Erbschaftsanspruch V 160, 161. — Haftung des Erbschaftsbesitzers, welcher nicht in g. G. ist V 168 f. — G. G. des Schuldners bei Rechtsgeschäften mit dem Vorerben V 286 f., 307, 317. — Schutz gutgläubiger Dritter bei Verfügung des Erben während Testamentsvollstreckung V 405 f., bei Verfügungen des Erbscheinerben V 666 f., bei irrthümlicher Annahme des Todes einer Person V 675 f.

**Gute Sitte** s. Sitte.

**Gutsherrlich-bäuerliche Verhältnisse,** Fortbestand der Landesgesetze VI 201 f., Neubegründung VI 348 f.

**Gutsübernahme** mit Abfindung Dritter II 109 f., IV 286.

## H.

**Habitatio** III 408, 412, VI 333.

**Haftgeld** II 117.

**Haftpflicht, Haftung.** H. des Vereinsvorstandes I 84 f., des Vereins für Vorstand und Vertreter I 88, der Liquidatoren des Vereins I 101 f., aus Rechtsgeschäften nicht rechtsfähiger Vereine I 103 ff. — H. der juristischen Personen des öffentlichen Rechts I 125 f. — H. des Vertreters ohne Vertretungsmacht I 226 ff. — H. des Schuldners für Vorsatz und Fahrlässigkeit II 49 f., für Sorgfalt wie in eigenen Angelegenheiten II 50 f., für Vertreter II 50 f. — H. des Schuldners im Verzuge II 65, bei Gläubigerverzug II 74 ff., des Uebernehmers eines Vermögens II 207 f., des Verkäufers II 226 ff. (s. Gewährleistung), des Wiederverkäufers II 272 f. — H. des Schenkers II 286 ff. — H. des Vermiethers eines Grundstücks bei Veräußerung desselben II 319. — H. des Verleihers II 336, des Unternehmers II 371 f. — H. bei Auslobung II 403, des Beauftragten II 416 f., des Geschäftsführers ohne Auftrag II 426 f., 429, 431, des Verwahrers II 437 f., des Hinterlegers II 441, der Gastwirthe II 445 ff., der Gesellschafter für Fehlbetrag II 479, des Geschäftsherrn für Schadensersatz aus unerlaubten Handlungen seiner Angestellten rc. II 623 ff. — H. für Thiere II 628 f. — H. des Finders III 230 f. — H. des Prozeßbesitzers bei Eigenthumsanspruch III 255 f. — Persönliche H. des Grundstückseigenthümers für Leistungen aus Reallast III 434. — Umfang der H. des Grundstücks für Hypothek III 470 ff., VI 341 (s. Hypothek). — Umfang der H. des Pfandes III 660 f. — H. des bisherigen und des neuen Pfandgläubigers gegenüber Verpfänder bei Uebergang des Pfandrechts III 702 f. — Umfang der H. des verpfändeten Schiffes III 719 f. — H. des eingebrachten Guts für Schulden IV 136, 159 ff. — H. des Mannes für Verwaltung des Gesammtguts IV 217f. — H. für Gesammtgutsverbindlichkeiten IV 218ff., 240ff., 292f. — H. des Inhabers der elterlichen Gewalt als solchen für Verbindlichkeiten des Kindes IV 380. — H. des Vormundschaftsrichters IV 427, 598. — H. des Beistandes IV 446. — H. des Vormundes und Gegenvormundes IV 581f., des Gemeindewaisenraths IV 601, des Familienraths IV 615, des Pflegers IV 661. — H. des Erben für Nachlaßverbindlichkeiten V 65ff., VI 77, 79, 398 (s. Nachlaßverbindlichkeiten, Aufgebot der Nachlaßgläubiger, Nachlaßgläubiger, Nachlaßverwaltung, Inventarerrichtung, aufschiebende Einreden, Nachlaßkonkurs), für Verwaltung des Nachlasses bei Nachlaßverwaltung, Konkurs V 93f., des Käufers eines Erbschaftsantheils V 183f., des Vorerben V 308ff., 322f., des Nacherben V 320f., des Beschwerten bei Gattungs- und Verschaffungsvermächtniß V 364f. — H. eines beschwerten Vermächtnißnehmers V 369f., des Testamentsvollstreckers V 420, des Richters und Notars bei Testamentserrichtung V 445, des Erbschaftsverkäufers V 687ff. — H. des Staats 2c. für Schadenzufügung durch Beamte, Fortbestand der Landesgesetze VI 162, der Beamten für Stellvertreter und Gehülfen, Fortbestand der Landesgesetze VI 163. — H. bei Gewerbebetrieb ausländischer Ehefrau VI 110.

**Haftpflichtgesetz** I 254, II 498, 604, 624, 643, IV 655, V 69, VI 194. — Aenderungen VI 117ff.

**Halbbürtige** Geschwister, Eheverbot IV 27, gesetzliche Erben zweiter Ordnung V 16.

**Halber Monat**, Berechnung I 241.

**Halbjahr**, Fristberechnung I 241.

**Halbtheilung** bei Auflösung der Gütergemeinschaft IV 236, der fortgesetzten Gütergemeinschaft IV 265.

**Halftergeld** II 107, 108.

**Hamburg**, Hypothekengesetz III 13, 65, 104. — Gesetz, betr. Verpfändung von Seeschiffen III 713. — Hinterlegungsordnung VI 238. — Ausführungsgesetze zum B.G.B. IV 601, VI 7, 149, 163, 175, 179, 235, 242, 266, 323, 346, 361, 401.

**Hammerschlagsrecht** VI 214.

**Handarbeiter**, Anspruchsverjährung I 247.

**Handelsfrau** IV 84, 153, VI 359.

**Handelsgeschäft**. Uebergang der Verbindlichkeiten auf den Erwerben eines H. II 109, 208. — H. der Frau IV 120f. — Bürgschaft als H. II 515. — Pacht eines H. II 325.

**Handelsgesellschaft**, Nießbrauch III 369.

**Handelsgesetzbuch** I 4, 17, 87, 92, 93, 190, 197, 198, 222, 226, 227, 229, 240, 247, 254, II 15, 16, 41, 42, 43, 45, 64, 66, 70, 105, 106, 109, 121, 124, 143, 152, 167, 185, 208, 218, 225, 226, 228, 230, 238, 239, 241, 242, 342, 245, 250, 258, 259, 262, 269, 270, 325, 346, 347, 348, 354, 362, 365, 367, 391, 392, 394, 395, 398, 410, 413, 416, 418f., 437, 446, 448, 451, 457, 458, 459, 465, 470, 471, 473, 474, 477, 480, 481, 483, 508, 512, 515, 516, 529, 533, 535, 537, 544, 554, 555, 568, 572, 588, 604, 612, 624, 626, III 21, 55, 61, 78, 179, 184, 185, 187, 188, 190, 369, 370, 381, 393, 455, 468, 611, 612, 613, 652, 653, 657, 675, 686, 688, 689, 709, 714, 716, 717, 720, 721, 722, 723, 724, 725, 729, 745, 746, 747, 749, IV 84, 94, 120, 121, 153, 154, 197, 310, 571, 572, 574, 575, 592, V 65, 104, 141, 296, 308, 425, VI 14, 114, 161, 182, 293, 295, 300, 301, 359.

**Handelskauf** II 106, 143, 225.

**Handelsmäkler** II 347. — Verkauf durch H. II 167, III 72.

**Handelssachen** in Konsulargerichtsbezirken VI 15.

**Handgeld** II 117.

**Handkauf** II 226, 236.

**Handlungen** s. Unerlaubte, strafbare H. — Richterliche Ermäßigung zu hoher Vertragsstrafe für Vornahme oder Unterlassen einer H. II 123f. — Nießbrauch an einer auf H. gerichteten Forderung III 387, Verpfändung einer solchen III 741.

**Handlungsagenten** II 347, 395.

**Handlungsfähigkeit** I 149 (s. im Uebrigen Geschäftsfähigkeit). — H. von Ausländern VI 28.

**Handlungsgehülfen**, Beredung von Vertragsstrafen II 121, 124. — Verhältnisse der H. II 346, VI 14.

**Handlungslehrlinge**, Dienstverhältniß II 346, VI 14.

**Handschlag** an Eidesstatt s. Eidesstatt.

**Hand wahre Hand** III 21, 184, IV 152, 199.

**Handwerker**, Anspruchsverjährung I 246, 252.

**Handzeichen** bei gesetzlicher Schriftform I 176f., 179f., unter Testament V 439.

**Hannover**, Anwendung des B.G.B. auf Mitglieder des ehemaligen H. Königshauses VI 135.

**Hasen**, Wildschaden VI 156.

**Hauptintervention** des Erben bei Prozeß des Testamentsvollstreckers V 408.

**Hauptmängel** beim Viehhandel II 262.

**Hauptsache** I 133ff. — Wandelung wegen Mangels der H. II 254. — Verbindung einer beweglichen Sache mit einer H. III 203.

**Hauptschuldner** s. Bürgschaft.

**Hauptverbindlichkeit** als Voraussetzung der Bürgschaft II 509ff.

**Haushalt**. Ausübung des Besitzes durch Dritte im H. des Besitzers Angestellte III 93.

**Haushaltsgegenstände** bei Trennung der Ehegatten zur Führung abgesonderten Haushalts der Ehefrau IV 93. — Ergänzung von H. des eingebrachten Guts IV 128. — H. im Verzeichnisse des Kindesvermögens IV 396. — H. als Voraus des überlebenden Ehe-

gatten V 22. — Benutzung der H. durch Familienangehörige des Erblassers V 70.
**Hauskinder** s. Elterliche Gewalt.
**Häuslerrecht**, Fortbestand der Landesgesetze VI 143 f.
**Häusliche Gemeinschaft.** Pflichten des Dienstherrn gegen Dienstboten in h. G. II 356 ff. — H. G. der Eheleute IV 81 ff., 88 f. — Bösliche Verlassung nach Verurtheilung zur Herstellung der h. G. IV 319. — Einfluß der h. G. auf Scheidungsklage IV 323. — Auskunftspflicht der Hausgenossen des Erblassers V 171 f.
**Häuslicher Wirkungskreis** der Frau IV 84 ff.
**Hausoffizianten** II 347.
**Hausstand** des Erblassers, Rechte der Angehörigen desselben V 70, 149. — Kinder im elterlichen H. IV 372 f. — Aussteuer für H. der Töchter IV 373 f. — Ausstattung für H. der Kinder IV 376 f.
**Hausthiere**, Gewährleistung beim Verkauf II 261 ff. — Beschädigung durch H. II 628 f.
**Hausvater** s. Elterliche Gewalt.
**Hausverfassungen** der souveränen und gleichgestellter Häuser VI 135, des hohen Adels VI 137.
**Hauswesen**, Leitung durch die Frau IV 84 f., V 71, VI 355. — Geldrente für entgangene Dienste, welche der durch eine unerlaubte Handlung Verletzte im H. eines Dritten zu leisten hatte II 646.
**Haverei**, gesetzliches Pfandrecht III 709.
**Hebammen**, Anspruchsverjährung I 247, 252.
**Hecke** zwischen Grundstücken III 157.
**Heer**, Begriff I 63.
**Heerde**, Wandelung bei Kauf einer H. II 266.
**Heergeräth** V 22.
**Hehler** bei unerlaubter Handlung II 623.
**Heilanstalten**, Anspruchsverjährung I 247, 252.
**Heilung** der Nichtigkeit der Ehe IV 49 f., 51.
**Heilungskosten** als Schadensersatz II 18, VI 118.
**Heirath macht mündig** I 54, IV 79, VI 29, 65, 250 (s. auch Verheirathung).
**Heirathsregister**, Eintragung der Eheschließung IV 36, 38, einer fehlerhaften Eheschließung IV 49 f., 54 f., 67, 70, der Scheidung, der Aufhebung der ehelichen Gemeinschaft IV 316. — Stellung der Kinder aus einer nicht in das H. eingetragenen nichtigen Ehe IV 451. — H. im Auslande VI 115.
**Heirathsvermittelung** II 399 f.
**Hemmung** der Anfechtungsfrist I 175, der Anspruchsverjährung I 252 ff., VI 272. — Nichteinrechnung des Zeitraums der H. I 255 f., H. bei Gesammtschuldverhältniß II 214, 221. — H. der Verjährung des Gewährleistungsanspruchs II 257 f., 267, des Anspruchs des Bestellers aus Mängeln bei Werkvertrag II 378, der Vorlegungsfrist und der Verjährung bei Schuldverschreibungen auf den Inhaber II 560 f. — Einfluß der H. der Verjährung des Eigenthumsanspruchs auf Verjährung III 194. — H. der Frist für Anfechtung der Ehelichkeit IV 348, der Frist für Gültigkeit des außerordentlichen Testaments V 473 f.
**Herabfallen** von Theilen eines Gebäudes oder Werks, Schadensersatzpflicht II 633 f.
**Herabsetzung**, richterliche, der Vertragsstrafe II 123 f., VI 14, des Mäklerlohnes II 399. — H. des Antheils eines Abkömmlings an fortgesetzter Gütergemeinschaft IV 278.
**Herausgabe** von Früchten, Ersatz der Gewinnungskosten I 140. — H. von Sachen, Wegnahme von Einrichtungen II 30. — H. eines Inbegriffs von Gegenständen II 31. — H. von Gegenständen, Zurückbehaltungsrecht II 44 f. — H. des vom Schuldner bei Möglichkeit der Leistung erlangten Ersatzes II 56, 96 f., 100 f. — Einfluß der Rechtshängigkeit des Anspruchs auf H. bestimmten Gegenstandes II 67 f. — H. bei vertragsmäßigem Rücktrittsrecht II 127 ff. — H. der Erlangten bei Auftrag II 416. — H.pflicht des Geschäftsherrn bei H. ohne Auftrag II 432 f. — Eigenthumserwerb an beweglichen Sachen durch Abtretung des Anspruchs auf H. III 183, 187 f. — Nießbrauchsbestellung III 330. — H. des Fundes III 231. — H.pflicht von Behörden, welche nicht auf Vertrag beruht, Anwendung von Bestimmungen über Fund III 245. — Anspruch des Eigenthümers auf H. III 248 f., VI 304, der Nutzungen III 255 ff., VI 304, eines landwirthschaftlichen Grundstücks III 269 f. — H. beweglicher Sachen an den früheren Besitzer, Pflicht des bösgläubigen Besitzers III 281 f. — H.anspruch des Miteigenthümers III 290 f. — H. des eingebrachten Guts bei Beendigung der ehemännlichen Verwaltung und Nutznießung IV 178 ff. — H. des Kindes in elterlicher Gewalt IV 369, des Kindesvermögens IV 433, des Mündelvermögens IV 629 f. — H.pflicht des Erbschaftsverkäufers V 682 f. — H. des Ueberschusses des Nachlasses an die im Aufgebotsverfahren ausgeschlossenen Nachlaßgläubiger V 77 f., des überschuldeten Nachlasses V 110 f. — H.pflicht des Erbschaftsbesitzers V 157 f. — Anordnung der H. der Erbschaft gilt als Einsetzung eines Nacherben V 275. — H.pflicht des Vorerben V 307 f. — H. der Zuwendung bei Unmöglichwerden letztwilliger Auflage durch Schuld des Beschwerten V 379 f., des Nachlasses an den Erben durch Testamentsvollstrecker V 416, 419, des unrichtigen Erbscheins V 660, 665, 676.
**Herbergsrecht** II 483, 485, VI 219.
**Hereditatis petitio** V 32, 154, VI 399, partiaria V 91, 155 f., 157.
**Heres.** Semel h. semper h. V 256, Heredis institutio ex certa re IV 258, V 325.
**Herrenlose** Grundstücke nach Ausschluß des Eigenthümers durch Aufgebot III 172. — Eigenthumserwerb an h. Sachen III 219 ff. —

H. Grundstücke, Aneignungsrecht des Fiskus III 174, VI 160, 331, anderer Personen nach Landesrecht VI 218.
**Herrschendes Grundstück** s. Grunddienstbarkeit.
**Herstellung** des früheren Zustandes als Gegenstand des Schadensersatzes II 16f. — Klage auf H. des ehelichen Lebens IV 80f.
**Hessen.** H. Gesetzbuch, Entwurf I 3. — Ausführungsgesetze zum B.G.B. III 453, IV 601, V 468, 486, 584, VI 7, 47, 132, 140, 142, 149, 163, 165, 167, 175, 177, 181, 183, 185, 190, 191, 193, 194, 195, 197, 200, 203, 208, 211, 213, 214, 215, 216, 222, 230, 232, 233, 235, 236, 238, 242, 244, 245, 246, 263, 266, 293, 296, 301, 307, 308, 310, 314, 323, 329, 334, 335, 336, 338, 347, 361, 362, 364, 365, 366, 367, 368, 383, 394, 404. — Gesetz, betr. Grundeigenthum III 128. — Behandlung von Fundsachen III 227, 244. — Hausgesetz VI 137. — Gesetz betr. Erbgüter 140. — Berggesetz VI 151. — Wildschadensgesetz VI 155. — Notariatsgesetz VI 164. — Staatsschuldbuch IV 551, VI 185. — Enteignungsgesetz VI 199. — Agrargesetze VI 204. — Verordnung betr. das Grundbuchwesen VI 319, 335, 337, 344, 345. — Gesetz betr. Binnenschiffahrt III 713, Schiffsregister III 714.
**Hinauswerfen** aus Gebäuden, Schadensersatzpflicht II 635.
**Hinterbliebene** von Beamten ꝛc., Fortbestand der Landesgesetze über vermögensrechtliche Ansprüche VI 165.
**Hinterleger** s. Verwahrung.
**Hinterlegung** von Beträgen für den bekannten Gläubiger eines Vereins in Liquidation I 100. — H. von Geld und Werthpapieren zur Sicherheitsleistung I 286ff. — H. der geschuldeten Sache durch einen Dritten II 39. — Hinterlegung zur Erfüllung II 153ff.: Vertrag zwischen Schuldner und H.stelle II 154, zulässige Gegenstände II 155f., Voraussetzung ist Annahmeverzug II 155, Ungewißheit der Person des Gläubigers II 155, 162. — H. bei Verpflichtung zur Gegenleistung II 156. — Ort der H. II 156, Anzeigepflicht des Schuldners II 156, — Uebersendung an die H.stelle durch die Post II 157, Zurücknahme der hinterlegten Sache, Ausschluß des Rechts dazu II 157f., keine Pfändung dieses Rechts, Einfluß des Konkurses auf dasselbe II 158f., Wirkung der H. bei ausgeschlossener Rücknahme als Leistung II 159f., Wirkung der Rücknahme II 161, der Hinterlegung bei nicht ausgeschlossener Rücknahme II 161, Erklärung des Schuldners zur Empfangsberechtigung des Gläubigers II 161f., Kosten der H. II 163, Verjährung des Gläubigerrechts auf den hinterlegten Betrag II 163f. — H. des Erlöses von zur H. nicht geeigneten, öffentlich versteigerten Sachen II 164ff. — H. bei Gesammtschuldverhältniß II 212, 218, 220. — H. einer untheilbaren Leistung bei Mehrheit von Forderungsberechtigten II 223f. — H. des Erlöses aus Versteigerung von Hausthieren bei Wandelungsklage II 266. — H. der ausgelobten Belohnung bei Anspruch Mehrerer auf dieselbe II 405. — H. des Kapitals bei Zahlung einer mit Nießbrauch belasteten, auf Zinsen ausstehenden Forderung III 390, des mit Nießbrauch belasteten Inhaber-, Orderpapiers III 393f. — Befriedigung des Hypothekengläubigers durch H. III 509, 526. — H. des Betrags der Hypothek zwecks Aufgebot zur Ausschließung des Gläubigers III 569f. — H. des Pfandes III 668, des Erlöses des versteigerten Pfandes III 671. — Befriedigung des Pfandgläubigers durch H. III 374. — H. der Leistung bei verpfändeter Forderung III 734, 740, 744. — H. von Inhaber- und Orderpapieren bei Gefährdung des eingebrachten Guts IV 142. — H. zur Sicherstellung der Ansprüche von unehelicher Mutter und Kind vor Geburt IV 470. — H. von Inhaberpapieren des Mündelvermögens IV 558, VI 394, von sonstigem Mündelvermögen IV 561, VI 394. — H. von Nachlaßgegenständen zur Sicherung des Nachlasses V 56f., bei Nachlaßverwaltung V 105. — H. der Leistung aus Nachlaßansprüchen bei Erbengemeinschaft V 186, gezahlter Hypotheken, Grundschulden, Rentenschulden bei Nacherbschaft V 292, von Inhaberpapieren der Nacherbschaft V 295. — H. in Konsulargerichtsbezirken VI 15. — Fortbestand landesgesetzlicher Bestimmungen über H. VI 237ff. — (S. auch VI 279.)
**Hinterlegungsordnungen** VI 238.
**Hinterlegungsschein** über Testamente V 466, 468, über Erbvertrag V 522.
**Hinterlegungsstellen** I 287, II 154, 156, 157, IV 142, VI 15. — Zuständigkeit nach Landesrecht VI 237f. — Natur des Vertrags zwischen Hinterleger und H. II 437. — Anlegung von Mündelgeld IV 552, Hinterlegung von Inhaberpapieren des Mündels IV 558, 605.
**Hinterlegungsvertrag** II 154, 436 (s. Vermahnung).
**Hinüberragen** von Wurzeln, Zweigen in fremdes Grundstück III 142, VI 212.
**Höchstbetrag**, Eintragung des Ersatzes für ein durch Zwangsversteigerung erlöschendes Recht im Grundbuche III 93f., im Schiffsregister III 724. — Sicherungshypothek bis zu einem H. III 621ff.
**Hochzeitsgeschenke** IV 10, 286. — Voraus des überlebenden Ehegatten V 22.
**Hochzeitskosten**, Ausgleichungsfrist V 204.
**Höferecht, Höferolle** VI 145.
**Hofesschulden** VI 147.
**Hoffnungskauf** II 226.
**Höhere Dienste** II 348, 362f., 365f.

**Hohenzollern.** Darlehen der Mitglieder des Hauses H. II 341. — Anwendung des B.G.B. auf Fürstliche Familie H. VI 135.
**Hoher Adel** s. Adel.
**Höhere Gewalt** hemmt Anspruchsverjährung I 254. — Ausschluß der Haftung des Gastwirths II 446, 447. — Hinderung der Inventarerrichtung durch h. G. V 123.
**Holographisches** Testament I 18, 20, V 436ff., 468, Verwahrung V 469, 511. — H. T. von Ehegatten V 493f.
**Holschuld** II 12. — Verzug bei H. II 62, 67, 70, 75, 77, 214. — H. aus Verwahrungsvertrag II 442. — Schuld aus Inhaberpapier ist H. II 551.
**Honorar** der Lehrer, Aerzte, Rechtsanwälte, Anspruchsverjährung I 247, 252.
**Hören** s. Anhören.
**Hülfskassen.** Aufrechnung gegen Hebungen aus H. II 177.
**Hypothek** III 439ff. — Haftung der H. nach Anspruchsverjährung I 273f. — Bestellung von H. an inländischen Grundstücken als Mittel der Sicherheitsleistung I 286, desgleichen Verpfändung von H.forderung I 288, 289. — Uebergang der H. mit Abtretung der Forderung II 185. — Uebernahme einer Schuld, für welche eine H. besteht, durch den Erwerber des Grundstücks II 202f., VI 328. — Wirkung der Schuldübernahme auf die H. II 205f. — Pflicht des Verkäufers zur Beseitigung von H. am Kaufgegenstande II 231. — Aufgeben einer H. seitens des Gläubigers, Einfluß auf Bürgschaft II 519. — H. für Spielforderung II 503. — Zahlungspflicht des Nießbrauchers für Zinsen der H. III 449. — Unterschied von H. und Grundschuld III 440. — Begriff und Inhalt der H. III 452f. — H. am Bruchtheil eines Grundstücks III 455. — Erfordernisse der Eintragung der H. III 457ff., Hypothekenbrief, Ausschließung der Ertheilung III 463f., Erwerb der H. durch Uebergabe des Briefs an den Gläubiger III 465f. — Haftung des Grundstücks für gesetzliche Zinsen und Kosten III 468. — Erhöhung der Zinsen auf fünf vom Hundert III 469. — Erstreckung der Haftung des Grundstücks auf andre Gegenstände III 470ff.: Haftung der Erzeugnisse und sonstigen getrennten Bestandtheile, des Zubehörs III 472f., Erlöschen der Haftung dieser Gegenstände durch Veräußerung und Entfernung III 475f., durch Trennung innerhalb ordnungsmäßiger Wirthschaft III 477f., Haftung der Mieth- und Pachtzinsforderungen III 478ff., Aufrechnung derselben III 481, Haftung von Rechten auf wiederkehrende Leistungen III 481f. — Haftung der Forderungen aus Versicherung III 483f., Gebäudeversicherung III 484, Versicherung anderer Gegenstände III 486, Einfluß der Versicherungsbestimmungen III 487. — Haftung eines zugeschriebenen Grundstücks III 488. — Haftung mehrerer Grundstücke (Gesammthypothek), Wahlrecht des Gläubigers III 489ff. — Gefährdung der Realsicherheit durch Verschlechterung des Grundstücks, Rechte des Gläubigers III 493f., drohende Verschlechterung III 495f., Verschlechterung des Zubehörs III 497. — Unzulässige Vereinbarung, das Grundstück nicht zu veräußern oder nicht weiter zu belasten III 498. — Einreden des Eigenthümers gegen die H. III 499f. — Schutz der Forderung durch das Grundbuch, Rechtsvermuthung für Bestehen derselben, Berichtigung des Grundbuchs III 502f. — Eintragung eines Widerspruchs gegen eine Darlehnsbuchh. III 504f. — Ausschluß des öffentlichen Glaubens des Grundbuchs durch den Inhalt des H.briefes III 506. — Kündigung der H. III 507f. — Befriedigung des Gläubigers: Befugniß des Eigenthümers zu derselben, auch durch Hinterlegung, Aufrechnung III 509f., Uebergang der Forderung auf den Eigenthümer, welcher nicht persönlicher Schuldner ist III 510f., Uebergang bei Gesammth. III 510, Aushändigung des H.briefs und sonstiger Urkunden III 513f., theilweise Befriedigung des Gläubigers III 515f. — Verzug des Eigenthümers, Verzugszinsen aus dem Grundstücke III 517f. — Befriedigung aus dem Grundstücke durch Zwangsvollstreckung III 518ff., Passivlegitimation des als Eigenthümer im Grundbuch Eingetragenen III 522f., Vollstreckung gegen den Rechtsnachfolger des verurtheilten Eigenthümers III 524. — Unzulässige Vereinbarung der Eigenthumsübertragung oder des Privatverkaufs vor Fälligkeit der Forderung III 524f. — Befriedigung durch einen Dritten (Ablösungsrecht) III 525f. — Theilung der Forderung: Rang der Theilh. III 527f., Theilh.brief III 528. — Uebertragung der Forderung: Uebergang der H. III 529f., schriftliche Abtretungserklärung, Uebergabe des H.briefs, Eintragung III 530ff., Ersatz der Eintragung durch Besitz des H.briefs mit öffentlich beglaubigten Abtretungserklärungen, Anerkenntniß oder gerichtlichem Ueberweisungsbeschluß III 534f. — Rechtsverhältniß zwischen Eigenthümer und neuem Gläubiger, Ausschluß der Berufung des ersteren auf Vorgänge, welche nach Uebertragung der H. zwischen Eigenthümer oder persönlichem Schuldner und bisherigem Gläubiger sich ereignet haben, Kündigung des Eigenthümers III 540f., Einreden gegen den bisherigen Gläubiger III 542, laufende Zinsen und Nebenleistungen III 543f., rückständige III 545, Kosten III 545. — Legitimation des Gläubigers bei Geltendmachung der H, Widerspruch bei Nichtvorlegung des H.briefs, der Abtretungsurkunden III 546f., bei Geltendmachung der Forderung gegen den Eigenthümer, welcher zugleich persönlicher

Schuldner ist III 549 f. — Aufgebot des H.briefs III 550 f. — Eigenthümerhypothek: nicht zum Entstehen gelangte, erloschene Forderung, Nichtübergabe des H.briefs III 552 f. — Uebergang der H. auf den persönlichen Schuldner, Ersatzpflicht des Eigenthümers, Vereinigung von Forderung und Schuld III 557 f. — Befreiung des persönlichen Schuldners durch Verzicht des Gläubigers auf H., Aufhebung derselben durch Rechtsgeschäft, durch Vorrangseinräumung III 559, Benachrichtigung des persönlichen Schuldners von der Zwangsversteigerung III 560, Rechte des persönlichen Schuldners auf Aushändigung des H.briefs, Vermerk theilweiser Befriedigung auf demselben III 561 f. — Eigenthümerh. bei Verzicht des Gläubigers auf die H. III 563 f., Anspruch des Eigenthümers auf Verzicht III 565 f. — Aufgebot des unbekannten Gläubigers, Entstehung von Eigenthümerh. mit dem Ausschlußurtheil, Kraftlosigkeit des H.briefs III 566 ff., Aufgebot bei Hinterlegung des Betrags III 568 f. — Eigenthümerhypothek in den Fällen der Gesammthypothek: Rechte der einzelnen Eigenthümer im Allgemeinen, Vertheilung auf die einzelnen Grundstücke III 572 ff., Befriedigung des Gläubigers durch einen der Eigenthümer, Ersatzanspruch des letzteren gegenüber den anderen Eigenthümern III 575 f., Befriedigung durch den persönlichen Schuldner, Vereinigung von Forderung und Schuld III 579 f., Verzicht des Gläubigers auf Gesammth., theilweiser Verzicht, Ausschluß des Gläubigers III 581 f., Befriedigung und Verzicht wegen eines Theilbetrags der Gesammth., Vorzug des Gläubigers von dem Antheile der Eigenthümer III 583 f. — Verwandlung der Eigenthümerh. in eine Grundschuld bei Vereinigung von H. und Eigenthum III 584 ff., Erlöschen der Rückstände von Zinsen, Nebenleistungen, Kosten in diesem Falle III 589 f. — Vormerkung des Anspruchs auf Löschung der Eigenthümerh. III 591 f. — Uebertragung der H. auf eine andere Forderung III 593 f. — Befriedigung des Gläubigers aus dem Grundstücke durch Zwangsvollstreckung: Erlöschen der H. III 596 f., Aufrechterhaltung im Falle der Gesammthypothek III 598 f. — Aufhebung der H. durch Rechtsgeschäft, Zustimmung des Eigenthümers III 600 f. — Sicherungshypothek III 602 ff.: Inhalt und Bestellung, accessorische Natur III 604 f. — Ausschluß des H.briefs, kein Schutz des Grundbuchs für Forderung und Einreden des Eigenthümers, kein Widerspruch wegen Nichtauszahlung der Darlehnsvaluta, Kündigung, Nichtanwendbarkeit der für Uebertragung der Forderung geltenden Vorschriften III 606 f. — Umwandlung in eine gewöhnliche H. III 608 f. — Sicherungsh. für Schuldverschreibung auf den Inhaber, für Orderpapiere III 610 f., Abtretung derselben III 612. — Form der Bestellung der Sicherungsh. für Schuldverschreibung auf den Inhaber, Ausschließung des Gläubigers III 613 f. — Bestellung eines Vertreters für den jeweiligen Gläubiger (Treuhänder) III 616 ff. — Haftung des Grundstücks bis zu einem Höchstbetrage (Maximal-, Kautions-, Ultimath.) III 621 ff. — Umwandlung der H. in Grundschuld und umgekehrt III 644 f. — H. bei Fahrnißgemeinschaft IV 306. — Stellung des Inhabers der elterlichen Gewalt zu H. des Kindesvermögens IV 400 f. — Anlegung von Mündelgeld in H. IV 550, 566. — H. im Verhältniß zur Abzugseinrede des Erben V 110. — H. als Gegenstand der Nacherbschaft V 292. — H. auf vermachtem Grundstück V 341, 343 f. — Verhältniß der H. zur Entschädigung für Enteignung eines Grundstücks VI 128. — Landesgesetzliche Beschränkung der H. auf Zwangsverwaltung VI 141. — Fortbestand der Landesgesetze über H.titel des Fiskus 2c. VI 177, über Beschränkungen von H. VI 206. — Uebergangsvorschriften für bestehende H. VI 334 ff. — Behandlung bestehender H. als Grundschuld VI 346.

**Hypothekenbankgesetz** III 461, 462, 495, 621, 650, 657, 658, 726, VI 206.

**Hypothekenbrief** III 442 f., 463 f., 513 f., 515 f., 534 f., 561 f., 606. — Vorlegung zwecks Berichtigung des Grundbuchs III 119. — Eigenthum an H. III 210, zwecks Geltendmachung der Hypothek III 546 f. — Eigenthümerhypothek bei Nichtübergabe des H. III 552 f. — Landesrecht über Behandlung pfandrechtlicher Urkunden als H. VI 344, von Grundschuldbriefen als H. VI 346, 550 f. — Aufgebot III 550 f.

**Hypothekenmäkler** II 392.

**Hypothekentitel** des bisherigen Rechts, Behandlung bei Anlegung des Grundbuchs VI 337.

**Hypothekenzinsen**, Zahlungspflicht des Nießbrauchers III 449.

## J.

**Jagdbezirke**, gemeinschaftliche, Wildschaden II 630, 633, VI 156.

**Jagdpächter**, Wildschadensersatz VI 156 f.

**Jagdrecht**, Fortbestand der Landesgesetze VI 152 f., 347. — Verletzung des J. III 221. — Wildschadensersatzpflicht des Jagdberechtigten II 630 f., nicht des Jagdpächters II 632.

**Jagdservituten**, preußisches Recht VI 204.

**Jahr**, Fristberechnung I 241, 242. — Verjährung der Gewährleistungsansprüche aus Grundstückskauf II 257, aus Werkvertrag an Grundstücken II 377. — Ausschluß des Widerrufs der Schenkung II 294. — Aus-

schlußfrist für Besitzansprüche III 49, für Anfechtung letztwilliger Verfügung V 252, für Anfechtung wegen Erbunwürdigkeit V 627. — Eigenthumserwerb an Fundsachen III 234.
**Ideale Tendenz,** Vereine mit I 79ff., 94. — J. Interesse bei Herabsetzung der Vertragstrafe II 123.
**Idealkollation** V 202.
**Illaten** s. Eingebrachte Sachen.
**Illoyale Handlungen** II 616f.
**Immaterialrechte** I 47, 50.
**Immaterieller Schaden** IV 14, bei unerlaubten Handlungen II 647f.
**Immission** s. Zuführung.
**Impensen** s. Aufwendungen, Verwendungen. — I. utiles, voluptuariae III 266, V 165.
**Impfgesetz** IV 384.
**Im Zweifel,** Begriff I 22.
**Inbegriff** von Gegenständen, Herausgabe II 32. — J. von Rechten als Vermögen I 128. — Zusicherung bestimmter Größe bei Kauf eines J. von Grundstücken II 253. — Nießbrauch an J. III 333, 353. — Vermächtniß eines J. V 355.
**In diem addictio** II 269.
**Indignität** s. Erbunwürdigkeit.
**Indirekte Stellvertretung** I 210.
**Individualrechte** I 47, 51, der Miterben V 177.
**Indossament,** Sicherungshypothek für Forderung aus indossablem Papier III 610f., VI 340, Schiffspfandrecht III 723. — Verpfändung von indossablen Papieren III 744f., 748, 749. — Verpflichtungen aus J. durch Vormund IV 569.
**Inhaber.** Wirkung des Urtheils gegen J. I 42. — Unzulässigkeit der Anweisung auf J. II 534, 548. — Schuldverschreibung auf den J. II 545ff. (s. d. W.). — Wechsel auf den J. II 548. — Leistung an den J. aus Urkunden, in welchen der Gläubiger benannt ist (Legitimationspapiere) II 566. — J. der elterlichen Gewalt IV 379.
**Inhabergrundschuld** III 639f.
**Inhaberhypothek** III 615f., VI 340.
**Inhaberpapiere,** Sicherheitsleistung mit solchen I 288. — J. als Gegenstand des Darlehens II 343. — Gesetz betr. J. mit Prämien II 505, 547, 554, VI 107. — J. des B.G.B., Zusammenstellung II 547. — Guter Glaube beim Erwerbe von J. nach Handelsrecht III 187, VI 300. — Eigenthumserwerb an J. III 188f., 279, Herausgabe an früheren Besitzer III 281. — Nießbrauch an J. III 492f., Pfandrecht III 747f. 749. — J. des Mündelvermögens IV 558, 561, 605. — Ausgabe von J. für den Mündel IV 569. — Vermuthung für Eigenthum des Ehemanns an J. IV 94. — J. des eingebrachten Guts IV 115, 126, 140, Hinterlegung derselben bei Gefährdung IV 142, Umschreibung IV 142. — Erwerb von J. durch den Vater für das Kind IV 402. — J. der Nacherbschaft V 295. — J. in Konsulargerichtsbezirken VI 15. — (S. auch Schuldverschreibung auf den Inhaber.)
**Inhabung** III 29, 249.
**Inhalt des B.G.B.** — Uebersicht I 16ff. — J. des Stiftungsgeschäfts I 117, 121.
**Inkrafttreten des B.G.B.** VI 13f.
**Inland.** Erbschein über einzelne im J. befindliche Gegenstände V 673f.
**Inländische Schuldverschreibung auf den Inhaber,** Voraussetzungen der Ausgabe II 552f.
**Innungsverbände,** Rechtsfähigkeit I 78.
**Inselbildung,** Fortbestand der Landesgesetze VI 149. — J. bei Nacherbschaft V 286.
**In Streit befangen** I 43.
**Interesse** als Voraussetzung des subjektiven Rechts I 47. — Unerhebliches J. I 277. — Betrag des J. bei Ansprüchen aus Verträgen, welche von einem Vertreter ohne Vertretungsmacht geschlossen sind I 226. — J. als Voraussetzung rechtmäßiger Rechtsausübung I 277f. — J. als Gegenstand des Schadensersatzes II 17. — Mangelndes Interesse der Erfüllung gegenseitiger Verträge II 101ff. — J. als Voraussetzung des Anspruchs auf Vorlegung, Einsicht von Sachen, Urkunden II 570f.
**Interimistikum** im Eheprozesse IV 45, 55, 81, 315.
**Interimswirthschaft** VI 145, 147.
**Internationales Privatrecht** V 432, VI 21ff. — Abkommen über i. P. VI 26.
**Interzessionen** II 508. — Interzession der Frau IV 79, VI 355.
**Invaliditäts- und Altersversicherungsgesetz** II 177, 360, 604, IV 101, 356. — Renten einer Ehefrau IV 103, eines Kindes in elterlicher Gewalt IV 405.
**Inventar,** Mitverpachtung bei Grundstücken II 328ff. (s. Pacht). — Nießbrauch III 351f. — Verfügung des Mannes über J. eines zum eingebrachten Gut gehörigen Grundstücks IV 123. — J. des Kindesvermögens IV 396, 501f. — J. eines erbschaftlichen Grundstücks bei Nacherbschaft V 286.
**Inventarerbe** V 68, 116ff. (s. Inventarrecht).
**Inventarerrichtung** der Frau ohne Zustimmung des Mannes IV 155, 216. — J. des Erben VI 116ff. (s. Inventarrecht), eines Miterben V 225f., des Vorerben V 320, des Testamentsvollstreckers V 385, bei Erbschaftskauf V 697. — J. nach Landesrecht VI 242.
**Inventarfrist** V 120ff. — Antrag eines ausgeschlossenen Nachlaßgläubigers auf Bestimmung einer J. V 80f. — Wahrung der J. durch Stellung des Antrags auf gerichtliche Aufnahme des Inventars V 128. — J. für eine Ehefrau V 136f. — Keine J. für Fiskus, Nachlaßpfleger, Nachlaßverwalter V 141f.
**Inventarisation** s. Verzeichniß.
**Inventarrecht** IV 68, 116ff.: Bedeutung der Inventarerrichtung V 117f. — Begriff des Inventars, der Inventarerrichtung

V 120 f. — Inventarfrist, Folgen der Versäumung V 120 f. — Dauer der Inventarfrist V 122, Verlängerung, neue Frist V 123 f., Anwendung von Vorschriften über Verjährung V 124, Tod des Erben während der Frist V 125, Mittheilung der Inventarfrist an Vormundschaftsgericht V 125, Unwirksamkeit der Inventarfrist bei Nachlaßverwaltung, Nachlaßkonkurs, keine Inventarerrichtung nach beendetem Konkurse nöthig V 126. — Inhalt des Inventars V 127. — Aufnahme des Inventars durch Behörde, Beamten, Notar V 127 f., durch das Nachlaßgericht V 128. — Kosten V 128. — Bereits vorhandenes Inventar V 129. — Mängel des Inventars, absichtliche Unvollständigkeit, Aufnahme nicht bestehender Nachlaßverbindlichkeit V 129 f., Verbesserung, Ergänzung V 130 f. — Offenbarungseid des Erben V 132 f. — Haftung des Erben bei mehreren Erbtheilen, bei Anwachsung V 134 f. — Inventarfrist für eine Ehefrau bei zum eingebrachten Gute oder Gesammtgute gehörender Erbschaft V 136 f. — Vermuthung für Vollständigkeit des Inventars V 139 f. — Einsicht des Inventars V 140. — Ausnahme von der Inventarpflicht: Fiskus als gesetzlicher Erbe V 141 f., Nachlaßpfleger, Nachlaßverwalter V 142. — Folgen der unbeschränkten Haftung des Erben V 143 f.

**Irrenanstalt**, Wohnsitz I 62. — Haftung für Schaden durch Geisteskranke II 628.

**Irrthum** I 35 f. — J. in den Beweggründen I 166. — J. bei Willenserklärungen I 168 f. — J. des Vertreters I 213. — J. über Nothwehrlage I 281, über die Voraussetzungen der Selbsthülfe I 285. — Entschuldbarer J. II 49. — J. über Person des Geschäftsherrn II 427, 434. — J. bei Vergleich II 526. — J. bei unerlaubten Handlungen II 610. — Anfechtung des Verlöbnisses wegen J. IV 12, der Ehe IV 56 ff., 61, 71. — J. über den Berufungsgrund bei Erbschaftsannahme V 44, Anfechtung der Annahme oder Ausschlagung der Erbschaft V 50. — Anfechtung letztwilliger Verfügung wegen J. V 245 f., 249.

**Italiener**, Eheschließung IV 34.

**Judicium duplex** III 156.

**Jugend** bei unerlaubten Handlungen II 619 f.

**Junge** von Thieren bei mitverpachtetem Inventar II 328.

**Jungfrauschaft** IV 14, 58.

**Juristische Früchte** I 138, 139.

**Juristische Personen** I 77 ff. — Sitz I 82. — J. P. des öffentlichen Rechts I 125 f. — Wohnsitz der j. P. II 41, 42. — Verhältniß der j. P. zur Gesellschaft II 452. — Nießbrauch von j. P. III 369, beschränkte persönliche Dienstbarkeit III 409. — Beerbung einer j. P. V 10. — J. P. als Erbe, Existenz zur Zeit des Erbfalls V 12, 13. — Einsetzung noch nicht entstandener j. P. gilt als Einsetzung als Nacherbe V 274, 278, 279, 282. — J. P. als Vermächtnißnehmer V 340, 361, als Testamentsvollstrecker V 386. — Ausländische Vereine als j. P. VI 37 f. — Erwerbsbeschränkungen j. P. nach Landesrecht VI 171 f. — Ansprüche an den Nachlaß verpflegter Personen nach Landesrecht VI 231. — Anwendung der Vorschriften des B.G.B. auf bestehende j. P. VI 264 f. — Sächsisches Gesetz, betr. die j. P. VI 268. — (S. auch VI 168.)

**Jus accrescendi** V 262, tollendi III 267, ad rem VI 288, offerendi III 525, 700.

## K.

**Kaiserliche Verordnung** für Bestimmung von Hauptmängeln und Gewährfristen beim Viehhandel II 262.

**Kalendervierteljahr**, Kündigung der Grundstücksmiethe II 314, des Dienstvertrags II 362.

**Kalenderwoche**, Kündigung des Miethverhältnisses II 314, Dienstverhältnisses II 362.

**Kalenderzeit.** Verzug des Schuldners bei Bestimmung der Leistung nach K. II 59 f., desgl. des Gläubigers II 71 f.

**Kaltes Abbrennen** III 477.

**Kanäle** III 140.

**Kaninchen**, Wildschaden VI 156.

**Kapital.** Verjährung der Rückstände von Zinsen zur allmählichen Tilgung des K. I 248, 252. — K.zahlung statt Geldrente als Schadensersatz bei unerlaubten Handlungen II 642 f. — K.abfindung zur Erfüllung der Unterhaltspflicht des schuldigen Theils bei Ehescheidung IV 332 f., 335.

**Kaptatorische Verfügungen** V 239.

**Karten** II 546, 565 f. — Landesrecht über Kraftloserklärung von K. VI 190. — (S. auch VI 293, 297.)

**Kassen**, öffentliche, Zahlung aus solchen II 42, VI 178. — Aufrechnung gegen Forderung von öffentl. K. II 177 f., Abtretung von Gehaltsansprüchen &c. II 196, VI 120.

**Kassenärzte**, Kündigung II 365.

**Kauf** II 225 ff.: Gegenseitige Verpflichtungen II 226 f. — Verschaffung des Kaufgegenstandes frei von Rechten Dritter II 228. — Pflichten des Verkäufers eines Grundstücks, Schiffes oder eines Rechts an solchen II 228 f. — Nichthaftung des Verkäufers eines Grundstücks für Freiheit von öffentlichen Abgaben und Lasten II 229. — Haftung des Verkäufers bei Forderungen, Rechten, Werthpapieren II 229 f. — Kenntniß des Rechtsmangels auf Seiten des Käufers, desgl. dinglichen Belastungen II 230 f. — Rechte des Käufers beim Vorhandensein von Rechtsmängeln II 231 f. — Beweislast des Rechtsmangels II 234. — Vereinbarung über

Ausschluß der Haftung für Rechtsmängel II 534. — Pflicht des Verkäufers zur Auskunftsertheilung und Herausgabe von Beweisurkunden, besonders bei Grundstücken II 235 f. — Uebergang der Gefahr, Nutzungen, Lasten II 236 ff., Gefahr bei Versendung der Kaufsache II 238. — Kosten der Erfüllung des K. (Messen, Wägen, Abnahme, Versendung, Rechtsübertragung, Auflassung, Eintragung in das Grundbuch) II 239. — Verwendungen des Verkäufers vor der Uebergabe II 240 f. — Gefahr und Kosten bei verkauftem Recht an einer Sache II 241. — Verzinsung, Stundung des K.preises IV 241 f. — Marktpreis als K.preis II 242. — Kein Rücktrittsrecht des Verkäufers bei erfülltem Vertrage und gestundetem K.preis II 242 f. — Vorbehalt des Eigenthums bei Verkauf beweglicher Sachen II 243 f. — Verbot der Theilnahme an einem K. (Zwangsvollstreckung, Auftrag zum Verkaufe für Andern, auf Grund gesetzlicher Vorschrift, Pfandverkauf, Konkursverwalter) II 244 f., Konvaleszenz gegen solches Verbot geschehenen K. II 245. — Mängel der Kaufsache II 246 ff. (s. Gewährleistung). — K. nach Probe, Muster II 269, auf Probe, Besicht II 269 f. — In diem addictio II 269. — Lex commissoria II 269 ff. — Wiederkauf II 270 ff. (s. d. W.). — Vorkauf II 275 ff. (s. d. W.). — K. Minderjähriger I 152. — Kauf bricht nicht Miethe II 318 ff. — (S. auch VI 328.) — Unterschied des K. vom Werkvertrage II 368, 389 f. — K. einer Erbschaft V 677 ff. (s. Erbschaftskauf).

**Kaufähnliche Verträge,** Gewährleistung II 236, 268.

**Kauffahrteischiffe,** Gesetz betr. die Nationalität der I 254, III 712, betr. das Flaggenrecht derselben III 712, 713, V 473.

**Kaufleute,** Begriff I 246. — Anspruchsverjährung I 246, 252. — Gesetz betr. die Pflichten der K. bei Aufbewahrung fremder Werthpapiere II 437, 438, 445, III 177, 447, 448, V 296.

**Kaufmännische** Anweisung II 533, 544.

**Kaufpreis,** Zahlung II 226 f. — K. bei Wandelung II 252 f., 267, Minderung II 255, beim Wiederkauf II 271.

**Kaufverbote** II 244 f.

**Kausale** Rechtsgeschäfte I 147, III 14, VI 327, Bevollmächtigung als k. R. I 216, 220.

**Kaution** s. Sicherheitsleistung.

**Kautionshypothek** III 621 ff., 724. — K. auf vermachtem Grundstück V 344. — (S. auch III 350.)

**Kautionsleistung** der Reichsbeamten VI 177.

**Kellerrecht** s. Erbbaurecht.

**Kennenmüssen,** Begriff I 27, 38, 172. — K. zu beurtheilen nach der Person des Vertreters I 213 f. — Einfluß des K. vom Mangel der Vertretungsmacht I 226. — K. der Unmöglichkeit der Vertragsleistung II 80.

**Kenntniß** von Thatumständen zu beurtheilen nach der Person des Vertreters I 213 f. — K. vom Erlöschen der Vollmacht I 220 f., 223, vom Fehlen der Vertretungsmacht I 226, von Unmöglichkeit der Vertragsleistung II 80, des Käufers bei Sachmängeln II 247, des Miethers von Fehlern II 299. — K. der Unrichtigkeit des Grundbuchs III 108 f., des mangelnden Rechtsgrundes bei Empfang einer Leistung II 594. — K. der Ehegatten von Nichtigkeit der Ehe, Einfluß auf Stellung der Kinder IV 452, des Vaters allein IV 453, der Mutter allein IV 455. — K. vom Eintritt der Nacherbfolge, Schutz des Vorerben bei mangelnder V 316.

**Kies,** Anlagen des Nießbrauchers zur Gewinnung III 335.

**Kinder.** Wohnsitz I 64 f. — K. unter 7 Jahren, Geschäftsunfähigkeit I 150, Deliktsunfähigkeit II 619. — Hemmung der Anspruchsverjährung zwischen Eltern und minderjährigen K. I 255. — Eheeinwilligung IV 22. — Unterhalt der K. aus geschiedenen Ehen IV 336 f. — Rechtliche Stellung der Kinder aus nichtigen Ehen: Gleichstellung mit ehelichen K. IV 451 f., Rechtsverhältniß zwischen Eltern und K. IV 452, Stellung des die Nichtigkeit kennenden Vaters IV 453, der die Nichtigkeit kennenden Mutter IV 454, Unterhaltsanspruch des nicht als ehelich geltenden K. IV 455. — Stellung der K. bei Anfechtung der Ehe wegen Drohung IV 455. — (S. auch VI 62.) — Rechtliche Stellung der unehelichen Kinder IV 456 ff.: Stellung zur Mutter und mütterlichen Familie IV 457 f., Namen des K. IV 458 f., keine elterliche Gewalt der Mutter, Sorge für die Person des K. IV 459 f., Unterhaltspflicht des Vaters IV 461 f., Haftung desselben vor der Mutter und den mütterlichen Verwandten IV 463 f., Gewährung des Unterhalts durch Geldrente IV 465, Unterhalt für Vergangenheit IV 465, Tod des Vaters, Verpflichtung seiner Erben IV 466, Tod des K., Beerdigungskosten IV 467, Vergleich über den Unterhalt, Verzicht IV 468, Entschädigung der Mutter, Entbindungskosten, Sechswochenkosten IV 469, Sicherstellung der Ansprüche vor Geburt des K. IV 470, Beweis der Vaterschaft, Empfängnißzeit, Einrede anderer Beiwohnung IV 471 f. — Anerkennung der Vaterschaft IV 472. — Legitimation unehelicher Kinder IV 473 ff. (s. Legitimation). — Annahme an Kindesstatt IV 490 ff. (s. d. W.). — Mehr als vier eigene minderjährige K. berechtigen zur Ablehnung der Vormundschaft IV 528. — Gesetzliches Erbrecht der K. V 14 f. — Gleiche Erbtheile der K. V 14. — Auslegung der letztwilligen Bedeutung der „Kinder" V 233 f. — Rechtsverhältniß zwischen Eltern und K., internationales Privatrecht VI 61 f. — Unterbringung von K. unter 12 Jahren in Erziehungs-, Besserungs-

anstalt VI 104. — Fortbestand des Landesrechts über religiöse Erziehung der K. VI 221 f. — Uebergangsvorschriften für die rechtlichen Beziehungen zwischen Eltern und K. VI 376 ff. — (S. auch eheliche, uneheliche K.)
**Kindesalter** I 150, II 619.
**Kindesstatt** s. Annahme an K.
**Kindesverhältniß**, Rechtsstreit über Bestehen oder Nichtbestehen IV 370.
**Kindlicher Gehorsam** IV 370.
**Kindskauf**, Ausschluß des Vorkaufsrechts II 279.
**Kirchenbaulast**, Fortbestand des Landesrechts VI 220.
**Kirchenrecht** VI 130.
**Kirchenstühle**, Fortbestand des Landesrechts VI 221, 299.
**Kirchliche Verpflichtungen** in Ansehung der Ehe IV 5 f., 339 f.
**Klagen**, Verjährung s. Anspruchsverjährung.
**Klagerhebung** unterbricht Verjährung I 260, 262, Dauer der Unterbrechung I 263, Nichteintritt I 263. — K. als Mahnung II 59. — Einfluß der K. auf Gesammtgläubigerverhältniß II 219. — Zeitpunkt der K. wegen Viehmängel II 264. — Wirkungen der K., Landesgesetze VI 245.
**Klagverjährung** I 243 (s. Anspruchsverjährung).
**Klasse** von Personen, letztwillige Zuwendung V 236
**Kleidungsstücke** der Ehefrau IV 94, 102. — K. bei Auseinandersetzung der Gütergemeinschaft IV 237. — K. des Kindes in elterlicher Gewalt IV 405.
**Kleinbahnunternehmen**, Fortbestand der Landesgesetze über Bahneinheiten VI 201.
**Klostergelübde** VI 174.
**Knappschaftskassen**. Aufrechnung gegen G. aus K. II 177.
**Koburg-Gotha**, Ausführungsgesetze zum B.G.B. VI 10, 335, 361.
**Kodizill** V 27, 325, VI 402. — Kodizillarklausel V 255.
**Können**, Terminologie I 25 f.
**Körperliches Gebrechen** s. Gebrechen.
**Körperlicher Gegenstand** ist Sache I 127 f.
**Körperschaften** s. Vereine, Stiftungen.—Haftung öffentlicher K. durch Schaden für ihre Vertreter I 125 f. — Konkurs öffentlicher K. I 125 f. — Anfall des Vermögens eines aufgelösten Vereins an K., Landesgesetze VI 171. — Landesgesetze über Hypothektitel von K. VI 177. — K. als gesetzlicher Erbe nach Landesrecht VI 230. — Anlegung von Mündelgeld bei K. VI 396.
**Körperverletzung** I 51 f., II 605 ff., durch Thiere II 628 f., durch Gebäudeeinsturz II 633 f., Schadensersatz durch Geldrente II 642 f., Ansprüche Dritter aus Diensten, welche der Verletzte zu leisten hatte II 646, immaterieller Schaden II 647 f. — Haftpflichtgesetz VI 117 f.
**Kollation** s. Ausgleichung, Miterben.
**Kollegialbehörden**, Verletzung der Amtspflicht II 640.
**Kollision** s. Zusammentreffen.
**Kolonialgesellschaften**, Rechtsfähigkeit I 78.
**Kommissionäre**, Anspruchsverjährung I 247. — Verwahrungspflicht II 437.
**Kommissionsgeschäft** II 410, für Spiel II 503.
**Kommodat** s. Leihe.
**Kommunalverbände**. Aufrechnung gegen Forderung von K. II 177 f. — Fortdauer der Landesgesetze über Haftung der K. für Beamte II 640, VI 162, über Uebertragung des Eigenthums an Grundstücken von und auf K. VI 216. — Anlegung von Mündelgeld bei K. VI 396.
**Kommunen** s. Körperschaften.
**Kommunmauern** VI 214.
**Kompensation** s. Aufrechnung.
**Kondiktionsanspruch** II 573 ff. (s. Bereicherung).
**Konfusion** s. Vereinigung.
**Kongregationen**, ordensähnliche, Landesgesetze über Erwerb derselben durch Schenkung oder von Todeswegen VI 174.
**Konkurrenzklausel** I 190, II 348.
**Konkurs** eines Vereins I 94, 114, einer Stiftung I 124, von juristischen Personen des öffentlichen Rechts I 125 f. — Bedingte Forderungen im K. I 207. — Erlöschen der Vollmacht durch Eröffnung des K. I 221. — Anmeldung im K. unterbricht Verjährung I 260, 264. — Einfluß des K. des Schuldners auf das Recht zu Rücknahme der hinterlegten Sache II 158 f. — Kein Vorkaufsrecht im K. II 280. — K. des Miethers II 317, des Vermiethers II 318. — Einfluß des K. auf Dienstverhältniß II 362. — K. des Auftraggebers, Beauftragten II 421. — Einfluß des K. auf Dienst- oder Werkvertrag II 388, 423. — K. des Verwahrers II 443, eines Gesellschafters II 468, 475, 479 f., des Hauptschuldners, Einfluß auf Bürgschaft II 516. — Einfluß des K. eines Betheiligten bei Anweisung II 543. — K. der Frau, Stellung der Gläubiger des eingebrachten Guts IV 164 f., 177. — K. des Mannes endet die ehemännliche Verwaltung und Nutznießung IV 176 f. — Haftung des Gesammtguts bei K. eines Ehegatten IV 220, 228. — K. nach Beendigung der Gütergemeinschaft IV 231. — Behandlung des Gesammtguts im K. IV 233. — K. des überlebenden Ehegatten bei fortgesetzter Gütergemeinschaft IV 255. — K. über Gesammtgut der fortgesetzten Gütergemeinschaft IV 257. — K. bei Errungenschaftsgemeinschaft IV 293, 298, 300 f. — K. über Nachlaß V 86 ff. — K. des Vaters, Einfluß auf elterliche Nutznießung IV 408, auf Bestellung zum Vormunde IV 525, zum Familienrathe IV 613. — K. des Testamentsvollstreckers V 425.
**Konkursordnung** I 17, 94, 104, 114, 124, 126, 148, 188, 207, 209, 211, 221, 258, 265, II 148, 171, 172, 185, 206, 213, 280,

282, 311, 315, 317, 318, 322, 328, 330, 362, 367, 386, 421, 452, 456, 468, 475, 492, 493, 495, 513, 520, 604, III 9, 11, 65, 68 f., 83, 95, 97, 99, 101, 117, 118, 184, 217, 271, 288, 399, 495, 501, 554, 652, 658, 663, 669, 679, 709, 726, IV 15, 78, 92, 95, 105, 120, 128, 129, 141, 155, 160, 162, 163 f., 165, 176, 177, 208, 220, 231, 233, 236, 238, 251, 255, 257, 258, 259, 285, 288, 293, 299, 305, 309, 333, 335, 356, 377, 403, 463, 467, 524, 525, 572, 573, 583, 630, V 33, 36, 37, 49, 52, 53, 55, 58, 67, 69, 70, 71, 72, 74, 75, 76, 78, 79, 81, 82, 83, 86, 87 ff., 92, 93, 94, 95, 96, 97, 98, 99, 100, 101, 102, 103, 104, 105, 106, 107, 108, 109, 110, 111, 112, 114, 115, 116, 117, 120, 122, 126, 128, 130, 137, 144, 145, 146, 147, 148, 149, 161, 188, 192, 216, 217, 222, 224, 226, 272, 293, 294, 321, 326, 329, 357, 371, 372, 380, 385, 399, 401, 415, 422, 486, 572, 580, 583, 594, 609, 699 ff., 704, VI 16, 26, 78, 99, 101, 183, 219, 265, 266, 268. — Aenderungsgesetz VI 14, 21, 398. — Anwendung der Vorschriften des B.G.B. über Verwandtschaft und Schwägerschaft VI 102 f.

**Konkursverwalter.** Verfügung desselben über ein Recht während schwebender Bedingung I 207, Einwirkung solcher Verfügung auf die Rückwirkung der Genehmigung eines Rechtsgeschäfts I 237. — Einfluß der Verfügung des K. auf Rücktrittsrecht II 131. — Verbot des Kaufs von Gegenständen der Masse durch K. II 245. — Verfügung des K. über Gegenstand des Wiederkaufs II 273. — Kein Vorkaufsrecht bei Verkauf durch K. II 280. — Verfügung des K gegen Vormerkung im Grundbuche III 95. — Wirkung des dinglichen Vorkaufsrechts bei Verkauf durch K. III 419. — Verfügung des K. über Gegenstände der Nacherbschaft V 293. — Ertheilung des Erbscheins an K. V 465.

**Konnossement** III 611, 654, 745, VI 98, 184.

**Konsensprinzip** des Grundbuchrechts III 65.

**Konservativer Erbvertrag** V 561.

**Konsolidation** s. Vereinigung, Zusammentreffen. — K.prinzip bei Gütergemeinschaft IV 243.

**Konstruktive** Nacherbfolge V 270, 276.

**Konsulargerichtsbarkeit,** Gesetz über die III 238, V 471, 643, 651, 674, VI 15, 27, 45, 47, 59, 62, 66, 77, 238.

**Konsularteſtament** V 431, VI 113.

**Konsulatsgesetz** V 431, VI 77, 82 (Instruktion). — Aenderungen VI 113 f.

**Konsumtibilien** s. verbrauchbare Sachen.

**Kontokurrentzinsen** II 16, 66. — K.verkehr II 172, IV 572.

**Kontrahiren** des Vertreters mit sich selbst I 231 f.

**Kontrahirungszwang** II 349.

**Kontremarken** II 568.

**Kontrolpersonen** bei Testamentserrichtung V 445, 470.

**Konvaleszenz** der Verfügung Nichtberechtigter über einen Gegenstand I 238 f., bei Kaufverbot II 245, von Verträgen eines Vormundes IV 577 f., von Verfügungen des Erben während Testamentsvollstreckung V 407. — K. bei Erbengemeinschaft V 178. — K. der Ehe durch Inkrafttreten des B.G.B. VI 352 f.

**Konventionalstrafe** s. Vertragsstrafe.

**Konversion** nichtiger Rechtsgeschäfte I 191.

**Konvertirungsprämie** II 551.

**Kopftheilung** bei gesetzlichen Erben erster Ordnung V 14, vierter ꝛc. Ordnung V 18.

**Korporationen** s. Körperschaften.

**Korrealhypothek** s. Gesammthypothek.

**Korrealobligation** II 209, 211, 213, 215.

**Korrespektives Testament** V 490 f., 499 ff., 538.

**Kostbarkeiten,** Hinterlegung zur Erfüllung II 155. — Haftung des Gastwirthes für K. II 448 f. — K. des Kindesvermögens IV 421, des Mündelvermögens IV 561 f. — Hinterlegung vor Annahme der Erbschaft V 56.

**Kosten** der Fruchtgewinnung I 140, der Abnahme des Offenbarungseides II 33, V 134, der Versendung bei Leistung aus Schuldverhältniß, insonderheit der Geldsendung II 41 f., des Angebots der Leistung bei Gläubigerverzug II 77. — Anrechnung nicht ausreichlicher Leistung auf K. II 146 f. — K. der Quittung II 152, des Anerkenntnisses des Schulderlöschens II 153, der Hinterlegung II 163, der Versteigerung, des Verkaufs zwecks Hinterlegung II 167. — Aufrechnung auf K. II 178. — K. der Urkunde über Forderungsabtretung II 186, der Erfüllung des Kaufvertrags II 239, VI 328. — K. des Vertrags bei Wandelung II 251. — K., welche im Falle der Wandelung im Viehhandel vom Verkäufer zu ersetzen sind II 266. — K. der Krankheit von Dienstboten II 356 f., der Rückgabe bei Verwahrungsvertrag II 442. — K. des gemeinschaftlichen Gegenstandes II 489 f. — Haftung des Bürgen für K. der Kündigung und Rechtsverfolgung II 512. — K. des Umtausches beschädigter Schuldverschreibungen auf den Inhaber II 557, des Aufgebots II 558 f., der Vorlegung von Sachen, Urkunden II 573, der Beerdigung bei widerrechtlicher Tödtung II 644. — K. der Berichtigung des Grundbuchs III 120, der Grenzabmarkung III 154, der Unterhaltung von Grenzeinrichtungen III 158, der Beseitigung eines Grenzbaums III 160, der Versteigerung gefundener Sachen III 243, der Herausgabe bei Eigenthumsanspruch III 252, der Verlegung des Ausübungsorts einer Grunddienstbarkeit III 312, der Feststellung des Zustands der Nießbrauchssache III 332, des Verzeichnisses bei Nießbrauch an Sachinbegriff III 333, des Wirthschaftsplans bei

Nießbrauch an Wald, Bergwerk III 337, der gerichtlichen Verwaltung bei Nießbrauch III 357, der Werthfeststellung bei Nießbrauch an verbrauchbaren Sachen III 374. — Haftung des Grundstücks für K. bei Hypothek III 468, 545, 547, 589, 603. — Haftung des Pfandes für K. III 660, des verpfändeten Schiffes III 719. — K. der Feststellung des Zustandes des eingebrachten Guts IV 108, der Eheschließung IV 137, der Nutznießung und Erhaltung des eingebrachten Guts IV 131, des Rechtsstreits der Frau, ihrer Vertheidigung IV 134 f., 166, 168, 170 f., des Rechtsstreits der Frau bei Gütergemeinschaft IV 221, 222, des Strafverfahrens gegen einen Ehegatten IV 222, desgl. bei Errungenschaftsgemeinschaft IV 293, 295, des Verzeichnisses des Gesammtguts der fortgesetzten Gütergemeinschaft bei Wiederverheirathung des überlebenden Ehegatten IV 262, des Verzeichnisses der eingebrachten Güter bei Errungenschaftsgemeinschaft IV 291, der Verwaltung derselben IV 292, der Inventarisation des Kindesvermögens IV 397, eines Rechtsstreits des Kindes IV 408, 415, der Sicherung des Kindesvermögens IV 421, 426, der Auseinandersetzung bei Wiederverheirathung IV 423. — K. der Beerdigung des unehelichen Kindes IV 467. — K. der unehelichen Mutter IV 469. — K. des Verzeichnisses des Mündelvermögens IV 546, der Sicherheitsleistung des Vormundes IV 594. — Durch Ausbleiben eines Mitglieds des Familienraths verursachte K. IV 618. — K. der Beerdigung des Erblassers V 69, der Todeserklärung desselben V 70, des Aufgebots der Nachlaßgläubiger V 72, der Inventarerrichtung V 128, der gemeinschaftlichen Erbschaftsverwaltung V 186, der Beglaubigung der Einwilligung des Nacherben zu Verfügungen über Vorerbschaft V 299, des Verzeichnisses der Nacherbschaft V 300, des Wirthschaftsplans für einen Wald, Bergwerk der Nacherbschaft V 301, der Entrichtung des Vermächtnisses V 356, des Nachlaßverzeichnisses durch Testamentsvollstrecker V 414. — K. der Testamentseröffnung V 486, 488. — K. der Nachlaßbereinigung bei Berechnung des Pflichttheils V 580, des Nachlaßverzeichnisses auf Verlangen des Pflichttheilsberechtigten V 583. — Mit Unrecht erhobene K. eines Verfahrens, Landesgesetze über Rückerstattung VI 193.

**Kostenanschlag**, Bedeutung bei Werkvertrag II 388 f.

**Kostenvorschuß** bei Rechtsstreit der Frau IV 135, 215, bei Nachlaßverwaltung V 102, Nachlaßkonkurs V 107.

**Kraftloserklärung** von Vollmachtsurkunden I 224, verkaufter Werthpapiere II 229 f., von Schuldverschreibungen auf den Inhaber II 546, 558 f., VI 189 f., 290 f., von Legitimationspapieren II 566, von Hypothekenbriefen III 550, 566, 569, Grundschuldbriefen III 641. — K. unrichtigen Erbscheins V 658, 665, des Zeugnisses über Ernennung zum Testamentsvollstrecker V 671. — Erledigung anhängigen Verfahrens auf K. VI 296.

**Krankengeld** der Frau, Vorbehaltsgut IV 103.

**Krankenhäuser** f. Heilanstalten.

**Krankenkassen.** Aufrechnung gegen Hebungen aus K. II 177. — Anrechnung der Bezüge aus K. auf die Vergütung des Dienstverpflichteten II 354 f.

**Krankenversicherungsgesetze** II 177, 360, 604, IV 356, VI 20.

**Krankheit**, ansteckende, bei Verkauf einer Mehrheit von Hausthieren II 266. — K. des Dienstverpflichteten II 354 ff., der Frau, Verfügung des Mannes über eingebrachtes Gut IV 124, desgl. des Mannes IV 149, des Mannes über Gesammtgut IV 213, der Frau bei K. des Mannes IV 214. — Ablehnung der Vormundschaft wegen K. IV 528. — Testamentserrichtung bei Absperrung von Orten wegen K. V 471.

**Kreationstheorie** II 545.

**Kreditanstalten.** Zinsen aus Zinsen II 16. — Verzinsung rückständiger Zinsen an dieselben II 16. — Erfordernisse der Eintragung der Hypothek für K. III 457, 460. — Uebergangsbestimmungen für bestehende landschaftliche und ritterschaftliche K. VI 269.

**Kreditauftrag** II 410, 509, 521 f.

**Kreditbrief** II 531, 539.

**Kredithypothek** III 621.

**Kreditkauf** II 226.

**Kreditschädigung** II 614.

**Kretinenanstalt** IV 639.

**Kriegsdienst**, Gesetz, betr. die Verpflichtung zum I 70.

**Kriegsgefangene**, letztwillige Verfügung VI 121.

**Kriegsleistungsgesetz** VI 127.

**Kriegsverschollenheit** I 70 f.

**Krugverlagsrecht** VI 160.

**Kündigung** der Vereinsmitgliedschaft I 92. — Beginn der Anspruchsverjährung bei auf K. gestellten Leistungen I 250. — K.recht des Schuldners bei höherem Zinssatz als sechs Prozent II 15. — K. als Mahnung II 59 f. — Verzug des Gläubigers nach K. II 71 f. — Verhältniß von K. und Rücktrittsrecht II 128. — K. abgetretener Forderung II 195 f. — K. bei Gesammtschuldverhältniß II 214, 221. — K. des Miethverhältnisses II 300 f., 302, 305, 307 f., 314 f., 316, 319 f., des Pachtverhältnisses an Grundstücken und Rechten II 333 f. — K. der Leihe II 339, des Darlehens 345, des Dienstverhältnisses II 361 ff., des Werkvertrags II 383, 388, des Mäklervertrags II 394, des Auftrags II 419 f., der Geschäftsführung bei Gesellschaft II 462, der Gesellschaft II 471 ff., 479 f., der Gemeinschaft II 491. — Haftung des Bürgen für

Kosten der K. II 512. — K. der Bürgschaft II 520. — K. von oder gegenüber dem nach dem Grundbuche Berechtigten III 115. — K. von Miethe, Pacht nach beendetem Nießbrauche III 362f., einer mit Nießbrauch belasteten Forderung III 384, einer auf Zinsen ausstehenden Forderung im gleichen Falle III 390f. — Haftung des Grundstücks für Kosten der K. der Hypothek III 468. — K. der Hypothek III 507f., 540f., 546, 547, der Gesammthypothek III 493, 508, der Eigenthümergrundschuld III 584. — Aufgebot des Gläubigers nach K. der Hypothek III 569. — K. der Sicherungshypothek III 607, der Grundschuld III 618, der Rentenschuld III 650. — Haftung des Pfandes für Kosten der K. III 660. — K. der verpfändeten Forderung III 737f., 739, verpfändeter Wechsel, Orderpapiere, Inhaberpapiere III 748. — K.recht des Mannes bei Uebernahme persönlicher Leistungen durch die Frau gegenüber Dritten IV 87, VI 49. — K. der Miethe oder Pacht von Grundstücken bei Beendigung der elterlichen Nutznießung IV 417. — K. von Hypotheken, Grundschulden, Rentenschulden durch den Vorerben V 292. — K. des Testamentsvollstreckers V 427. — Fortbestand der L. über K von Hypotheken, Grundschulden VI 206. — Uebergangsbestimmung für K. bestehender Pacht-, Mieth-, Dienstverhältnisse VI 280f.

**Künftige** Zahlung, Räumung, Leistung: Klagerhebung I 38. — Uebertragung k. Vermögens, Nießbrauch daran II 83. — Bürgschaft für k. Verbindlichkeit II 510, 521. — Vormerkung im Grundbuche für k. Anspruch III 94. — Hypothek für k. Forderung III 452, Pfandrecht III 654, 659.

**Künstler,** Kündigung II 365.

**Kunstgewerbe,** Anspruchsverjährung I 246, 252.

**Kupons** s. Zinsscheine.

**Kurhessen,** Anwendung des B.G.B. auf Mitglieder des ehemaligen Kurhauses VI 135.

**Kurswerth** von Inhaberpapieren als Voraussetzung der Hinterlegung zur Sicherheitsleistung I 288. — Sicherheitsleistung nur zu $^3/_4$ des K. zulässig I 288, ebenso bei Buchforderungen gegen Reich oder Bundesstaat I 289. — K. bei Umrechnung ausländischer Währung II 14.

**Kürzung** des Vermächtnisses V 369ff., zwecks Erhaltung des Pflichttheils 596f., 600f.

## L.

**Ladeschein** III 184, 611, 657, 745.

**Lästigere** Schuld bei Theilzahlung II 147.

**Lagergeschäft** II 437.

**Lagerhalter,** gesetzliches Pfandrecht III 709.

**Lagerschein** III 184, 611, 657, 745.

**Landesbeamte.** Erlaubniß zur Eheschließung IV 33, Bestellung zum Vormunde IV 526.

**Landesgesetze** über allgemeine Feiertage I 243, über Stiftungsvermögen im Falle Erlöschens der Stiftung I 125, über Zuständigkeit von Beamten für Versteigerungen II 165, über Handelsmäkler II 167, über Grenzabmarkung III 154, über Aufrechnung gegen Gehaltsansprüche II 177, über Erlaubniß zur Eheschließung von Beamten IV 32f. — Tragweite der Vorbehalte zu Gunsten der L. VI 17. — Ersatz von Vorschriften der bisherigen L. VI 17f. — Verhältniß des B.G.B. zu den L. VI 130ff., Außerkrafttreten der privatrechtlichen Vorschriften der L. VI 132f. — Uebertragung des Eigenthums durch L. VI 216. — Zulässigkeit späterer Aenderung von maßgebend bleibenden L. VI 410f.

**Landesherrn.** Wegfall des l. Scheidungsrechts IV 314, VI 371. — Testament V 431. — Anwendung des B.G.B. auf L. und l. Familien VI 135. — (S. auch VI 90, 514.)

**Landeskulturrentenbanken** VI 207.

**Landesrecht** s. Landesgesetze. — Geltung der im L. vorhandenen Normen des internationalen Privatrechts VI 24.

**Landesregierung.** Befreiung von Ehehindernissen IV 41, Ehelichkeitserklärung IV 479, Befreiung vom Erfordernisse des Alters bei Annahme an Kindesstatt IV 492.

**Landgut.** Begriff I 136, V 201. — Zubehör eines L. I 136. — Besondere Bestimmungen bei Pacht eines L. II 332f. (s. Pacht). — Herausgabe, Gegenansprüche des Besitzers III 269f. — Nießbrauch an L mit Inventar III 351f., Zurückgewährung III 359f. — Herausgabe nach Beendigung der ehemännlichen Verwaltung und Nutznießung IV 178f. — Uebernahme durch einen Abkömmling oder den überlebenden Ehegatten aus fortgesetzter Gütergemeinschaft IV 281. — Herausgabe nach Beendigung der Errungenschaftsgemeinschaft IV 300, nach Beendigung der elterlichen Nutznießung IV 417. — Uebernahme eines L. bei Erbengemeinschaft V 200, bei Berechnung des Pflichttheils V 581f. — Feststellung des Ertragswerths, Landesrecht VI 229f.

**Landgüterordnungen** VI 145.

**Landsässiger** hoher Adel, Sonderrechte VI 137.

**Landsturm,** Gesetz über I 70.

**Landwirthschaftliche Erzeugnisse** als Zubehör eines Landguts I 136, bei Beendigung der Pacht II 332, des Nießbrauchs III 353.

**Landwirthschaftliche Grundstücke** I 136. — Bestimmungen über Pacht von l. G. II 326f. — Herausgabe, Gegenansprüche des Besitzers III 269f. — Zurückgewährung nach beendetem Nießbrauche III 359f. — Herausgabe nach Beendigung der ehemännlichen Verwaltung und Nutznießung IV 178f., nach Beendigung der fortgesetzten Gütergemeinschaft IV 300, nach Beendigung der elterlichen Nutznießung IV 417. — Herausgabe-

pflicht des Vorerben V 307. — Anerbenrecht VI 145f. — Nutzungen an l. G., Uebergangsbestimmungen VI 266.
**Landwirthschaftsbetrieb,** Anspruchsverjährung I 246, 252.
**Lasten** einer Sache, eines Rechts, zeitliche Bestimmung über deren Tragung I 141. — Nichthaftung des Verkäufers eines Grundstücks für Freiheit von öffentlichen L. II 229. — L. des Kaufgegenstandes II 235f., 239, 241, VI 328, der Miethsache II 303, des gemeinschaftlichen Gegenstandes II 489f. — L. der Sache gegenüber Eigenthumsanspruch III 265. — L. der Nießbrauchssache III 348f. — L. des eingebrachten Guts IV 132, des Vorbehaltsguts im Verhältnisse der Ehegatten zu einander IV 168f., des eingebrachten Guts bei Errungenschaftsgemeinschaft IV 292, 293, 296, des Kindesvermögens IV 408. — Bestreitung von L. der Erbschaft durch den Erbschaftsbesitzer V 165. — L. der gemeinschaftlichen Erbschaft V 186, der Nacherbschaft V 304. — L. bei Berechnung des Pflichttheils V 580, bei Erbschaftskauf V 693f.
**Leben,** Schutz desselben I 51f., III 133, bei Dienstverhältniß II 358. — Verletzung des L. II 605f. — L. des Erben zur Zeit des Erbfalls V 11f., des Nacherben zur Zeit des Eintritts der Nacherbfolge V 280, des Bedachten mit Vermächtniß z. Z. des Erbfalls V 338.
**Lebensalter,** Berechnung, Miteinrechnung des Tages der Geburt I 240. — L. des Annehmenden bei Annahme an Kindesstatt IV 492.
**Lebensberuf** s. Beruf.
**Lebensdauer** für Leibrente II 498.
**Lebensfähigkeit** I 52, VI 29.
**Lebensgefahr,** Verschollenheit, Todeserklärung I 72. — Umkommen in gemeinsamer L. I 76. — Schenkung für den Todesfall in bestimmter L. V 559.
**Lebensgemeinschaft** der Ehegatten IV 81f.
**Lebensjahr,** 21tes für Volljährigkeit I 53, 18tes für Volljährigkeitserklärung I 53, 31tes für Todeserklärung I 69, desgl. 70stes I 69. — Vollendung des 7ten L., Geschäftsfähigkeit I 150, 152.
**Lebensmittel,** Verjährung des Anspruchs für Lieferung I 246.
**Lebensnachstellung,** Scheidungsgrund IV 318, Entziehung des Pflichttheils V 613, 616.
**Lebensvermuthung** I 53, 75.
**Lebensversicherung** zu Gunsten Dritter II 109f., 111, 112, 114. — L. bei Gütergemeinschaft IV 204, bei Errungenschaftsgemeinschaft IV 287.
**Lebenswandel,** ehrloser, unsittlicher, Entziehung des Pflichttheils V 613, 615.
**Lebenszeit.** Miethvertrag auf L. II 316, Dienstverhältniß II 363, Gesellschaft II 473.
**Legalitätsprinzip** des Grundbuchrechts III 65.
**Legatum** partitionis V 258, 325, nominis V 354, liberationis V 354, debiti V 354, usufructus V 355.
**Legitimation. Legitimirte.** Wohnsitz I 64f., Erbrecht V 15. — Legitimation durch nachfolgende Ehe: Heirath der Eltern, Wirkung IV 374f., Vaterschaft des Ehemanns IV 475f., Nichtigkeit der Ehe IV 477, Wirkung der L. für die Abkömmlinge des Kindes IV 477f. — Ehelichkeitserklärung: Gnadensache IV 478, 485, Verfügung der Staatsgewalt IV 479, Unzulässigkeit von Bedingung, Zeitbestimmung IV 480, Antrag des Vaters IV 480, Einwilligung der Betheiligten IV 480f., Weigerung der Mutter, Ersatz durch Vormundschaftsgericht IV 481, Vertretung des Vaters oder eines anderen Betheiligten IV 482, Form des Antrags und der Einwilligung IV 483, Anfechtbarkeit, Bestätigung derselben IV 483. — Unzulässigkeit der Ehelichkeitserklärung wegen Ehehinderniß der Verwandtschaft oder Schwägerschaft IV 484, nach Tod des Kindes, des Vaters IV 485, Versagung IV 485, Unwirksamkeit von Mängeln in den Voraussetzungen IV 486. — Wirkung für das Kind, Rechtsstellung gleich dem ehelichen IV 486f., für die Abkömmlinge des Kindes, für dessen Verwandte IV 487, für die Mutter IV 488, für den Vater, Unterhaltspflicht IV 489, Auseinandersetzungspflicht desselben bei Verheirathung IV 489f. — Beendigung der Vormundschaft durch L. des Mündels IV 623. — Maßgebende Gesetze für L. VI 70f. — Uebergangsvorschrift VI 388.
**Legitimationspapiere** II 546, 566f., III 611. — Keine Sicherheitsleistung mit solchen I 288. — L. der Nacherbschaft V 296. — Landesgesetzliche Vorschriften über Aufgebot von L. VI 191. — Uebergangsvorschriften VI 295, 297.
**Lehen,** Anfechtung der Ehelichkeit eines L.-anwärters IV 347. — Fortbestand der Landesgesetze VI 139. — (S. auch III 214, VI 19, 90, 347.)
**Lehm,** Anlagen des Nießbrauchers zur Gewinnung III 335.
**Lehranstalten** s. Unterrichtsanstalten.
**Lehrer,** Anspruchsverjährung I 247, 252. — Abtretung von Gehaltsansprüchen ꝛc. II 196. — Kündigung des Miethverhältnisses bei Versetzung II 317, nicht des Pachtvertrags II 333f. — Dienstverhältniß, Kündigung II 348, 362, 365. — Fortbestand der Landesgesetze über vermögensrechtliche Ansprüche der L. aus dem Dienstverhältnisse VI 165.
**Lehrgeld,** Anspruchsverjährung I 247, 252.
**Lehrherrn, Lehrmeister,** Anspruchsverjährung I 247, 252.
**Lehrlinge,** gewerbliche, Anspruchsverjährung I 247, 252. — Verletzung des Aufsichtsrechts über L., Schadensersatz II 627. — Ver-

hältnisse der Handlungsl. VI 14. — (S. auch VI 112.)
**Lehrlingsverhältniß**, Anspruchsverjährung I 247, 252.
**Lehrvertrag** II 349. — Verjährung der Ansprüche aus L. I 246, 252. — L. des Mündels IV 568, 576.
**Leibesfrucht** I 52. — Pflegschaft IV 655, VI 76. — L. als Erbe V 11, 34, Unterhaltsanspruch der Mutter V 60 f., Unzulässigkeit der Erbauseinandersetzung V 193.
**Leibgedingsvertrag** II 497. — Fortbestand der Landesgesetze VI 183 f.
**Leibrente, Leibrentenvertrag** II 497 ff. — L. zu Gunsten Dritter II 109 f. — Begriff des L. II 497. — Dauer, Betrag der L. II 498. Mehrheit von Gläubigern, Antheile II 498. — Herbeiführung des Todes des Gläubigers durch den Rentenschuldner II 498 f. — Vorausentrichtung II 499 f. — Form des L. II 500. — Klage auf Entrichtung zukünftiger L. II 500. — Nießbrauch an L. III 383. — — L. bei Gütergemeinschaft IV 204, bei Errungenschaftsgemeinschaft IV 287, als Gegenstand des eingebrachten Guts IV 131. — Vermächtniß einer L. V 355. — L. durch Erbvertrag V 548.
**Leibzuchtsvertrag** II 497, VI 145, 147. — Fortbestand der Landesgesetze VI 183 f.
**Leichtsinn**, Ausbeutung desselben, Nichtigkeit des Rechtsgeschäfts I 189 f.
**Leihbibliothek** II 336.
**Leihe** II 335 ff.: unentgeltliche Gebrauchsgestattung II 336. — Haftung des Verleihers II 336 f. — Pflichten des Entleihers, Erhaltung, Fütterung II 337. — Verwendungen, Wegnahme von Einrichtungen II 337. — Veränderungen, Verschlechterungen II 338. — Vertragswidriger Gebrauch, Ueberlassung an Dritte II 338. — Dauer der L., Zurückgabe II 338 f., Gründe der Kündigung II 339 f. — Verjährung der beiderseitigen Ansprüche II 340. — L. Minderjähriger I 152. — Bäuerliche, schlechte L. VI 143.
**Leihhausordnungen** VI 180 f.
**Leistung** an bestimmtem Tage, innerhalb bestimmter Frist, Einfluß von Feiertagen I 242. — L. nach Verjährung I 271 f. — L. als Gegenstand des Schuldverhältnisses II 3—10. — L. nach Treu und Glauben, Verkehrssitte, II 10, nach Gattung II 11. — L. einer Geldschuld, Währung II 13 f., Münzsorte II 14. — Zinsen II 15 f. — Schadensersatz II 16 ff. — Ersatz von Aufwendungen II 28 ff. — Berechtigung zur Wegnahme von Einrichtungen an der herauszugebenden Sache II 30. — Rechnungslegung, Herausgabe eines Sachinbegriffs, Auskunftertheilung über einen solchen, Offenbarungseid II 31 ff. — Wahlrecht bei Mehrheit von L. II 33 f., Unmöglichkeit einer L. in diesem Falle, II 36 f. — Theill. II 38, 54. — L. durch Dritte II 38 f. — Ort der L. II 40 f. — Zeit der L. II 42. — Zurückbehaltungsrecht des Schuldners II 44 f. — L. Zug um Zug II 45 f. — Eintritt der vom Schuldner nicht zu vertretenden Unmöglichkeit der L. II 46 ff. — Haftung des Schuldners für Vorsatz und Fahrlässigkeit II 49 f., für Sorgfalt wie in eigenen Angelegenheiten II 50 f., für Vertreter II 50 f. — L. einer Gattungsschuld II 52. — Schadensersatz bei verschuldeter Unmöglichkeit der L. II 51 ff. — Abtretung von Ersatzansprüchen des Schuldners II 56. — Beweislast bei verschuldeter Unmöglichkeit II 57. — Fristbestimmung zur L. bei rechtskräftiger Verurtheilung des Schuldners, nach Ablauf Schadensersatz II 57 f. — Verzug der Leistung II 59 ff. — Einfluß der Rechtshängigkeit auf Zinsen II 67, auf L. bestimmten Gegenstandes II 67 f. — Kein Gläubigerverzug bei Unmöglichkeit der schuldnerischen L. II 72. — Gläubigerverzug bei gegenseitiger L. II 72, bei nicht bestimmter L.zeit II 73. — Vertrag auf unmögliche L. II 79 ff. — Bestimmung der L. durch einen der Vertragschließenden II 86 ff., Bestimmung der Gegenleistung II 88. — Bestimmung der Leistung durch Dritten II 88 ff. — L. aus gegenseitigen Verträgen II 92 ff. (s. Vertrag). — Versprechen der Leistung an einen Dritten II 106 ff.: Unmittelbare Berechtigung des Dritten, Vorbehalt der Aufhebung oder Aenderung derselben II 107 f., Uebernahme der Erfüllung einer Schuld II 109, Lebensversicherungs-, Leibrenten-, Abfindungsvertrag zu Gunsten Dritter II 109 f., L. nach dem Tode des Versprechensempfängers, Tod desselben vor Geburt des Dritten II 110, Substitution eines anderen Dritten, in Verfügung von Todeswegen II 111, Zurückweisung des Rechts durch den Dritten II 111 f., Einwendungen gegen den Dritten II 112 f. — Anspruch des Versprechensempfängers auf L. an den Dritten II 114 f. — Entgeltliches Versprechen der L. an Dritte auf Veräußerung eines Gegenstandes II 115 f. — Bewirkung der L. zur Erfüllung des Schuldverhältnisses II 139 ff. (s. Erfüllung). — Hinterlegung als L. II 153 ff. (s. Hinterlegung). — L. durch Aufrechnung II 168 ff. (s. Aufrechnung). — Mehrheit von Berechtigten oder Verpflichteten zu theilbarer L. II 210. — L. bei Gesammtschuldverhältniß II 211 ff. (s. Gesammtschuldverhältniß). — Schenkung wiederkehrender L. II 286. — L. an Minderjährige I 152 f. — L. aus Anweisung II 358, 539 f., aus Schuldverschreibung auf den Inhaber II 547 f., 557, aus Karten, Marken &c. II 565, aus Legitimationspapieren II 566 f. — L. ohne Rechtsgrund II 579 ff. (s. Bereicherung). — Wirksamkeit der L. an den nach dem Grundbuche Berechtigten III 114. — Nießbrauch am Rechte auf eine L. III 280 f. — L.

an den bisherigen Gläubiger nach Uebertragung der Hypothek III 541. — L. aus Rentenschuld III 648. — Pfandrecht am Rechte auf eine L. III 731. — L. des Schuldners bei verpfändeter Forderung III 734 f, 740. — Persönliche L. der Ehefrau IV 87 f. — L.verbindlichkeiten der Frau aus eingebrachtem Gut, Erfüllung durch den Mann IV 118 f., 133 f. — Rechtsgeschäfte, welche die Frau zu einer L. verpflichten IV 147 f. — L. an Mündel IV 555 ff. — Wiederkehrende L. aus dem Vermögen eines volljährigen Mündels IV 639. — L. als Gegenstand letztwilliger Auflage V 30. — Verweigerung der L. aus anfechtbarer letztwilliger Verfügung V 254. — Vermächtniß des Anspruchs auf L. eines Gegenstandes V 346. — Vermächtniß verbotener, unmöglicher L. V 349 f. — L. des geschenkten Gegenstandes bei Schenkungen von Todeswegen V 559. — Gültigkeit der L. an den im Erbschein bezeichneten Erben V 669 f., 675 f. — L. gegen gute Sitten VI 94.

**Leiterrecht** VI 214.

**Leitung.** Zuführung von Gasen, Dämpfen 2c. auf fremdes Grundstück durch L. III 138.

**Lesensunkundige,** Testamentserrichtung V 451 f., 468.

**Letzter Wille** V 27 (s. Testament).

**Letztwillige Verfügung.** Begriff V 27. — Stiftung durch l. V. I 121. — Vorbehaltsgut nach l. V. IV 105, Ausschließung der fortgesetzten Gütergemeinschaft durch l. V. IV 275 f. — L. V. über das Recht eines Abkömmlings bei fortgesetzter Gütergemeinschaft IV 276 ff. — L. V. zu Gunsten eines Kindes unter Ausschluß der Verwaltung des Inhabers der elterlichen Gewalt IV 394. — L. V. der Mutter, welche die Aufnahme des Kindervermögens ausschließt IV 396. — Verhältniß des Erbvertrags zu l. V. V 515, 537 f., Anwendung der Vorschriften über l. V. auf denselben V 525 f. — L. V. zur Entziehung des Pflichttheils V 616 f., zur Beschränkung desselben in guter Absicht V 619. — Verzicht auf Zuwendung aus l. V. durch Vertrag mit Erblasser V 640 f. — Voraussetzungen des Erbscheins bei l. V. V 648 f. — Uebergangsvorschrift VI 401 f. — (S. auch Testament, Verfügung von Todeswegen.)

**Letztwillige Zuwendung,** Begriff V 228.

**Leute** des Gastwirths, Haftung für dieselben II 446 f., 448 f.

**Lex** commissoria II 136, 269, III 524 f., 679. — L. Anastasiana VI 98.

**Liberation** von Verbindlichkeiten für Aufwendungen II 29.

**Lichte Zwischenräume** IV 20, 51, 322, V 434.

**Lichtrecht** VI 214.

**Lieferungstheorie** bei generischer Obligation II 11 f.

**Lieferungsvertrag** II 226.

**Linealgradualerbfolge** V 13 ff.

**Linien** der Verwandtschaft IV 341 f., der Schwägerschaft IV 342, der gesetzlichen Erbfolge V 14 ff.

**Lippe,** Ausführungsgesetze zum B.G.B. VI 7, 361.

**Liquidation** des Vereinsvermögens I 98 ff., 114, des Stiftungsvermögens I 125. — L. des Nachlasses durch Nachlaßpfleger V 37. — L. von Eisenbahnunternehmungen, Fortbestand der Landesgesetze VI 201.

**Liquidationsprozeß,** preußischer V 87 (s. auch V 216).

**Liquidatoren** eines Vereins I 98 ff., Verantwortlichkeit derselben I 101 f. — L. eines eingetragenen Vereins I 114 f. — L. bei Gesellschaft II 477.

**Litispendenz,** Verjährung der I 263 (s. Rechtshängigkeit).

**Locatio** conductio irregularis II 390.

**Locus** regit actum V 477.

**Löschung, Löschungsbewilligung** III 67, 79 f. — L. einer Vormerkung III 99, zur Verwirklichung des durch Vormerkung gesicherten Anspruchs III 101. — L. eines Widerspruchs III 123. — L. der Hypothek III 513 f., theilweise III 515 f. — Vormerkung zur Erhaltung des Rechts auf L. III 591 f. — Wirkung unrechtmäßiger L. von Schiffspfandrechten III 717, Eintragung eines Widerspruchs im Schiffsregister III 718.

**Lösungsanspruch** des Besitzers, Uebergangsvorschrift VI 305.

**Lohn** im Privatdienste, Anspruchsverjährung I 246, 252, bei Dienstvertrag II 352 f., bei Werkvertrag II 370.

**Lohnkutscher,** Anspruchsverjährung I 246, 252.

**Lombardgeschäft** III 750.

**Loos.** Entscheidung durch L. bei Anspruch Mehrerer auf die ausgelobte Belohnung II 404, 405. — L. bei Naturaltheilung des gemeinschaftlichen Gegenstandes II 492.

**Losgerissener Erdkörper** s. Anlandung.

**Lotterieloose,** Vertrieb solcher, Anspruchsverjährung I 246, 252.

**Lotterievertrag** II 505 f. — Spielen in auswärtigen Lotterien II 502, 505, 506, VI 98. — Lotteriegewinn bei Errungenschaftsgemeinschaft IV 288.

**Lübeck.** Hinterlegungsordnung VI 238. — Gesetz, betr. Verpfändung von Seeschiffen III 713. — Ausführungsgesetze zum B.G.B. VI 8, 149, 171, 175, 179, 181, 183, 185, 189, 190, 191, 193, 194, 195, 230, 232, 244, 266, 346, 361.

**Lucra nuptialia** VI 373.

**Luftballon** III 136.

**Luftraum** über einem Grundstücke III 135.

## M.

**Mädchenname** der geschiedenen Frau IV 328. — Uneheliches Kind erhält den M. der

Mutter IV 459, angenommenes Kind IV 500.
**Mahlschatz** IV 15.
**Mahnung.** Beweislast des Verzugs bei geschehener M. I 46. — M. als Voraussetzung schuldnerischen Verzugs, Verzug ohne M. II 59 f. — M. bei abgetretener Forderung II 195 f., bei Gesammtschuldverhältniß II 215, 221, bei auf Zinsen ausstehender, mit Nießbrauch belasteter Forderung III 390, zur Geltendmachung der Hypothek III 547.
**Mahnverfahren** unterbricht Verjährung I 260, 264. — Einfluß auf schuldnerischen Verzug II 59.
**Mäklervertrag** II 88, 392 ff.: Begriff II 393 f. — Mäklerlohn, Aufwendungen II 395. — Schließung des Vertrags mit Umgehung des Mäklers II 396. — Stillschweigende Vereinbarung des Mäklerlohns, Taxe, Ueblichkeit II 397. — Vertragswidrige Thätigkeit des Mäklers für beide Theile II 397 f. Herabsetzung unverhältnißmäßigen Mäklerlohns für Dienstverträge II 399. — Ehevermittelung II 399 ff. — Ablehnung von Aufträgen durch Mäkler II 412.
**Mala fides superveniens** III 194.
**Malen,** Eigenthumserwerb III 206.
**Mandat** s. Auftrag. — **Mandatum de custodiendo** II 410, **tui gratia** II 424.
**Mängel** s. Gewährleistung.
**Mann,** Ehemündigkeit IV 19. — Bestellung zum Vormunde der Ehefrau IV 522.
**Marine** I 63. — Letztwillige Verfügung von Angehörigen der M. VI 121.
**Marinetestament** V 430, 472 VI 121.
**Marken** II 546, 565 f., VI 293, 297.
**Markenschutzgesetz** II 604.
**Marktpreis.** Verkauf von Sachen zum M. zwecks Hinterlegung II 167. — M. als Kaufpreis II 242. — Verkauf von Pfand, welches M. hat III 672, 686, 749, Verfall desselben III 679.
**Maschinen** als Zubehör eines Gebäudes I 136.
**Masse,** fehlende, Ablehnung der Nachlaßverwaltung V 101, 110, Beendigung derselben V 107, 110. — Haftung des Erben bei Beendigung des Nachlaßkonkurses durch Vertheilung der M. V 108, 126.
**Masseschulden** im Nachlaßkonkurse V 88.
**Matrimonium** nullum, non existens IV 42, 55.
**Mauer** zwischen Grundstücken III 157.
**Mauerausbauchungen** VI 214.
**Maulesel, Maulthiere,** Gewährleistung beim Kauf derselben II 261 ff.
**Maximalhypothek** III 261 ff. (s. Sicherheitshypothek).
**Mecklenburg-Schwerin und Strelitz.** Ausführungsgesetze zum B.G.B. III 672, IV 601, VI 8, 140, 143, 144, 163, 167, 171, 173, 179, 183, 187, 190, 191, 208, 211, 217, 230, 236, 242, 263, 266, 295, 322, 334, 337, 346, 349, 361, 364, 368, 404. — Hypothekengesetze III 11, 13, 91, 104. — Gesetz, betr. Verpfändung von Seeschiffen III 713, Schiffsregister III 714, 724. — Gesetz, betr. Intestaterbfolge in bäuerliche Erbpachtgüter VI 145, 148. — Wildschadensgesetz VI 155. — Zwangserziehung VI 225. — Hinterlegungsordnung VI 238.
**Mediatisirte** s. Reichsmittelbare.
**Mehraufwendungen** bei Gläubigerverzug II 77.
**Mehrdeutige** Bezeichnung des letztwillig Bedachten V 238.
**Mehrfacher** Wohnsitz I 60 f., des Schuldners II 41, des Gläubigers II 42. — M. Verwandtschaft bei gesetzlicher Erbfolge V 17 f. — M. Berufung zur Erbschaft V 44.
**Mehrgeburt** I 53.
**Mehrheit** von Vereinsvorstandsmitgliedern I 85, von Urkunden über einen Vertrag I 176, von Anfechtungsgegnern I 195. — M. von Bevollmächtigten I 219, von Verfügungen eines Nichtberechtigten über einen Gegenstand, Konvaleszenz I 238 f. — M. von Leistungen, Wahlrecht II 33 f., Ausübung desselben bei M. von Gläubigern oder Schuldnern II 35, Einfluß der Unmöglichkeit einer Leistung auf das Wahlrecht II 37. — Theilweise Unmöglichkeit der Leistung bei M. von Gläubigern oder Schuldnern II 55. — M. von Dritten zur Bestimmung der Vertragsleistung II 88 f. — M. von Berechtigten zur Leistung aus gegenseitigem Vertrage II 92 f. — M. von Betheiligten, Ausübung des Rücktrittsrechts II 134. — M. von Schuldverhältnissen, theilweise Erfüllung II 146 f. — M. von Gläubigern, Kosten der Quittung II 152. — Aufrechnung bei M. von Forderungen II 178. — M. von Schuldnern und Gläubigern II 209 ff. (s. Gesammtschuldverhältniß). — M. von Vertragschließenden bei Wandelung II 253, bei Minderung II 256. — Wandelung bei Verkauf einer M. von Sachen gegen Gesammtpreis II 253 f., Minderung II 255. — M. von Berechtigten bei Wiederkauf II 274, beim Vorkauf II 280, III 421. — M. gleichzeitiger Dienstverträge II 351. — M. von die Belohnung Beanspruchenden bei Auslobung II 404 f., bei Preisausschreiben II 407, von Thätern unerlaubter Handlungen II 622. — M. belasteter Grundstücke (Gesammthypothek) III 489 f. — Uebertragung der Hypothek auf eine M. anderer Forderungen III 595. — Pfandrecht an M. von Sachen III 673, Verkauf III 680. — Rangverhältniß bei M. von Schiffspfandrechten III 716, bei M. von Pfandrechten an einer Forderung III 743. — M. von Unterhaltsbedürftigen IV 364, von Vormündern IV 519, 528, 539 f. — M. von Vormundschaften, Ablehnungsgrund IV 528. — M. von Erben V 8 f., 176 ff. (s. Miterben), von Erbtheilen bei gesetzlicher Erbfolge V 23 f., Annahme, Ausschlagung V 46. — M. von Nachlaßverwaltern V 101.

— Nachlaßkonkurs bei M. von Erben V 89. — Ablauf der Inventarfrist nach Tod des Erben bei M. von Erbeserben V 125. — Schuldenhaftung des zu einer M. von Erbtheilen berufenen Erben V 134. — M. von Anfechtungsberechtigten bei letztwilliger Verfügung V 250, von Beschwerden beim Vermächtniß V 327, von Bedachten V 330 f., von Testamentsvollstreckern V 420, 423 f. — M. von Testamenten, Eröffnung V 486. — Erbschein bei M. von Erben V 644.

**Mehrheitsbeschlüsse** bei Vereinen I 85, bei Gesellschaft II 460.

**Meiningen,** Ausführungsgesetze zum B.G.B. VI 10, 214, 215, 335, 361.

**Meinungsverschiedenheit** zwischen Inhaber der elterlichen Gewalt und Pfleger IV 385, zwischen den Eltern IV 391, zwischen Inhaber der elterlichen Gewalt und gesetzlichem Vertreter IV 428, zwischen Vormündern IV 539 f., zwischen Testamentsvollstreckern V 423.

**Meliorationsdarlehen** III 85, VI 206 f.

**Mengekauf,** Vorkaufsrecht II 277 f.

**Mensch** als Subjekt der Rechtsfähigkeit I 50 ff.

**Mensor,** Landesgesetze über dessen Haftung VI 164.

**Mentalreservation** I 166, 167, bei Eheschließung IV 56.

**Mergel,** Anlagen des Nießbrauchers zur Gewinnung III 335.

**Messen** des Kaufgegenstandes, Kosten II 239.

**Metus reverentialis** I 174 (s. Drohung).

**Miethe** II 295 ff. Inhalt des Miethvertrags, Miethzins II 295 f. — Vertragsmäßiger Zustand der Miethsache, Erhaltung desselben, Ausbesserungen II 296 f. — Gewährleistung für Mängel, zugesicherte Eigenschaft, Wegfall, Minderung des Miethpreises II 297 f. — Schadensersatzpflicht, Verzug des Vermiethers II 298. — Kenntniß des Miethers von Fehlern, Unkenntniß aus grober Fahrlässigkeit II 299. — Vereinbarter Ausschluß der Gewährleistung II 299. — Haftung für Entziehung der Miethsache in Folge Rechte Dritter II 299 f. — Kündigung des Miethverhältnisses bei nicht rechtzeitiger Gewährung, Entziehung der Miethsache, Fristbestimmung für Abhülfe, Beweislast II 300 f. — Rückforderung im Voraus gezahlten Miethzinses II 301 f. — Wohnungsmängel II 302 f. — Anzeigepflicht des Miethers bei Mängeln oder angemaßten Rechten Dritter II 545. — Lasten der Miethsache II 303. — Verwendungen des Miethers, Fütterungskosten, Wegnahme von Einrichtungen II 304. — Veränderungen, Verschlechterungen durch ordnungsmäßigen Gebrauch II 304. — Untermiethe II 304 f. — Klagerecht des Vermiethers bei vertragswidrigem Gebrauch der Sache II 305 f. — Zeit der Entrichtung des Miethzinses II 306. — Entrichtung bei Nichtausübung des Gebrauchsrechts II 306. — Kündigungsbefugniß des Vermiethers bei vertragswidrigem Gebrauch der Sache II 307 f., bei nöthigem Bau II 307, bei Nichtentrichtung des Miethzinses II 308. — Erstattung im Voraus gezahlten Miethzinses II 308. — Zurückgabepflicht des Miethers, kein Zurückbehaltungsrecht bei Grundstücken II 309. — Schadensersatz bei Nichtrückgabe II 310. — Verjährung der Ersatzansprüche des Vermiethers und Miethers II 310 f. — Gesetzliches Pfandrecht des Vermiethers II 311 ff., 320, VI 282. — Umfang, zeitliche Beschränkung, unpfändbare Sache II 311 f. — Untermiether II 311. — Erlöschen II 312. — Selbsthülferecht des Vermiethers II 312 f., Ausschluß desselben II 313. — Abwendung durch Sicherheitsleistung des Miethers II 313. — Verhältniß des Pfandrechts zur Pfändung durch andere Gläubiger II 314. — Beendigung des Miethverhältnisses, Kündigung II 314. — Fristen II 314 f., bei Miethvertrag auf länger als 30 Jahre, auf Lebenszeit II 316. — Form des Miethvertrages über Grundstücke II 315. — Stillschweigende Verlängerung II 316. — Kündigungsrecht bei Tod des Miethers II 317, bei Versetzung von Beamten, Militärpersonen, Geistlichen, Lehrern II 317. — Rechtsstellung des Miethers eines Grundstücks im Falle der Veräußerung desselben (Kauf bricht nicht Miethe) II 318 ff., VI 284 f. — Eintritt des Erwerbers in den Miethvertrag, Haftung des Vermiethers für die Erfüllung, zeitliche Beschränkung derselben II 318 ff. — Eintritt des Erwerbers in die Rechte des Vermiethers aus Sicherheitsleistung I 321 f. — Vorausverfügung des veräußernden Vermiethers über Miethzins II 322. — Schutz des Miethers hinsichtlich bereits entrichteten Miethzinses bei Unkenntniß vom Eigenthumsübergange durch Veräußerung II 322 f. — Wirkung der Anzeige der Eigenthumsübertragung an Grundstücken seitens des Vermiethers gegen denselben hinsichtlich Miethzinsforderung II 323. — Begründung von Rechten Dritter an dem vermietheten Grundstücke, die den Gebrauch hindern oder beschränken II 323 f. — Verhältniß bei Veräußerung des vermietheten Grundstücks vor Ueberlassung an den Miether II 324. — Weitere Veräußerung oder Belastung des Grundstücks durch den Erwerber, Pflichten des neuen Erwerbers II 324. — Anwendung der Vorschriften über M. von Grundstücken auf Wohn- und andere Räume II 324, auf Pacht II 325. — Unterschied von M. und Werkvertrag II 369. — Mittelbarer Besitz bei M. III 54 f. — Einfluß der Beendigung des Nießbrauchs auf M. III 362 f. — Haftung der Miethzinsforderung für Hypothek III 478 f. — Einfluß der Beendigung der ehemännlichen Verwaltung und Nutznießung auf M. IV 180, desgl. der Errungenschaftsgemeinschaft IV 301, desgl. der elterlichen Nutznießung IV 417. — Miethvertrag des Mündels IV 568, 639. — Einfluß des Eintritts der Nacherbfolge auf M. von Grundstücken der Vorerbschaft V 311, des Vermächtnisses vermietheter Grundstücke V 342. — Fortbestand der Landesgesetze über Räumungsfristen VI 179. — Uebergangsvorschriften für bestehende Miethverhältnisse VI 280ff., für grundbuchliche Behandlung von bestehenden Miethrechten an Grundstücken VI 323, 329.

**Miethsthaler** II 117.

**Miethzinsen,** rückständige Anspruchsverjährung I 248, 252 (s. auch Miethe). — Haftung für Hypothek III 478f. — M. bei Erbschaftsanspruch V 162.

**Milde Stiftungen** s. Stiftungen.

**Militärpersonen,** Begriff I 63. — Wohnsitz I 62. — Abtretung von Gehaltsansprüchen 2c. II 196. — Kündigung des Miethverhältnisses bei Versetzung II 317, nicht des Pachtverhältnisses II 333f. — Erlaubniß zur Eheschließung IV 33. — Letztwillige Verfügung V 430, VI 121.

**Militärrecht** VI 130.

**Militärstrafgesetzbuch** I 70, IV 34.

**Militärtestament** V 430, VI 121.

**Minderjährige,** Volljährigkeitserklärung I 53ff. — Beschränkte Geschäftsfähigkeit I 152ff., Einwilligung des gesetzlichen Vertreters I 152f. — Vertragsschließung von M., Genehmigung des gesetzlichen Vertreters I 153f., Widerruf des Vertrags I 155f., Gültigkeit bei freier Verfügungsgewalt des M. über den Vertragsgegenstand I 156f. — Einseitige Rechtsgeschäfte des M., ohne Einwilligung des gesetzlichen Vertreters I 157, Form der Einwilligung I 157. — Ermächtigung zum selbständigen Betrieb eines Erwerbsgeschäfts I 158, IV 385, VI 251, zu Dienst- und Arbeitsverträgen I 158ff., VI 252. — Hemmung der Anspruchsverjährung zwischen m. Kindern und Eltern I 255. — Verantwortlichkeit für unerlaubte Handlungen II 619f. — Verletzung der Aufsichtspflicht über M., Schadensersatz II 627f. — Keine Zeugenschaft M. bei Eheschließung IV 36, VI 115. — Unterhaltsanspruch gegen Eltern IV 357, 358. — Unterhaltspflicht von m. Kindern, Verhältniß zur elterlichen Nutznießung IV 361. — Elterliche Gewalt über M. IV 382. — M. der die elterliche Gewalt innehabenden Mutter, Stellung des Vormundes als Beistand IV 448f. — Anordnung der Vormundschaft über M. IV 515ff. — M. soll nicht zum Vormunde bestellt werden IV 524, nicht zum Familienrathe IV 613. — Testamentserrichtung V 433f., 451f., 468, Mitwirkung bei Testamentserrichtung V 449. — Erbvertrag V 518. — Fortbestand der Landesgesetze über Zwangserziehung von M. VI 222f., über Bevormundung in Erziehungs-, Verpflegungsanstalten VI 225f.

**Minderung.** Pflicht des Beschädigten zur M. des Schadens II 25f. — M. der Gegenleistung bei theilweiser Unmöglichkeit der Leistung aus gegenseitigem Vertrage II 96f., bei Vertrag zu Gunsten Dritter II 115f., bei Hingabe an Erfüllungsstatt II 145. — M. beim Kauf II 248ff. (s. Gewährleistung), bei Miethe II 297f., bei Werkvertrag II 373.

**Mineralien,** verbotene Aneignung III 220. — Gewinnung nicht bergrechtlicher M., Fortbestand der Landesgesetze VI 151.

**Missio in possessionem ventris nomine** V 60.

**Mißbilligung** s. Billigung.

**Mißbrauch** der Rechte des Ehemanns IV 82.

**Mißhandlung** als Ehescheidungsgrund IV 318, 320, Entziehung des Pflichttheils V 613.

**Mißheirath** IV 7, 84.

**Mitbesitz** II 485, III 51f., 290, 325. — Pfandrechtsbestellung durch Einräumung des M. III 657f., Verkauf III 681.

**Mitbieten** des Gläubigers, Eigenthümers, Schuldners bei Pfandversteigerung III 689.

**Mitbürgen,** Haftung II 508, 514, gegenseitige Haftung II 517. — Aufgeben des Gläubigerrechts gegen M. II 520.

**Miteigenthum** III 285ff. — Auflassung bei M. III 164. — M. bei Verbindung beweglicher Sachen III 202f., 205, Vereinigung von Bienenschwärmen III 225. — Rechtsverhältnisse des Miteigenthums: M. nach Bruchtheilen als Regel III 285f., Belastung der gemeinschaftlichen Sache, des gemeinschaftlichen Grundstücks zu Gunsten eines Miteigenthümers II 287f., Regelung der Verwaltung und Benutzung, Ausschließung des Rechts auf Aufhebung der Gemeinschaft bei Grundstücken, Wirkung gegen Sondernachfolger III 288f., Geltendmachung des Eigenthumsanspruchs, des Herausgabeanspruchs durch jeden Miteigenthümer III 290f., des Anspruchs aus Grunddienstbarkeit III 320. — M. an mit Nießbrauch belasteter Sache, Forderung der Sicherheitsleistung durch jeden Miteigenthümer III 356. — Nießbrauch an M. III 373. — Dingliches Vorkaufsrecht an M. III 416, Reallast III 431, Hypothek III 455, 579, Pfandrecht III 710f. — M. als Gegenstand des eingebrachten Guts IV 131. — M. als Vermächtniß V 351. — M. an Gebäuden, Landesrecht VI 219f. — Uebergangsvorschrift für bestehendes M. VI 300f., 307f.

**Miterben** V 8, 10, 176ff. — Antrag auf Nachlaßverwaltung V 99, 100. — Gemeinschaft der M. zur gesammten Hand V 176f. — Rechtsverhältniß der Erben unter einander, Erbengemeinschaft V 177f., Individualrechte der Erben V 177. — Verfügungsrecht des M. V 179f. — Pfändung des Antheils V 180. — Vorkaufsrecht der M. V 181ff.

— Verwaltung des Nachlasses V 185f., Erhaltung desselben V 185f., Theilung der Früchte V 185f. — Nachlaßansprüche V 186, M. als Schuldner V 187, Ausübung von Rücktrittsrecht, Wiederkaufsrecht, Vorkaufsrecht V 187. — Verfügung über Nachlaßgegenstände V 187f. — Unzulässigkeit der Aufrechnung einer gegen einen M. zustehenden Forderung gegen eine Nachlaßforderung V 188. — Surrogationsprinzip V 188f., Erwerb durch Rechtsgeschäft V 188f. — Auseinandersetzung V 189ff.: durch Testamentsvollstrecker, Nachlaßgericht, Notar V 189f., Erbtheilungsklage V 190. — Zeitpunkt der Auseinandersetzung V 191f. — Unzulässigkeit bei zu erwartender Geburt eines M., bei schwebender Ehelichkeitserklärung, Annahme an Kindesstatt, Genehmigung einer Stiftung V 193f., Beschränkung, Ausschließung durch letztwillige Verfügung des Erblassers V 195f. — Wirkung von Aufgebotsverfahren und Aufforderung der Nachlaßgläubiger V 197. — Durchführung der Auseinandersetzung, Berichtigung der Nachlaßverbindlichkeiten V 197f., Theilung des Ueberschusses, Familienschriftstücke V 198. — Letztwillige Anordnungen des Erblassers für die Auseinandersetzung, Ermessen Dritter V 199f., Anordnung der Uebernahme eines Landguts V 200f. — Ausgleichung unter Abkömmlingen als M. V 201ff.: Realkollation, Idealkollation V 202, Umfang, Ausstattung, Kosten der Berufsvorbildung, Anordnung bei sonstigen Zuwendungen V 203f., Wegfall des pflichtigen Abkömmlings, Pflicht des an seine Stelle Tretenden, Stellung des Ersatzerben V 206f., Pflicht bei Einsetzung auf gesetzlichen Erbtheil V 207f., Zuwendung an entfernteren Abkömmling vor Wegfall des näheren V 208f., aus Gesammtgut V 209f., Vollziehung der Ausgleichung, Berechnung V 210f., keine Herausgabe des Zuvielempfangenen, Vertheilung des Nachlasses unter die übrigen Erben V 211f. — Auskunftspflicht, Offenbarungseid der M. V 213f. — Rechtsverhältniß zwischen den Erben und den Nachlaßgläubigern V 214ff.: Gesammtschuldnerische Haftung der M. V 215ff., Haftung der Erben unter einander V 217f., Haftung bis zur Theilung V 218f., nach der Theilung V 220f. — Oeffentliche Aufforderung der Nachlaßgläubiger durch einen M. V 222f. — Antrag auf Nachlaßverwaltung V 224f. — Inventarerrichtung durch einen M. V 225f. — Gemeinschaftlicher Erbtheil V 261. — Anwachsung V 262f. — Auseinandersetzung der M. durch Testamentsvollstrecker V 395f. — Verhältniß mehrerer pflichttheilsberechtigter M. V 597f. — Benennung der M. im Erbschein V 644, Erbschein für M. V 652f. — Uebergangsvorschrift für Verhältniß der M. VI 399.

**Mitgliederversammlung** des Vereins, Bestellung des Vorstandes I 84, Beschlüsse derselben I 89, Stimmenmehrheit I 89f., Stimmeinheit I 90, Stimmberechtigung I 90, Berufung I 91f., 106, besondere Bestimmungen der Satzung I 93.

**Mitgliederverzeichniß** eines eingetragenen Vereins I 113.

**Mitgliedschaft** eines Vereins unübertragbar und unvererblich I 92, Austritt I 92.

**Mitoyenneté** VI 301.

**Mitte** des Monats I 242.

**Mittel.** Erwerb mit M. des eingebrachten Guts IV 127, mit M. der Erbschaft V 161.

**Mittelbarer Besitz** III 54ff., 325. — Wirkung des Urtheils bei m. B. I 42. — M. B. von Zubehörstücken eines veräußerten Grundstücks III 168f. — Eigenthumserwerb an beweglichen Sachen durch m. B. III 182, 187f. — Eigenthumsanspruch gegen m. B. III 249f., 253f., 256, 271, bei Vorhandensein eines m. B. III 260f. — Vermuthung für Eigenthum des m. B. III 279. — Pfandrecht durch Uebertragung m. B. III 656f.

**Mittelbarer Schaden,** Ersatzpflicht II 17.

**Mittelbare Stellvertretung** I 210.

**Mittelspersonen.** Willenserklärung durch M. I 170, 172.

**Mitthäter** bei unerlaubten Handlungen, gesammtschuldnerische Haftung II 622.

**Mittheilung** von Anfechtungserklärung durch Behörden I 194, von Hypothekenübernahme bei Grundstücksveräußerung II 202. — M. des Nachlaßgerichts vom Verzichte eines Abkömmlings auf seinen Antheil am Gesammtgute der fortgesetzten Gütergemeinschaft IV 260, von Aufhebung durch den überlebenden Ehegatten IV 261. — M. der Anfechtung letztwilliger Verfügung V 251. — M. des Testamentsinhalts an die Betheiligten V 487.

**Mittlere Art, Güte** bei Gattungsobligation II 11.

**Mitverschluß** des Gläubigers bei Pfandrecht III 657.

**Mitvollstrecker** des Testaments V 388.

**Mitvormund,** Bestellung IV 522, Ablehnung der Vormundschaft IV 528, Haftung IV 581. — (S. auch VI 393.)

**Mitwirkende Personen** bei Testamentserrichtung V 445ff., 454, 458.

**Mobiliargemeinschaft** IV 302.

**Modicum tempus** II 43, 61.

**Modus** I 204, 289, V 374.

**Monat,** Fristberechnung I 241, 242. — Anfang, Mitte, Ende des M. I 242. — Kündigung eines Miethverhältnisses nach M. II 314, eines Dienstverhältnisses II 362. — Zwei M. Frist für Ausübung des Vorkaufsrechts bei Grundstücken II 279.

**Monstrum** I 52.

**Mora** II 77 (s. Verzug).

**Moratorien** I 253.
**Mühle.** Zubehör einer M. I 136. — Nutzungen an M., Uebergangsbestimmung VI 266.
**Mühlenrecht,** Fortbestand der Landesgesetze VI 149, 347.
**Mündel.** Hemmung der Anspruchsverjährung zwischen Vormund und M. I 255. — Ehe zwischen Vormund und M. IV 20 (s. Vormundschaft, Pflegschaft).
**Mündelgelder,** verzinsliche Anlegung IV 549. — Anlegungsarten IV 550, VI 393, Fortbestand des Landesrechts VI 396. — Erhebung IV 553, Hinterlegung IV 558, Fortbestand des Landesrechts VI 237 f., Umschreibung IV 559. — Werthpapiere zur Sicherheitsleistung nur geeignet, wenn zu der Gattung gehörig, in der M. angelegt werden dürfen I 288, 289. — Anlegung von Geld des eingebrachten Guts nach Vorschriften für M. IV 122, von Geld der Nacherbschaft V 298, von Geld des Kindesvermögens IV 398, durch Beistand IV 443, eines dem Nießbrauche unterliegenden Kapitals III 391 f. — Anlegung von M. in Konsulargerichtsbezirken VI 15.
**Mündelsicherheit** IV 550 f.
**Mundium** V 3.
**Mündliche** Anweisung II 533. — M. Testament V 451 f.
**Münzen,** in welchen Geld als Sicherheitsleistung zu hinterlegen I 288.
**Münzgesetz** I 288, II 14.
**Münzsorte.** Zahlung einer Geldschuld in bestimmter M. II 14.
**Müssen,** Terminologie I 25 f.
**Muster.** Kauf nach M. II 269.
**Musterschutzgesetz** II 604.
**Mutter,** Einwilligung zur Volljährigkeitserklärung I 55 f. — Eheeinwilligung IV 22. — Sorge für die Person des Kindes neben dem Vater IV 391. — Elterliche Gewalt der M. IV 435 ff. (s. Eltern). — Stellung der unehelichen M. zu dem Kinde IV 457, Ersatzansprüche derselben IV 469 f. — Einwilligung zur Ehelichkeitserklärung IV 480 f., Stellung derselben nach erfolgter Ehelichkeitserklärung IV 488. — Benennung des Vormundes IV 519, 636, Bestellung der unehelichen M. zum Vormunde IV 522. — Anordnung befreiter Vormundschaft durch die M. IV 606, eines Familienraths IV 608 f., 612, 613, 614, 621. — Berufung zur Vormundschaft über Volljährige IV 638, befreite Vormundschaft IV 642. — Unterhaltsanspruch der M. eines zu erwartenden Erben V 60, 597. — Entziehung des Pflichttheils V 615. — Maßgebende Gesetze für Rechtsverhältnisse zwischen unehelichen Kindern und M. VI 66 f. — Ausschließung der M. von der Vormundschaft durch den Vater, Uebergangsvorschrift VI 381 f.

## N.

**Nachbarrecht, Nachbargrundstücke** I 277, III 136 ff. (s. Eigenthum). — Landesgesetze über N. VI 213 f. — (S. auch VI 302, 312.)
**Nachbürgschaft** II 508, 517.
**Nacheile** bei Besitzstörung durch verbotene Eigenmacht III 43.
**Nacherbe, Nacherbschaft** V 269 ff. — Bestellung einer Pflegschaft für noch nicht erzeugten, noch nicht feststehenden N. IV 657 f. — Existenz des N. zur Zeit der N. V 13. — Nachlaßkonkurs bei N. V 89. — Erbschaftsanspruch des N. V 157, 158. — Begriff des N. V 273. — Einsetzung noch nicht erzeugter natürlicher, nicht entstandener juristischer Personen gilt als N. V 273 f. — Verhältniß der N. zur Ersatzberufung V 275. — Anordnung der Herausgabe der Erbschaft gilt als Einsetzung eines N. V 275 f. — Zeitliche Begrenzung der Erbeinsetzung, Endtermin ohne weitere Bestimmung gilt als Einsetzung der gesetzlichen Erben zu N. V 276 f., Anfangstermin ohne weitere Bestimmung gilt als Einsetzung der gesetzlichen Erben zu Vorerben V 278. — Zeitpunkt des Anfalls der N. V 279. — Vorzug der Abkömmlinge des Vorerben vor dem N. V 279. — Leben des N., Vererblichkeit seines Rechts, Einsetzung unter aufschiebender Bedingung V 280 f. — Dreißigjährige Dauer der Wirksamkeit einer N.erbeinsetzung, Ausnahmen V 282 f. — Umfang des Rechtes des N.: Erstreckung der N. auf Anwachsung, anfallenden Erbtheil, nicht auf Vorausvermächtniß V 285, Surrogation V 286 f. — Rechtsverhältniß zwischen Vorerben und Nacherben: Verfügung des Vorerben über Erbschaftsgegenstände V 287 f., von Todeswegen V 289, Verfügung über Grundstücke, Schenkungen V 290, Hypotheken, Grundschulden, Rentenschulden V 292, Zwangsvollstreckung, Arrest, Verfügung durch Konkursverwalter V 293, Inhaberpapiere V 295 ff., Buchforderungen gegen Reich oder Bundesstaat V 297, Geldanlegung V 298. — Verpflichtung des N. zu Einwilligung für nothwendige Verfügungen V 299. — Verzeichniß der N. V 300. — Feststellung des Zustandes der Erbschaftssachen V 301. — Wirthschaftsplan für Wald, Bergwerk V 301. — Erhaltungskosten V 302, sonstige Verwendungen, Wegnahme von Einrichtungen V 303, Lasten V 304. — Auskunftspflicht des Vorerben V 305. — Sicherheitsleistung des Vorerben V 305 f. — Verlust des Verfügungsrechts des Vorerben V 306 f. — Herausgabe der Erbschaft an den N. V 307 f. — Verantwortlichkeit des Vorerben, Sorgfalt wie in eigenen Angelegenheiten V 308, Veränderungen, Verschlechterungen von Erbschaftssachen V 309, übermäßiger Frucht-

bezug V 309, Werthersatz für Verwendungen in eigenem Nutzen V 310. — Vermiethung, Verpachtung von Grundstücken der Vorerbschaft V 310f. — Befreiung des Vorerben von verschiedenen Beschränkungen und Verpflichtungen V 312, Einsetzung des N. auf den Ueberrest V 313. — Eintritt der Nacherbfolge, Anfall V 315f., Schutz des Vorerben und Dritter nach Eintritt der N. V 316. — Unterhaltsanspruch der Mutter des ungeborenen N. V 317. — Ausschlagung der N. V 317. — Wiederaufleben der durch Vereinigung erloschenen Rechte und Verbindlichkeiten V 319. — Haftung des N. für Nachlaßverbindlichkeiten V 320f., Inventar des Vorerben V 321f. — Haftung des Vorerben nach Eintritt der N. V 322f. — Anzeige des Eintritts der Nacherbfolge an Nachlaßgericht V 324. — Testamentsvollstrecker für Rechte und Pflichten des N. V 422. — Einsetzung des Pflichttheilsberechtigten als N. V 568. — Einsetzung der gesetzlichen Erben eines verschwenderischen Abkömmlings zu N. V 619f. — Tödtung des Vorerben durch den N. V 625. — Anfechtung des Erbschaftserwerbes gegenüber einem N. wegen Erbunwürdigkeit V 627, 630. — Ertheilung des Erbscheins an Vorerben V 661f. — Nichterstreckung des Erbschaftskaufs auf durch N. anfallenden Erbtheil V 681. — Haftung des Erbschaftsverkäufers für Nichtbeschränkung durch N. V 687f.

**Nacherbfolge** V 269ff. (s. Nacherbe).

**Nachfolgende Ehe,** Legitimation durch IV 473ff. VI 70 (s. Legitimation).

**Nachgeben** als Voraussetzung des Vergleichs II 523f.

**Nachlaß,** Begriff V 5. — Verjährung der Ansprüche für und gegen einen N. I 257. — Vertrag über N. noch lebender Dritter II 83f.

**Nachlaßanspruch** s. Nachlaßgläubiger.

**Nachlaßgegenstände,** Verzeichniß im Inventar V 127. — Eigenthumserwerb von N. III 189.

**Nachlaßgericht** bei Stiftung durch Verfügung von Todeswegen I 121. — Erklärung der Eheanfechtung gegenüber dem N. nach Tod eines Ehegatten IV 65f. — Verzicht eines Abkömmlings auf seinen Antheil am Gesammtgute der fortgesetzten Gütergemeinschaft gegenüber dem N. IV 260. — Erklärung der Aufhebung der fortgesetzten Gütergemeinschaft durch den überlebenden Ehegatten gegenüber dem N. IV 261. — Zeugniß des N. über Fortsetzung der Gütergemeinschaft IV 274. — Erklärung der Anfechtung der Ehelichkeit eines verstorbenen Kindes gegenüber dem N. IV 350, ebenso der Anfechtung der Anerkennung der Ehelichkeit IV 352. — Aufgaben und Befugnisse des N. V 34f. — Erklärung der Erbschaftsausschlagung gegenüber dem N. V 42. — Mittheilung der Ausschlagung durch das N. an den Nächstberufenen V 49. — Erklärung der Anfechtung der Annahme oder Ausschlagung gegenüber dem N. V 51, Mittheilung an den Nächstberufenen V 52. — Sicherstellung des Nachlasses über Annahme der Erbschaft, Bestellung einer Nachlaßpflegschaft V 56ff., VI 78, 232f. — Ermittelung der Erben, Feststellung des Fiskus als gesetzlichen Erben V 61ff. — Aufsicht über den Nachlaßverwalter V 105. — Bestimmung der Inventarfrist V 120f., Mittheilung derselben an Vormundschaftsgericht V 125, Aufnahme des Inventars V 128. — Auseinandersetzung unter Miterben V 189f. — Anfechtung letztwilliger Verfügung gegenüber dem N. V 251. — Anzeige des Eintritts der Nacherbfolge an N. V 324. — Mitwirkung des N. bei Testamentsvollstreckung V 382, 387, 388, 389, 391, 415f., 423f., 427, bei Testamentseröffnung V 482ff., 512. — Anfechtung des Erbvertrags gegenüber N. V 527. — Ertheilung des Erbscheins V 642f., 654ff. — Herausgabe unrichtigen Erbscheins an N. V 660, 662, Einziehung desselben V 658f., 668. — Anzeige des Erbschaftsverkaufs an N. V 703. — Nichtgerichtliche Behörde als N. nach Landesrecht VI 241f. — Ausschließung der Zuständigkeit des N. zur Inventarerrichtung VI 242.

**Nachlaßgläubiger.** Stellung zum Erben vor Annahme der Erbschaft V 52f. — Antrag auf Bestellung eines Nachlaßpflegers V 58. — Stellung gegenüber dem Fiskus als gesetzlichem Erben V 64. — Aufgebot der N. V 72ff.: Voraussetzungen V 73f., nicht betroffene Gläubiger V 74ff. — Wirkung des Ausschlußurtheils V 77f. — Befriedigung der ausgeschlossenen N. aus dem Ueberschusse, Abwendung der Herausgabe der noch vorhandenen Nachlaßgegenstände durch Zahlung des Werths seitens der Erben V 77f., Geltendmachung von Forderungen, welche nicht auf Geld gehen V 79. — Antrag des ausgeschlossenen N. auf Bestimmung einer Inventarfrist V 80f., auf Anordnung einer Nachlaßverwaltung V 81. — Verspätete (5 Jahre) Geltendmachung einer Forderung V 81f. — Unterbleiben des Aufgebots bei geringem Nachlasse V 98. — Beschränkung der Haftung des Erben V 83ff.: Haftung cum, pro viribus hereditatis VI 84f. — Abzugseinrede V 86, 89, 108ff. — Nachlaßverwaltung VI 86f., 90ff. — Nachlaßkonkurs V 86ff. — Einfluß auf Aufgebot der N. V 89. — Begriff der Nachlaßverwaltung V 90f., Absonderung des Nachlasses, Aufhebung der Vereinigung von Rechten und Verbindlichkeiten V 91f., Aufhebung der Aufrechnung V 92, Verantwortlichkeit des Erben für bisherige Verwaltung V 93f., 145, Aufwendungen des Erben V 93, 95, Zurückbehaltungsrecht V 95, Wirkung der Berichtigung von Nachlaßverbindlichkeiten durch den Erben V 96 f., einer solchen auf Grund eines Urtheils V 97. — Verantwortlichkeit der Erben wegen Nichtbeantragung des Nachlaßkonkurses bei Ueberschuldung des Nachlasses V 97 f. — Anordnung der Nachlaßverwaltung auf Antrag des Erben, eines Gläubigers V 99 f. — Frist für den Antrag V 99 f. — Antragsrecht des Erbschaftskäufers V 100. — Keine Pflicht zur Uebernahme des Amts als Nachlaßverwalter V 99, 101. — Ablehnung wegen mangelnder Masse V 101 f. — Bekanntmachung V 102, Eintragung in das Grundbuch V 102. — Folgen der Anordnung der Nachlaßverwaltung, Stellung des Erben, Zwangsvollstreckung, Arrest V 102 f. — Obliegenheiten und Verantwortlichkeit des Nachlaßverwalters V 104 f. — Ausantwortung des Nachlasses an den Erben V 105 f. — Vergütung des Verwalters V 106. — Meldung von N. nach beendeter Verwaltung V 106. — Beendigung der Nachlaßverwaltung, Konkurs, fehlende Masse V 107. — Haftung des Erben nach beendigtem Nachlaßkonkurse, beendigter Nachlaßverwaltung (Abzugseinrede) V 108 ff., Haftung bei Ablehnung oder Einstellung der Nachlaßverwaltung, des Nachlaßkonkurses wegen fehlender Masse V 110 f., Verantwortlichkeit, Ersatz von Aufwendungen, Aufhebung der Wirkungen der Vereinigung, Berichtigung von Pflichttheilen, Vermächtnissen, Auflagen, Zurückbehaltungsrecht V 111 f. — Ueberschuldung des Nachlasses durch Vermächtnisse, Auflagen V 115 f. — Inventarrecht des Erben V 116 ff. (s. d. W.). — Unbeschränkte Haftung des Erben V 118 f., nach Ablauf der Inventarfrist V 120 f., bei absichtlicher Unvollständigkeit, Unrichtigkeit des Inventars V 129 f., bei Verweigerung des Offenbarungseides V 132 f. — Folgen der unbeschränkten Haftung V 143 ff. — Haftung bei mehreren Erbtheilen, bei Anwachsung V 134 f. — Aufschiebende Einreden des Erben V 147 ff.: Drei Monate Frist für Berichtigung von Nachlaßverbindlichkeiten V 149 f., bei Beantragung des Aufgebotsverfahrens V 150 f., Nichtanwendung bei unbeschränkter Haftung des Erben, gegen nicht vom Aufgebot betroffene Gläubiger V 151 f., Beginn der Fristen bei Nachlaßpflegschaft V 152 f., für Testamentsvollstrecker V 153. — Verhältniß der N. zu mehreren Erbprätendenten V 156, zum Käufer des Antheils eines Miterben V 183 f. — Nachlaßansprüche bei gemeinschaftlicher Erbschaft V 186 f. — Rechtsverhältniß zwischen Miterben und N. V 214 ff. (s. Miterben). — Aufgebot der N. durch Testamentsvollstrecker V 384. — Stellung der N. zum Testamentsvollstrecker V 410 f. — Aufgebot der N. bei Erbschaftskauf V 698.

**Nachlaßinventar** s. Inventarerrichtung.

**Nachlaßkonkurs** V 86 ff., 91 f. (s. Nachlaßgläubiger unter Nachlaßverwaltung). — Verhältniß des N. zum Aufgebot der Nachlaßgläubiger V 72. — Verantwortlichkeit des Erben für unterlassene Beantragung des N. bei Ueberschuldung des Nachlasses V 97 f. — N. beendigt Nachlaßverwaltung V 107. — Abzugseinrede des Erben nach beendigtem N. V 108 ff. — Keine Inventarfrist bei N. V 126, kein Offenbarungseid V 134. — Wirkung des N. auf die Haftung der Miterben nach Nachlaßtheilung V 220. — N. neben Testamentsvollstrecker V 385, 426. — Ertheilung des Erbscheins an N.verwalter V 645, 657. — N. bei Erbschaftskauf V 698 f. — (S. auch IV 155, VI 78.)

**Nachlaßpflegschaft** V 36 f., 53, 56 ff., 90 ff. — Keine Inventarfrist bei N. V 142. — Unstatthaftigkeit des Verzichtes auf beschränkte Haftung des Erben V 142. — Aufschiebende Einreden des Erben im Falle einer N. V 152 f. — N. bei Anfechtung wegen Erbunwürdigkeit V 631. — (S. auch VI 76, 78.)

**Nachlaßregulirung** s. Auseinandersetzung, Miterben.

**Nachlaßverbindlichkeiten** V 65 ff., Grundsatz unbeschränkter Haftung des Erben V 65 f. Haftung cum (nicht pro) viribus hereditatis V 66, 78, 85 f., 93. — Begriff der N. V 68. — Beerdigungskosten V 69. — Unterhalt von Familienangehörigen während 30 Tagen V 70. — Wirkung der Zahlung von N. durch den Erben im Falle der Nachlaßverwaltung, des Nachlaßkonkurses V 96 f. — Berichtigung der N. durch den Nachlaßverwalter V 104 ff., Verzeichnung der N. im Inventar V 127, 138, absichtliches Unterlassen derselben V 130. — Haftung des Erben bei mehreren Erbtheilen, bei Anwachsung V 134. — Aufschiebende Einreden gegen N. V 149 f. — Berichtigung von N. durch den Erbschaftsbesitzer V 165, Berichtigung bei Erbauseinandersetzung V 197, aus Vorerbschaft V 299. — Haftung des Nacherben, des Vorerben für N. V 320 ff. — Begründung einer N. durch Vermächtniß V 356 f., durch Auflage V 375. — Berichtigung von N. durch Testamentsvollstrecker V 399, Eingehung durch denselben V 400 f., Geltendmachung gegen denselben V 410 f., 416 f. — Ergänzung des Pflichttheils ist N. V 568. — N. bei Berechnung des Pflichttheils V 580, Pflichttheilsanspruch ist N. V 594. — N. bei Erbschaftskauf V 678, 692, 696 f. — Anwendung ausländischen Rechts auf Haftung für N. VI 77, 79. — N. im Anerbenrechte VI 147. — Uebergangsvorschrift für Haftung für N. VI 398. — (S. auch Nachlaßgläubiger.)

**Nachlaßverwaltung** V 53, 86 f., 90 ff. (s. Nachlaßgläubiger). — Antrag eines ausgeschlossenen Nachlaßgläubigers auf Anordnung einer N.

V 81. — Keine Inventarfrist bei N. V 126, 142, kein Offenbarungseid V 134. — Aufschiebende Einreden bei N. V 152. — Antrag der Miterben auf N. V 224. — N. nach Eintritt der Nacherbfolge V 321, neben Testamentsvollstrecker V 384, 426. — Ertheilung des Erbscheins an N. V 645, 657. — N. bei Erbschaftskauf V 700f. — (S. auch IV 155, VI 76, 78.)
**Nachlaßverzeichniß** V 69, vor Annahme der Erbschaft V 56f., bei Nacherbschaft V 300, des Testamentsvollstreckers V 414. — Anspruch des Pflichttheilsberechtigten auf N. V 583. — Landesrecht über N. zur Sicherstellung VI 232f. — (S. auch Inventarrecht.)
**Nachrichten** über Leben I 69. — Ertheilung an den Auftraggeber II 416.
**Nachschüsse** bei Gesellschaft II 458, 479, 481, 482.
**Nachvermächtniß** V 373.
**Nachweis** der Gelegenheit zum Vertragsabschlusse II 395.
**Nachzettel** V 256, 430.
**Nadelgeld** IV 287.
**Namen.** Beeinträchtigung des Rechts zum Gebrauche eines N. I 65ff., II 608, IV 83. — N. des eingetragenen Vereins I 106, 110. — N.unterschrift bei gesetzlicher Schriftform I 176. — Umschreibung von Schuldverschreibungen auf den Inhaber auf N. II 546, 564, V 297. — N. der Frau IV 83, VI 355, der geschiedenen Frau IV 328, 338, 339. — N. des Kindes IV 371, des unehelichen Kindes IV 458, VI 383, 385f., des angenommenen Kindes IV 500, 504, 511.
**Nasciturus** I 52, Vermächtniß an solchen V 111, 339, Anfall desselben V 359. — Unterhaltsanspruch eines N. bei widerrechtlicher Tödtung des Pflichtigen II 644. — N. als Erbe V 11, Pflegschaft für ihn V 57. — Unterhaltsanspruch der Mutter des N. V 60, 597. — Unzulässigkeit der Erbauseinandersetzung, wenn N. zu erwarten V 193, Ungewißheit der Höhe des Pflichttheils V 579.
**Nassau,** Anwendung des B.G.B. auf Mitglieder des vormaligen Fürstenhauses VI 135.
**Naturalkomputation** I 240.
**Naturalleistung.** Gesetz betr. die N. für die bewaffnete Macht III 130, VI 127.
**Naturalobligation** II 6. — Pfandrecht für solche III 654.
**Naturalrestitution** als Schadensersatz II 17.
**Naturaltheilung** bei Gemeinschaft II 492.
**Natürliche Personen** I 50ff. — N. Verbindlichkeit II 585.
**Nebenansprüche, Nebenleistungen.** Verjährung mit dem Hauptanspruche I 274. — Nebenleistungen, die der Vorkaufsberechtigte nicht bewirken kann II 277, des Verwahrers II 438. — Angabe von N. bei Eintragung der Hypothek III 457, 459, Vermerk von solchen auf dem Hypothekenbriefe III 516. — Laufende N. bei Uebertragung der Hypothek III 543, rückständige III 545, 547, 589. — N. bei Grundschuld III 627f.
**Nebenberedungen** bei gesetzlich vorgeschriebener Form eines Rechtsgeschäfts I 176, II 85.
**Nebenintervention** des Testamentsvollstreckers V 408.
**Nebenmängel** bei Viehhandel II 268.
**Nebenrechte.** Uebergang mit Abtretung der Forderung II 185, Erlöschen bei Schuldübernahme II 205f.
**Nebensache.** Wandelung wegen Mangel der N. II 254. — Lieferung von N. beim Werkvertrag durch den Unternehmer II 390f.
**Negatives** Interesse I 172, 229, II 80, 82, 127, 287, IV 8, 9, 10, 11, 13f., V 52. — N. Anerkenntnißvertrag II 179f.
**Negatorienklage** III 139, 141, 142, 276f., 299.
**Negotiorum gestio** s. Geschäftsführung ohne Auftrag.
**Negotium** mixtum cum donatione II 283, claudicans V 55.
**Neidbau** VI 214.
**Nemo** pro parte testatus, pro parte intestatus decedere potest V 256, 258, 262, VI 403. — N. cum pluribus testamentis decedere potest V 481.
**Nennwerth** einer Geldschuld II 14.
**Nichtberechtigter,** Vorschriften zu Gunsten derjenigen, welche Rechte von einem N. herleiten, Anwendung bei Verfügung gegen ein Veräußerungsverbot I 186f., bei Verfügung während schwebender Bedingung I 207, bei Verfügung des Mannes über Gesammtgut ohne die erforderliche Zustimmung der Frau IV 210, bei Verfügung über Vorerbschaft V 290, 307, bei Vermächtniß V 366, bei Verfügung des Erben während Testamentsvollstreckung V 405, bei Verfügung über bestimmte Grundstücke gegen landesgesetzliche Vorschriften VI 141f. — Konvaleszenz von Verfügungen N. I 238f. — Erwerb von einem N. im Sachenrechte, Allgemeines III 20ff. — Leistung aus Schuldurkunde auf den Inhaber an N. II 547f. — Verfügung eines N. über einen Gegenstand, Herausgabe des Erlangten II 587f. — Leistung an N. II 588, an N. zum Ersatze einer durch unerlaubte Handlung entzogenen oder beschädigten Sache II 650. — Erwerb beweglicher Sachen an einem N. III 184ff. — Verpfändung durch einen N. III 658, 661, 663.
**Nichtigkeit** von Rechtsgeschäften I 145f., von Willenserklärungen Geschäftsunfähiger, Bewußtloser I 151, von Willenserklärungen im Allgemeinen I 162ff., 167ff., eines Rechtsgeschäfts wegen Formmangels I 175f., wegen gesetzlichen Verbots I 185f. — Theilweise N. eines Rechtsgeschäfts I 191, Conversion I 191, Bestätigung I 192. — N. bei Anfechtung eines anfechtbaren Rechtsgeschäfts I 192f. — N. von Verträgen II

79ff., des Verlöbnisses IV 11, der Ehe IV 41ff., 338, VI 351f., 383f. (s. Ehe). — N. der ohne staatliche Genehmigung ausgegebenen Schuldverschreibungen auf den Inhaber II 552f. — Recht der Kinder aus nichtigen Ehen V 15, des überlebenden Ehegatten V 20f. — Wirkung der N. der Ehe auf letztwillige Zuwendungen unter Ehegatten V 241. — Stellung der Kinder aus nichtigen Ehen IV 451ff. (s. Kinder), IV 477, V 162, Urtheil ausländischen Gerichts über N. der Ehe VI 46. — N. von letztwilligen Zuwendungen an Mitwirkende bei Testamentserrichtung V 447. — N. des Verbots der Testamentseröffnung V 488. — Einfluß der N. der Ehe auf gemeinschaftschaftliches Testament V 495f.

**Nichtigkeitsklage** gegen ein die Ehe auflösendes Urtheil IV 26, gegen Ehe IV 43ff., 54f.

**Nichtschuld**, Leistung einer II 584f.

**Nichtstreitige Rechtspflege** s. Freiwillige Gerichtsbarkeit.

**Niederlassung**, Begründung des Wohnsitzes durch N. I 60. — Leistung am Orte der gewerblichen N. II 41f. — Zwangsvollstreckung am Orte der N. des Hauptschuldners, sonst Einrede der Vorausklage II 515f., 519.

**Nießbrauch** III 325ff. — Vertrag über N. an künftigem Vermögen II 83, an gegenwärtigem Vermögen II 83. — Mittelbarer Besitz bei N. III 54f. — Fruchterwerb bei N. III 214f. — N. an Erbbaurecht III 298. — Nießbrauch an Sachen III 325ff.: Begriff und Inhalt, Beschränkung durch Ausschluß einzelner Nutzungen III 327f. — N. an Bruchtheil III 326, 334, 374, Erstreckung auf das Zubehör des Grundstücks III 328. — Bestellung des N. an einer beweglichen Sache III 329f., Ersitzung III 331f. — Rechtsverhältniß zwischen Nießbraucher und Eigenthümer: Feststellung des Zustandes der Sache III 332. — N. an einem Inbegriffe von Sachen, Verzeichniß III 333f., Besitz, Erhaltungspflicht des Nießbrauchers III 324f., Umgestaltung der Sache, neue Anlagen III 335f. — N. an einem Walde, Bergwerke rc., Wirthschaftsplan III 336f. — Fruchterwerb des Nießbrauchers III 338f., Schatz III 340, wirthschaftliche Erhaltung der Sache III 340, Anzeigepflicht des Nießbrauchers bei Zerstörung, Beschädigung III 341f. — Ausbesserungen, Erneuerungen an Grundstücken III 343f. — Versicherungspflicht des Nießbrauchers III 344f., Forderung des Eigenthümers an die Versicherung III 345. — N. an der Versicherungssumme III 346f., Wiederherstellung der Sache III 346f. — Lasten der Sache III 348f. — N. am Grundstücke mit Inventar, Ergänzung des Inventars, Uebernahme zum Schätzungswerthe III 351f. — Verwendungen des Nießbrauchers, Wegnahme von Einrichtungen, Zurückbehaltungsrecht III 353f., Haftung für Veränderungen, Verschlechterungen III 355f., Sicherheitsleistung des Nießbrauchers III 356, gerichtliche Verwaltung III 356f. — Ueberschreitung des N.rechts, Klagerecht des Eigenthümers III 358, Verwaltung bei erheblicher Rechtsverletzung III 359, 380f. — Rückgewähr der N.sache, insonderheit von landwirthschaftlichem Grundstück, Landgut III 359ff., abgeschlossene Mieth- und Pachtverträge III 362f. — Verjährung der Ersatzansprüche des Eigenthümers und des Nießbrauchers III 364f. — Vermuthung für Eigenthum des Bestellers III 365f. — Unübertragbarkeit des N. III 367f., Pfändung III 367. — Kollision des N. mit solchem, mit anderen Rechten III 368. — Beendigung des N.: Tod, Erlöschen der juristischen Person III 369f., Aufhebung an Zubehör eines Grundstücks III 370, bei beweglichen Sachen durch Vereinigung von N. und Eigenthum III 371, durch Rechtsgeschäft III 371. — Schutz des N. III 372. — N. am Antheil eines Miteigenthümers III 373f. — N. an verbrauchbaren Sachen III 374f., 386. — Nießbrauch an Rechten III 376ff.: Grundsatz III 377f. — Bestellung III 379f. — N. am Rechte auf eine Leistung III 380f. — Zustimmung des Nießbrauchers zur Aufhebung, Aenderung des Rechts III 381f. — Beendigung des N. III 383. — N. an Leibrente, Auszug III 383f. — Nießbrauch an einer Forderung III 384ff. — Wirkungen der Leistung an den Nießbraucher III 386f. — Nießbraucher als Schuldner der Forderung III 387. — N. an einer auf Zinsen ausstehenden Forderung III 388ff.: Rechtsstellung des Schuldners, Zahlung, Hinterlegung, Kündigung III 389f. — Mitwirkung des Nießbrauchers und des Gläubigers zur Einziehung, zur Kündigung III 391, zur Wiederanlegung des Kapitals III 391f. — N. an Grundschuld, Rentenschuld III 392, 640. — N. an Inhaber- oder Orderpapieren III 392f., Hinterlegung III 393, Einziehung, Beschaffung neuer Zins-, Renten- und Gewinnantheilscheine III 394, Behandlung, wenn das Papier zu den verbrauchbaren Sachen gehört III 395. — Nießbrauch an einem Vermögen III 395ff.: Bestellung III 396f. — Befriedigung der Gläubiger des Bestellers aus den Gegenständen des N. III 398f. — Rechtsverhältniß zwischen Besteller und Nießbraucher bezüglich solcher Befriedigung III 401f. — Haftung des Nießbrauchers für Zinszahlung, für wiederkehrende Leistungen III 404f. — N. an einer Erbschaft III 406f., V 272, an Sicherungshypothek III 613. — Erlöschen des N. durch rechtmäßigen Pfandverkauf III 692, bei unrechtmäßigem Pfandverkauf III 695. — Anwendung der Vorschriften über N. auf Erwerb der Nutzungen des eingebrachten Guts durch den Mann IV 129 f., auf elterliche Nutznießung IV 406. — N. bei Errungenschaftsgemeinschaft IV 287. — Vermächtniß eines N. V 355. — Uebergangsvorschriften für bestehenden N. VI 313 f., für Ersitzung des N. an beweglichen Sachen VI 316 f. — N. an Hypotheken und Privilegien nach französischem Rechte VI 338.

**Nießbraucher** s. Nießbrauch. Schutz des mittelbaren Besitzers bei N. III 54.

**Niftel** V 22.

**Nomina** ipso jure divisa sunt V 214.

**Nominatio auctoris** III 59, 254, 278.

**Normativbestimmungen** für Vereine, System der II 78.

**Notare.** Natur des Vertrages mit N. II 368. — Beurkundung des Stiftungsgeschäfts I 117. — Notarielle Beurkundung von Willenserklärungen I 176 f., Beglaubigung von Handzeichen, Unterschriften I 177 f. — N. Beurkundung des Vertrags ohne gleichzeitige Anwesenheit beider Theile, Zeitpunkt des Zustandekommens I 201. — Anspruchsverjährung I 247, 252. — N. Beurkundung des Vertrags über gegenwärtiges Vermögen, Nießbrauchbestellung daran II 83, über künftigen gesetzlichen Erbtheil, Pflichttheil II 84, auf Eigenthumsübertragung an Grundstücken II 85, III 298, VI 327, des Schenkungsversprechens II 284. — Bedeutung der n. Form der Einigung über Erwerb eines Rechts an Grundstücken III 72 f. — Bestellung des Erbbaurechts vor N. III 296. — Aufnahme des Verzeichnisses bei Nießbrauch an Sachinbegriff III 333. — Herstellung von Theilhypothekenbriefen III 516. — N. Form des Ehevertrags IV 193, des Verzichts eines Abkömmlings auf seinen Antheil am Gesammtgut der fortgesetzten Gütergemeinschaft IV 260, 269, der Aufhebung der fortgesetzten Gütergemeinschaft durch den überlebenden Ehegatten IV 261, der Zustimmung des anderen Ehegatten zur Verfügung über den Antheil eines Abkömmlings an fortgesetzter Gütergemeinschaft IV 281, zum vertragsmäßigen Verzichte eines Abkömmlings IV 282. — Aufnahme des Verzeichnisses des Kindesvermögens IV 396, des Mündelvermögens IV 544, des Antrags um die Einwilligung zur Ehelichkeitserklärung IV 483, zur Annahme an Kindesstatt IV 493, des Annahmevertrags IV 494, des Wiederaufhebungsvertrags IV 509. — Aufnahme des Nachlaßinventars durch N. V 127, 300, 414. — N. Form der Verfügung des Miterben über seinen Antheil V 179. — Auseinandersetzung unter Miterben durch N. V 189. — Uebernahme des Amts als Testamentsvollstrecker V 392. — N. Testament V 436 ff., 444 ff., Ablieferungspflicht von Testamenten V 483. — N. Erbvertrag V 519, n. Anfechtung desselben V 529, Aufhebung V 541, 543, Rücktritt V 550. — Verzeichniß des Nachlasses auf Verlangen des Pflichttheilsberechtigten V 583. — N. Erbverzicht V 636, Aufhebung desselben V 639, vertraglicher Verzicht auf Zuwendung aus letztwilliger Verfügung V 640. — N. Form des Erbschaftskaufs V 680. — N. Beurkundung von Rechtsgeschäften, Landesgesetze VI 233 f., der Auflassung VI 235 f. — N. Urkunden über Verfügung von Todeswegen, Landesrecht VI 244 f.

**Nothdürftiger Unterhalt** IV 365.

**Notherben** s. Pflichttheil.

**Nothlage,** Ausbeutung derselben, Nichtigkeit des Rechtsgeschäfts I 189 f.

**Nothstand** I 283, III 132 f. — N. der Familie als Voraussetzung der Entmündigung wegen Verschwendung, Trunksucht I 57.

**Nothtestament** V 470.

**Nothweg** III 149 f., VI 205, 213, 303.

**Nothwehr,** Begriff I 279. — (S. auch II 429.)

**Nothwendige** Bedingung I 205, V 238. — N. Verwendungen s. Verwendungen.

**Nothzucht** II 615.

**Novation** II 144, 199.

**Nutzbares Eigenthum** III 130, VI 19.

**Nützliche Verwendung,** Anspruch aus II 426.

**Nutznießung** des Mannes am eingebrachten Gut der Frau IV 100 ff., 109 ff. (s. eheliches Güterrecht). — Ausschließung derselben durch Ehevertrag, Wirkung gegen Dritte IV 194 f., Gütertrennung IV 199 f. — Verhältniß der N. des Mannes zur Unterhaltspflicht der Frau IV 358 f. — N. des Vaters am Kindesvermögen IV 405 ff., 430, 438, VI 377 f., Entziehung derselben IV 419, VI 379 f. — Verlust der N. durch Wiederverheirathung der Mutter IV 449, Ausschluß derselben bei Annahme an Kindesstatt IV 507.

**Nutzungen** einer Sache, eines Rechts I 138. — Aufrechnung der N. des Ersatzberechtigten gegen Zinspflicht des zum Ersatz von Aufwendungen Verpflichteten II 28. — Einfluß der Rechtshängigkeit auf Ersatzanspruch für N. II 67, des Gläubigerverzugs II 75. — Herausgabe, Vergütung für N. bei vertragsmäßigem Rücktrittsrecht II 128 f. — Nichtgezogene N. von hinterlegtem Leistungsgegenstande II 161. — N. des Kaufgegenstandes II 236 f., 239, 241, VI 328. — N. bei Wandelung II 252, 265, beim Wiederkauf II 273, bei ungerechtfertigter Bereicherung II 590. — Herausgabe der N. bei Eigenthumsanspruch III 255 ff., 262, VI 304. — N. der Sache als Gegenstand des Nießbrauchs III 327 f., des Pfandrechts III 664 f. — N. des eingebrachten Guts IV 129 ff., 289 f. — Herausgabe von N. bei Erbschaftsanspruch V 162 f., 167. — N. der gemeinschaftlichen Erbschaft V 186. — N. der Zwischenzeit bei Eintritt auflösender Bedingung aus letztwilliger Zuwendung V 240. — N. der Vorerbschaft V 271, 287, des Vermächtnißgegenstandes V 367, 369, bei Erbschaftskauf V 693 f. — N. von land- und forstwirthschaft lichen Grundstücken, Uebergangsbestimmung VI 266. — (S. auch Benutzung.)

**Nutzungspfandrecht** III 664 f., 727, 737. — Uebergangsvorschrift VI 337 f.

**Nutzungsrechte.** Fruchterwerb bei N. an einer Sache III 214 f. — Haftung des Besitzers in Ausübung nicht vorhandener N. gegenüber dem Eigenthumsanspruch III 257 f. — N. des Pfandgläubigers III 665 f. — Verpflichtung zum Ersatz des Wildschadens bei zeitlich nicht begrenztem N. an einem Grundstücke VI 158. — Uebergangsvorschrift für gewerbliche und übertragbare N. an Grundstücken VI 347.


## O.


**Obereigenthum** III 130, VI 19.

**Oberfläche** eines Grundstücks III 135. — Bearbeitung der O. eines Stoffes III 206 f.

**Obervormundschaft** s. Vormundschaftsgericht.

**Obligation,** obligatorisches Recht, s. Schuldverhältnisse. — Verletzung des o. R. II 608.

**Observanz** VI 16.

**Obstbaum** III 143, 161, landesgesetzlicher erweiterter Schutz VI 212.

**Ofen** als Zubehör, Bestandtheil I 135.

**Oeffentliche Anstalt.** Anfall von Vereinsvermögen I 96 f., Haftung für Vertreter I 125 f., Konkurs I 125 f. — Reallasten für eine ö. A., Landesgesetze VI 211 f.

**Oeffentliche Aufforderung** zur Anmeldung von Erbrechten V 61 f.

**Oeffentliche Beglaubigung** von Erklärungen, Erfordernisse I 179 f.

**Oeffentliche Bekanntmachung** von Vollmachtsertheilung I 221, des Nachlaßgerichts V 35.

**Oeffentliches Buch** s. Buchforderung. — Uebergangsbestimmung für Anspruch aus Schuldverhältnissen, welche durch Eintragung in ö. B. Wirksamkeit erlangen VI 297 f.

**Oeffentlicher Gebrauch.** Anlagen und Betriebe auf Grundstücken im ö. G., Landesgesetze über Schadenersatzpflicht VI 195. — Abfallen von Früchten auf Grundstücke im ö. G. III 143 f.

**Oeffentlicher Glaube** des Grundbuchs III 23 f., 107 ff., 506, VI 320. — Beschränkung gegenüber Grunddienstbarkeiten VI 322, gegenüber gesetzlichen Pfandrechten, Mieth- und Pachtrechten VI 324. — Oe. G. des Erbscheins V 665 f., des Zeugnisses über Ernennung zum Testamentsvollstrecker V 673.

**Oeffentliche Hinterlegung** II 154 ff. (s. Hinterlegung).

**Oeffentliches Interesse.** Geschäftsführung gegen den Willen des Geschäftsherrn II 428. — Auflage im ö. J. bei Schenkung II 289. — Letztwillige Auflage im ö. J. V 377.

**Oeffentliche Ordnung,** Rechtsgeschäfte gegen dieselbe I 190.

**Oeffentliche Sammlung** s. Sammlung.

**Oeffentliche Stiftung.** Anfall von Vereinsvermögen I 96 f., Haftung für Vertreter I 125 f., Konkurs I 125 f.

**Oeffentliche Versteigerung** von zur Hinterlegung nicht geeigneten Sachen II 164 f. — Eigenthumserwerb durch ö. V. III 188, 190. — Oe. V. der Fundsache III 229, 237, 238, 241 f.

**Oeffentliche Zustellung** von Willenserklärungen I 184 f.

**Oeffentlichkeit** des Vereinsregisters I 115.

**Oeffentlichkeitsprinzip** des Grundbuchrechts III 65.

**Oesterreichisches Gesetzbuch** I 2, II 634, III 123.

**Offenbar,** Terminologie II 90.

**Offenbarungseid** bei Rechnungslegung II 31 f., bei Herausgabe eines Sachinbegriffs, Auskunftsertheilung über solchen II 32 f. — O. des Vormundes IV 629, des Erben V 69, 132 f., 139, 584, eines Beamten des Fiskus als gesetzlichen Erben V 142, der Hausgenossen des Erblassers V 172, der Miterben V 213 f. — O. zur Erzwingung der Ablieferung von Testamenten an Nachlaßgericht V 483. — (S. auch VI 241.)

**Offene Handelsgesellschaft** III 369.

**Offenhaltung** von Stellen im Grundbuche III 91.

**Offenkundigkeit** von Thatsachen für Ertheilung des Erbscheins V 649, 651.

**Okkupation** s. Aneignung.

**Oldenburg.** Ausführungsgesetze zum B.G.B. VI 8, 167, 178, 183, 190, 191, 230, 235, 238, 244, 263, 293, 335, 344, 361. — Gesetz über Erbpachtrecht VI 144, über Erbrecht VI 145, 148, freiwillige Gerichtsbarkeit VI 242, Verpfändung von Seeschiffen III 713, 724.

**Operae** liberales, illiberales II 368.

**Opinio dominii** III 63.

**Oralfideikommiß** V 325.

**Orden,** geistliche, Rechtsfähigkeit, Fortbestand der Landesgesetze VI 170. — Schenkungen an O., Fortbestand der Landesgesetze VI 174. — Testamentsfähigkeit V 435.

**Ordentliche** Testamentsform V 436 ff.

**Order,** Anweisung auf II 534.

**Orderpapiere** mit Blankoindossament, Sicherheitsleistung mit solchen I 288. — Ausgabe II 554. — Nießbrauch III 392 f. — Sicherungshypothek für O. III 610 f., Schiffspfandrecht III 723. — Verpfändung von O. III 744 f., 748, 749. — Vermuthung für Eigenthum des Ehemannes an O. IV 94. — O. des eingebrachten Guts IV 115, 126, Hinterlegung derselben bei Gefährdung IV 142, Umschreibung IV 142. — Erwerb von O. durch den Vater für das Kind IV 402. — O. des Mündelvermögens IV 558, 605. — O. der Nacherbschaft V 296.

**Ordnungen** der gesetzlichen Erben V 13 ff. — Berufung nach O. V 19 f.

**Ordnungsstrafen** gegen Vorstand und Liquidatoren eines eingetragenen Vereins I 115.

— Zwang zur Uebernahme der Vormundschaft durch O. IV 530. — O. gegen Vormund IV 587, 594, 626, 633, gegen Gemeindewaisenrath IV 600, gegen Familienrath IV 615, 617, 618, gegen Nachlaßverwalter V 105, zur Erzwingung der Ablieferung von Testamenten an Nachlaßgericht V 483.
**Ordre public** VI 94.
**Ort** ständiger Niederlassung als Wohnsitz I 60, — O. der Leistung II 40 f., Berücksichtigung desselben bei Mahnung II 60. — O. der Mahnung II 61. — O. der Erfüllung des Schuldverhältnisses II 139. — Hinterlegung am O. der Leistung II 156. — O. der Mahnung II 61, der Versteigerung von zur Hinterlegung nicht geeigneter Sachen II 164. — Aufrechnung bei Verschiedenheit der O. der Leistung, Ablieferung II 175. — Gefahr der Versendung des Kaufgegenstandes an einen andern O., als den der Erfüllung II 238. — O. der Rückgabe bei Verwahrungsvertrag II 442, 444, der Erfüllung des Schenkungsversprechens II 286, der Vorlegung von Sachen, Urkunden II 573, der Vorlegung des Hypothekenbriefs bei Geltendmachung der Hypothek III 548. — O. der Zahlung der Grundschuld III 369. — O. der Versteigerung des Pfandes III 687. — O. der Leistung des Vermächtnisses V 356. — Gesetze des O., an welchem ein Rechtsgeschäft abgeschlossen ist VI 40.
**Ortsdatum** des Testaments V 440, 456, 493.
**Ortsüblichkeit** bei Grenzabmarkung III 154.

## P.

**Pacht** II 325 ff.: Gewährung des Gebrauchs und Fruchtgenusses, P.zins II 325 f., Zinsnachlaß II 326. — Pacht eines landwirthschaftlichen Grundstücks, Ausbesserungspflicht des Pächters II 326, Wirthschaftsänderungen II 327, Fälligkeit des P.zinses II 327, gesetzliches Pfandrecht des Verpächters II 327 f., Verpachtung mit Inventar: Erhaltungs-, Ergänzungspflicht des Pächters II 328, Uebernahme des Inventars zum Schätzungswerth, Tragung der Gefahr II 328 f., Zurückgewährung nach P.ablauf, Ueberinventar II 330, Pfandrecht des Verpächters am Inventar, Zurückbehaltungsrecht II 330 f., VI 282, Beendigung der P., Zurückgewähr II 331, Ersatz von Bestellungskosten II 331 f. — Pacht eines Landguts: zurückzulassende Wirthschaftsvorräthe, Dünger II 332, Uebernahme des Landguts und der Vorräthe nach Schätzung II 333. — Kündigung der P. eines Grundstücks, eines Rechts II 333 f. — Pfändung des P.rechts II 334. — Verzögerung der Zurückgabe des P.gegenstandes II 334. — Mittelbarer Besitz bei P. III 54 f. — Eigenthumserwerb an den Früchten III 216 f. — Einfluß der Beendigung des Nießbrauchs auf P. III 362 f. — Haftung der P.zinsforderung für Hypothek III 478 f. — Einfluß der Beendigung der ehemännlichen Verwaltung und Nutznießung auf P. IV 180, desgl. der Errungenschaftsgemeinschaft IV 301, desgl. der elterlichen Nutznießung IV 417. — P.vertrag des Mündels IV 568, 639. — Einfluß des Eintritts der Nacherbfolge auf P. von Grundstücken der Vorerbschaft V 311, des Vermächtnisses verpachteter Grundstücke V 342. — Uebergangsvorschriften für bestehende P.verhältnisse VI 280 ff., für grundbuchliche Behandlung bestehender P.rechte an Grundstücken VI 323, 329.
**Pachterlaß** II 326.
**Pachtjahr** II 327, 333.
**Pachtzinsen,** rückständige, Anspruchsverjährung I 246, 252. — (S. a. Pacht.) — Haftung für Hypothek III 478 f. — P. bei Erbschaftsanspruch V 162.
**Pactum** de mutuo dando II 342.
**Papiergeld** braucht nicht in Zahlung angenommen zu werden II 14.
**Parentelensystem** V 13 ff.
**Parochus proprius** IV 38, putativus IV 39.
**Parteien,** Verjährung ihrer Ansprüche aus Vorschüssen an Rechtsanwälte I 247, 252.
**Passive Erbfähigkeit** V 10.
**Patentgesetz** II 198, 604, III 730, VI 99, 102, 104.
**Patronatsrecht** I 133.
**Pausch und Bogen,** Kauf II 237, 257.
**Peculium** IV 379, 405.
**Pension** einer Ehefrau IV 103. — Abtretung von P. VI 210.
**Peremtorische** Einrede, Verhältniß zu, Anspruchsverjährung I 253.
**Perlenfischerei** in Bayern VI 160. — P.regal III 221.
**Person,** Irrthum über, bei Eheschließung IV 57 f. — (S. auch Personen.)
**Personalhaft.** Internationales Abkommen wegen P. VI 26.
**Personalpflegschaft** IV 647, 659.
**Personalservituten** s. Persönliche Dienstbarkeiten, Nießbrauch.
**Personalstatuten** VI 26.
**Personen,** natürliche I 50 ff., juristische I 77 ff. — Verletzung von P., Geldentschädigung II 16 f. — Leistung des Schuldners in Person II 38 f., des Dienstverpflichteten II 352 f. — Sorge des Vaters für P. des Kindes IV 383 f., der Mutter IV 448, 459 f. — Gefährdung der P. des Kindes IV 419 f. — Abhängigkeit der P. eines letztwillig Bedachten von Bestimmung eines Dritten V 230. — Letztwilliges Bedenken einer Klasse von P. V 236. — Bestimmung der P. des durch letztwillige Auflage Begünstigten V 376.

**Personenstand.** Gesetz, betr. den P. I 53, 67, IV 5 f., 17 ff., 33, 34 f., 36 f., 39 f., 46, 54, 67, 72, 315, 316, 329, 340, 371, 384, 459, 473, 490, 497, V 470, 649, VI 16, 44, 351. — Aenderungen VI 122 ff. — Aenderungen des Gesetzes betr. den P. im Auslande VI 114 f.

**Personenvereine** s. Vereine, auch VI 168.

**Persönliche Angelegenheiten** der Frau, Rechtsgeschäfte ohne Zustimmung des Mannes IV 150, 215. — Kosten eines Rechtsstreits über p. A. der Frau IV 170, 222.

**Persönliches Bedürfniß** bei beschränkter persönlicher Dienstbarkeit III 410, 413.

**Persönliche Dienstbarkeiten,** beschränkte III 408 ff.: Begriff und Inhalt III 409 f., Beschränkung des Umfangs auf persönliches Bedürfniß des Berechtigten III 410, Unübertragbarkeit, Ueberlassung der Ausübung III 411. — Wohnungsrecht III 411 ff. — Landesgesetzliche Verbote von p. D. VI 203 f. — Uebergangsvorschrift für Besitzschutz von p. D. VI 332 f.

**Persönliche Eigenschaften.** Irrthum über solche bei Eheschließung, Anfechtbarkeit IV 57 f.

**Persönlicher Gebrauch,** Sachen der Ehefrau zu solchem IV 94, 102, 198, 207, 290. — Uebernahme von Sachen zum p. G. bei Auseinandersetzung der Gütergemeinschaft IV 237. — Sachen des p. G. des Kindes in elterlicher Gewalt IV 405.

**Persönliche Leistung** beim Dienstvertrag II 352 f. — Uebernahme von p. L. durch die Frau gegenüber Dritten, Kündigungsrecht des Mannes IV 87 f.

**Persönliches Recht** an einer Sache, Fruchterwerb III 216 f.

**Persönlicher Sicherheitsarrest** bei Festnahme als Mittel der Selbsthülfe I 285.

**Persönliche Zurücknahme** des Testaments V 478 f.

**Pertinenz** s. Zubehör.

**Perzeption** s. Trennung.

**Pfändung** als Selbsthülfe I 284 f., VI 175 f., 196. — Keine Pf. des Rechts auf Rücknahme der hinterlegten Sache II 158 f. — Verkauf auf Grund einer Pf. II 228, 248. — Pf. des Miethrechts II 305, des Pachtrechts II 334, des Arbeits- oder Dienstlohns II 350, eines Gesellschaftsantheils II 473, des Antheils an Gemeinschaft II 492, des Schadensanspruchs bei Verlöbnißbruch IV 13, der Früchte des eingebrachten Guts IV 158, 160, des ehemännlichen Anspruchs auf Beitrag der Frau zum ehelichen Aufwande IV 184, des Anspruchs auf Aussteuer IV 376, der elterlichen Nutznießung IV 412, des Unterhaltsanspruchs des unehelichen Kindes IV 463, des Nießbrauchs III 367, von Reallastleistungen III 433. — Pf. aus Hypothek III 471. — Pf. einer Hypothek, Grundschuld, Rentenschuld III 534. — Pf. der Eigenthümerhypothek III 588, der Grundschuld III 636, 640, von Wechseln aus Orderpapieren III 747, des Antheils am Gesammtgut der Gütergemeinschaft IV 231, 253, des Dreißigsten V 71, des Erbschaftsanspruchs V 155, des Antheils eines Miterben V 180, der Anfechtungsberechtigung gegen letztwillige Verfügung V 250, des Rechts des Vorerben V 271, desjenigen des Nacherben V 272, des Pflichttheilsanspruchs V 595, 604.

**Pfandbestellung** III 655 ff., unterbricht Anspruchsverjährung I 259, III 655.

**Pfandbriefe,** Anlegung von Mündelgeld IV 550.

**Pfandgeld** VI 175.

**Pfandgläubiger** s. Pfandrecht. — Mittelbarer Besitz des Pf. III 54 f. — Pf. beim Aufgebot der Nachlaßgläubiger V 75, 81.

**Pfandleiher, Pfandleihanstalten** II 271, 340. — Fortbestand der Landesgesetze VI 179.

**Pfandrecht** III 652 ff. — Haftung des Pf. nach Anspruchsverjährung I 273 f. — Pf. des Berechtigten an zur Sicherheitsleistung hinterlegtem Gelde, Werthpapieren I 287. — Erlöschen von Pf. mit Hinterlegung II 160. — Uebergang des Pf. mit Abtretung der Forderung II 185, Erlöschen bei Schuldübernahme II 205 f. — Pflicht des Verkäufers zur Beseitigung von Pf. am Kaufgegenstande II 231. — Gesetzliches Pf. des Vermiethers II 311 ff., 320 f., VI 282, des Verpächters II 327, VI 282, des Pächters II 330 f., des Unternehmers II 386, des Gastwirths II 450. — Pf. des Gläubigers, Einrede der Vorausklage II 516, Aufgeben desselben II 519. — Erlöschen des Pf. durch Vergleich II 524. — Mittelbarer Besitz bei Pf. III 54 f. — Pf. durch constitutum possessorium III 182. — Pf. an Erbbaurecht III 298. — Pf. für verzinsliche Forderung, Verhältniß des Nießbrauchers zur Zinszahlung III 351. — Zusammentreffen von Pf. und Nießbrauch an beweglichen Sachen III 371. — Pf. an Sicherungshypothek III 613, an Grundschuld III 640. — Pfandrecht an beweglichen Sachen III 653 ff.: Begriff und Inhalt des Pf. III 654. — Bestellung, Uebergabe der Sache, Besitz derselben III 655 f., Ersatz der Uebergabe durch Einräumung des Mitbesitzes III 657 f. — Verpfändung durch einen Nichtberechtigten III 658. — Vorzug des Pf. vor den Rechten Dritter III 659. — Rang des Pf. für künftige oder bedingte Forderung III 659 f. — Umfang der Haftung des Pfandes III 660 f — Einreden des Verpfänders, welcher nicht persönlicher Schuldner, Analogie der Bürgschaft III 662 f. — Erstreckung des Pf. auf Erzeugnisse, Versicherungsforderung III 664. Nutzungspfandrecht III 664 f. — Verwahrung des Pfandes III 666, Verwendungen des Pfandgläubigers, Wegnahmerecht III 667. — Verletzung der Rechte des Verpfänders durch den Pfandgläubiger, Hinterlegung, Ablieferung der Pfandsache an einen Verwahrer,

Rückgabe gegen Befriedigung III 668 f. — Verderb, Werthminderung des Pfandes, Rechte des Verpfänders III 670, Versteigerungsbefugniß des Pfandgläubigers III 670 f., Verkauf aus freier Hand III 672. — Pf. an mehreren Sachen III 673. — Rückgabe des Pfandes nach Erlöschen des Pf. III 673 f., Befriedigung des Pfandgläubigers durch Hinterlegung, Aufrechnung III 674. — Uebergang der Forderung auf den Verpfänder III 675. — Verjährung der Ersatzansprüche des Verpfänders und des Pfandgläubigers III 675. — Schutz des Pf. gegen Beeinträchtigung, dinglicher Anspruch des Gläubigers III 676. — Pfandverkauf: Zeitpunkt der Berechtigung dazu III 677 f., Verbot des Verfallvertrags III 679, Verkauf mehrerer Pfänder III 680, Verkauf eines im Mitbesitze befindlichen Pfandes, Ablieferung an Verwahrer III 681. — Abhängigkeit des Verkaufs vom Besitze des Pfandes, im Range nachstehende Pfandgläubiger III 682. — Ausführung des Verkaufs: Verkauf bei vollstreckbarem Titel gegen den Eigenthümer III 683 f., Androhung des Verkaufs III 685 f., öffentliche Versteigerung III 686, Ort derselben III 687, Bekanntmachung von Zeit und Ort III 688. — Versteigerungsbedingungen, Baarzahlung, Rechtserwirkung III 688. — Mitbieten des Gläubigers, Eigenthümers, Schuldners III 689. — Gold- und Silbersachen III 691. — Benachrichtigung des Eigenthümers vom geschehenen Verkaufe III 692. — Wirkungen der rechtmäßigen Pfandveräußerung für den Erwerber, Eigenthumserwerb III 692 f. — Unrechtmäßige Pfandveräußerung, Schadensersatzpflicht des Pfandgläubigers III 693 f. — Guter Glaube des Erwerbers III 694 f. — Abweichende Art des Verkaufs durch Vereinbarung III 696, im Interesse der Betheiligten III 697. — Erlös aus dem Pfande, Surrogation III 698 f. — Vermuthung für Eigenthum des Verpfänders beim Pfandverkauf III 700. — Ablösungsrecht Dritter dinglich Berechtigter III 700 f. — Uebergang des Pf. mit Uebertragung der Forderung, Erlöschen durch Ausschluß bei Uebertragung III 701 f. — Folgen des Ueberganges, Rechte und Pflichten des neuen Pfandgläubigers III 702 f. — Erlöschen des Pf.: Wegfall der Forderung III 704. — Rückgabe des Pfandes III 705. — Anspruch auf Rückgabe bei dauernd ausschließender Einrede III 706. — Aufhebung durch Rechtsgeschäft III 707. — Vereinigung des Pf. mit dem Eigenthum III 707 f. — Gesetzliche Pfandrechte III 709 f. — Pf. an dem Antheil eines Miteigenthümers III 710 f., am Bruchtheil einer im Alleineigenthum stehenden Sache III 712. — Schiffspfandrecht III 712 ff.: Beschränkung auf registrirte Schiffe III 714. — Bestellung des Pf., Erfordernisse der Eintragung in das Schiffsregister III 715 f. — Rangverhältniß mehrerer Pf. III 716. — Wirkungen des Pf. auch gegen den gutgläubigen Erwerber des Schiffes, unrechtmäßige Löschung III 717. — Berichtigung des Schiffsregisters, Eintragung eines Widerspruchs gegen unrechtmäßige Löschung III 718. — Umfang der Haftung des verpfändeten Schiffes, Zinsen, Kosten III 719. — Erstreckung auf Zubehör III 720. — Beschränkte Anwendung des Sachenpf. III 720 f. — Befriedigung des Pfandgläubigers durch den Verpfänder, den Schuldner, Herausgabe der zur Löschung erforderlichen Urkunden III 722, Befriedigung durch Zwangsvollstreckung in das Schiff III 722 f. — Aufgebot und Ausschließung des unbekannten Gläubigers III 723. — Schiffspfandrecht für Schuldverschreibung auf den Inhaber, Orderpapiere III 723. — Haftung des Schiffes für einen Höchstbetrag (Kautionshypothek) III 724. — Pf. an Schiffspart III 724. — Pfandrecht an Rechten III 725 ff.: Grundsatz, Anwendung der Vorschriften über Sachenpf. III 726 f. — Bestellung des Pf. durch Uebertragung, Uebergabe. — Unzulässigkeit des Pf. an unübertragbaren Rechten III 729 f. — Pf. am Rechte auf eine Leistung III 731. — Aufhebung und Aenderung des Rechts, Zustimmung des Pfandgläubigers III 731. — Befriedigung aus dem Rechte durch Zwangsvollstreckung III 731. — Erlöschen des Pf. durch Rückgabe der übergebenen Sache III 732. — Pfandrecht an einer Forderung: Einleitende Vorschrift III 732 f., Anzeige an den Schuldner III 733 f., Leistung des Schuldners an Pfandgläubiger und Gläubiger gemeinschaftlich, Hinterlegung, Ablieferung an Verwahrer III 734, Einziehungsrecht des Pfandgläubigers, insonderheit bei Geldforderungen III 735, Kündigung, Zustimmung des Pfandgläubigers zu derselben bei Nutzungspf. III 737 f., Zulässigkeit abweichender Vereinbarung III 738. — Mitwirkung des Pfandgläubigers und des Gläubigers zur Einziehung der Forderung III 739, zur Kündigung III 739. — Aenderung des Verhältnisses durch Leistung, Pf. an dem geleisteten Gegenstande, Sicherungshypothek an Grundstück III 740, Forderung auf Vornahme von Handlungen III 741, Wiederanlegung einer eingezogenen Geldforderung, Befriedigung des Pfandgläubigers aus derselben III 741 f. — Erstreckung des Pf. auf die Zinsen der Forderung, Einziehung derselben durch den Pfandgläubiger III 742. — Belastung der Forderung aus mehreren Pf. III 743. — Pf. an Grundschuld, Rentenschuld III 744, Verpfändung von Wechseln und anderen indossablen Papieren III 744 f., 748. — Pf. an Inhaberpapieren III 747 ff. — Erstreckung des Pf. an Werthpapieren auf Zins-, Renten- oder

Gewinnantheilscheine III 750. — Kein Pf. der Frau am Vermögen des Mannes IV 112. — Pf. der Kinder am Vermögen des Vaters (Uebergangsvorschrift) VI 378. — Pf. im Verhältniß zur Abzugseinrede des Erben V 110. — Pf., welches nach Eintritt des Erbfalls erlangt ist, Verhältniß zu den aufschiebenden Einreden des Erben V 152. — Pf. an einer vermachten beweglichen Sache V 344. — Uebergangsvorschrift für grundbuchliche Behandlung gesetzlicher Pf. VI 323, für Pf. an Grundstücken VI 336 f.

**Pfandschein** II 567.

**Pfandverkauf** III 677 ff. — Verbot des Mitbietens bestimmter Personen II 245. — Mängel bei öffentlichem Pf. II 247 f. — Anwendung der Regeln des Pf. bei Gemeinschaftstheilung II 493, bei Nichterklärung des Eigenthumes einer Sache über Genehmigung von Verwendungen III 274. — Haftung des Pfandes für Kosten des Pf. III 660.

**Pfandvertrag** III 655 f.

**Pferde**, Gewährleistung beim Kauf derselben II 261 ff.

**Pflanzen** als wesentlicher Bestandtheil des Grundstücks I 131 (s. aber auch I 132). — Abtrennungsrecht des Besitzers gegenüber Eigenthumsanspruch III 267.

**Pflanzungen**, Erbbaurecht III 292, 295.

**Pflege**, Kosten der Pf. von Hausthieren bei Wandelung II 266.

**Pflegekindschaft** IV 490, VI 390.

**Pflegschaft** IV 646 ff. — Hemmung der Anspruchsverjährung zwischen Pfleger und Pflegebefohlenen I 255. — Pf. über den Mann, Grund zur Klage der Frau auf Aufhebung der ehemännlichen Verwaltung und Nutznießung IV 174 f., Wiederherstellung der Verwaltung 2c. IV 181 f. — Zurückbehaltung des Beitrags der Frau zum ehelichen Aufwand bei Pf. über den Mann IV 185. — Ehe zwischen Pfleger und Pflegebefohlenen IV 20. — Wiederherstellung der Errungenschaftsgemeinschaft bei Pf. über den Mann IV 301. — Zusammentreffen von elterlicher Gewalt und Pf. IV 385 f., 428, 450. — Annahme des Pfleglings an Kindesstatt durch den Pfleger IV 496. — Nichtbestellung des unter Pf. Stehenden zum Vormunde IV 525, zum Familienrathe IV 615. — Beschränkung des Vormundes durch Bestellung einer Pf. IV 535. — Bestellung zur Klage auf Sicherheitsleistung des Vormundes IV 595, vor Bestellung, bei Verhinderung des Vormundes IV 596. — Unterschied der Pf. von Vormundschaft IV 646. — Arten der Pf. IV 646. — Pf. neben elterlicher Gewalt oder Vormundschaft IV 647 f., 664. — Gleichstellung der Pf. mit Vormundschaft IV 660 f. — Berufung zur Pf. IV 663. — Beendigung der Pf. IV 664 ff., VI 260. — Pf. über Gebrechliche IV 650 f., 666, VI 76, Abwesende IV 653 f., 666, VI 76, Leibesfrucht IV 655, 664 VI 76, unbekannte Betheiligte IV 657, VI 76, durch Sammlung zusammengebrachtes Vermögen IV 658 f., VI 76. — Sicherungshypothek an Grundstücken des Pflegers III 602. — Erklärung des Pflegers über Erbschaft V 34. — Unfähigkeit des unter Pf. Gestellten zum Testamentsvollstrecker V 390, 426. — Pf. über Ausländer VI 74 f. — Uebergangsvorschrift VI 391 ff.

**Pflichttheil** V 562 ff. — Vertrag über Pf. aus dem Nachlaß noch lebender Dritter II 84. — Verzicht auf Pf. durch die Frau ohne Zustimmung des Mannes IV 155, 215 f. — Erwerb des Pf. als Vorbehaltsgut IV 167. — Anwendung der Vorschriften über Ergänzung des Pf. auf Abschichtung der Abkömmlinge nach fortgesetzter Gütergemeinschaft VI 272, der Vorschriften über Pf. bei letztwilliger Ausschließung eines Abkömmlings IV 276 f. — Gründe zur Entziehung des Pf., Beschränkung der Unterhaltspflicht auf nothdürftigen Unterhalt IV 365 f. — Verzicht auf Pf. durch den Inhaber der elterlichen Gewalt für das Kind IV 399. — Pf. des unehelichen Kindes IV 466. — Ausschließung des Pf. bei Annahme an Kindesstatt IV 507. — Rechtsgeschäft über Pf. des Mündels IV 568. — Pf.rechte sind Nachlaßverbindlichkeiten V 68, werden vom Aufgebot der Nachlaßgläubiger nicht betroffen V 76, Stellung zu den ausgeschlossenen Gläubigern V 77, zu den verspätet sich meldenden V 81, 83. — Verhältniß bei überschuldetem Nachlasse V 111. — Verhältniß des Pf.anspruchs zum gemeinschaftlichen Testamente V 498, 509, Entziehung des Pf. in demselben V 502, 506 f. — Rücktritt vom Erbvertrage bei Verfehlungen des Bedachten, welche zur Entziehung des Pf.berechtigten V 547, 551. — Allgemeines über Pf. V 562 f. — P.berechtigte, Höhe des Pf. V 565 f. — Rechtliche Natur der Zuwendung des Pf. V 567. — Anspruch bei Hinterlassung zu geringen Pf. VI 567, Berufung als Erbe unter Beschränkungen und Beschwerungen V 568 f. — Zuwendung eines Vermächtnisses als Pf. V 571 f. — Anfechtung der Ausschlagung des Zugewendeten V 573 f. — Pf. der entfernteren Abkömmlinge und der Eltern V 574 f. — Berechnung des Pf.: Feststellung des Erbtheils V 577 f., Berechnung des Nachlasses, Werth und Bestand V 579 f., Werth eines Landguts V 581 f., ungewisse, bedingte Rechte und Verbindlichkeiten V 582, Auskunftspflicht des Erben, Nachlaßverzeichniß V 583. — Anrechnung von Zuwendungen unter Lebenden auf den Pf. V 585 f., Berücksichtigung der Ausgleichungspflicht von Abkömmlingen V 589 ff. — **Pflichttheilsanspruch**: Entstehung mit Erbfall, Vererblichkeit, Veräußerlichkeit

V 594 f. — Pflichttheilslast: Uebertragung, Vertheilung auf Vermächtnisse, Auflagen V 596, Beschränkung durch das Pf.recht eines Erben V 597, Verhältniß mehrerer Erben V 598, Ausschlagung eines Vermächtnisses durch den Pf.berechtigten V 599, Kürzung von Beschwerungen einer von Pf.-berechtigten ausgeschlossenen Erbschaft, Vermächtnisses zur Deckung der Pf.last V 600 f., Verfügungen des Erblassers über Vertheilung der Pf.last V 601 f. — Ergänzung des Pflichttheils wegen Schenkungen: Anspruch gegen den Erben, zeitliche Beschränkung desselben V 602 f., Anspruch bei Hinterlassung der Hälfte oder mehr des gesetzlichen Erbtheils V 602, Anrechnung von Schenkung an den Pf.berechtigten selbst V 606 f., Stellung des selbst pf.berechtigten Erben V 607 f. — Anspruch gegen den Beschenkten V 608 f. — Ausgenommene Schenkungen V 610. — Schenkungen aus dem Gesammtgute V 610 f. — Verjährung des Pf.anspruchs V 611 f. — Entziehung des Pflichttheils, Gründe gegen Abkömmlinge V 613 f., gegen Eltern V 615 f., gegen Ehegatten V 616, Anordnung und Rechtfertigung durch letztwillige Verfügung V 616 f., Wegfall des Entziehungsrechts durch Verzeihung V 618. — Beschränkung des Pflichttheilsrechts in guter Absicht V 619 ff. — Haftung des Erbschaftsverkäufers für Nichtbestehen von Pf.lasten V 687 f. — Uebergangsvorschrift VI 403. — Fortbestand des Landesrechts über Nichtbeschränkung der Testirfreiheit ritterschaftlicher Familien durch Pf.recht VI 407.

**Pflichttheilsanspruch** V 563 f., 594 ff. — Verzicht auf Pf. als Schenkung II 284. — Nichtgeltendmachung gegen Testamentsvollstrecker V 410 f. — (S. auch Pflichttheil.) — Pf. des Fiskus am Nachlasse verpflegter Personen, Landesrecht VI 231.

**Pflichttheilsberechtigte** V 565 f. — Anfechtung letztwilliger Verfügung wegen Uebergehung eines Pf. V 246 f., 249, eines Erbvertrags V 527 f. — Erbunwürdigkeit eines Pf. V 632, Erbverzicht V 634.

**Pflichttheilslast** V 596 ff. (s. auch Pflichttheil).

**Pflichtverletzung** der Beamten II 637 f., des Vormundschaftsrichters IV 427.

**Pfründenrecht.** Fortbestand der Landesgesetze VI 165.

**Photographien,** Gesetz betr. den Schutz VI 104.

**Piae causae,** Zuwendungen an V 237.

**Planke** zwischen Grundstücken III 157.

**Politische Vereine** I 95, 108 f.

**Polizeibehörde,** Mitwirkung in Fundsachen III 227 ff.

**Polizeiliche Schutzgesetze** II 611 f.

**Polygamie** VI 97.

**Possessor** pro possessore V 158, 159, VI 399, pro herede V 157, 159, 409, VI 399.

**Post.** Uebersendung an die Hinterlegungsstelle durch die P. II 157. — Uebergabe des Kaufgegenstandes an die P., Uebergang der Gefahr II 238.

**Postgesetz** I 254, II 346, 437, VI 176.

**Postrecht** VI 130.

**Potestativbedingung,** negative, bei letztwilliger Zuwendung V 240.

**Praecipuum** s. Voraus, Vorausvermächtniß.

**Prädialservitut** s. Grunddienstbarkeit.

**Präjudizialklagen** IV 3.

**Präklusivfristen** I 240, VI 273.

**Prälegat** V 325, 329 (s. Vorausvermächtniß).

**Prämie.** Gesetz betr. Inhaberpapiere mit P. II 505, 547, 554. — P. für Versicherung, Zahlungspflicht des Nießbrauchers III 345. — P. bei Nießbrauch an auf Zinsen ausstehender Forderung III 389, bei Nießbrauch an Inhaberpapieren III 394.

**Pränumeration** s. Vorausleistung.

**Präsumtion** s. Vermuthung. — Praesumtio Muciana IV 94, VI 355.

**Präterition** s. Uebergehung.

**Precarium** II 335.

**Preisausschreiben, Preisbewerbung.** Auslobung zur P. II 407 f.

**Preisrichter** II 408.

**Preußen.** P. Landrecht I 2, 20, 66, II 315, 317, 623, 634, 637, III 7, 10, 21, 23, 111, 128, 129, 135, 140, 142, 143, 144, 155, 157, 158, 160, 219, 224, 292, 724, V 181, 202, 208, 215, 223, 229, 236, 238, 241, 254, 257, 258, 275, 278, 289, 313, 319, 326, 330, 334, 356, 380, 395, 431, 447, 452, 453, 471, 472, 475, 479, 481, 486, 487, 488, 490, 501, 502, 533, 534, 611, 623, 677, VI 19, 136, 138, 141, 160, 169, 182, 205, 209, 214, 217, 219, 222, 234, 238, 239, 241, 297, 303, 305, 308, 310, 314, 315, 323, 368, 370, 371, 378, 383, 390, 405. — Grundbuchgesetze, Gesetze über Eigenthumserwerb an Grundstücken, über Zwangsversteigerung II 244, III 7, 11, 15, 16, 23, 86, 89, 90, 96, 104, 106, 110, 254, 415, 443, 452, 464, 468, 469, 481, 494, 497, 500, 519, 528, 531, 544, 550, 556, 566, 575, 584, 629, 643, VI 297, 316, 325, 328, 340, 341, 346. — Ausführungsgesetze zum B.G.B. III 158, 166, 428, 453, 570, 571, 672, IV 601, V 431, 463, 468, 470, 486, 616, VI 9, 18, 20, 25, 47, 132, 140, 149, 160, 162, 163, 164, 171, 173, 175, 178, 179, 181, 183, 185, 186, 188, 189, 190, 194, 198, 203, 206, 207, 211, 214, 215, 217, 228, 230, 235, 236, 244, 256, 266, 269, 293, 296, 301, 334, 336, 338, 344, 345, 346, 358, 361, 362, 364, 365, 366, 367, 368, 383, 396. — Ausführungsverordnung zum B.G.B. IV 552, 588, V 378. — Gesetz, betr. freiwillige Gerichtsbarkeit III 154, 334, 516, 673, 714, IV 380, 502, 619, V 437, 438, 443, 445, 483, 484, 485, 489, 490, 511, 522, 550,

584, 646, 651, VI 132, 143, 198, 199, 216, 234, 238, 239, 241, 242, 245. — Vormundschaftsordnung IV 513, 538, 649, 391 f. — Gesetz, betr. Staatsschuldbuch IV 551, V 297, 298, VI 185. — Fischereigesetz III 223. — Feldpolizeiordnung III 224. — Behandlung von Fundsachen III 227, 244. — Dienstanweisung für Vormundschaftsgerichte IV 515, 532. — Disziplinargesetz IV 647. — Erbschaftssteuergesetz V 421, 488, 499. — Gerichtsschreiberordnung V 445, 468. — Anerbenrecht V 431. — Notariatsgesetz V 458. — Geschäftssprache V 462 f. — Erbbescheinigungsgesetz V 642. — Gesetze über Rentengüter, Ansiedelungen, VI 142, über Höferecht, Landgüterordnungen VI 145, 146, 148, über Wasserrecht VI 149. — Berggesetze III 338, 415, VI 150, 151. — Wildschadensgesetz VI 155. — Jagdpolizeigesetz VI 157. — Gesetz betr. Schutzwaldungen und Waldgenossenschaften VI 170. — Forstdiebstahlsgesetz, Forstpolizeigesetz VI 175, 196, 219. — Kautionsgesetz VI 177. — Räumungsgesetze VI 179. — Pfandleihgewerbe VI 180, 181. — Gesetz betr. Erweiterung des Rechtsweges VI 193. — Eisenbahngesetz VI 194. — Enteignungsgesetz III 415, VI 199. — Gesetz über Pfandrecht an Privateisenbahnen und Kleinbahnen VI 201, über Grunddienstbarkeiten VI 204. — Ablösungsgesetz VI 204. — Gesetz betr. Landeskulturrentenbanken VI 207. — Unschädlichkeitszeugniß VI 211. — Gesetze über religiöse Erziehung der Kinder VI 222, über Zwangserziehung VI 225, 229. — Verordnung, betr. das Grundbuchwesen VI 318, 321, 323, 324. — Personenstandsgesetz VI 352. — Ausführungsgesetz zur Civilprozeßordnung VI 302. — Uebergangsvorschriften für bestehende Hypotheken VI 335. — Bestimmungen über Testirfreiheit gewisser ritterschaftlicher Familien VI 407 f.

**Prioritätsprinzip** des Grundbuchrechts III 66.

**Privatbeamte,** Dienstverhältniß, Kündigung II 348, 362, 365. — Amtspflichtverletzung II 639.

**Privatdienste.** Anspruchsverjährung aus P. I 246, 252.

**Privatfürstenrecht** VI 135.

**Privatgeheimnisse,** Schutz II 612.

**Privatgewässer.** Fische in P., Eigenthum III 222.

**Privatlehrer.** Anspruchsverjährung I 247, 252.

**Privatorische Klausel** V 239, 475.

**Privatpfändungsrecht,** Fortbestand des Landesrechts VI 175 f., 196.

**Privatrechtliche Vorschriften** der Landesgesetze, Verhältniß zum B.G.B. VI 132 f.

**Privatscheidung** IV 314.

**Privattestament** V 436 ff. (s. Testament).

**Privatverkauf** von Sachen zwecks Hinterlegung II 167. — Unzulässige Vereinbarung des P. des mit Hypothek belasteten Grundstücks durch Gläubiger III 524.

**Privilegia exigendi** II 185.

**Probe.** Kauf nach, auf P. II 269 f.

**Pro herede gestio** V 33, 34, 38 f., 43, 45, 56.

**Prokura,** Ertheilung durch Vormund IV 569, 575.

**Prokuraindossament** III 745.

**Prospekt** über Schuldverschreibungen auf den Inhaber II 551.

**Protestation** im Grundbuche III 69.

**Protokoll** bei Testamentserrichtung V 455 ff., 469 f., 471 f., bei Rückgabe des Testaments V 480, bei Testamentseröffnung V 485.

**Protokollführer,** Verbot des Kaufes bei Zwangsvollstreckung II 244.

**Provision** beim unregelmäßigen Verwahrungsvertrag II 444.

**Prozeßfähigkeit.** Anspruchsverjährung gegen in der Geschäftsfähigkeit beschränkte prozeßfähige Personen I 256 f. — P. der Frau IV 148 f.

**Prozeßführung** des Mannes über eingebrachtes Gut IV 124 f., der Frau IV 148 f., 153, des Testamentsvollstreckers V 407 ff.

**Prozeßgericht,** Leistung des Offenbarungseides vor demselben II 33.

**Prozeßkosten** s. Kosten.

**Prozeßzinsen** II 67, 344, bei Schenkung II 287.

**Pseudonym** I 67, bei Testamentserrichtung V 457.

**Punktation** I 176.

**Punkte** eines Vertrags, Differenz darüber läßt im Zweifel den Vertrag ungeschlossen I 202.

**Pupillarsubstitution** V 229, VI 402.

**Putativehe.** Verhältniß der Ehegatten in vermögensrechtlicher Beziehung IV 70 f., Stellung der Kinder IV 451 ff., 477.

**Putativerbe,** keine Ersitzung gegen den wirklichen Erben V 170. — (S. auch Erbschaftsanspruch.)

## Q.

**Qualifizirte Legitimationspapiere** II 567, VI 295.

**Quarta Falcidia** V 314, 326.

**Quartalssäufer,** Entmündigung I 59.

**Quasi affinitas** IV 28.

**Quasibesitz** zur Tabularersitzung III 125. — Q. der Grunddienstbarkeit III 323.

**Quasidelikte** II 603.

**Quasidesertion** IV 319, VI 370.

**Quasipupillarsubstitution** V 229.

**Quasi ususfructus** III 326.

**Quittung** II 62, 73, 148 ff., 539, 557. — Kosten derselben II 152. — Zahlung an Ueberbringer der Q. II 152. — Q. an Vormund IV 629. — Q. über Hypothek III 514.

**Quotenvermächtniß** V 258, 325.

## R.

**Rain** zwischen Grundstücken III 157, 159.
**Rangänderung** im Grundbuche III 86 f.
**Rangordnung.** Rangverhältniß der Rechte an Grundstücken III 83 ff. — R. des vorgemerkten Rechts III 95, der Rente für Ueberbau III 147, der Theilhypotheken III 525, des Pfandrechts III 659 f., 682, mehrerer Schiffspfandrechte III 716, von Pfandrechten an Rechten III 727, von Pfandrechten an einer Forderung III 743. — R. der Befriedigung der im Aufgebotsverfahren ausgeschlossenen Nachlaßgläubiger V 80. — Uebergangsvorschrift für R. bestehender dinglicher Rechte VI 314, 324 f.
**Rangvorbehalt** im Grundbuche III 90 f.
**Ratenzahlung** bei Gesammtschuldverhältniß II 217, bei Werkvertrag II 381.
**Rath,** Ertheilung II 423 f.
**Rauch,** Zuführung auf fremdes Grundstück III 138, VI 215.
**Räume.** Miethe von R. zum Aufenthalt von Menschen, Mängel II 302, Anwendung der Vorschriften über Miethe von Grundstücken II 324. — Beschaffenheit der R. für Dienstverpflichtete II 358. — Besitz an R. III 50.
**Räumlicher Herrschaftsbereich** des B.G.B. VI 15.
**Räumungsfristen** II 309, Fortbestand der Landesgesetze VI 179.
**Räumungsklage** II 309.
**Rayongesetz** III 130, 342, VI 127, Aenderungen VI 129.
**Realgemeinden,** Uebergangsbestimmungen VI 266.
**Realgewerbeberechtigungen,** Fortbestand der Landesgesetze VI 160, 347.
**Realkollation** V 202.
**Realkontrakte** II 335, 340.
**Reallast** III 427 ff. — Pflicht des Verkäufers zur Beseitigung rückständiger R.leistungen II 231. — R. an Erbbaurecht III 298. — Begriff und Inhalt der R. III 429 f., Bestellung zu Gunsten des jeweiligen Eigenthümers eines Grundstücks III 429, 431. — R. an Bruchtheil III 431, Anwendung der Vorschriften über Hypothekenzinsen auf die einzelnen Leistungen III 432 f. — Persönliche Haftung des Eigenthümers des belasteten Grundstücks, gesammtschuldnerische Haftung bei Theilung desselben III 434 f. — Theilung des Grundstücks des Berechtigten (subjektiv dingliche R.) III 435 f. — R. zu Gunsten des jeweiligen Eigenthümers eines Grundstücks III 437 f. — Uebertragung der subjektiv persönlichen R. III 438. — Aufgebot zwecks Ausschließung des Berechtigten III 438. — Anwendung der Vorschriften über R. auf die Unterhaltungspflicht für Anlagen bei Grunddienstbarkeiten II 309. — R. bei Fahrnißgemeinschaft IV 306. — Verhältniß der R. zur Entschädigung für Enteignung von Grundstücken VI 128. — Fortbestand der Landesgesetze über Ablösung von R. VI 201 f., landesgesetzliche Verbote von R. VI 204. — Landesgesetze über R. für den Staat VI 211 ff.
**Realoblation** als Voraussetzung des Gläubigerverzugs II 69 f.
**Realobligation.** Hypothek und Grundschuld als R. III 448.
**Realpflegschaft** IV 647, 659.
**Reblausgesetz** VI 127.
**Rechenschaft** s. Rechnungslegung.
**Rechnungsabschluß** bei Gesellschaft II 470 f.
**Rechnungslegung.** Begriff und Umfang II 31 f. — R. des Beauftragten II 415 f., des Geschäftsführers ohne Auftrag II 430, bei Ausscheiden eines Gesellschafters II 482, bei Nutzungspfandrecht III 665 f. — R. bei Herausgabe des eingebrachten Guts IV 178 f., über Kindesvermögen IV 421, 433, über Mündelvermögen IV 591 ff., 605, 629 f., bei Herausgabe der Vorerbschaft V 307, des Testamentsvollstreckers V 418.
**Recht** in subjektivem Sinne, absolutes, relatives I 47 f. — R. als Bestandtheile eines Grundstückes I 133. — Früchte eines R. I 137. — Nutzungen eines R. I 138. — Lasten eines R. I 141. — Ausübung des R. nur zum Schaden Anderer I 276 ff. — Abtretung der Rechte des Ersatzberechtigten bei Verlust eines R. an den Ersatzpflichtigen II 27 f. — Uebertragung eines R. II 197 f. — Verkauf eines R. II 226 f., 229 f., 241, Kosten II 239, 241. — R. zur Sache II 3, III 7. — Erfordernisse der Erwerbung oder Uebertragung von R. an Grundstücken III 72 f., der Aufhebung III 79 ff., der Aenderung des Inhalts III 82. — R. am eigenen Grundstücke III 103 f. — R. an fremder Sache, Eigenthumserwerb an Erzeugnissen und sonstigen Bestandtheilen durch Trennung III 213 f., bei persönlichem R. an der Sache III 216 f. — Nießbrauch an R. III 376 ff. — Pfandrecht an R. III 725 ff. — Erwerb von R. mit Mitteln des eingebrachten Guts IV 127. — R. an Grundstücken bei Fahrnißgemeinschaft IV 306. — R. des Mündels an Grundstücken IV 566 f., 576. — Verfügung des Vorerben über R. an Grundstücken V 290. — R. an fremden Sachen, fremden R., Uebergangsvorschriften VI 310 ff. — Erwerb und Verlust von R. an Grundstücken bis zur Anlegung des Grundbuchs VI 324 ff.
**Rechtsanwälte,** Anspruchsverjährung I 247, Beginn derselben I 250, 252. — Rechtsanwaltsordnung II 347, 350, 413. — Kündigung II 365. — Natur des Vertrags mit R. II 348, 368. — Ablehnung von Aufträgen durch R. II 413. — Rathsertheilung II 424.
**Rechtsbedingungen** I 205, V 238.
**Rechtsbesitz** III 3.

**Rechtsfähigkeit** I 50 f., Beginn derselben I 52. — R. der Vereine I 79 ff., Entziehung derselben I 94 ff., 113. — Bekanntmachung I 100. — Nicht rechtsfähige Vereine I 103 ff. — R. von Ausländern VI 28 f., ausländischer Vereine VI 37 f. — (S. auch VI 249.)

**Rechtsgeschäfte** I 142 ff. (allgemeine Betrachtung). — Abstrakte, kausale R. I 147 f. — R. eines Vereins mit seinen Mitgliedern I 90, der Minderjährigen I 152 ff., einseitige R. derselben I 157 f. — R. der Entmündigten I 160 f. — Form der R. I 175 ff. — R. gegen gesetzliches Verbot I 185 f., gegen gute Sitten, wucherisches R. I 189 f. — Theilweise Nichtigkeit von R., Konversion I 191, Bestätigung I 192. — Anfechtung von R. I 192 ff. — Bedingungen bei R. I 203 ff. — Zeitbestimmungen I 209. — Vertretung, Vollmacht I 210 ff. — Zustimmung (Einwilligung, Genehmigung) I 232 ff. — Wirksamkeit der Verfügung durch R. des nach dem Grundbuche Berechtigten über das eingetragene Recht III 114. — Aufhebung der Hypothek durch R. III 559, 600 f., des Pfandrechts III 707. — R. der Frau im häuslichen Wirkungskreise IV 85 f. — R. des Mannes über eingebrachtes Gut IV 116 ff., der Frau IV 145 ff., 166. — R. der Frau gegenüber dem Manne IV 155, 170. — R. über Gesammtgut IV 209 ff., 227 f. — Haftung des Gesammtgutes für R. der Frau IV 220 f., 293 f. — R. des Inhabers der elterlichen Gewalt für das Kind IV 399 f. — R. zwischen Vormund und dessen Verwandten und Mündel IV 535 f. — R. über Mündelvermögen, welche der Genehmigung des Vormundschaftsgerichts bedürfen IV 563 ff. — R. gegenüber dem Erben vor Ausschlagung der Erbschaft V 54. — Erwerb durch R. bei Erbengemeinschaft V 188 f. — R. mit Mitteln der Vorerbschaft, Verhältniß zur Nacherbschaft V 286. — Gültigkeit der R. des im Erbschein bezeichneten Erben III 665 f., 675 f. — R. von Ausländern VI 27 f., 33. — Maßgebende Gesetze für Form der R. VI 40 f. — R. gegen gute Sitten, ausländisches Recht VI 95. — (S. auch VI 249.)

**Rechtsgleichheit,** Prinzip der I 51.

**Rechtsgrund** bei Schuldversprechen II 529, bei Schuldanerkenntniß II 530. — Bereicherung ohne R. II 573 ff. (s. Bereicherung).

**Rechtshandlungen,** Begriff I 149.

**Rechtshängigkeit.** Verzinsung einer Geldschuld von R. ab II 67. — Einfluß der R. des Anspruchs auf Herausgabe bestimmten Gegenstandes II 67, auf Anspruch aus Rücktrittsrecht II 128 f. — Einfluß der R. auf Pflichten des Schenkers II 287, auf Herausgabe ungerechtfertigter Bereicherung II 591 f. — Eintritt der Folgen der R. bei bösem Glauben des Empfängers einer Leistung ohne Rechtsgrund II 594 f. — Einfluß der R. des Eigenthumsanspruchs auf Herausgabepflicht des Besitzers III 255 ff., 258, 264. — Einfluß der R. bei Aufhebung der Verwaltung und Nutznießung des Mannes durch Urtheil IV 179, bei Aufhebung der Gütergemeinschaft durch Urtheil IV 240, auf Unterhaltsanspruch für Vergangenheit IV 367. — R. des Erbschaftsanspruchs V 164, 166 f. — Wirkungen der R., Landesgesetze VI 245.

**Rechtshülfe** bei Erbschein V 644, 654. — Internationales Abkommen über VI 26.

**Rechtskraft** I 39 f. — Verjährung rechtskräftig festgestellter Ansprüche I 267. — Eheauflösung mit R. des Urtheils IV 317. — Umfang der R. des Urtheils gegen Testamentsvollstrecker V 411.

**Rechtsmängel** beim Kauf II 228 ff., bei Schenkung II 287 f, 289 f., Miethe II 297 f., Leihe II 337, Werkvertrag II 371.

**Rechtsmittel.** Folgen des Nichtgebrauchs für die Verletzung einer Amtspflicht II 637 f.

**Rechtsnachfolge.** Wirkung des Urtheils bei R. I 40 f. — R. in dingliche Ansprüche, Einrechnung der Besitzzeit des Vorgängers in die Verjährungszeit I 269 f.

**Rechtsnorm** im Sinne des B.G.B. VI 16 f., 19.

**Rechtspflege** s. Stillstand.

**Rechtssache,** Verletzung der Amtspflicht in einer solchen II 637 ff.

**Rechtsstreit** des Vereins mit Mitgliedern I 90, des Mannes über eingebrachtes Gut IV 124 f. — Kosten des R. einer Frau aus eingebrachtem Gut IV 134 f., R. der Frau ohne Zustimmung des Mannes IV 148 f., 153, 156 f., 166, 168 f., 170 f. — R. des Mannes über Gesammtgut IV 209, Vertretung durch die Frau IV 214. — Fortsetzung eines R. durch die Frau IV 216. — Kosten eines R. der Frau IV 221, 222, 293, des Mannes IV 222. — Kosten eines R. über Vorbehaltsgut oder eingebrachtes Gut bei Errungenschaftsgemeinschaft IV 295. — R. über Bestehen oder Nichtbestehen von Eltern- und Kindesverhältniß IV 370, VI 62, 66, 67, 73, der elterlichen Gewalt IV 381 f. — Kosten des R. eines Kindes in elterlicher Gewalt IV 408, 415. — R. zwischen Vormund und Verwandten und Mündel IV 536. — Vertretung der Vorerbschaft in R. V 289. — R. über Erbrecht, Einfluß auf Erbschein V 646, 656.

**Rechtsverfolgung.** Haftung des Bürgen für Kosten der R. II 512, Stellung desselben bei erschwerter R. gegen Hauptschuldner II 516, 519. — Haftung des Grundstücks für R. der Hypothek III 468. — Haftung des Pfandes für Kosten der R. III 660.

**Rechtsverletzung** II 605 ff.

**Rechtsvermuthung** für Bestehen, Nichtbestehen von im Grundbuche eingetragenen, gelöschten Rechten III 106, 502 f. — Ausschluß der R. zum Beweise der Forderung bei Sicherungshypothek III 604. — (S. auch Vermuthung.)

**Rechtsverschaffung** bei Kauf II 226 f.

**Rechtsverwirkung**, Vorbehalt der II 136. — Bestimmung der R. bei Pfandverkauf III 688.
**Rechtsweg.** Abhängigkeit der Zulässigkeit des R. von Vorentscheidung einer Behörde, Einfluß bezüglichen Gesuchs auf die Verjährung I 262. — Preußisches Gesetz, betr. die Erweiterung des R. VI 193.
**Rechtswidriger** Angriff I 279 f.
**Rechtzeitig**, Terminologie II 19.
**Redhibition** s. Wandelung.
**Redlicher Besitzer** s. Eigenbesitz.
**Redlicher Glaube** s. guter Glaube.
**Regalien**, Fortbestand der Landesgesetze VI 159.
**Regelmäßige** Verjährungsfrist I 245 f.
**Regionalsystem** für eheliches Güterrecht IV 97.
**Registrirte** Schiffe III 712 ff.
**Reglement** keine Rechtsnorm VI 16.
**Regreß** des Bürgen II 517 f.
**Regula Catoniana** V 349.
**Regulirung** s. Auseinandersetzung, Grenzverwirrung, Miterben.
**Rehwild**, Schaden durch II 630.
**Rei vindicatio** III 248.
**Reich.** Verpfändung von Buchforderungen gegen das R. zur Sicherheitsleistung I 286, 289. — Aufrechnung gegen Forderung des R. I 177. — Ausgabe von Schuldverschreibungen auf den Inhaber II 552. — Buchforderungen gegen R. bei Nacherbschaft V 297.
**Reichsadel**, Sonderrechte VI 137.
**Reichsangehörigkeit** zur Begründung des gesetzlichen Erbrechts des Reichsfiskus V 25. — Verlust der R. durch den Ehemann, Fortdauer der deutschen Gesetze für persönliche Rechtsbeziehungen der Ehegatten VI 47. — Einfluß des Erwerbs der R. auf eheliches Güterrecht VI 49 f., 53 f., des Verlustes der R. auf Ehescheidung VI 57 f., der R. auf Eltern- und Kindesverhältniß VI 61 ff., auf Verhältniß unehelicher Kinder VI 66 f., auf Legitimation, Annahme an Kindesstatt VI 70 f. — Erwerb der R., Einfluß auf erbrechtliche Verhältnisse VI 77 ff. — (S. auch VI 112 f.)
**Reichsanzeiger.** Bekanntmachung der Aufforderung eines Miterben zur Anmeldung von Nachlaßforderungen V 223, der Genehmigung zur Ausgabe von Schuldverschreibungen auf den Inhaber II 552 f.
**Reichsbank.** Hinterlegung von Inhaber- und Orderpapieren bei Nießbrauch III 393, bei Gefährdung des eingebrachten Guts IV 142. — Anlegung von Mündelgeld IV 552. — Hinterlegung von Inhaberpapieren des Mündels IV 558, von Inhaberpapieren der Nacherbschaft V 295.
**Reichsbeamte.** Erlaubniß zur Eheschließung IV 33, Kautionsleistung VI 177, Bestellung zum Vormunde IV 526.
**Reichsbeamtengesetz** I 62, II 197, 637, 638, IV 33, 526, 647. — Aenderung VI 120.
**Reichsfiskus** als gesetzlicher Erbe V 25, Anfall von Vereinsvermögen I 97.
**Reichsgericht**, Zuständigkeit VI 20 f.
**Reichsgesetze.** Ersatz von Vorschriften der R. durch das B.G.B. VI 17 f. — Verhältniß des B.G.B. zu den R. VI 100 ff.
**Reichsgewohnheitsrecht** I 34 f.
**Reichsgoldmünzen**, Zahlung der Hypothek in III 461.
**Reichskanzler.** Bestimmung des Standesbeamten IV 40, Befreiung von aufschiebenden Ehehindernissen IV 41, Ehelichkeitserklärung IV 479, Befreiung vom Erforderniſſe des Alters bei Annahme an Kindesstatt IV 492. — Bestimmung über Vergeltungsrecht VI 99.
**Reichskassenscheine**, Gesetz betr. die Ausgabe II 14, 554, 558. — Eigenthumserwerb III 190.
**Reichsmilitärgesetz** I 63, 70, II 197, IV 33, 384, 526, V 430, 443, 472, 480, 484. — Aenderung VI 121.
**Reichsschuldbuch**, Gesetz betr. das R. I 287, II 340, IV 143, 145, 550, 560, V 297, 298, 643. — Verpfändung von Forderungen, welche in das R. eingetragen sind, als Sicherheitsleistung I 286, 289. — Anlegung von Mündelgeld in Forderungen, welche in das R. eingetragen sind IV 550, 605. — Aenderung des Gesetzes betr. das R. VI 125.
**Reichsschuldenordnung** VI 189.
**Reichsstempelgesetz** VI 193.
**Reichsunmittelbare**, Sonderrechte derselben VI 137. — (S. auch VI 90.)
**Reichsverfassung** VI 14, 16.
**Reichswährung.** Zahlung in R. II 13 f.
**Reifegrad** des Kindes IV 345, 346.
**Reihenfolge** der Eintragungen in das Grundbuch, Bedeutung für das Rangverhältniß III 84 f. — R. der Unterhaltspflicht der Verwandten IV 361, des Unterhaltsanspruchs IV 364, der Berufung zur Vormundschaft IV 519 f. — R. der Befriedigung der im Aufgebotsverfahren ausgeschlossenen Nachlaßgläubiger V 80.
**Rekurs** bei Einspruch gegen Eintragung eines Vereins I 109.
**Relative** Rechte I 47 f., III 9. — R. Scheidungsgründe IV 313 f., 320 f., VI 370.
**Religion.** Rücksicht auf R. der Dienstboten II 358.
**Religionsdiener**, Bestellung zum Vormunde IV 526, Entlassung IV 628, zum Familienrathe IV 614.
**Religionsgesellschaft**, Rechtsfähigkeit, Fortbestand der Landesgesetze VI 170.
**Religionswechsel** kein Scheidungsgrund IV 317.
**Religiöses Bekenntniß** des Mündels, Berücksichtigung bei Auswahl des Vormundes IV 523.
**Religiöse Erziehung** des Mündels IV 543. — Fortbestand der Landesgesetze über r. E. der Kinder VI 221 f.

**Religiöses Gefühl**, Verletzung II 607.
**Religiöse Orden** f. Orden.
**Religiöse Vereine** I 95, 108 f.
**Renten**, Anspruchsverjährung bei Rückständen I 248, 252, 274. — Zahlung einer R. durch den Beschenkten, wenn Unterhalt des Schenkers durch das Geschenk gefährdet ist II 291 f. — (S. auch Geldrente.)
**Rentengüter**, Fortbestand der Landesgesetze VI 142. — (S. auch VI 90.)
**Rentenkupons**, Hinterlegung zur Sicherheitsleistung mit dem Werthpapiere I 288.
**Rentenscheine** mit dem Werthpapiere zur Sicherheitsleistung zu hinterlegen I 288, nicht bei eingebrachtem Gut IV 142. — Unzulässigkeit des Aufgebots von R. II 558, Vorlegungsfrist II 559, Verlust II 563. — Ausgabe neuer R. II 564, Beschaffung solcher von mit Nießbrauch belasteten Inhaberpapieren III 394. — R. von verpfändeten Werthpapieren III 750. — R. von Inhaberpapieren des Mündelvermögens IV 561, der Nacherbschaft V 296. — Uebergangsvorschriften für Kraftloserklärung, Zahlungssperre von R. VI 290, 293.
**Rentenschuld** III 439 f., 443 f., 646 ff. — Verpfändung einer R. als Mittel der Sicherheitsleistung I 286, 289. — Pflicht des Verkäufers zur Beseitigung von R. am Kaufgegenstande II 231. — Leistungen des Nießbrauchers auf Grund einer R. III 449. — Nießbrauch an R. III 392. — Abtretung der R. III 534, 542. — Begriff und Inhalt der R., Ablösungssumme, Zahlungstermin III 647 f., Verweisung auf Vorschriften für Hypothekenzinsen, für Zahlung der Grundschuld III 648, Ablösungsrecht des Eigenthümers, Ausschluß der Kündigung des Gläubigers, Rechte desselben bei Verschlechterung des Grundstücks III 649 f. — Umwandlung der R. in gewöhnliche Grundschuld und umgekehrt III 650 f. — Pfandrecht an R. III 744. — R. bei Fahrnißgemeinschaft IV 306. — Anlegung von Mündelgeld in R. IV 550, 566. — R. als Gegenstand der Nacherbschaft V 292. — R. auf vermachtem Grundstück V 341. — Verhältniß der R. zur Entschädigung für Enteignung an Grundstücken VI 128. — Landesgesetzliche Beschränkung der R. auf Zwangsverwaltung VI 141, sonstige landesgesetzliche Beschränkungen VI 206.
**Rentenschuldbrief**, Vorlegung zwecks Berichtigung des Grundbuchs III 119. — Eigenthum an R. III 210.
**Rentenversprechen** II 498.
**Reparatur** f. Ausbesserung.
**Replica** compensationis II 172.
**Repräsentationsrecht** bei gesetzlicher Erbfolge V 13, 15.
**Resiliationsrecht** (französisches) VI 329.
**Resolutionsrecht** (französisches) VI 301, 312.
**Resolutivbedingung** f. auflösende Bedingung.
**Res transit** cum suo onere V 341.
**Restaurateure**, Haftung II 446.
**Restitutionsklage** gegen ein die Ehe auflösendes Urtheil IV 26.
**Retablissementgesetze** VI 199 f.
**Retentionsrecht** f. Zurückbehaltungsrecht.
**Retraktrecht** V 182, 183.
**Reugeld**. Draufgabe im Zweifel nicht R. II 116. — Rücktritt gegen R. II 132.
**Reuvertrag** f. Reugeld, Rücktrittsrecht.
**Reuß**. Ausführungsgesetze zum B.G.B. VI 9, 361.
**Revenuenhypothek** III 522. — Landesgesetze VI 141. — Uebergangsvorschrift für R. VI 343.
**Revision** in bürgerlichen Rechtsstreitigkeiten, Verordnung VI 16.
**Revokationsklage** VI 142.
**Rezeption** des römischen Rechts I 1 f.
**Reziprokes Testament** V 491.
**Rheinischer Ritterstand**, Testirfreiheit VI 408.
**Richter** bei Testamentserrichtung V 436 ff.
**Richterliches Ermessen** für Schadensersatz bei konkurrirendem Verschulden des Beschädigten II 25. — R. Testament V 496 ff., 444 ff.
**Rinderpestgesetz** VI 127.
**Rindvieh**, Gewährleistung beim Kauf desselben II 261 ff.
**Ritterschaftliche Familien**, gewisse, Landesrecht über Testirfreiheit VI 407.
**Robbenfang**, Gesetz betr. den III 220.
**Römisches Recht**, Rezeption I 1 f.
**Rothwild**, Schaden durch II 630.
**Rückbürgschaft** II 508.
**Rückfallsrecht** (französisches) VI 301, 312.
**Rückforderung** f. Zurückforderung.
**Rückgabe** f. Zurückgewährung, Zurückgabe.
**Rückgängigmachen** f. Rücktrittsrecht, Wandelung.
**Rückgewähr** f. Zurückgewährung.
**Rückgewährtaxe** beim Inventar eines verpachteten Grundstücks II 328 ff., des verpachteten Grundstücks selbst II 333.
**Rückgriff** des Bürgen II 517.
**Rückkauf** f. Wiederkauf.
**Rückkaufshändler** II 271, VI 180.
**Rückkehrbefehl** IV 319.
**Rücknahme** f. Zurücknahme.
**Rückständige** Zinsen, Renten ꝛc. Anspruchsverjährung I 248, 252, 273. — R. Lasten beim Grundstückskauf II 229.
**Rücktritt, Rücktrittsrecht** bei theilweiser von dem Schuldner zu vertretender Unmöglichkeit der Leistung II 53 f., bei Verzug des Schuldners II 64, bei Unmöglichkeit der Leistung aus gegenseitigem Vertrage II 100 f., 106, bei Leistungsverzug aus gegenseitigem Vertrage II 104 f., 106, bei Vertrag zu Gunsten Dritter II 113, 115. — Beginn der Anspruchsverjährung I 249. — R. bei Verträgen im Allgemeinen II 126 ff.: Wirkung des R. II 126 f., Zurückgewähr der Leistungen, Werthvergütung für Dienste und Sachbenutzung II 128, Einsatz

für Verschlechterung, Untergang, Unmöglichkeit der Herausgabe, Vergütung von Nutzungen, Verwendungen, Verzinsung von Geld II 128 f., Erfüllung Zug um Zug II 129, Erklärung des R. II 129 f., Untergang des Gegenstandes II 130, Ausschluß des R. II 130 ff. — Verzug des zum R. Berechtigten, Fristbestimmung II 132 f. — Untheilbarkeit des R. II 134. — Zulässigkeit der Aufrechnung bei vorbehaltenem R. II 134, Beweislast II 135. — R. gegen Reugeld II 135, Vorbehalt der Rechtsverwirkung II 136. — R. bei Fixgeschäft II 137. — R. von der Hingabe an Erfüllungsstatt II 144 f. — Kein R. des Verkäufers bei gestundetem Kaufpreis II 242. — Anwendung der Vorschriften über R. auf die Wandelung II 251 f. — Vorbehalt des R. bei Nichtentrichtung des Kaufpreises II 269. — R. des Bestellers II 375 f. — Mäklerlohn bei R. II 396. — R. des Hauptschuldners, Einfluß auf Bürgschaft II 514. — R. vom Verlöbniß IV 10 ff., VI 350, von Verträgen des Vormundes ohne gerichtliche Genehmigung IV 579 f. — Ausübung des R. bei Erbengemeinschaft V 187. — R. bei Erbvertrag V 545 ff.

**Rückübertragung** eines zur Sicherung eines Anspruchs übertragenen Rechts nach dessen Verjährung I 273.

**Rückverweisung** auf ausländisches Recht VI 86 f., 89 f.

**Rückwirkende** Kraft der Bedingung I 205 f., der Genehmigung eines Rechtsgeschäfts I 237, der Genehmigung der Verfügung eines Nichtberechtigten über einen Gegenstand I 238. — R. der Wahl bei Mehrheit von Leistungen II 34 f., der Aufrechnung II 171 f.

**Ruhegehalt, rückständiger,** Anspruchsverjährung I 248, 252. — Abtretung II 196, VI 167.

**Ruhen** der Verjährung s. Hemmung. — R. der elterlichen Gewalt IV 428 ff., 641, VI 378 (s. Eltern). — R. der Erbschaft V 9.

**Ruß,** Zuführung auf fremdes Grundstück III 138, VI 215.

## S.

**Sachbeschädigung** zur Abwendung von Gefahr I 281. — Geld als Schadensersatz bei S. II 16 f. — Fahrlässige S. II 611. — S. durch Thiere II 628 f., durch Gebäudeeinsturz II 633 f., Ersatzleistung an den nichtberechtigten Besitzer II 650.

**Sachen,** Begriff I 127, 128. — Vertretbare S. I 128. — Verbrauchbare S. I 128 f. — Wesentliche Bestandtheile einer S. I 129 f., eines Grundstücks I 130 f. — S. welche nicht Bestandtheile eines Grundstücks sind I 132 f. — Zubehör einer S. I 133 ff. — Früchte von S. I 137 f. — Nutzungen von S. I 138. — Lasten von S. I 141. — Zerstörung, Beschädigung fremder S. zur Abwendung von Gefahr I 281 f. — Verlust einer S., Abtretung der Rechte des Ersatzberechtigten an den Ersatzpflichtigen II 27 f. — Einbringung von S. bei Gastwirthen II 445 ff. (s. Gastwirthe). — Vorlegung von S. II 569 f. — Nur S. sind Gegenstand des Eigenthums III 128 f. — Rechte an fremden S., Uebergangsvorschriften VI 310 ff.

**Sachenrecht,** Inhalt und System III 3 ff. — Uebergangsvorschriften VI 298 ff.

**Sachgesammtheit** I 127, II 32.

**Sachinbegriff.** Bewegliche Sachen, die zu einem S. gehören, gelten als verbrauchbar I 128 f. — Herausgabe eines S. II 32. — Nießbrauch an S. III 333, 353, Pfandrecht III 654.

**Sachmängel,** Gewährleistung II 246 ff. (s. Gewährleistung). — S. bei Schenkung II 288, Miethe II 297 f., Leihe II 337, Werkvertrag II 371.

**Sachmiethe** s. Miethe. — Unterschied der S. von Werkvertrag II 369.

**Sachsen,** Königreich: Ausführungsgesetze zum B.G.B. III 672, 673, IV 552, 601, V 486, VI 10, 47, 132, 138, 140, 149, 152, 178, 179, 180, 183, 185, 186, 191, 193, 194, 198, 199, 207, 208, 211, 214, 216, 217, 222, 225, 229, 232, 234, 235, 237, 238, 243, 244, 245, 266, 295, 347, 361, 368, 388, 396, 401. — Behandlung von Fundsachen III 227, 242. — Schiffsregister III 714. — Gesetz betr. Staatsschuldbuch IV 551, V 297, VI 185. — Hausgesetz VI 136. — Berggesetz III 338, VI 150, 151. — Wildschadensgesetz VI 155. — Leihhausordnung VI 180. — Baugesetz VI 200. — Agrargesetze VI 204. — Gesetz, betr. die juristischen Personen VI 268. — Verordnung, betr. das Grundbuchwesen VI 319, 323.

**Sächsisches Gesetzbuch** I 3, II 623, 638, III 13, 15, 21, 23, 86, 91, 128, 135, 140, 142, 143, 155, 157, 160, 228, 292, V 208, 229, 236, 239, 240, 241, 254, 257, 258, 259, 276, 278, 289, 313, 319, 372, 380, 427, 448, 471, 475, 479, 481, 490, 498, 501, 561, 611, 623, 625, 677, VI 214, 259, 297, 310, 371, 405.

**Sachverständige.** Verjährung ihrer Ansprüche auf Gebühren und Auslagen I 247, 252. — Feststellung des Zustandes der Nießbrauchssache III 332, des Werths bei Nießbrauch an verbrauchbaren Sachen III 374, des Gebäudezustandes bei Wohnungsrecht III 412, des Zustandes des eingebrachten Guts IV 107 f., 291 f., Aufstellung des Mündelvermögens IV 544, des Zustandes der Nacherbschaft V 301. — Fortbestand der Landesgesetze über Haftung von S. zur Feststellung von Grundstückswerthen VI 164.

**Sachwucher** I 190.

**Salzregal** in Bayern VI 160.

**Samen** als wesentlicher Bestandtheil des Grundstücks I 131.

**Sammlungen,** öffentliche I 116. — Pflegschaft für durch S. zusammengebrachtes Vermögen IV 658 f.

**Sammtgut** s. Gesammtgut.

**Sammt und sonders** II 211.

**Sand,** Anlagen des Nießbrauchers zur Gewinnung III 335.

**Satzung** des Vereins I 82, Aenderung derselben I 89 f., 112, Bestimmungen derselben über Mitgliederversammlungen I 91 f., 93, über Vorstand I 93, über Vereinsvermögen I 96. — S. eingetragener Vereine I 106 f. — S. von Kreditanstalten, Bezugnahme bei Eintragung von Hypotheken III 457, 460. — S. keine Rechtsnorm VI 16.

**Schaden.** Ausübung eines Rechts nur zum Sch. Anderer I 276.

**Schadensersatz** durch Vereine I 88, durch Liquidatoren derselben I 102, durch juristische Personen des öffentlichen Rechts I 125 f., bei Nichtigkeit und Anfechtung von Willenserklärungen I 172. — Sch. bei bedingten, betagten Verpflichtungen für Vereitelung oder Beeinträchtigung des Rechts I 206 f., 209. — Sch. des Vertreters ohne Vertretungsmacht I 226 ff. — Sch. bei Selbsthülfe I 281, bei Irrthum über die Voraussetzungen der Selbsthülfe I 285. — Inhalt und Umfang der Pflicht zum Schadensersatz, Herstellung des früheren Zustandes II 16 f., Fälle der Geldentschädigung II 16 f., 21. — Mittelbarer, unmittelbarer Schaden II 17, entgangener Gewinn II 17, 21 f. — Fristbestimmung des Gläubigers zur Herstellung II 18 f. — Berücksichtigung nicht wahrscheinlichen Schadens II 24. — Anderer als Vermögensschaden II 24. — Verschulden des Vermögensschaden II 24. — Verschulden des Beschädigten bei Entstehung des Schadens II 25 f., Verschulden von Vertretern des Beschädigten II 26. — Abtretung der Ansprüche des Ersatzberechtigten gegen Dritte an den Ersatzpflichtigen, bei Verlust einer Sache, eines Rechts II 27. — Zurückbehaltungsrecht bei Berechtigung zum Sch. II 44. — Sch. bei verschuldeter Unmöglichkeit der Leistung II 51 f. — Sch. statt Erfüllung nach rechtskräftiger Verurtheilung des Schuldners II 57 f. — Sch. bei Verzug des Sch. II 64 f., bei Unmöglichkeit der Leistung nach Rechtshängigkeit II 67 f. — Vertrag über unmögliche Leistung, Sch. bei Kenntniß (Kennenmüssen) der Unmöglichkeit II 80 f. — Sch. bei Unmöglichkeit der Erfüllung gegenseitigen Vertrags II 101 f., bei Leistungsverzug aus gegenseitigem Vertrage II 104 f., bei Vertrag zu Gunsten Dritter II 113, 116. — Anrechnung der Draufgabe auf Sch. II 118 f. — Vertragsstrafe als Sch. II 120 f., 122. — Sch. bei vertragsmäßigem Rücktrittsrechte II 128 f. — Sch. bei Hinterlegung nicht am Leistungsorte II 156, bei unterlassener Anzeige von Versteigerung zwecks Hinterlegung II 166. — Sch. bei Aufrechnung von Forderungen mit verschiedenen Leistungsorten II 175. — Sch. durch einen Gesammtschuldner II 215, bei Gesammtgläubigerverhältniß II 221. — Sch. für Rechtsmängel beim Verkauf beweglicher Sachen II 231 ff., statt Wandelung und Minderung II 249, 260, Aufrechnung desselben II 260, 267. — Sch.pflicht des Wiederverkäufers II 272, des Schenkers II 287 f., des Vermiethers II 298, 319, des Miethers bei Nichtrückgabe der Sache II 310, desgleichen des Pächters II 334. — Sch. des Verleihers II 337, des Dienstherrn gegenüber dem Dienstverpflichteten II 358, 360, bei außerordentlicher Kündigung des Dienstvertrags II 365 f. — Sch. des Unternehmers II 375, des Bestellers II 382 f. — Sch.anspruch des Auftraggebers II 411, 413, des Beauftragten II 418. — Sch.pflicht bei Geschäftsführung ohne Auftrag II 428, 431, bei Verwahrungsvertrag II 438, 441, des Gastwirths II 446 f., bei Gesellschaft II 457, 471 f., bei Ausgabe von Schuldverschreibungen auf den Inhaber ohne staatliche Genehmigung II 552 f. — Sch. bei unerlaubten Handlungen II 601, 605 ff., 613 f., 615, 616, 617, 620 f., 623 ff., VI 69, 158, Umfang II 641 f., Leistung durch Geldrente II 642 f. — Sch. bei Aufsuchen und Wegschaffen einer auf fremdes Grundstück gelangten Sache III 52 f. — Verjährung des Sch.anspruchs aus eingetragenen Rechten III 126 f. — Sch.anspruch des Eigenthümers bei zulässiger Einwirkung eines Anderen auf die Sache III 132 f., bei Gefahr des Einsturzes eines Gebäudes, Werkes III 140, bei Vertiefung des Bodens III 142, bei Rechtsverlust durch Verbindung, Vermischung, Verarbeitung III 208 f., bei Verfolgung von Bienen III 224. — Sch.pflicht des Besitzers gegenüber Eigenthumsanspruch III 258, 263, VI 305. — Sch.pflicht des Gläubigers bei unrechtmäßigem Pfandverkauf III 693. — Sch. bei Rücktritt vom Verlöbniß IV 10 ff., VI 350, bei Unterhaltsanspruch für Vergangenheit IV 367, bei grundloser Ablehnung der Uebernahme einer Vormundschaft IV 529, bei Verschulden des Vormundes und Gegenvormundes IV 581 f., des Familienraths IV 615, des Pflegers IV 661. — Sch.pflicht des Erben bei Nichtbeantragung des Konkurses über den überschuldeten Nachlaß V 97 f. — Sch. bei Erbschaftsanspruch V 166 f., des Vorerben bei Nacherbfolge auf den Ueberrest V 314, des Testamentsvollstreckers V 420, des Richters oder Notars bei Testamentserrichtung V 445. — Landesgesetze über Sch. durch Wild VI 154 ff., durch Beamte VI 162. — Sch. bei widerrechtlicher Pfändung VI 176. — Landesgesetze über Sch. der Eisenbahnen und ähnlicher Betriebe VI 194, über Sch.

bei Verletzung von Strafgesetzen zum Schutze von Grundstücken VI 196, über Sch. bei Aufruhr VI 196, durch Eisenbahn-, Dampfschiffsunternehmungen VI 215. — Gesetz betr. die Verbindlichkeit zum Sch. I 254, VI 117 f.
**Schadlosbürgschaft** II 508, 517.
**Schafe,** Gewährleistung beim Kauf derselben II 261 ff.
**Schatz** ist nicht Frucht oder Nutzung I 138. — Eigenthumserwerb III 245 f. — Sch. bei Erbbaurecht III 294, bei Nießbrauch III 340. — Sch. im eingebrachten Gute IV 131, 288, im Sondergute IV 206, bei Nacherbschaft V 286.
**Schätzung.** Uebernahme und Rückgewähr der Pacht eines Landguts nach Sch., desgl. von Vorräthen II 332. — Beiträge zur Gesellschaft nach Sch. II 458. — Sch. des Gesellschaftsvermögens bei Ausscheiden eines Gesellschafters II 481. — Sch. des Nachlasses zu Berechnung des Pflichttheils V 579.
**Schätzungswerth.** Sicherheitsleistung durch bewegliche Sachen nur zu 2/3 des Sch. I 289. — Sch. als Wiederkaufspreis II 274. — Uebernahme des Inventars zum Sch. bei Grundstückspacht II 328 ff., des Pachtstücks selber II 333. — Sch. bei Nießbrauch II 351. — Sch. einer Sache, Darlehensvertrag III 343. — Sch. von Nachlaßforderungen, die nicht auf Geldbetrag gehen V 79.
**Schaumburg-Lippe.** Ausführungsgesetze zum B.G.B. VI 11, 361. — Gesetz, betr. Rechtsverhältnisse der Bauernhöfe VI 145.
**Schauspieler.** Natur der Verträge mit Sch. II 368.
**Scheide** s. Grenze.
**Scheidung** der Ehe IV 313 ff., VI 369 ff. (s. Ehescheidung). — Einfluß der Erhebung der Sch.klage auf gesetzliches Erbrecht des überlebenden Ehegatten V 21, 23, auf letztwillige Verfügung V 241.
**Scheidungsgründe** IV 313 ff., 317 ff., V 616, VI 369 f.
**Scheidungsstrafen** IV 314.
**Scheingeschäft** I 167 f. — Abtretung der Forderung aus Sch. II 187 f. — Eheschließung IV 56.
**Schenkung** II 281 ff.: Unentgeltliche Zuwendung, Bereicherung, Annahme II 282 f. — Unterlassener Vermögenserwerb, Verzicht, Ausschlagung von Erbschaft, Vermächtniß ist nicht Sch. II 283 f. — Form des Sch.versprechens II 284 f. — Verweigerung der Erfüllung des Sch.versprechens bei Gefährdung standesmäßigen Unterhalts, gesetzlicher Unterhaltspflicht II 285 f. — Sch. fortlaufender Unterstützung, Nichtübergang auf Erben des Schenkers II 286. — Haftung des Schenkers II 286. — Keine Verzugszinsen II 287. — Gewährleistung für Rechtsmängel II 287 f., für Sachmängel II 288 f. — Sch. einer Gattungssache II 288 f. — Sch. unter einer Auflage II 289 f., Rechts-, Sachmängel dabei II 289 f., Unterbleiben der Ausführung II 290. — Herausgabeanspruch des Schenkers nach erfüllter Sch. bei Gefährdung standesmäßigen Unterhalts, gesetzlicher Unterhaltspflicht II 291 f. — Widerruf der Sch., Gründe II 293, Vollziehung des Widerrufs II 293, Ausschluß, Verzeihung, Verzicht II 294. — Unwiderruflichkeit der Sch. aus sittlicher oder Anstandspflicht II 294. — Sch. durch Geschäftsführung ohne Auftrag II 434. — Sch. unter Verlobten IV 15, unter Ehegatten IV 79, VI 49, 51, 355. — Ablehnung einer Sch. durch die Frau ohne Zustimmung des Mannes IV 155, 216. — Sch. des Mannes aus Gesammtgut ohne Einwilligung der Frau IV 212. — Erwerb durch Sch. bei Auseinandersetzung der Gütergemeinschaft IV 237. — Sch. ist eingebrachtes Gut der Errungenschaftsgemeinschaft IV 286. — Sch.-versprechen des Mannes bei Errungenschaftsgemeinschaft IV 289. — Widerruf von Sch. nach Ehescheidung IV 336. — Sch. aus Kindesvermögen IV 398, aus Mündelvermögen IV 548, an Mündel IV 567. — Sch. des Vorerben V 290, des Testamentsvollstreckers V 397, 402, des Erblassers bei Erbvertrag V 533 f. — Ergänzung des Pflichttheils wegen Sch. V 602 ff. — Sch. einer Erbschaft V 704 f. — Sch. an religiöse Orden, Fortbestand der Landesgesetze VI 174. — Sch. über 500 solidi VI 234.
**Schenkung auf den Todesfall,** von Todeswegen V 31, 558 f., VI 405 f. — Beschwerung mit einem Vermächtnisse V 327.
**Schenkungsversprechen** II 284, 287 f., IV 212, 289, V 290, 402, 535, 559, 603.
**Scherz.** Willenserklärung zum Sch. I 168, Eheschließung IV 56.
**Schichtung** nach Beendigung der fortgesetzten Gütergemeinschaft IV 265 f.
**Schiedseidvertrag** II 521.
**Schiedsgericht,** Geltendmachung eines Anspruchs vor Sch., Verjährung I 268. — Letztwillige Schiedsgerichtsklausel V 27.
**Schiedsvertrag** II 524. — Einfluß auf Verjährung I 268 f. — Sch. über Verbindlichkeiten aus Spiel oder Wette II 504. — Sch. für Mündel IV 569.
**Schiffe.** Pflicht des Verkäufers eines Sch. zur Löschung nicht bestehender Rechte im Schiffsregister II 228. — Pfandrecht an Sch. III 712 ff. (s. unter Pfandrecht). — (S. auch III 275.)
**Schiffer,** Anspruchsverjährung I 246, 252. — Haftung II 446. — Dienstverhältniß der Sch. und Schiffsmannschaften II 346.
**Schiffsgläubiger,** gesetzliches Pfandrecht III 709.
**Schiffspart,** Pfandrecht III 724.
**Schiffspfandrecht** III 712 ff. — (S. unter Pfandrecht.)

**Schiffsregister** III 712ff. — Löschung nicht bestehender Rechte bei Verkauf eines Schiffes II 228. — (S. unter Pfandrecht.)
**Schlachten** des Thiers, Einfluß auf Wandelung beim Viehhandel II 264.
**Schlafräume** für Dienstboten II 358.
**Schlafwagenunternehmungen,** Haftung II 446.
**Schlichte Leihe** VI 143, 347, 348.
**Schließung** s. Sperre.
**Schlüssel** als Bestandtheil eines Gebäudes I 132.
**Schlüsselgewalt** der Frau IV 68, 85f., 183, 210, 218, 221, V 71, VI 53f., 355, 359 (vgl. I 212f.). — Beschränkung derselben durch Eintragung in das Güterrechtsregister IV 312.
**Schmerzensgeld** II 648.
**Schmiede.** Zubehör einer S. I 136.
**Schmucksachen** der Ehefrau IV 94, 102. — Sch. bei Auseinandersetzung der Gütergemeinschaft IV 237. — Sch. des Kindes in elterlicher Gewalt IV 405.
**Schonende Ausübung** der Grunddienstbarkeit III 307f., der beschränkten persönlichen Dienstbarkeit III 409.
**Schornsteinfegergerechtigkeiten** VI 160.
**Schoßfallsrecht** V 14, 16, 18.
**Schreiben,** Eigenthumserwerb III 206. — Sch. des Testaments V 451f.
**Schreibensunkundige,** Testamentserrichtung V 451f., 458f. — (S. auch Handzeichen.)
**Schreibmaschine,** Testament V 452.
**Schriftliche** Beschlußfassung der Mitglieder eines Vereins I 89. — Sch. Form des Stiftungsgeschäfts I 117f., der Einwilligung des gesetzlichen Vertreters Minderjähriger I 157, der Zustimmung I 233f. — Gesetzliche sch. F. der Rechtsgeschäfte I 176f., gewillkürte I 177f. — Sch. Form der Bürgschaftserklärung I 290, II 511. — Sch. Empfangsbekenntniß II 148. — Sch. Form der Abtretungsurkunde II 195, der Mittheilung von Uebernahme von Hypotheken bei Grundstücksveräußerung II 202f., des Miethvertrags über Grundstücke II 315, des Arbeits- und Führungszeugnisses bei Dienstvertrag II 367, des Leibrentenvertrags II 500, des Schuldversprechens, Schuldanerkenntnisses II 528, 530, 531, der Bürgschaft II 511, des Kreditauftrags II 522, der Annahme der Anweisung II 536, der Uebertragung der Anweisung II 543, der Abtretung der Hypothek III 530. — Sch. Testament V 451f. — Sch. Form der gerichtlichen Genehmigung einseitiger Rechtsgeschäfte des Vormundes IV 580.
**Schriftstücke** s. Familienschriftstücke.
**Schriftwerke** s. Urheberrecht.
**Schriftzeichen** bei Testamentserrichtung V 452.
**Schulbaulast,** Fortbestand des Landesrechts VI 220.
**Schuldanerkenntniß** II 527ff. — Negativer Sch.vertrag II 179. — Sch. als Schenkung, Form II 284. — Sch. für Ehevermittelung II 399, aus Spiel und Wette II 503f. — Abstraktes Sch. II 527f., Form desselben I 530, bei Ertheilung auf Grund einer Abrechnung oder im Wege des Vergleichs II 531. — Schenkweises Sch. auf den Todesfall V 559f.
**Schuldbekenntniß** s. Schuldanerkenntniß.
**Schulden** eines Vereins I 99f. — Berichtigung einer gemeinschaftlichen Schuld II 495. — Sch. der Gesellschaft II 478. — Anweisung auf Sch. II 539. — Sch. des Erblassers sind Nachlaßverbindlichkeiten V 68.
**Schuldenhaftung** des eingebrachten Guts IV 159ff., des Gesammtguts IV 218ff., bei Errungenschaftsgemeinschaft IV 284, 292ff., bei Fahrnißgemeinschaft IV 303, 307f., des Kindesvermögens IV 413. — Sch. des Erben V 65ff.
**Schulderlaß** II 179ff.
**Schuldiger Theil** bei Ehescheidung IV 325f., VI 370. — Stellung bei Auseinandersetzung der Gütergemeinschaft IV 238f., 326. — Unterhaltspflicht des sch. Th. IV 329f. — Stellung bezüglich Sorge für die Person der Kinder IV 392f. — Anwendung der Bestimmungen über sch. Th. auf das Verhältniß von Eltern und Kindern aus nichtigen Ehen IV 452, 454.
**Schuldschein,** Rückgabe II 153. — Eigenthum daran III 210.
**Schuldübernahme** II 109, 199ff.: Vertrag zwischen Gläubiger und Dritten II 199, zwischen Schuldner und Dritten, Genehmigung des Gläubigers II 200f., Uebernahme von Hypothekenschuld bei Grundstückserwerb II 202f., VI 328ff. — Einreden des Uebernehmers, Aufrechnung II 204f. — Erlöschen von Pfand- und anderen Nebenrechten II 205f. — Uebernahme eines Vermögens II 207f. — Sch. bei Gesammtschuldverhältniß II 213, 220, 222, bei Grundschuld III 638, bei Erbschaftskauf V 693. — (S. auch VI 277f.)
**Schuldurkunde.** Abtretung einer Forderung mit Sch., Einreden des Schuldners gegen den gutgläubigen Erwerber II 187f. — Eigenthum an Sch. III 210. — Sch. nicht Voraussetzung der Hypothek III 455. — Vermächtniß einer Sch. V 353.
**Schuldverhältnisse.** Allgemeines, Unterscheidung von anderen Rechten, Vermögenswerth, Klagbarkeit II 3ff. — (S. auch II 139.) — Verletzung des Rechts aus Sch. II 602. — Internationales Privatrecht für Sch. VI 26. — Uebergangsbestimmungen für bestehende Sch. VI 273ff.
**Schuldverschreibung auf den Inhaber** II 545ff. — Kein Kündigungsrecht bei höherem Zinssatze als sechs Prozent II 15. — Sch. a. d. J. von Kreditanstalten II 16. — Allgemeines über Sch. a. d. J. II 545ff. — Begriff, Gegenstand, Form der Sch. II 547f., Legitimation des Inhabers II 549f. — Eintritt der Verpflichtungen des Ausstellers II 552.

— Staatliche Genehmigung II 552f. — Einreden des Ausstellers II 554f. — Aushändigung der Schuldurkunde bei Leistung II 557. — Umtausch beschädigter Sch. II 557f., Kraftloserklärung II 558f., VI 290. — Ausschlußfristen, Vorlegungsfrist, Verjährung II 559f. — Zahlungssperre II 560f., VI 290. — Zinsscheine, Verhältniß zur Hauptforderung II 561f. — Verlust von Zins-, Renten- oder Gewinnantheilscheinen I 563. — Erneuerungsschein II 564. — Umschreibung auf den Namen II 546, 564. — Konten, Marken &c. II 565f. — Legitimationspapiere II 566f. — Ausgabe von Sch. a. d. J. des Mündels IV 569. — Sicherungshypothek für Sch. a. d. J. III 610f., VI 340. — Anwendung der Vorschriften für Sch. a. d. J. auf Grundschuld auf den Inhaber III 639f. — Schiffspfandrecht für Sch. a. d. J. III 723. — Pfandrecht an Sch. a. d. J. III 747ff. — Vermächtniß einer Sch. V 353. — Reichsgesetz betr. die gemeinsamen Rechte der Besitzer von Sch. III 451, 611, 614, 618f., 620, 621, 723, VI 201. — Strafbestimmung gegen unbefugte Ausgabe von Sch. VI 106. — Fortbestand landesgesetzlicher Bestimmungen über Sch. der Bundesstaaten VI 188. — Uebergangsbestimmungen für Sch. a. d. J. VI 290ff., Verbot der Außerkurssetzung VI 294. — Anhängiges Verfahren auf Kraftloserklärung. Zahlungssperre VI 296.
**Schuldvermächtniß** V 354.
**Schuldversprechen** II 527ff. — Sch. für Heiratsvermittelung II 399. — Sch. als Schenkung, Form II 284. — Abstraktes Sch. II 527f., Form desselben II 528, bei Ertheilung auf Grund einer Abrechnung oder im Wege des Vergleichs II 531. — Vertragsweises Sch. auf den Todesfall V 559f.
**Schule.** Verletzung des Aufsichtsrechts in Sch., Schadensersatz II 627.
**Schulgeld,** Anspruchsverjährung I 247.
**Schullehrer** s. Lehrer.
**Schulpflicht** IV 388.
**Schulrecht** VI 130.
**Schutzbedürftigkeit** s. Sorge. Sch. des Abwesenden, Bestellung eines Abwesenheitspflegers IV 653.
**Schutzgebiete,** Gesetz, betr. die Rechtsverhältnisse der I 62, 78, IV 40, 41, 479, V 25, 431, 471, 472, 644, 651, 674, VI 15, 47, 77, 108.
**Schutzgesetze** zu Gunsten bestimmter Personen, rechtsgeschäftliche Verfügung gegen dieselben I 186f., Verletzung derselben II 605, 611f. — Landesgesetze zum Schutze von Grundstücken VI 196.
**Schutzmaßregeln** für Dienstverpflichtete II 358.
**Schwägerschaft** IV 342. — Ehehinderniß IV 27f., Nichtigkeit IV 53. — Unzulässigkeit der Ehelichkeitserklärung wegen Ehehinderniß der S. IV 484. — Ehelichkeitserklärung bewirkt keine S. IV 487, ebenso Annahme an Kindesstatt IV 504. — Ausschließung von der Mitwirkung bei Testamentserrichtung V 446. — (S. auch VI 18.) — Anwendung der Vorschriften des B.G.B. über S. auf andere Reichsgesetze VI 102f.
**Schwängerer** s. Beiwohnung, Uneheliche Kinder.
**Schwangerschaft,** Ansprüche der unehelichen Mutter während derselben IV 470, VI 67f. — Bestellung einer Pflegschaft für die Leibesfrucht IV 655f. — Unterhalt der Mutter eines zu erwartenden Erben aus dem Nachlasse während der S. V 60, 317, Aussetzung der Erbtheilung V 193.
**Schwarzburg,** Ausführungsgesetze zum B.G.B. VI 11, 361.
**Schwarzwild,** Schaden durch II 630.
**Schwebezeit** der Bedingung I 206f.
**Schweigen** s. Stillschweigen.
**Schweine,** Gewährleistung beim Kauf derselben II 261f.
**Schweizer,** Eheschließung IV 34. — Schw. Obligationenrecht II 356, 374, 624, 647.
**Schwester** als Nacherbe V 282.
**Sechs Monate** Frist bei Anspruchsverjährung gegen Geschäftsunfähige oder beschränkt Geschäftsfähige I 256, gegen und für Nachlaßansprüche I 357. — Neue Klagerhebung binnen s. M. Einfluß auf Verjährung I 263. — Verjährung des Gewährleistungsanspruchs in s. M. II 257f., die Ansprüche aus Leihvertrag II 340, aus Werkvertrag II 377, aus Miethvertrag II 310, der Ersatzansprüche aus Nießbrauch III 364f. — Frist für Eheanfechtung IV 63, für Anfechtung zweiter Ehe nach Todeserklärung, falls der für todt Erklärte noch lebt IV 76, für Scheidungsklage IV 323, VI 371. — Frist für Erbschaftsausschlagung V 40, für Anfechtung der Annahme oder Ausschlagung V 50, für Anmeldung von Nachlaßforderungen auf Aufforderung eines Miterben V 222.
**Sechs Wochen** Frist für Wandelungsanspruchsverjährung bei Viehhandel II 267. — Frist für Verpflegung kranker Dienstboten II 356f.
**Sechswochenkosten** V 469, VI 67f.
**Sechzehntes Lebensjahr,** Ehemündigkeit der Frau IV 19. — Unterhaltspflicht des unehelichen Vaters bis zum s. L. IV 461. — Testamentsfähigkeit V 433.
**Sechzigstes Lebensjahr,** Ablehnung der Vormundschaft IV 527.
**Seefahrer,** Todeserklärung I 71f.
**Seemannsordnung** II 346, IV 384, VI 182.
**Seetestament** V 472f., 493.
**Seeverschollenheit** I 71f.
**Seeversicherung** VI 161.
**Seitenverwandte** IV 341f. — Ehehinderniß IV 27.
**Selbsthülfe** I 283ff., Irrthum über die Voraussetzungen I 285. — S.verkauf nach Handelsrecht II 245. — S. des Vermiethers

gegen Entfernung von Sachen des Miethers II 312 f. — S. des Besitzers III 43 f. — S. bei Verfolgung von Bienen III 224. — S. durch Pfändung, Fortbestand des Landesrechts VI 175 f.
**Selbstschuldner.** Verbürgung als S. II 516.
**Selbstschutz** s. Selbsthülfe. — S. des Besitzers III 43 f., des mittelbaren Besitzers III 59 f.
**Selbstvertheidigung** I 276 ff., III 130. — Irrthum über die Voraussetzungen I 285. — S. des Besitzers III 43 f.
**Selbstzahler** s. Selbstschuldner.
**Selbstzugriff** I 283 ff.
**Semel heres semper heres** V 256, 269.
**Senatus consultum** Libonianum V 448.
**Separation** s. Trennung.
**Sequestration** II 436, III 359, 382. — (S. Verwaltung, Zwangsverwaltung.)
**Servitut** s. Grunddienstbarkeit, persönliche Dienstbarkeit. — **S. oneris ferendi** VI 333. — **S. continuae discontinuae, apparentes, non apparentes, rusticae, urbanae** III 304, 322, **irregulares** III 408.
**Seuchengefahr,** Schutzmaßregeln, Kosten derselben bei Wandelung im Viehhandel II 266.
**Seuchentestament** V 471 f., 493.
**Sicherheitsarrest** bei Festnahme als Selbsthülfe I 285.
**Sicherheitsleistung** bei Verurtheilung zur Zahlung einer Geldrente I 40, an Gläubiger bei Liquidation eines Vereins I 101. — Einrede der mangelnden S. hemmt nicht Anspruchsverjährung I 252 f. — S. unterbricht Verjährung I 259. — S. nach vollendeter Verjährung I 272 f. — Sicherheitsleistung im Allgemeinen I 286 ff.: Mittel I 286, Pfandrecht des Berechtigten I 287, geeignete Werthpapiere I 288, Umtausch von Geld und Werthpapieren I 288, Berücksichtigung des Kurswerths von Werthpapieren und Buchforderungen gegen Reich und Bundesstaaten I 288, 289, des Werths beweglicher Sachen I 289, des Werths von Hypotheken, Grundschulden, Rentenschulden I 289, Tauglichkeit der Bürgen I 290. — Ergänzung der S. I 290 f. — S. für Befreiung von Verbindlichkeiten, welche der Ersatzberechtigte für Aufwendungen einging II 29. — S. bei Wegnahme von Einrichtungen einer herauszugebenden Sache II 30, zur Abwendung des Zurückbehaltungsrecht II 44, 92, Verzug in letzterem Falle II 62. — S. für die Gegenleistung bei gegenseitigem Vertrage III 94 f. — S. für gestundeten Kaufpreis bei Vorkaufsrecht II 277. — Verzicht auf S. als Schenkung II 284. — S. des Miethers gegen Geltendmachung des vermietherischen Pfandrechts II 313, 321 f., des Gastes gegen Pfandrecht des Gastwirths II 451. — S. an den ausscheidenden Gesellschafter II 481, des Hauptschuldners an den Bürgen II 519. — S. bei Vorlegung von Sachen, Urkunden II 573. — S. für Aufsuchen und Wegschaffen einer auf fremdes Grundstück gelangten Sache III 52 f. — S. durch **constitutum possessorium** III 182. — S. des Nießbrauchers III 338 f., 356 f., 374. — Recht des Verpfänders auf Rückgabe des Pfandes gegen S. III 670. — S. des Mannes bei Gefährdung des eingebrachten Guts IV 139 ff., 143 f. — Klage der Frau auf Beendigung der Verwaltung und Nutznießung, wenn sie S. verlangen kann IV 174. — S. zur Erfüllung der Unterhaltspflicht des schuldigen Theils nach Ehescheidung IV 332, 335. — S. für Kindesvermögen IV 423, 426, des unehelichen Vaters für Unterhalt IV 462. — Ablehnung der Vormundschaft wegen Pflicht zur S. IV 528. — Aufhebung von S. für Mündelforderung IV 569. — S. des Vormundes IV 594, VI 394. — S. für streitige Verbindlichkeiten bei Nachlaßverwaltung V 105. — S. des Vorerben V 305 f. — Vermächtniß einer Forderung, für welche S. geschehen V 353, des Erben bei Ueberlassung von Nachlaßgegenständen durch den Testamentsvollstrecker V 417. — S. für ungewisse Rechte und Verbindlichkeiten bei Pflichttheil V 583. — Internationales Abkommen über prozessuale S. VI 26. — S. von Beamten, Gewerbetreibenden, Fortbestand der Landesgesetze VI 177.
**Sicherheitsmaßregeln** s. Schutzmaßregeln.
**Sicherstellung** der Ansprüche von unehelicher Mutter und Kind vor Geburt IV 470, des Mündels gegenüber dem Vormunde IV 514, des Nachlasses V 56 ff., von Ausländern V 35. — Zuständigkeit V 35. — Fortbestand des Landesrechts über S. des Nachlasses VI 232 f.
**Sicherung.** Fortbestand der S. durch Rechtsübertragung nach Anspruchsverjährung I 273 f. — S. des Beweises bei Mängeln des Kaufgegenstandes II 257 f., bei Viehmängeln II 264. — S. des Pflichttheilsanspruchs V 595.
**Sicherungshypothek** III 439, 441, 602 ff., nicht geeignet zur Sicherheitsleistung I 289, III 608. — S. für den Unternehmer eines Bauwerks II 386 f., VI 328. — Abtretung der S. III 534, 542. — Uebertragung auf eine andere Forderung III 595. — Arten der S. III 602 f. — Inhalt und Bestellung der S. III 604 f., Abweichungen von der gewöhnlichen Hypothek III 606 f., Umwandlung in eine gewöhnliche Hypothek III 608 f. — S. für Schuldverschreibung auf den Inhaber, für Orderpapiere III 610 f., VI 340. — Form der Bestellung, Ausschließung des Gläubigers III 615 f. — Bestellung eines Vertreters für den jeweiligen Gläubiger (Treuhänder) III 616 f. — Haftung des Grundstücks aus S. bis zu einem Höchstbetrage (Maximal-, Kautions-, Ultimat-Hypothek) III 621 ff. — Grundschuld als S.

III 635. — S. bei Verpfändung der Forderung auf Uebertragung des Eigenthums an einem Grundstücke III 740. — S. des Vormundes IV 595, des Familienraths IV 616. — S. auf vermachtem Grundstück V 343f. — Landesgesetze über S. des Fiskus ꝛc. VI 177. — Behandlung bestehender Pfandrechte an Grundstücken als S. VI 336f., 344, bestehender Grundschuld als S. VI 346. — (S. auch III 275, 350.)

**Sicht.** Unzulässigkeit des Aufgebots unverzinslicher Schuldverschreibungen auf S. II 558. — Uebergangsbestimmungen für Schuldverschreibungen auf S. VI 290f.

**Siebentes Lebensjahr,** Beginn der Geschäftsfähigkeit I 150, 152. — Verantwortlichkeit für unerlaubte Handlungen II 619f.

**Siebzigstes Lebensjahr,** Todeserklärung Verschollener I 69.

**Siegel,** Verschließung des Testamentsprotokolls V 466, des Erbvertrags V 521.

**Siegelung** des Nachlasses V 56f., VI 232f., Verbot derselben V 34. — S. des Testamentsprotokolles V 467.

**Sielrecht,** Fortbestand der Landesgesetze VI 150.

**Silbersachen,** Pfandverkauf III 691.

**Simulation** s. Scheingeschäft.

**Sistirungsgesetze** I 253.

**Sitten, gute.** Rechtsgeschäft gegen g. S. I 189f., Verträge II 82. — Annahme einer Leistung gegen g. S. II 588, 595. — Handlungen gegen g. S. II 616f. — Vermächtniß gegen g. S. V 350. — Ausländisches Recht gegen g. S. VI 93f.

**Sittliche Pflicht,** Schenkung aus solcher unwiderruflich II 294. — Schenkung des Mannes aus Gesammtgut IV 212. — Leistung einer Nichtschuld aus s. Pf. II 586. — Schenkungen des Vorerben V 290. — Schenkung aus Kindesvermögen IV 398, des Testamentsvollstreckers V 397, des Erblassers, nicht betroffen durch Anspruch auf Pflichttheil V 610.

**Sittliches Verschulden,** Bedürftigkeit durch solches, Beschränkung auf nothdürftigen Unterhalt IV 365.

**Sittlichkeit,** Fürsorge für Dienstboten hinsichtlich S. II 358. — Verletzung II 608. — Immaterieller Schaden bei Verletzung der S. gegen Frauensperson II 647f.

**Sitz** des Vereins I 81, 82, 105, 106; der Stiftung I 115, 117.

**Sklaverei** I 51, VI 22, 28, 96.

**Societas leonina** II 457.

**Socius liberalitatis imperialis** V 26.

**Sofort,** Begriff I 171.

**Söhne,** Sorge für deren Person nach Ehescheidung IV 392.

**Soldaten** s. Militärpersonen.

**Solidarobligation** II 209, 211.

**Sollen,** Terminologie I 25f.

**Solutionis causa adjectus** II 142.

**Sondereigenthum** an stehenden Erzeugnissen eines Grundstückes III 128, VI 300f., 308.

**Sondergut** der allgemeinen Gütergemeinschaft IV 202, 204f., 226, 245, 247, der fortgesetzten Gütergemeinschaft IV 253.

**Sondernachfolge.** Wirkung des Urtheils bei S. I 40f. — Wirkung der Regelung der Verwaltung gemeinschaftlichen Gegenstandes für und gegen S. II 488, des vereinbarten Ausschlusses der Theilung II 492. — Forderung der Berichtigung gemeinschaftlicher Schuld aus dem gemeinschaftlichen Gegenstande gegen S. II 495.

**Sonderrechte** von Vereinsmitgliedern I 90f.

**Sondervermögen,** Nießbrauch III 396.

**Sonntage,** Einfluß auf Ablauf von Fristen I 242.

**Sorge** des Inhabers der elterlichen Gewalt für Person und Vermögen des Kindes IV 383ff. (s. elterliche Gewalt), bei Ruhen der elterlichen Gewalt IV 428, bei Minderjährigkeit der Mutter IV 448, bei Wiederverheirathung derselben IV 449, bei Bestellung eines Vormundes oder Pflegers wegen Person des Vaters IV 450, bei nichtiger Ehe IV 454, der unehelichen Mutter IV 459f., der Mutter nach Ehelichkeitserklärung des Kindes IV 488, der leiblichen Eltern nach Annahme an Kindesstatt IV 505. — S. des Vormundes für Person und Vermögen des Mündels IV 533f., 540, 542f., 638. — Uebergangsvorschrift bei obrigkeitlicher Beschränkung in der S. für Person oder Vermögen des Kindes VI 379f.

**Sorgfalt** I 36. — S. wie in eigenen Angelegenheiten II 49f., bei Verwahrungsvertrag II 439, bei Gesellschaft II 459. — S. des Vaters in Ausübung elterlicher Gewalt IV 418. — Haftung der Ehegatten für S. wie in eigenen Angelegenheiten IV 90, VI 49, 355. — S. des Vorerben V 308.

**Souveräne Häuser,** Anwendung des B.G.B. VI 135.

**Sozialpolitische Vereine** I 95, 108f.

**Sozietät** s. Gesellschaft.

**Sparkassen.** Zinsen aus Zinsen II 16, Landesgesetze II 340. — Einlagen bei S., Natur des Vertrags II 342. — S.bücher II 567, VI 296. — Anlegung von Mündelgeld IV 550. — Fortbestand der Landesgesetze über S. VI 187.

**Species** II 13.

**Spediteur.** Uebergabe des Leistungsgegenstandes an S. bei Gattungsschuld II 12f., des Kaufgegenstandes, Uebergang der Gefahr II 238. — Gesetzliches Pfandrecht III 709.

**Speisen** (und Getränke), gewerbsmäßige Verabreichung, Anspruchsverjährung I 246, 252.

**Sperre** des Grundbuchs III 70. — (S. auch Zahlungssperre.)

**Spesen** II 352.

**Spezialitätsprinzip** des Grundbuchrechts III 66.

**Spezialsuccession** in Nachlaß V 9.

**Spezialvollmacht** I 218.
**Spezifikation** III 206. — Sp.kauf II 70, 228, 390, 391.
**Spiel** II 500ff. — Darlehen zum Zwecke des S. II 502. — Unklagbarkeit II 503, Zurückforderung des Geleisteten II 503f., Schuldanerkenntniß II 503f. — Umwandlung von S.schuld in Darlehnsschuld II 505.
**Sprache** s. deutsche Sprache. — S. des Testaments V 438.
**Sprechen**, Verhinderung am, Testamentserrichtung V 460f.
**Staat**. Verleihung der Rechtsfähigkeit an Vereine I 81f. — Fortdauer der Landesgesetze über Haftung des St. für Beamte II 640. — Haftung für Schadenszufügung durch Beamte, Fortbestand der Landesgesetze VI 162. — Landesgesetze über Reallasten für den St. VI 211f., über Uebertragung von Grundstücken von und an den St. VI 216.
**Staatliche** Verleihung der Rechtsfähigkeit an Vereine I 81, 90. — St. Genehmigung des Lotterie-, Ausspielvertrags II 505. — St. Genehmigung zur Ausgabe von Schuldverschreibungen auf den Inhaber II 546, 552f.
**Staatsangehörigkeit**. Gesetz betr. den Erwerb und Verlust der St. I 62, IV 79, 384, 597, V 25, VI 20, 26, 48, 61, 64, 68, 70, 91, Aenderungen desselben VI 115f. — St. maßgebend für Personalstatuten VI 26, für persönliche Rechtsbeziehungen von Ehegatten VI 47f., für eheliches Güterrecht VI 49f., für Ehescheidung VI 57f., für Eltern- und Kindesverhältniß VI 61ff., für Verhältniß des unehelichen Kindes zur Mutter VI 66f., zum Vater VI 67f., für Ansprüche der unehelichen Mutter VI 68, für Legitimation, Annahme an Kindesstatt VI 70, für Vormundschaft, Pflegschaft IV 625, VI 74, für Beerbung VI 82. — Maßgebende Gesetze für Rechtsverhältnisse von Personen ohne St. VI 91f. — Mehrfache St. VI 92.
**Staatsanwalt**, Anfechtung der Ehelichkeit IV 343.
**Staatsbank**, Anlegung von Mündelgeld IV 552.
**Staatsgebiet**. Besondere Vorschriften für Gegenstände, welche sich in einem St. befinden VI 89f.
**Staatsgewalt**, Ehelichkeitserklärung durch Verfügung derselben IV 479.
**Staatsschuldbücher**. Verpfändung von Forderungen, welche in das St. eines Bundesstaats eingetragen sind, als Sicherheitsleistung I 286. — Anlegung von Mündelgeld in Forderungen, welche in das St. eingetragen sind IV 550, 605. — Fortbestand der Landesgesetze über St. VI 185f.
**Staatsschulden**, Rückzahlung, Umwandlung, Fortbestand der Landesgesetze VI 186.
**Staatsverband**. Anhörung des Mündels vor Entlassung aus dem St. IV 576, der Verwandten, Verschwägerten des Mündels IV 597.
**Staatsverträge** wegen Eheschließung von Ausländern IV 34. — St. als Rechtsnormen VI 16. — St. über Vormundschaft VI 77, Hinterlassenschaft VI 85. — Kollision ausländischen Rechts mit St. VI 98. — St. der Bundesstaaten VI 134.
**Stallmiethe**, Haftung II 446.
**Stämme**. Erbfolge nach St. V 13f., 16, 17f. — Pflichttheil nach St. V 575.
**Stammgüter**, Fortbestand der Landesgesetze VI 139. — (S. auch VI 90.)
**Stammhypothekenbrief** s. Theilhypothekenbrief.
**Stammwerth**. Lasten, welche auf dem St. der Nießbrauchssache liegen III 348.
**Stand** der Frau IV 83, der geschiedenen Frau IV 329, des Kindes IV 372, des unehelichen Kindes IV 459.
**Standesbeamter**, Zuständigkeit, vermeintlicher St. IV 36ff. — Mittheilung des Urtheils im Ehescheidungsprozesse an St. IV 315. — Geburtsanzeige bei St. als Anerkennung des Kindes IV 351. — Mitwirkung bei Eheschließung zwischen Ausländern VI 46, im Auslande VI 115, bei verbotener Ehe VI 97. — (S. auch VI 122ff.)
**Standesmäßiger** Unterhalt IV 364. — Gefährdung durch Schenkung II 285f. — St. U. der geschiedenen Frau IV 329f. — Berücksichtigung bei Unterhaltspflicht IV 357, bei Aussteuerpflicht IV 373, bei außerordentlicher Unterhaltspflicht des unehelichen Vaters IV 461f. — St. Beerdigung IV 369, V 69.
**Standesregister** I 53.
**Ständige** Niederlassung I 60.
**Statut** s. Vereinssatzung.
**Statutenkollision** VI 40ff.
**Steine**, Anlagen des Nießbrauchers zur Gewinnung III 335.
**Stellvertretung** s. Vertretung, Vollmacht. — Direkte, indirekte St. I 210f. — Haftung der Beamten für Stellvertreter, Fortbestand der Landesgesetze VI 163.
**Stempel** auf Testamentsprotokoll V 467.
**Stempelkosten** bei Kauf II 239.
**Sterbekassen**. Aufrechnung gegen Hebungen aus St. II 177.
**Stiefverwandtschaft**, Ehe IV 27.
**Stifter** s. Stiftungen.
**Stiftungen** I 115ff.: Stiftungsgeschäft, Genehmigung I 115ff., 120, 121, 122, Sitz I 115, 117. — Form des Stiftungsgeschäfts unter Lebenden I 117f., Widerruf 117f., Errichtung durch Vertrag I 118. — Uebertragung des Stiftungsvermögens I 120. — Gewährleistungspflicht des Stifters I 120. — Stiftungsgeschäft durch Verfügung von Todeswegen I 121, V 325. — Genehmigung nach dem Tode des Stifters I 122 (vgl. V 274). — Verfassung I 123, Vorstand I 123f., Umwandlung und Aufhebung I 124.

— Schicksal des Vermögens nach Erlöschen der St. I 125. — St. des öffentlichen Rechts, Haftpflicht, Konkurs I 125 f. — St. des Mannes aus Gesammtgut IV 212. — Erbfähigkeit der St. V 12. — Unzulässigkeit der Erbauseinandersetzung bei schwebender Genehmigung einer St. des Erblassers V 193. — Berücksichtigung einer vom Erblasser gemachten St. bei Ergänzung des Pflichttheils V 603. — Anfall des Vermögens eines aufgelösten Vereins an St., Landesgesetze VI 171. — Landesgesetze über Hypothektitel von St. VI 177. — St. als gesetzlicher Erbe nach Landesrecht VI 230. — (S. auch VI 167.)

**Stiftungsgeschäft** I 115 f.

**Stiftungsvermögen** I 117, 120.

**Stiftungszweck,** Umwandlung desselben I 124.

**Stillschweigen.** Stillschweigende Willenserklärung I 162 f. — St. Annahme von Vertragsanträgen I 200. — St. Vollmacht I 218. — St. Verlängerung des Miethvertrags II 316. — St. Vereinbarung der Vergütung für Dienstleistung II 352. — St. Verlängerung des Dienstvertrags II 364. — St. Vereinbarung der Vergütung bei Werkvertrag II 370, bei Mäklervertrag II 397, bei Verwahrungsvertrag II 438. — St. Fortsetzung der Gesellschaft II 473. — St. Einwilligung des Mannes zum Erwerbsgeschäft der Frau IV 152 f.

**Stillstand** der Rechspflege hemmt Anspruchsverjährung I 254, den Lauf der Inventarfrist V 124. — St. des Prozesses, Einfluß auf Verjährung I 263.

**Stimmberechtigung** von Vereinsmitgliedern, Beschränkung I 90.

**Stimmeneinheit** der Versammlung der Vereinsmitglieder I 90, der Liquidatoren eines Vereins I 98, bei Gesellschaft II 460, 462.

**Stimmenmehrheit** des Vereinsvorstandes I 85 f., der Mitgliederversammlung I 89 f., bei Gesellschaft II 460, 462, bei Regelung der Verwaltung des gemeinschaftlichen Gegenstandes II 487 f., der gemeinschaftlichen Erbschaft V 185 f.

**Stockwerke,** Besitz an III 50, Verbot des Erbbaurechts an St. III 295.

**Stockwerkseigenthum** I 132, II 484, 485, III 128, 295, VI 219 f., 308 f., 329.

**Stoff** zum Werke, Tragung der Gefahr bei Lieferung durch den Besteller II 384, Lieferung durch den Unternehmer II 389 ff. — Eigenthumserwerb durch Verarbeitung, Umbildung von St. III 206 f.

**Störung** der Geistesthätigkeit, Geschäftsunfähigkeit I 150.

**Strafanstalt,** Aufenthalt in, begründet nicht Wohnsitz I 61. — Unterhaltsanspruch Detinirter IV 357.

**Strafantrag,** Berechtigung dazu VI 105.

**Strafbare Handlung.** Haftung des Besitzers, welcher den Besitz durch st. H. erlangte, gegenüber Eigenthumsanspruch III 261. — St. H. des Erbschaftsbesitzers V 169 f.

**Strafgesetzbuch** I 190, 280, 283, II 502, 505, 506, 525, 611, 614, 615, 616, 618, 620, 622, 639, 645, 647, III 177, 220, 221, 640, 657, IV 8, 14, 26, 27, 29, 30, 37, 53, 74, 317 f., 347, 384, 421, 432, 442, 459, 525, 549, 655, V 4, 421, 449, 614, 624 f., VI 20, 162, 197, 223. — Aenderungen des St. VI 103 f.

**Strafgesetze** zum Schutze von Grundstücken, Fortbestand der Schadensersatzpflicht nach Landesrecht VI 196.

**Strafprozeßordnung** I 17, 186, 285, 286, III 245, IV 8, 135, 161, 384, 433, 647, 655, V 4, 434, 447, 450, 454, 455, 484, VI 16, 101. — Anwendung der Vorschriften des B.G.B. über Verwandtschaft und Schwägerschaft VI 102 f. — Aenderungen der St. VI 108.

**Strafverfahren** gegen Ehefrau, Kosten IV 135, Haftung des Vorbehaltsguts IV 168 f. — Kosten eines St. bei Gütergemeinschaft IV 222, bei Errungenschaftsgemeinschaft IV 295, eines St. gegen das Kind in elterlicher Gewalt IV 408, 415.

**Strandungsordnung** II 346, III 221, 709.

**Strauch,** Nachbarrecht III 140, 142, 143. — St. auf der Grenze III 160, 213.

**Streit.** „In Streit befangen" I 43. — St. Recht als Voraussetzung des Vergleichs II 522 f.

**Streitige** Verbindlichkeiten bei Auseinandersetzung der Gesellschaft II 478, der Gütergemeinschaft IV 235, bei Nachlaßverwaltung V 105, bei Auflösung eines Vereins I 101.

**Streitverkündung** unterbricht Verjährung I 260, 265. — St. bei Entwehrung aus Kauf II 233, bei Gewährleistung wegen Mängel II 259, bei Viehmängeln II 264. — St. des Testamentsvollstreckers V 208.

**Stücklohn** II 349, 352, 355, 361, 363.

**Stückzahlung** s. Theilleistung.

**Studirende,** Unterhaltsanspruch IV 357.

**Stumme,** Pflegschaft IV 650, 666. — Testamentserrichtung V 460 f., Erbvertrag V 520.

**Stunden,** Fristberechnung nach St. I 243.

**Stundung** der Leistung hemmt Anspruchsverjährung I 252. — St. des Kaufpreises II 241, 242 f., bei Vorkaufsrecht II 277.

**Subjektives** Recht I 47.

**Substitut** s. Vertreter.

**Substitution** in Vollmacht I 219, bei Vertrag zu Gunsten Dritter II 111, bei Auftrag II 413 f., bei Erbeinsetzung V 266 f., VI 398. — Substitutus substituto est substitutus instituto, substitutus substituto huic quoque censetur substitutus esse qua instituto V 267. — S. reciproca V 268.

**Sühnetermin** in Ehescheidungssachen IV 315, 323, 325. — Ladung zum S. schließt das

gesetzliche Erbrecht des überlebenden Ehegatten nicht aus V 23.
**Sukcessio** in universitatem, per universitatem V 9, 65. — S. ordinum et graduum V 19 f., 575. — S. ex pacto et providentia majorum VI 139. — S. in usucapionem III 198.
**Superficies** s. Erbbaurecht.
**Surrogationsprinzip** II 467, 590, III 698, IV 106, 126 f., 198, 206, 234, 288, 289, 302, 306, 307, 394, 402, V 160 f., 188 f., 286, 340, 347, 683.
**Suspensivbedingung** s. aufschiebende Bedingung.
**Syndikatsklage** II 637 ff.

## T.

**Tabularersitzung** III 123 f., 170, 302, 328, 427, V 170.
**Tag** der Errichtung, Aenderung der Vereinssatzung I 110, 113. — T. des Todes bei Todeserklärung I 73 ff. — Einrechnung des T. bei Beginn von Fristen I 240, Miteinrechnung des T. der Geburt bei Berechnung des Lebensalter I 240. — Fristberechnung nach T. I 241. — Willenserklärung oder Leistung an bestimmtem T., Einfluß der Feiertage I 242. — Kündigung eines Miethverhältnisses nach T. II 314, eines Dienstverhältnisses II 362. — T. der Eintragung in das Grundbuch, Bedeutung für Rangverhältniß III 84 f.
**Tagelöhner,** Anspruchsverjährung I 247, 252.
**Tageszeit** der Leistung II 43.
**Talon** s. Erneuerungsschein.
**Tantieme** II 352.
**Taschengeld** Minderjähriger I 157.
**Taube,** Pflegschaft IV 650, 666. — Testamentserrichtung V 461.
**Tauben,** Eigenthum an III 223. — Aneignung nach Landesrecht VI 218.
**Taubstumme,** unerlaubte Handlungen II 619 f. — Testamentserrichtung V 462.
**Taufkosten** als Unterhalt IV 364, 461.
**Tausch** II 280 f.
**Täuschung.** Anfechtung von Willenserklärungen wegen arglistiger T. I 173 f., 213 f., der Bevollmächtigung I 217, des Verlöbnisses IV 12, der Ehe IV 59, 61, letztwilliger Verfügung V 245 f. — T. als Erbunwürdigkeitsgrund V 624 f.
**Taxatoren,** Ablehnung von Aufträgen II 412.
**Taxe** für Vergütung von Dienstleistung II 352, bei Werkvertrag II 370, bei Mäklervertrag II 397, bei Verwahrungsvertrag II 439.
**Technische Ausdrücke** des B.G.B. I 23 f.
**Teiche.** Fische in T., Eigenthum III 222.
**Telegraphenrecht** III 136, VI 130.
**Telegraphenwegegesetz** VI 127.
**Telegraphische** Uebermittelung der Willenserklärung, unrichtige I 170, zur Wahrung der Schriftform I 177 f., von Vertragsanträgen I 198, 199.
**Telephon** s. Fernsprecher.
**Termine** bei Rechtsgeschäften I 209. — Auslegungsvorschriften für T.bestimmungen I 240 ff. — T. zur Testamentseröffnung V 484.
**Terminologie** des B.G.B. I 21 ff., V 4 f.
**Testament** V 227 ff. — Begriff V 27. — Ausschließung der gesetzlichen Erbfolge von Verwandten, Ehegatten durch Testament V 28. — T. neben Erbvertrag, Annahme oder Ausschlagung der Erbschaft V 44. — Persönliche Errichtung des T. V 229. — Unzulässigkeit der Abhängigkeit der Geltung des T. oder der bedachten Person von Bestimmung Dritter V 229 f. — Bedenken der „gesetzlichen Erben" V 231 f., der Verwandten, nächsten Verwandten V 232, der Kinder V 233 f., der Abkömmlinge des Erblassers V 233 f., der Abkömmlinge eines Dritten V 235 f., einer Klasse von Personen V 236, der Armen V 237. — Mehrdeutige Bezeichnung des Bedachten V 238. — Bedingte Zuwendungen V 238 ff. — Zuwendungen unter Ehegatten und Verlobten V 241. — Unwirksamkeit des T. V 243 ff., Anfechtung V 243 f., Anfechtungsgründe V 245 ff., Anfechtungsberechtigung V 249 f., Anfechtungserklärung V 251 f., Anfechtungsfrist V 252 f. — Verweigerung der Leistung aus anfechtbarer letztwilliger Verfügung V 254. — Auslegung letztwilliger Verfügung V 254. — Unwirksamkeit einer von mehreren Verfügungen, Einfluß auf die übrigen V 255. — Vorbehalt einer Ergänzung letztwilliger Verfügung V 255. — Erbeinsetzung V 256 ff. (s. d. W.). — Ernennung von Testamentsvollstreckern V 385 f. — Errichtung und Aufhebung eines Testaments V 429 ff.: T.formen V 429 f. — Fähigkeit zur T.errichtung V 433 ff. — Ordentliche Testamentsform V 436 ff.: Richterliches, notarielles T. V 436 f. — Eigenhändiges T. V 438 ff. — Errichtung vor einem Richter oder Notar V 444 ff. — Mitwirkende Personen, Fähigkeit derselben, Ausschließungsgründe V 445 ff. — Akt der Errichtung V 451 f., ununterbrochene Gegenwart der Mitwirkenden V 454, Protokoll V 455 ff. — Verhinderung des Erblassers am Sprechen, Stumme V 460 f. — Unkenntniß der deutschen Sprache V 462 f. — Verschließung und Verwahrung des T.protokolls V 466 ff. — Verbot eigenhändigen T. für Minderjährige, Lesensunkundige V 468. — Amtliche Verwahrung eigenhändiger T. V 469. — Außerordentliche Testamentsformen: Errichtung von dem Gemeindevorsteher V 469 f., VI 244, Seuchent. V 471 f., Seet. V 472, zeitliche Beschränkung der Gültigkeit des außer-

ordentlichen T. V 473 f. — Widerruf des T. V 475 f., durch T. V 476, durch Vernichtung der T.urkunde V 476 f., durch Rücknahme aus amtlicher Verwahrung V 478 f., Widerruf des Widerrufs V 480 f., Wirkung späteren T. auf das frühere V 481 f. — Testamentseröffnung: Ablieferung des T. an Nachlaßgericht V 482 f., Eröffnungstermin, Verkündung V 484 f., Eröffnung durch ein anderes als das Nachlaßgericht V 487, Mittheilung des Inhalts an die Betheiligten V 487, Nichtigkeit des Verbots der Eröffnung V 488, Einsicht, Abschrift des T. V 488 f. — Gemeinschaftliches Testament V 490 ff.: Form V 491, Verwandtschaft mit Erbvertrag V 491. — Beschränkung auf Ehegatten V 492 f. — Errichtung vor Gemeindevorsteher V 493, eigenhändige Errichtung V 493 f., Einfluß der Wichtigkeit, der Eheauflösung V 495 f., Verfügungen für die Zeit nach dem Tode des Ueberlebenden V 496 ff. — Gegenseitige Abhängigkeit (Korrespektivität) der Verfügungen V 499 f., Widerruf V 502 ff., Ausschlagung der Zuwendung durch den Ueberlebenden V 502 ff., Zurücknahme des g. T. V 510, Eröffnung V 510 f. — Verhältniß des T. zum Erbvertrag V 515 f. — Aufhebung des Erbvertrags durch T. V 542 ff., Rücktritt von demselben durch T. V 551, 552 f. — Verzicht auf Zuwendung aus T. durch Vertrag mit Erblasser V 640 f. — Uebergangsvorschrift VI 401 f.

**Testamentseröffnung** V 482 ff.

**Testamentserrichtung** V 243, 429 ff., VI 244. — (S. Testament.)

**Testamentsfähigkeit** V 243, 433 ff., von Ausländern VI 77 f., 80 f.

**Testamentsformen** V 429 ff.

**Testamentsurkunde** V 451 ff., Vernichtung V 476 f.

**Testamentsvollstrecker** V 380 ff. — Aufschiebende Einreden des T. V 153. — Auseinandersetzung unter Miterben durch T. V 189. — Stellung des T. zu Erbstreitigkeiten V 383. — Ernennung des T. durch Testament V 385 f., durch einen Dritten V 387 f., durch T. V 388, durch das Nachlaßgericht V 389. — Fähigkeit zum T. V 390. — Beginn des Amts, Annahme, Ablehnung V 391 f. — Aufgaben und Befugnisse des T.: Ausführung der letztwilligen Verfügungen V 393 ff., Auseinandersetzung der Miterben V 395 f. — Verwaltung des Nachlasses, Verfügungsrecht V 397 ff., Eingehung von Verbindlichkeiten V 400 ff., Beschränkungen durch den Erblasser V 402, Beschränkung auf die Verwaltung V 403 ff. — Verfügungen des Erben V 405 f. — Prozeßführung des T. V 407 ff.: Aktivprozesse V 409 f., Passivprozesse V 410 f., Stellung der Gläubiger, welche nicht Nachlaßgläubiger sind, zu dem Nachlasse in Verwaltung des T. V 413. — Rechte und Pflichten des T. gegenüber der Erben: Nachlaßverzeichniß V 414, Verwaltungspflicht, Anordnungen des Erblassers V 415 f., Herausgabe von Nachlaßgegenständen an den Erben V 416, Anwendung der Vorschriften über den Auftrag, Rechnungslegung V 418 f., Schadensersatzpflicht V 420. — Unzulässigkeit der Befreiung des T. von bestimmten Verpflichtungen V 421. — Vergütung V 421. — T. zu bestimmten Zwecken V 422 f. — Mehrheit von T. V 423 f. — Beendigung des Amts V 425 ff.: Tod, Unfähigkeit V 426, Kündigung V 427, Entlassung V 427. — Gestattung der Einsicht gewisser Erklärungen V 428. — Mitwirkung des T. bei Testamentserrichtung V 447. — Beschränkung des Pflichttheilsberechtigten durch Ernennung eines T. V 568, Pflichten des T. gegenüber Pflichttheilsberechtigten V 584. — T. bei Beschränkung des Pflichttheilsrechts eines Abkömmlings in guter Absicht V 619. — Erbschein an T. V 645, 662, 671 f. — Haftung des Erbschaftsverkäufers für Nichtbeschränkung durch T. V 687 f. — Uebergangsvorschrift VI 399.

**Testamentszeugen** V 439, 445 ff., 469, 471, 472.

**Testamentum** irritum, ruptum, destitutum V 243, mysticum V 256, 430, parentum inter liberos V 430, VI 402, rure conditum V 470, tempore pestis conditum V 471, mere simultaneum, reciprocum, mutuum, correspectivum V 490.

**Testirfähigkeit** V 243, 433 ff., 475 (s. Testament). — Uebergangsvorschrift VI 406. — Hinderung der T., Erbunwürdigkeit V 624 f.

**Testirfreiheit** V 26, 560 f. — T. gewisser ritterschaftlicher Familien nach Landesrecht VI 407. — Hinderung der T., Erbunwürdigkeit V 624 f.

**Thäter.** Haftung mehrerer Th. bei unerlaubten Handlungen II 622.

**Thatsächliche** Gewalt s. Gewalt.

**Thatumstände,** Einfluß auf Willenserklärungen I 144 f.

**Theater.** Fund in T. III 340.

**Theaterbillets** II 565.

**Theaterrecht** II 368.

**Theil** einer Sache s. Bestandtheil. — Ausübung des Vorkaufsrechts an Th. II 276. — Abnahme eines Werks in Th. III 381. — Sicherungshypothek für Th. eines Bauwerks II 386 f. — Besitz an Th. einer Sache III 50, 52. — Nothweg für Th. eines Grundstücks III 152 f. — Verbot des Erbbaurechts an Th. eines Gebäudes III 295. — Grunddienstbarkeit an Th. eines Grundstücks III 301, 302, Beschränkung der Ausübung auf Th. III 312 f., der Ausübung der beschränkten persönlichen Dienstbarkeit III 409 f. — Wohnungsrecht an Th. eines Gebäudes III 411 f. — Verzicht des Gläubigers auf Th.

der Hypothek III 569, 582, 583. — Annahme, Ausschlagung eines Th. der Erbschaft V 45. — Rechtliches Interesse an Th. des Testaments V 488 f.
**Theilaufrechnung** II 178.
**Theilbare** Leistung, Mehrheit von Schuldnern oder Gläubigern II 210, 218 f. — Th. Reallastleistung III 435.
**Theilbesitz** III 50, 52.
**Theilhaber** s. Gemeinschaft.
**Theilhypotheken** III 527 f.
**Theilhypothekenbrief** III 516, 528.
**Theilleistungen** II 38, 40, 54, 58, 63, 64, 70, 120 f., 139, 160, 169, 172, 212, 219 f., 381, 388, 518, III 515 f., 561 f., 563 f.
**Theilnahme** am Ehebruche 2c., Ausschluß des Scheidungsrechts IV 317 f.
**Theilpacht** II 326.
**Theilschuldverschreibungen** über Eisenbahneinheiten, Fortbestand der Landesgesetze VI 201.
**Theilung** der Früchte einer Sache, eines Rechts unter mehrere nach einander Berechtigte I 139 f. — Keine Einrede der Th. bei Gesammtschuld II 212. — Th. der Belohnung bei Auslobung II 404 f. — Keine Th. bei bestehender Gesellschaft II 467 f., Th. nach Auflösung der Gesellschaft II 477 f. — Th. des gemeinschaftlichen Gegenstandes II 484, 492 f., VI 289. — Th. von Grundstücken III 106, des herrschenden Grundstücks bei Grunddienstbarkeit III 316 f., des dienenden Grundstücks III 318 f., bei Nießbrauch an gemeinschaftlicher Sache III 373, des dienenden Grundstücks bei beschränkter persönlicher Dienstbarkeit III 410, des belasteten, des berechtigten Grundstücks bei Reallast III 434 f., der Forderung bei Hypothek III 525 f., 533, der zur Eigenthümerhypothek gewordenen Gesammthypothek III 572 f. — Ausschluß der Th. des Gesammtguts der Gütergemeinschaft IV 208. — Th. nach beendeter Gütergemeinschaft IV 236 ff., fortgesetzter Gütergemeinschaft IV 264 ff. — Th. gemeinschaftlicher Vormundschaftsführung nach Wirkungskreisen IV 539 f. — Th. der Früchte gemeinschaftlicher Erbschaft V 185 f., Th. der Erbmasse V 198 f., 702. — Zeitpunkt der vollzogenen Th. V 220. — Th. unter mehreren mit Vermächtniß Bedachten V 332. — Beschränkung des Pflichttheilsberechtigten durch Th.anordnung V 568.
**Theilungsanordnungen.** Haftung des Erbschaftsverkäufers für Nichtbestehen von Th. V 687 f.
**Theilungsbeschränkungen** für Grundstücke, Fortbestand der Landesgesetze VI 207 f.
**Theilurtheil** II 38.
**Theilweise** Nichtigkeit eines Rechtsgeschäfts I 191. — Th. Anfechtung eines Rechtsgeschäfts I 192 f. — Th. Unmöglichkeit einer der Leistungen bei Alternativobligation II 38, bei anderer Obligation II 53 f., bei Verträgen II 79 ff. — Th. Leistung bei gegenseitigen Verträgen II 92 f. — Th. Unmöglichkeit der Leistung aus gegenseitigem Vertrage II 96 ff., 100 f. — Th. Leistung aus gegenseitigem Vertrage bei Verzug II 104 f. — Th. Untergang des Gegenstandes, Einfluß auf Rücktrittsrecht II 130, desgl. th. Veräußerung II 131. — Th. Erfüllung bei Mehrheit von Schuldverhältnissen II 146 f. — Th. Befriedigung des Hypothekengläubigers III 515 f., th. Verzicht desselben III 563, 582, 583, 626. — Th. Annahme, Ausschlagung der Erbschaft V 45.
**Thierärzte,** Anspruchsverjährung I 247, 252. — Kosten des Th. bei Wandelung im Viehhandel II 266.
**Thiere.** Beschädigung durch Th., Haftung des Th.halters, des Aufsichtspflichtigen II 628 ff., 640 f. — Eigenthumserwerb an wilden Th. III 222 f. — Aneignung jagdbarer Th. VI 153.
**Thiergärten.** Schaden durch Wild in Th. II 631. — Thiere in Th., Eigenthum III 222.
**Thon,** Anlagen des Nießbrauchers zu dessen Gewinnung III 335.
**Thun.** Anspruch auf Th., Verjährung I 244. — Th. als Bedingung bei letztwilliger Zuwendung V 239 f.
**Thüren** als Bestandtheile eines Gebäudes I 132.
**Tilgungsplan** für Darlehen II 345.
**Tisch und Bett,** Trennung von IV 315 f., VI 59.
**Tochter,** Anspruch auf Aussteuer IV 373 f. — Sorge für Person der verheiratheten T. IV 390, für T. nach Ehescheidung IV 392.
**Tod,** Ende der Rechtsfähigkeit I 53, Zeitpunkt desselben bei Todeserklärung I 73 ff., bei Umkommen in gemeinsamer Gefahr I 76. — Genehmigung der Stiftung nach T. des Stifters I 122. — T. nach Abgabe einer Willenserklärung unter Abwesenden I 180 f., des Antragenden vor Annahme des Vertragsantrags I 201 f. — Versprechen einer einem Dritten nach dem T. des Versprechensempfängers zugedachten Leistung II 110. — Erlöschen der Schuldverhältnisse durch T. II 138. — Kündigungsrecht bei T. des Miethers II 317, des Pächters II 333 f., des Entleihers II 339. — T. des Auslobenden II 403, 404, des Auftraggebers II 420, des Beauftragten II 421, des Geschäftsführers ohne Auftrag II 430, eines Gesellschafters II 474, 479 f., eines Gemeinschaftstheilhabers II 492. — T. des Hausthiers, Einfluß auf Wandelung II 264 f. — T. des Schenkers fortlaufender Unterstützung II 286. — T. des Beschenkten schließt Widerruf der Schenkung aus II 294. — T. des Dienstherrn II 362, eines Theils bei Werkvertrag II 388, bei Mäklervertrag II 394, des Geschäftsführers ohne Auftrag II 430. — Einfluß des T. eines Betheiligten bei Anweisung II 543, des Ausstellers einer Schuldverschreibung auf den Inhaber II 552.

— T. des Grundstückseigenthümers, Aufgebot III 170 f. — T. des Nießbrauchers III 369. — T. eines Verlobten, Einfluß auf Brautgeschenke IV 15. — Einfluß des T. eines Ehegatten auf Anfechtung der Ehe IV 62, 65. — T. eines Abkömmlings bei fortgesetzter Gütergemeinschaft IV 260 f., des überlebenden Ehegatten IV 263. — Rechte, die mit dem T. eines Ehegatten erlöschen, durch solchen bedingt sind, sind eingebrachtes Gut der Errungenschaftsgemeinschaft IV 287 f. — T. eines Ehegatten bei Errungenschaftsgemeinschaft IV 299. — T. des Unterhaltspflichtigen nach Ehescheidung IV 334 f. — T. des Berechtigten oder Verpflichteten, Einfluß auf Unterhaltsanspruch IV 369. — T. des Kindes in elterlicher Gewalt, Fortführung der Geschäfte durch den Vater IV 435. — T. des Vaters, elterliche Gewalt der Mutter IV 437. — T. des unehelichen Vaters, Unterhaltsanspruch gegen Erben IV 466. — Erlöschen des Unterhaltsanspruchs mit T. des unehelichen Kindes IV 466. — T. des Kindes, des Vaters, Einfluß auf Ehelichkeitserklärung IV 485, auf Bestätigung des Annahmevertrags IV 496. — Wiederaufhebung der Annahme an Kindesstatt nach dem T. des Angenommenen IV 509. — T. des Abwesenden, Aufhebung der Pflegschaft IV 666. — Einfluß des T. auf dauernde Schuldverhältnisse V 4. — T. des Erben während Inventarfrist V 125 — T. des Vorerben als Zeitpunkt des Anfalls der Nacherbschaft V 279. — T. des Testamentsvollstreckers, Anzeigepflicht des Erben V 419, 426. — T. eines Ehegatten, Wirkung auf korrespektive Verfügungen in gemeinschaftlichem Testamente V 502 ff. — Rücktritt des Erblassers vom Erbvertrage nach T. des anderen Vertragschließenden V 551, Erlöschen des Rücktrittsrechts mit dem T. eines der Vertragschließenden V 552 f. — Nachweis der Zeit des T. des Erblassers bei Erbschein V 646. — Irrthümliche Annahme des T. einer Person, Befugnisse des vermeintlichen Erben, Rechte des noch Lebenden bei ertheiltem Erbschein V 675 f.

**Todeserklärung** Verschollener I 68 ff. — Wiederverheirathung im Falle der T. IV 72 ff., VI 353 (s. Wiederverheirathung). — T. des Mannes, Beendigung der ehemännlichen Verwaltung und Nutznießung IV 177, Wiederherstellung, wenn der Mann noch lebt IV 181. — T. der Frau IV 177, des überlebenden Ehegatten bei fortgesetzter Gütergemeinschaft IV 263, eines Ehegatten bei Errungenschaftsgemeinschaft IV 299, 301. — Eheauflösung bei Wiederverheirathung nach T., Stellung der Eltern zu den Kindern IV 393, VI 382 f. — T. des Inhabers der elterlichen Gewalt IV 431, 437. — Anhörung der Verwandten, Verschwägerten bei T. des Mündels IV 597, Beendigung der Vormundschaft IV 624. — T. des Vormundes IV 625. — T. des Abwesenden, Aufhebung der Pflegschaft IV 666. — T. des Nießbrauchers III 369. — T. Zeitpunkt des Erbfalls V 10. — Kosten der T. des Erblassers V 70. — Anwendung der Vorschriften über Erbschaftsanspruch bei irrthümlicher T. V 175. — T. des Erblassers, Einfluß auf Gültigkeit des außerordentlichen Testaments V 473 f. — Nachweis des Zeitpunkts der T. bei Erbschein V 646. — Irrthümliche T., Rechte des vermeintlichen Erben des noch Lebenden bei ertheiltem Erbschein V 575 f. — T. von Ausländern VI 33 f. — Uebergangsbestimmungen für T. VI 256 ff. — (S. auch V 71, 82.)

**Todeswegen.** Erwerb von T., Begriff IV 105. — (S. Erwerb.)

**Todte,** der, erbt den Lebendigen V 9.

**Todtgeburt** I 32.

**Todttheilung** IV 266.

**Tödtung** von Hausthieren, Kosten derselben bei Wandelung II 266. — Verschulden des Getödteten II 25. — T. des Schenkers durch den Beschenkten, Widerruf der Schenkung II 293. — T. des Leibrentenberechtigten durch den Rentenschuldner II 498 f. — T. durch Thiere II 628 f., durch Gebäudeeinsturz II 633 f. — Ansprüche Dritter bei widerrechtlicher T. II 644 f., 646. — T. des Erblassers, Versuch derselben, Erbunwürdigkeit V 624. — Haftpflichtgesetz VI 117 f.

**Torf,** Anlagen des Nießbrauchers zur Gewinnung III 335.

**Totalisator** II 502.

**Tradition** s. Uebergabe, Uebertragung.

**Transmission** der Erbschaft VI 398.

**Transportgefahr** beim Kauf II 238, bei Werkvertrag II 385.

**Transportgeschäfte,** Anspruchsverjährung I 246.

**Transportkosten** beim Kauf II 239.

**Transportversicherungspolizen** III 611, 645.

**Trauerzeit** IV 32.

**Traufrecht** VI 214.

**Trauung,** kirchliche, Verweigerung IV 321, 340.

**Trennung** von Zubehörstücken I 134 f. — Eigenthumserwerb an Erzeugnissen und sonstigen Bestandtheilen einer Sache durch T. III 212 ff. — T.recht des Besitzers gegenüber Eigenthumsanspruch III 267, 271. — T. von Erzeugnissen, Bestandtheilen des Grundstücks, Einfluß auf Haftung für Hypothek III 472 f., 477 f. — Unterhaltspflicht getrennt lebender Ehegatten IV 92 f. — T. von Tisch und Bett IV 315 f., VI 59, 371, zeitweilige IV 315, VI 59, 371. — Uebergangsvorschrift für T. von Tisch und Bett VI 374 f., 382 f.

**Trepprecht** VI 214.

**Tretrecht** VI 214.

**Treu und Glauben** bei Auslegung von Verträgen I 203, 277. — Verhinderung oder Bewirkung des Eintritts der Bedingung wider

T. u. G. I 208. — T. u. G. bei Leistung aus Schuldverhältniß II 10, 92. — Hinderung des bezweckten Erfolges einer Leistung gegen T. u. G. II 586f.
**Treuhänder** III 616ff., 640, 723.
**Tridentinische** Form der Eheschließung IV 38.
**Trinkgeld** II 107, 108, 411, IV 103, 184, 287, 406.
**Trucksystem** II 352.
**Trunkenheit** bei unerlaubten Handlungen II 617f.
**Trunksucht**, Entmündigung I 57ff., beschränkte Geschäftsfähigkeit I 160. — Entmündigung des Mannes wegen T. bei Gütergemeinschaft IV 228. — Ausschluß der Bestellung zum Vormunde bei Entmündigung wegen T. IV 524. — Testamentsfähigkeit V 433, VI 81, Widerruf des Testaments V 475, Erbvertrag V 518. — (S. auch VI 255.)
**Tunnel** III 136.
**Türkei**, Ehe VI 97.
**Turpis causa** s. verwerflicher Empfang.
**Tutelle officieuse** IV 490.

## U.

**Ueberbau** III 144ff., VI 205, 303.
**Ueberbürgschaft** II 517.
**Ueberfallsrecht** III 143.
**Uebergabe** des Kaufgegenstandes II 226f., Kosten derselben II 239. — Erwerb durch Ue. der Sache III 10. — Erwerb des Nießbrauchs durch Ue. der beweglichen Sache III 329f. — Ue. des Hypothekenbriefs an Gläubiger III 465, bei Abtretung III 530f. — Ue. der Sache als Voraussetzung des Pfandrechts III 655f., 660, 729, desgl. von Wechseln, Orderpapieren III 744.
**Uebergang** der Forderung auf den den Gläubiger in der Zwangsvollstreckung befriedigenden Dritten II 39f., der Forderung auf den zahlenden Gesammtschuldner II 217f., der Gefahr auf den Käufer II 236f., der Hauptforderung auf den Bürgen II 517, der Forderung auf den leistenden Verpfänder III 675.
**Uebergebot** bei Versteigerung I 203.
**Uebergehung** eines zum Amte des Vormundes Berufenen IV 522, eines Pflichttheilsberechtigten in letztwilliger Verfügung V 247f.
**Ueberhangsrecht** III 142.
**Ueberinventar** bei Grundstückspacht II 330.
**Ueberlassung** des Mieth-, Pachtgegenstandes s. Untermiethe, Unterpacht, der Ausübung des Nießbrauchs, der beschränkten persönlichen Dienstbarkeit s. Nießbrauch, persönliche Dienstbarkeit.
**Ueberleben** als Voraussetzung der Erbfähigkeit V 11, des Vermächtnisses V 358. — Stellung des überlebenden Ehegatten bei gemeinschaftlichem Testamente V 496ff., 512.
**Ueberlegungsfrist** V 40.
**Uebermäßiger** Fruchtbezug des Nießbrauchers III 338f.
**Uebermittelung** von Willenserklärungen, unrichtige I 170.
**Uebernahme** fremder Schuld II 199ff. (s. Schuldübernahme). — Ue. einzelner Sachen durch einen Ehegatten bei Theilung des Gesammtguts der Gütergemeinschaft IV 237f., 239, des Gesammtguts oder einzelner Sachen durch den überlebenden Ehegatten nach fortgesetzter Gütergemeinschaft IV 269f., durch einen Abkömmling IV 280f. — Ue. fremder Verbindlichkeit für Mündel IV 569. — Ue. von Nachlaßgegenständen durch einzelne Erben V 198, eines Landguts V 200f.
**Uebernahmetaxe** bei Inventar verpachteter Grundstücke II 328f. — Ue. eines Landguts bei Berechnung des Pflichttheils V 581f.
**Uebernehmer** s. Werkvertrag.
**Ueberrest**. Einsetzung der Nacherben auf den Ue. V 313.
**Ueberschreitung** der Vertretungsmacht I 227, der Nothwehr I 280, des Kostenanschlags bei Werkvertrag II 388.
**Ueberschuldung** eines Vereins, Antrag auf Konkurseröffnung I 94. — Ue. des Gesammtguts durch den Mann, Aufhebung der Gütergemeinschaft IV 227, desgl. durch die Frau IV 229. — Ue. Voraussetzung des Nachlaßkonkurses V 88. — Verantwortlichkeit des Erben für Nichtbeantragung des Nachlaßkonkurses bei Ue. des Nachlasses V 97f. — Ue. des Nachlasses durch Vermächtnisse, Auflagen V 115. — Ue. eines Abkömmlings, Beschränkung des Pflichttheilsrechts in guter Absicht V 619f.
**Ueberschuß** bei Liquidation des Vereinsvermögens I 99, 102, des Gesellschaftsvermögens II 479. — Ue. bei Aufgebot der Nachlaßgläubiger V 77f., 80, bei Erbauseinandersetzung V 198.
**Uebersendung** von Vertragsanträgen I 198.
**Uebersetzung** des Testamentsprotokolls V 462f.
**Uebertragung** des Stiftungsvermögens auf die Stiftung I 120. — Ue. eines Rechts zur Sicherung eines Anspruchs, Fortbestand nach Verjährung I 273f. — Vertrag auf Ue. des Vermögens II 83. — Uebertragung der Forderung II 182ff.: Abtretungsvertrag II 183, Ausnahmen von der Uebertragbarkeit II 183f., unpfändbare Forderung II 184. — Uebergang der Hypotheken, Pfandrechte, Bürgschaften, Vorzugsrechte II 185. — Pflicht des bisherigen Gläubigers zur Auskunftsertheilung, Herausgabe von Beweisurkunden II 186, 235, Gewährleistung II 186, Abtretungsurkunde II 186, Einreden des Schuldners II 186f., Abtretung unter Vorlegung der Schuldurkunde über verbriefte Forderung, Einreden des Schuldners gegen den gutgläubigen Erwerber II 187f. —

Aufrechnungsbefugniß des Schuldners II 188, Schutz des Schuldners bei Unkenntniß der Abtretung II 189ff., bei weiterer Abtretung durch den ersten Gläubiger II 191. — Anzeige der Abtretung an den Schuldner, Vorlegung der Abtretungsurkunde, Zurücknahme der Anzeige II 192f., Leistung an den neuen Gläubiger gegen Aushändigung einer Abtretungsurkunde II 195f., Kündigung, Mahnung des neuen Gläubigers II 195f. — Abtretung von Gehaltsansprüchen II 196, VI 120. — Ue. von Forderung kraft Gesetzes II 184, 185, 186, 187, 189, 192, 194, 196, 197, 222. — Gerichtliche Ueberweisung einer Forderung II 184, 185, 186, 187, 189, 192, 194, 196, 222. — Anwendung der Vorschriften über Ue. auf andere Rechte II 197f. — Ue. der Forderung durch einen Gesammtgläubiger an Dritten II 220, 222. — Kosten der Ue. eines verkauften Rechts II 239. — Ue. des Vorkaufsrechts II 280. — Ue. des Anspruchs auf Dienste II 352f., der Ansprüche aus dem Gesellschaftsverhältnisse II 466, der Ausführung des Auftrags II 413, der Anweisung II 533, 543f., des Anspruchs aus unerlaubten Handlungen II 614. — Ue. des mittelbaren Besitzes III 60. — Ue. des Eigenthums oder eines Rechts an Grundstücken, Erfordernisse III 72f. — Erwerb des Eigenthums an beweglichen Sachen durch Ue. III 177ff. (s. Eigenthum). — Ue. der Grunddienstbarkeit III 302. — Unzulässigkeit der Ue. des Nießbrauchs III 367. — Bestellung des Nießbrauchs an Rechten durch Ue. III 379f. — Unzulässigkeit der Ue. beschränkter persönlicher Dienstbarkeit III 411. — Ue. der subjektiv persönlichen Reallast III 438. — Ue. des Eigenthums an Grundstücke zur Befriedigung der Hypothekengläubiger III 524f. — Ue. der der Hypothek grundliegenden Forderung III 529f., 540f., der Grundschuld, Rentenschuld III 542, der Gesammthypothek an einen der Grundstückseigenthümer III 575f., der Hypothek auf eine andere Forderung III 593. — Ue. der Forderung bei Sicherungshypothek III 607, bei Maximalhypothek III 621. — Uebergang des Pfandrechts mit Ue. der Forderung III 701f., 728. — Bestellung des Pfandrechts an Rechten durch Ue. III 729f., 732. — Verpfändung von Forderungen, zu deren Ue. der Abtretungsvertrag genügt III 733. — Ue. des Anspruchs aus Verlöbnißbruch IV 13, 14, der ehemännlichen Rechte am eingebrachten Gut IV 158, des Anspruchs des Mannes aus Beitragspflicht der Frau zum ehelichen Aufwand IV 184, der Rechte und Pflichten des Vormundes auf einen Anderen IV 534. — Ue. des Erbschaftsanspruchs V 155, des Rechts auf Anfechtung letztwilliger Verfügung V 250, des Rechts des Vorerben V 271, desjenigen des Nacherben V 272. — Ue. des Anspruchs auf Besoldung ꝛc., Fortbestand der Landesgesetze VI 167. — Landesgesetzliche Vorschriften über Ue. von Grundstückseigenthum VI 216f., Uebergangsvorschriften VI 324ff. — (S. auch VI 277f.)

**Uebertragungsverträge** III 15, V 211.

**Ueberweisung** (gerichtliche) einer abgetretenen Forderung II 191 f. — Ue. einer Forderung II 184, 185, 186, 187, 189, 192, 194, 196, einer gepfändeten Hypothek, Grundschuld, Rentenschuld III 534 ff., 636, Eigenthümerhypothek III 588.

**Ueblichkeit** für Vergütung von Dienstleistung II 352, bei Werkvertrag II 370, Mäklervertrag II 397.

**Ultimat** III 93 f. — U.hypothek III 521 ff. — U.pfandrecht an Schiffen III 724.

**Umbildung** der Sache, Ausschluß des Rücktrittsrechts II 131, 252, 253. — Eigenthumserwerb an beweglichen Sachen durch U. III 206. — U. der Nießbrauchssache III 335. — U. des vermachten Gegenstandes V 351.

**Umfang** der Vollmacht I 218.

**Umgestaltung** s. Umbildung, Verarbeitung.

**Umrechnung** ausländischer Währung II 14.

**Umschreibung** von Inhaber- und Orderpapieren bei Gefährdung des eingebrachten Guts IV 142. — U. von Schuldverschreibungen auf den Inhaber auf Namen II 546, 564, VI 189, von Inhabergrundschuldbrief III 641 f. — U. von Werthpapieren des Mündels IV 559, 562, der Nacherbschaft V 297.

**Umstände**, veränderte, Einrede der bei Darlehnsversprechen II 346.

**Umtausch** von Geld oder Werthpapieren, welche zur Sicherheitsleistung hinterlegt sind I 288.

**Umwandlung** der Stiftung I 124. — U. einer Schuld in Darlehensschuld II 342 ff. — U. einer Gesellschaft II 480. — U. der Sicherungshypothek in eine gewöhnliche Hypothek III 608, der Maximalhypothek III 626, der Hypothek in Grundschuld und umgekehrt III 644 f., der Rentenschuld in gewöhnliche Grundschuld und umgekehrt III 650 f.

**Unbekannte** Betheiligte, Pflegschaft IV 657, VI 76. — Aufgebot des u. Hypothekengläubigers III 566 ff. — U. Erbe, Fürsorge des Nachlaßgerichts V 56 f.

**Unbeschränkte Haftung** des Erben V 68, 116 ff., 151 f. — Haftung des Erbschaftsverkäufers für Nichtbestehen u. H. V 687f. — (S. Nachlaßgläubiger.)

**Unbestimmte** Leistungszeit II 42 f., Gläubigerverzug II 73.

**Unbewegliche Sachen** I 128. — Leihe II 335, Verwahrungsvertrag II 437.

**Unbewegliches Vermögen** I 128. — U. V. bei Fahrnißgemeinschaft IV 305 f.

**Undank**, grober, Widerruf der Schenkung II 292 f.

**Unechter** Irrthum V 245.

**Uneheliche** Verwandschaft als Ehehinderniß IV 27 f.

**Uneheliche Kinder.** Wohnsitz I 64 f. — Eheeinwilligung der Mutter IV 22. — Unterhalt u. K. durch die Mutter, Ersatzpflicht des Vaters II 434. — Verbot der Ehe von u. K. mit Verwandten des Vaters IV 27 f. — Keine Verwandtschaft des u. K. mit dem Vater IV 341. — Unterhaltsanspruch eines u. K. gegenüber dem Güterrechte der verheiratheten Mutter IV 360. — Rechtliche Stellung der u. K. IV 456 ff. (s. Kinder), Legitimation IV 473 ff. (s. Legitimation). — Wirkung der Annahme an Kindesstatt für u. K. des Angenommenen IV 503. — Gesetzliches Erbrecht der u. K. V 15, Pflichttheilsrecht V 565. — Maßgebende Gesetze für Rechtsverhältniß der u. K. zur Mutter VI 66 f., zum Vater VI 67 f., zu den mütterlichen Verwandten VI 67, den väterlichen Verwandten VI 70. — Bevormundung u. K., Landesrecht VI 225 f. — Uebergangsvorschrift für den Begriff des u. K. VI 375, 383f, für dessen rechtliche Stellung VI 384 f.

**Unehrenhaft** s. Unsittlich.

**Unentgeltliche** Rechtsgeschäfte I 148. — U. Zuwendung II 282 (s. Schenkung). — U. Zuwendung mit Auferlegung einer Leistung an Dritte II 109. — Unentgeltlichkeit der Leihe II 335, 336, des Auftrags II 409. — U. Verfügung eines Nichtberechtigten, Herausgabepflicht II 587 f. — U. Zuwendung der ungerechtfertigten Bereicherung an Dritte II 598. — U. Erlangung des Besitzes, Einfluß auf Herausgabepflicht gegenüber Eigenthumsanspruch III 257. — U. Zuwendung als Vorbehaltsgut IV 105. — U. Zuwendungen Dritter an Mündel IV 546. — U. Führung der Vormundschaft IV 585. — U. Verfügung des Vorerben V 290. — U. Verfügungen des Testamentsvollstreckers V 397. — Unentgeltlichkeit des Erbvertrags V 514.

**Unerfahrenheit,** Ausbeutung derselben, Nichtigkeit des Rechtsgeschäfts I 189 f.

**Unerlaubte** Bedingungen V 238. — U. Vereine I 108. — U. Handlungen, kein Zurückbehaltungsrecht wegen Verwendungen auf Gegenstände, welche durch solche erlangt sind II 44 f. — Aufrechnung gegen Forderung aus u. Handlungen II 177. — Schuldverhältnisse aus unerlaubten Handlungen II 599 ff.: Verletzung von Leben, Körper, Gesundheit, Freiheit, Eigenthum, sonstiger Rechte, Schadensersatz II 605 ff. — Verletzung von Schutzgesetzen II 605, 611 f. — Schädigung des Kredits, Erwerbes, Fortkommens II 614 f. — Verführung einer Frauensperson II 615 f. — Handlung gegen gute Sitten (illoyale) II 616 f. — U. Handlungen unzurechnungsfähiger Personen II 617 f., Minderjähriger, Taubstummer II 619 f. — Ersatzpflicht ohne Verschulden II 620 f. — Gemeinschaftliche u. Handlungen II 622. — Haftung des Geschäftsherrn für Angestellte und Gehülfen, Geschäftsführer II 623 ff. — Verletzung einer Aufsichtspflicht II 627 f. — Schadenzufügung durch Thiere II 628 ff. — Wildschaden II 630 ff. — Einsturz von Gebäuden oder mit einem Grundstücke verbundenen Werken II 633 f., Haftung des Besitzers von solchen auf fremdem Grundstücke II 636, desjenigen, welcher die Unterhaltungspflicht trägt II 636. — Verletzung der Amtspflicht II 637 ff. — Gesammtschuldnerische Haftung mehrerer Ersatzpflichtiger, Verhältniß derselben unter einander II 640. — Umfang der Schadensersatzpflicht II 641 f. — Schadensersatz durch Geldrente II 642 f. — Ersatzansprüche Dritter im Falle der Tödtung, Beerdigungskosten, Unterhaltsberechtigungen II 644 f., Geldrente für durch die u. Handlung entgangene Dienste des Getödteten, Verletzten II 646. — Mitverschulden des Verletzten II 647. — Immaterieller Schaden bei Körperverletzung ꝛc. II 647 f. — Haftung für Untergang, Verschlechterung der durch u. Handlungen entzogenen Sache II 648. — Zinsen für den Betrag zu ersetzenden Werthes II 649. — Verwendungen des Ersatzpflichtigen II 649. — Leistung des Ersatzes an den nichtberechtigten Besitzer einer beweglichen Sache II 650. — Verjährung der Ersatzansprüche, Haftung nach derselben aus ungerechtfertigter Bereicherung II 650 f. — Einrede gegen eine widerrechtliche erlangte Forderung nach Verjährung des Anspruchs auf Aufhebung derselben II 651. — Anwendung der Vorschriften über u. Handlungen auf die Haftung des eigenmächtigen Besitzers gegenüber Eigenthumsanspruch III 261 f. — Haftung des eingebrachten Guts für u. Handlungen der Frau IV 160 f., des Vorbehaltsguts IV 168 f., des Gesammtguts für u. Handlungen eines Ehegatten IV 222, 295. — U. Handlungen des Erbschaftsbesitzers V 169 f — U. Handlungen Deutscher im Auslande IV 43 f. — (S. auch VI 274.)

**Unfähigkeit** zum Vormunde IV 524, zum Familienrathe IV 613, zum Pfleger IV 661, zum Testamentsvollstrecker V 390 f., 426.

**Unfälle,** Versicherung der Nießbrauchssache III 344 f.

**Unfallversicherung,** Gesetz betr. die II 177, 360, 604, 643, IV 356, VI 20. — Anrechnung der Bezüge aus U. auf Vergütung an den Dienstverpflichteten II 354 f.

**Ungerechtfertigte Bereicherung** II 573 ff. (s. Bereicherung).

**Ungewißheit** der Person des Gläubigers, Hinterlegung II 155. — U. als Voraussetzung des Vergleichs II 522 f. — U. über Person des Erben, Fürsorge des Nachlaßgerichts V 56 f.

**Ungewisse** Rechte, Vergleich II 522 f. — U. Erfolg einer Leistung, Herausgabepflicht II 595 f. — U. Rechte und Verbindlichkeiten bei Berechnung des Pflichttheils V 582.

**Ungültigkeit** der Rechtsgeschäfte s. Anfechtbarkeit, Nichtigkeit. — U. der Ehe IV 40 ff., VI 351 f., 383 f. (s. unter Ehe).

**Unitas actus** bei Testamentserrichtung V 442, 455.

**Universalfideikommiß** V 269.

**Universalsuccession** V 3 f., 7 ff.

**Universitates inordinatae** VI 169.

**Unkündbarkeit** des Darlehens II 345, einer Hypothek, Grundschuld, Landesgesetze VI 206, der Rentenschuld durch Gläubiger III 649.

**Unmittelbarer Schaden,** Ersatzpflicht II 17. — U. Besitzerwerb durch einen Anderen III 34.

**Unmögliche** Bedingung I 205, V 238. — Unmöglichkeit der Herstellung zwecks Schadensersatzes, Geldentschädigung II 21. — Unmöglichkeit einer Leistung bei Alternativobligation II 36 f. — Späterer Eintritt der vom Schuldner nicht zu vertretenden (objektiven, subjektiven) Unmöglichkeit der Leistung II 45 ff. — Verschuldete Unmöglichkeit II 51 f., theilweise II 52 f. — Abtretung von Ersatzansprüchen des Schuldners bei Unmöglichkeit der Leistung II 56. — Beweislast für Verschulden bei Unmöglichkeit II 57. — Wirkung der vom Schuldner nicht zu vertretenden Unmöglichkeit auf dessen Verzug II 62, 64, 65. — Eintritt der Unmöglichkeit der Leistung nach Rechtshängigkeit II 67 f. — Kein Gläubigerverzug bei Unmöglichkeit der schuldnerischen Leistung II 72. — U. Leistung als Gegenstand des Vertrags II 79 ff. — Unmöglichkeit der einem Theile obliegenden Leistung aus gegenseitigem Vertrage II 96 ff., der Leistung aus Vertrag zu Gunsten Dritter II 114. — Zurückbehaltung der Drausgabe bei verschuldeter Unmöglichkeit der Leistung II 118. — Unmöglichkeit der Herausgabe bei vertragsmäßigem Rücktrittsrecht II 128 f., 130. — Unmöglichkeit der Leistung in der Person eines Gesammtschuldners II 214, bei Gesammtgläubigerverhältniß II 221. — U. Herausgabe bei Viehhandel II 265, bei Wiederkauf II 272 f., 274. — U. Vollziehung der Auflage bei Schenkung II 290. — Einfluß der Unmöglichkeit auf Dienstvertrag II 353 ff., auf Werkvertrag II 382. — Unmöglichkeit der Erfüllung der Verpflichtung aus Gesellschaftsvertrag II 471 f., der Erreichung des Gesellschaftszwecks II 474. — Unmöglichkeit der Herausgabe bei Eigenthumsanspruch III 258, der Leistung aus einer dem Nießbrauch unterliegenden Forderung III 387 f. — Unmöglichkeit der Herausgabe bei Erbschaftsanspruch V 164, 166 f. — U. Leistung als Gegenstand des Vermächtnisses V 349. — Unmöglichkeit der Auflage V 378 f., durch Schuld des Beschwerten V 379 f. — Unmöglichkeit der Herausgabe bei Erbschaftskauf V 685. — (S. auch VI 276.)

**Unmündigkeit** s. Minderjährige.

**Unpfändbare** Forderung, keine Aufrechnung gegen solche II 177, keine Abtretung II 184. — U. Sachen des Miethers II 311, des Pächters II 327 f. — Unpfändbarkeit des eingebrachten Guts IV 158, der Forderung des Mannes auf Beitrag der Frau zum ehelichen Aufwand IV 107, 185, der Rechte des Mannes am eingebrachten Gut IV 158, des Unterhaltsanspruchs des geschiedenen Ehegatten IV 333, des Anspruchs des Mannes auf Beitrag der geschiedenen Frau zum Unterhalte der Kinder IV 338, des Unterhaltsanspruchs des unehelichen Kindes IV 463.

**Unrichtigkeit** des Grundbuchs III 115, des Schiffsregisters III 718, des Nachlaßinventars V 129 f., 138, des Erbscheins V 658 ff., Wirkung der Kenntniß derselben für Dritte V 666 ff. — U. des Zeugnisses über Ernennung zum Testamentsvollstrecker V 672. — U einer Todeserklärung V 675 f.

**Unschädlichkeitszeugniß** I 278, VI 209 f.

**Unsichere** s. Ungewisse

**Unsittliche** Rechtsgeschäfte I 189 f. — U. Bedingung I 190, V 238 — U. Verhalten als Scheidungsgrund IV 320. — U. Verhalten des Vaters in Ausübung der elterlichen Gewalt IV 419. — U. Lebenswandel, Entziehung des Pflichttheils V 613, 616.

**Untauglichkeit** zum Vormunde IV 534, zum Familienrathe IV 613, zum Pfleger IV 661.

**Unterbrechung** der Anfechtungsfrist I 175, der Anspruchsverjährung I 259 ff., VI 271. — Nichteinrechnung der Unterbrechungszeit I 266. — U. bei Gesammtschuldverhältniß II 214, 221. — U. bei Gewährleistungsanspruch II 257 f., 267, bei Mängelanspruch aus Werkvertrag II 377 f., bei Bürgschaft II 513. — U. der Ersitzung III 195 ff., 331.

**Unterbringung** eines Kindes in Erziehungs-, Besserungsanstalt IV 419, 589 f., VI 104.

**Untergang** des Leistungsgegenstandes bei Verzug des Schuldners II 66, nach eingetretener Rechtshängigkeit II 67 f., bei vertragsmäßigem Rücktrittsrecht II 128 f., 130. — Gefahr des U. beim Kauf II 236 f., VI 328, bei Wiederkauf II 272 f., 274. — U. der Miethsache III 297 f., des zum Schätzungswerthe übernommenen Inventars bei Grundstückspacht II 329. — U. des vom Besteller gelieferten Stoffes bei Werkvertrag II 384 f., von Sachen eines Gesellschafters in Nutzung der Gesellschaft II 477 f. — Haftung für U. der durch unerlaubte Handlung entzogenen Sache II 648. — U. bei Eigenthumsanspruch III 258. — U. des Bauwerks bei Erbbaurecht III 297, der Nießbrauchssache III 355 f. — U. bei Erbschaftsanspruch V 166 f., bei Erbschaftskauf V 685, 694.

**Untergesellschaft** II 466.
**Unterhalt, Unterhaltsanspruch.** Gefährdung standesmäßigen U. durch Schenkung II 285 f., 291 f. — U. des Dienstverpflichteten II 355 f. — Gewährung von U. an Eltern oder Abkömmlinge, Vermuthung für fehlende Ersatzabsicht II 433. — Nichtverkümmerung des standesmäßigen U. durch Schadensersatzpflicht trotz mangelnden Verschuldens II 620 f. — U.ansprüche Dritter bei widerrechtlicher Tödtung II 644 f., VI 118. — U. der Ehegatten im Gefängnisse IV 91. — U. des Kindes bei ruhender elterlicher Gewalt IV 411, des nicht als ehelich geltenden Kindes aus nichtiger Ehe IV 455. — U. der Mutter eines zu erwartenden Erben V 60, 597, der Familienangehörigen des Erblassers V 70, 320, 596, der Mutter des zu erwartenden Nacherben V 317. — (S. auch Unterhaltspflicht.)
**Unterhaltsbeiträge,** rückständige, Anspruchsverjährung I 248, 252.
**Unterhaltspflicht** IV 354 ff. — Gesetzliche U., Gefährdung durch Schenkung II 285 f., 291 f. — Geschäftsführung gegen den Willen des Geschäftsherrn für Erfüllung gesetzlicher U. desselben II 428. — Verhältniß der gesetzlichen U. zur Schadensersatzpflicht bei mangelndem Verschulden II 620 f. — Verhältniß der U. zur Rente als Schadensersatz aus unerlaubter Handlung II 642 f. — U. bei Nießbrauch an einem Vermögen III 399. — U. bei Nichtigkeit der Ehe IV 70 f., bei Anfechtung der neuen Ehe wegen Nochlebens des für todt erklärten früheren Ehegatten IV 77 f. — Tragung der dem für todt erklärten aber noch lebenden und dem zurückgebliebenen wiederverheiratheten Ehegatten gegenüber den Kindern obliegenden U. im Verhältnisse der Ehegatten zu einander IV 78. — U. der Ehegatten gegen einander IV 90 ff., 183, VI 49. — Leistungen aus eingebrachtem Gut zur Erfüllung gesetzlicher U. der Frau IV 133. — U. des Mannes aus eingebrachtem Gut IV 136 f., 143 f. — Verletzung der U. des Mannes, Klage der Frau auf Beendigung der ehemännlichen Verwaltung und Nutznießung IV 174 f. — Gefährdung der U. des Mannes, Zurückbehaltung des der Frau obliegenden Beitrags zum ehelichen Aufwand bei Gütertrennung IV 185 f. — Verletzung der U. durch den Mann, Aufhebung der Gütergemeinschaft IV 227, durch den überlebenden Ehegatten, Aufhebung der fortgesetzten Gütergemeinschaft IV 263. — Haftung des Gesammtguts der Errungenschaftsgemeinschaft für gesetzliche U. der Frau IV 294 f. — U. des bei der Ehescheidung für schuldig erklärten Theils IV 329 ff. — U. der geschiedenen Ehegatten gegenüber gemeinschaftlichen Kindern IV 336 f. — Rechtliche Natur der U. IV 354, Verjährung IV 355, prozessuale Verwirklichung des Anspruchs IV 356. — U. der Verwandten in gerader Linie IV 356, VI 61: Voraussetzung des Unterhaltsrechts IV 357, der U. IV 357 f. — Verhältniß der U. der Ehegatten zum ehelichen Güterrechte IV 358 ff. — Einfluß der elterlichen Nutznießung auf U. des minderjährigen Kindes IV 361. — Reihenfolge der U. IV 361 f., Leistungsunfähigkeit des zunächst Verpflichteten IV 362. — U. der Ehegatten IV 363. — Reihenfolge bei Zusammentreffen mehrerer Bedürftiger IV 364. — Standesmäßiger Unterhalt IV 364. — Nothdürftiger Unterhalt IV 365 f. — Art der Gewährung des Unterhalts, Fälligkeit IV 366 f., Unterhalt für die Vergangenheit IV 367, Verzicht, Vorausleistung IV 368. — Tod des Berechtigten oder Verpflichteten, Beerdigungskosten des Berechtigten IV 369. — Verletzung der U. durch den Inhaber der elterlichen Gewalt IV 419 f. — U. des unehelichen Vaters IV 461 ff., VI 68 f., des Vaters nach Ehelichkeitserklärung IV 489, der Verwandten nach Annahme an Kindesstatt IV 504, des Annehmenden IV 506. — Verletzung der U., Entziehung des Pflichttheils V 613, 615. — Uebergangsvorschrift für U. der Ehegatten VI 354 f., der Eltern und ehelichen Kinder VI 376 f., des Vaters gegen das uneheliche Kind VI 386. — Landesgesetze über Ansprüche des Staats, von Verbänden und Anstalten auf Erstattung des aus öffentlicher U. Gewährten VI 191 f.
**Unterhaltsvermächtniß** V 355.
**Unterhaltungslast,** Haftung des Pflichtigen für Schaden durch Gebäude oder Werk II 636. — U. von Grenzeinrichtungen III 158, von Anlagen zu Grunddienstbarkeiten III 307 f., 319, VI 205, zu beschränkten persönlichen Dienstbarkeiten III 409.
**Unterlassen.** Anspruch auf U., Beginn der Verjährung I 244, 248 f. — U. als Gegenstand des Schuldverhältnisses II 3—10, 63. — Vertragsstrafe für U. III 119 f., 126. — Klage auf U. von Mißbrauch des Namens I 65, 67. — U. als unerlaubte Handlung II 610, 617. — Klage auf U. der Beeinträchtigung des Eigenthums III 276 f. — U. als Gegenstand der Grunddienstbarkeit III 303 f., als Reallast III 429. — Klage des Hypothekengläubigers auf U. der Verschlechterung des Grundstücks III 495 f. — U. als Bedingung bei letztwilliger Zuwendung V 239 f.
**Untermiethe** II 304 f., 307, 309, 311, 320.
**Unternehmer** f. Werkvertrag. — Haftung des U. nach Haftpflichtgesetz und anderen Reichsgesetzen VI 119 f. — Landesgesetze über Haftpflicht des U. von Eisenbahnen und ähnlichen Betrieben VI 194.
**Unterpacht** II 333 f.
**Unterrichtsanstalten,** Anspruchsverjährung I 247, 252.

**Untersagung** der Führung des ehemännlichen Familiennamens durch die geschiedene Frau IV 328.
**Unterschrift** von Vertragsurkunden I 176 f., von Schuldverschreibungen auf den Inhaber II 548, VI 188, des Testaments V 439, des Protokolls über Testamentserrichtung V 458 f., durch Dolmetscher V 462, 465.
**Unterstützung**, fortlaufende, als Gegenstand der Schenkung II 286. — Gesetz, betr. U. der Angehörigen einberufener Mannschaften II 355.
**Unterstützungswohnsitz**, Gesetz über den I 61, IV 79, 92, 354.
**Untersuchung** bei Kauf auf Probe II 269.
**Untervermächtniß** V 369 f.
**Unterzeichnung** s. Unterschrift.
**Untheilbare.** Untheilbarkeit des vertragsmäßigen Rücktrittsrechts II 136. — Pflicht Mehrerer zur u. Leistung erzeugt Gesammtschuldverhältniß II 223. — Verhältniß des Schuldners einer u. Leistung zu mehreren Gläubigern II 223 f. — U. der Grunddienstbarkeit III 316 f., 318.
**Unthunlich**, Begriff II 76.
**Untrennbarkeit** vermischter, beweglicher Sachen III 204.
**Unübertragbarkeit** der Mitgliedschaft eines Vereins I 92. — Unübertragbare Forderungen II 183 f. — U. der Ansprüche aus Gesellschaftsverhältniß II 466, auf Ausführung des Auftrags II 413, des Anspruchs aus immateriellem Schaden II 647, des Anspruchs auf Dienstleistung II 352 f., des Deflorationsanspruchs aus Verlöbniß IV 14, der ehemännlichen Rechte am eingebrachten Gut IV 159, des Anspruchs des Mannes auf Beitrag der Frau zum ehelichen Aufwand IV 184 f., des Anspruchs auf Aussteuer IV 376, der elterlichen Nutznießung IV 412, des Nießbrauchs III 367, der beschränkten persönlichen Dienstbarkeit III 408. — Unzuläsigkeit des Nießbrauchs an unübertragbaren Rechten III 379, ebenso des Pfandrechts III 729. — U. des ehemännlichen Rechts am eingebrachten Gut IV 158. — Unübertragbare Rechte des eingebrachten Guts IV 100, bei Gütergemeinschaft IV 204, bei fortgesetzter Gütergemeinschaft IV 252, Errungenschaftsgemeinschaft IV 287, Fahrnißgemeinschaft IV 306, des Anspruchs des Mannes auf Beitrag der geschiedenen Frau zum Unterhalte der Kinder IV 337, des Unterhaltsanspruchs des unehelichen Kindes IV 463.
**Unveräußerlichkeit** s. Veräußerungsverbot, Veräußerungsbeschränkung.
**Unvererblichkeit** von Rechten V 4, der Vereinsmitgliedschaft I 92, des Widerrufsrechts bei Schenkung II 293, des Anspruchs aus immateriellem Schaden II 647, der beschränkten persönlichen Dienstbarkeit III 408, des Antheils eines Abkömmlings am Gesammtgute der fortgesetzten Gütergemeinschaft IV 260.
**Unverhältnißmäßig** I 277.
**Unverjährbarkeit** von Ansprüchen aus familienrechtlichen Verhältnissen I 244, sonstige II 245, des Anspruchs auf Aufhebung der Gemeinschaft II 496, der Ansprüche aus Nachbarrecht III 161. — U. des Anspruchs auf Berichtigung des Grundbuchs III 121, der Ansprüche aus eingetragenen Rechten III 126.
**Unvermögen** zur Leistung (subjektive Unmöglichkeit) II 46 f., bei Gattungsschuld II 52.
**Unverständliche** Bedingung I 205, V 238.
**Unverzüglich.** Begriff I 171.
**Unvollständigkeit** des Nachlaßinventars V 129 f., 138.
**Unvordenkliche Verjährung** I 244, VI 331.
**Unwahre** Thatsachen, Behauptung oder Verbreitung, Schadensersatz II 614 f.
**Unwiderruflichkeit** von Rechtsgeschäften (Allgemeines) I 146. — U. der Zustimmung Dritter zur Aufhebung von Rechten an Grundstücken III 80 f., 589, der Zustimmung des Eigenthümers zur Aufhebung der Hypothek III 600, der Zustimmung zur Aufhebung des Pfandrechts III 707, 731. — U. der Annahmeerklärung von Erbschaften V 39, der Annahme oder Ausschlagung von Vermächtnissen V 362, der Zustimmung zur Aufhebung von Erbverträgen V 543, des Rücktritts von solchen V 551. — (S. auch Widerruf.)
**Unwirksamkeit** von Rechtsgeschäften I 145 f. — Vertragsstrafe für u. Leistung II 124 f. — U. der Testamente V 243 ff., einer letztwilligen Auflage V 378.
**Unwürdigkeit** s. Erbunwürdigkeit.
**Unzucht**, widernatürliche, Scheidungsgrund IV 317 f.
**Unzurechnungsfähigkeit** bei unerlaubten Handlungen II 617 ff.
**Urgroßeltern** gesetzliche Erben vierter Ordnung V 18.
**Urheberrecht**, Gesetze, betr. das II 198, 604, III 730, V 26, VI 18, 104. — Verkauf eines U. II 230. — (S. auch IV 335.)
**Urkunde.** Begriff II 571. — U. über ein Rechtsgeschäft, Unterzeichnung der Parteien I 176 f. — Anspruchsverjährung aus vollstreckbarer U. I 267. — Hinterlegung von U. zur Erfüllung II 155. — Herausgabe von U. bei Forderungsabtretung II 186, 235. — U. über Forderungsabtretung II 186, 192. — Abtretung einer Forderung mit Schuldu. II 187 f. — Abtretungsu. II 192 ff., 196. — Herausgabe von U. beim Kauf II 235, bei Vermächtniß V 365. — Anweisung durch U. II 534. — Bedeutung der U. über Schuldverschreibung auf den Inhaber II 546, 547 f. — U. auf Leistung an den Inhaber II 565, bei benanntem Gläubiger II 566 f. — Eigenthum an U. III 210. — Oeffentliche U. zum Nachweis der Voraussetzungen des Erbscheins

V 649. — Landesgesetze über Errichtung von U. VI 244 f.
**Urkundenfälschung** als Erbunwürdigkeitsgrund V 624 f.
**Urkundsperson** bei Testament V 445 ff., Landesrecht VI 243.
**Urschrift** der Satzung eingetragener Vereine I 107, 110.
**Urtheil** I 38 ff. — U. bei Todeserklärung, Wirkung I 73 ff. — U. über bedingtes Recht I 208. — U. wenn Bestimmung einer Leistung durch einen der Vertragschließenden der Billigkeit nicht entspricht II 86 f., desgl. bei Bestimmung durch einen Dritten II 190. — U. auf Ermäßigung der Vertragsstrafe II 122. — U. über Rechtmäßigkeit der Hinterlegung II 157 f. — Wirkung eines zwischen den ursprünglichen Kontrahenten ergangenen U. nach Abtretung der Forderung II 189 f., der Hypothek III 541. — Wirkung des U. gegen einen Gesammtschuldner auf das Gesammtschuldverhältniß II 214, bei Gesammtgläubigerverhältniß II 222. — U. über Anspruch Mehrerer auf eine ausgelobte Belohnung II 405. — Wirkung des U. über Hauptverbindlichkeit auf Bürgschaft II 513. — Vergleich bei vorliegendem U. 523, 526 f. — Wirkung eines gegen den Bürgen erwirkten U. II 519. — Verletzung der Amtspflicht bei U. in einer Rechtssache II 637 f. — U. über Nothweg III 150 f., auf Grenzscheidungsklage III 157, auf Eintragung in das Grundbuch III 75, in das Schiffsregister III 715. — Wirkung des auf eine Nichtigkeits- oder Anfechtungsklage in Ehesachen ergehenden U. IV 46 f., des U. über eingebrachtes Gut IV 124 f., 148 f., 153, 170 f. — U. in Folge Klage der Frau auf Beendigung der ehemännlichen Nutznießung und Verwaltung IV 174 f., 179 f., Wirkung des die Entmündigung ꝛc. des Mannes aufhebenden U. auf Wiederherstellung derselben IV 181 f. — Theilung des Gesammtguts bei Aufhebung der Gütergemeinschaft durch U. IV 240. — U. auf Aufhebung der Errungenschaftsgemeinschaft IV 298. — Wirkung des U. auf Aufhebung der fortgesetzten Gütergemeinschaft IV 264, auf Wiederherstellung der Errungenschaftsgemeinschaft IV 302. — Ehescheidung durch U. IV 317. — U. auf Anfechtung der Ehelichkeit IV 343, über Bestehen oder Nichtbestehen eines Kindesverhältnisses IV 370. — U. zwischen mehreren Erbprätendenten V 156. — Verfügung des Vorerben durch U. V 289. — U. gegen den Erben, welcher beschränkt haftet, auf Befriedigung eines Gläubigers, Wirkung gegen die andern V 111, 112, gegen Testamentsvollstrecker V 411, gegen den im Erbschein bezeichneten Erben V 667. — U. ausländischen Gerichts über Ehescheidung VI 59, über Anerkennung von Kindern VI 63. — (S. auch VI 98.)
**Urtheilszinsen** II 15.
**Usucapio** libertatis VI 317.
**Usus** III 408, 412.
**Usus fori** I 2.
**Usus modernus** I 2.

## V.

**Vater, Vaterschaft.** Einwilligung des V. zur Volljährigkeitserklärung I 54 f., Eheeinwilligung IV 22. — Verbot der Ehe des V. mit Verwandten des unehelichen Kindes IV 27 f., keine Verwandtschaft des V. mit dem unehelichen Kinde IV 341. — Elterliche Gewalt des V. IV 382 ff. (s. Eltern). — Unterhaltspflicht des unehelichen V. IV 461 ff. — Anerkennung der V. IV 472, 475. — Benennung des Vormundes IV 519 f., 636. — Anordnung befreiter Vormundschaft IV 604, eines Familienraths IV 608 f., 612, 613, 614, 621. — Befreite Vormundschaft des V. über volljährigen Mündel IV 640. — Entziehung des Pflichttheils V 615. — Verhältniß des unehelichen Kindes zum Vater, maßgebende Gesetze VI 67 f. — Uebergangsvorschrift für Erforschung der unehelichen V. VI 384 f.
**Väterliche Gewalt** s. Elterliche Gewalt.
**Veränderung** s. Abänderung. — V. der Kaufsache bei Wiederkauf II 272, der Miethsache durch ordnungsmäßigen Gebrauch II 304, desgl. der geliehenen Sache II 338, des gemeinschaftlichen Gegenstandes II 487, 489, der Nießbrauchssache III 335, 355 f., 364 f., der Pfandsache III 668 f., 675. — V. von Gegenständen der Vorerbschaft V 309.
**Verantwortlichkeit** s. Verschulden, Haftung, Schadensersatz.
**Verarbeitung** der Sache, Ausschluß des Rücktrittsrechts II 131. — Eigenthumserwerb an beweglichen Sachen durch V. III 206. — V. des vermachten Gegenstandes V 351.
**Veräußerung.** Begriff I 148. — V. der Sache, Ausschluß des Rücktrittsrechts II 131. — Kaufähnliche Verträge auf V. eines Gegenstandes II 236. — V. des vermietheten Grundstücks II 318 ff., VI 284 f., der beweglichen Miethsache II 318, VI 284 f. — V. des Vermächtnißgegenstandes V 341 f., 536. — V. des Pflichttheilsanspruchs V 594 f. — V. von Erbschaft, Anwendung der Vorschriften über Erbschaftskauf V 704 f. — V. von Bahneinheiten, Fortbestand der Landesgesetze VI 201. — Landesgesetze über Beschränkung der V. von Grundstücken VI 207 f. — V. von Grundstücken, Zuständigkeit nach Landesgesetzen VI 235 f.
**Veräußerungsverbot**, gesetzliches, Verfügung über einen Gegenstand gegen dasselbe I 186 f., desgl. bei gerichtlichem, behördlichem V. I 188.

— Vertragsmäßiges V. I 189. — V. beim Kauf II 228. — Sicherung eines Anspruches an ein Grundstück durch V. III 101, 103, 498, VI 342. — Fortbestand der Landesgesetze über V. für bestimmte Grundstücke VI 141.
**Verbaloblation** als Voraussetzung des Gläubigerverzugs II 70.
**Verbände,** Uebergangsbestimmungen VI 266.
**Verbandsvorsteher,** Testamentserrichtung vor V 469, VI 244.
**Verbeistandung** s. Beistand.
**Verbesserung** des Nachlaßinventars V 131.
**Verbindlichkeiten,** Anspruch auf Befreiung von solchen bei Berechtigung zum Ersatze von Aufwendungen II 29. — Eingehen von V. für Spielschuld II 503. — Eingehen einer V. ohne Rechtsgrund II 597, bei Verlöbniß IV 10. — V. der Ehefrau zu Leistung aus eingebrachtem Gut IV 118f., 221f. — V., welche bei Errungenschaftsgemeinschaft dem Manne zur Last fallen IV 295. — Eingehung von V. durch Testamentsvollstrecker V 400f.
**Verbindung** von Sachen mit Grund und Boden I 130f. — Eigenthumserwerb durch V. III 201f. — V. des vermachten Gegenstandes V 350.
**Verbotene** (durch Gesetz) Rechtsgeschäfte I 185f., Verträge II 82. — Vertragsstrafe für v. Leistung II 124f. — V. Mitbieten bei Kauf im Wege der Zwangsvollstreckung II 244. — V. Empfang der Leistung II 588, 595. — V. Leistung als Gegenstand des Vermächtnisses V 349. — V. Testamentseröffnung V 488.
**Verbotene Eigenmacht** III 42ff., 59, 324. — V. E. des Erbschaftsbesitzers V 169f.
**Verbotsgesetze** II 605ff.
**Verbrauchbare** Sachen, Begriff I 128f. — V. S. als Gegenstand der Leihe II 336, als Beitrag zur Gesellschaft II 458. — Nießbrauch an v. S. III 326, 374f., 386f., 395, 398, 400, 401. — Verfügung des Mannes über v. S. des eingebrachten Guts IV 118, 122, 175, Sicherheitsleistung dafür IV 140, Ersatzpflicht gegenüber den Gläubigern der Frau IV 160f. — Vermuthung wegen nicht mehr vorhandener v. S. des eingebrachten Guts bei Errungenschaftsgemeinschaft IV 297. — V. S. des Kindesvermögens IV 407, 413. — V. S. als Gegenstand der Nacherbschaft V 286. — Inhaberpapiere der Nacherbschaft, welche zu den v. S. gehören V 296. — Werthberechnung von verschenkten v. S. zur Ergänzung des Pflichttheils V 602.
**Verbrechen** der Ehegatten, Scheidungsgrund IV 317, des Inhabers der elterlichen Gewalt gegen das Kind, Verwirkungsgrund IV 432. — Entziehung des Pflichttheils V 613, 615.
**Verbreitung** unwahrer Thatsachen, Schadensersatz II 614.
**Verdecktes** Rechtsgeschäft I 167f.
**Verderb** des Pfandes III 670.
**Verderbliche Sachen** nicht geeignet zur Sicherheitsleistung I 289. — Versteigerung derselben zwecks Hinterlegung II 164, 166.
**Vereine** I 78ff.: V. ohne wirthschaftlichen Geschäftsbetrieb, Erlangung der Rechtsfähigkeit I 79ff., desgl. mit wirthschaftlichem Geschäftsbetrieb I 81. — Sitz des V. I 82. — Verfassung I 82. — Vorstand I 83ff. — Besondere Vertreter I 87. — Verantwortlichkeit des V. für seine Vertreter I 88, II 626. — Mitgliederversammlung I 89ff. — Sonderrechte der Mitglieder I 90f. — Berufung der Mitgliederversammlung I 91f. — Mitgliedschaft unübertragbar und unvererblich I 92. — Austritt I 92. — Auflösung I 93. — Verlust der Rechtsfähigkeit durch Konkurs, Antrag auf Eröffnung desselben I 94. — Entziehung der Rechtsfähigkeit, Verfahren I 94ff. — Schicksal des Vereinsvermögens nach Auflösung ꝛc. I 96ff., Liquidation I 98ff. — Bekanntmachung der Auflösung oder Entziehung der Rechtsfähigkeit I 100. — Anmeldung von Ansprüchen I 100f. — Verantwortlichkeit der Liquidatoren I 101f. — Nichtrechtsfähige V., Analogie der Gesellschaft I 103ff. — (S auch VI 266.) — Eingetragene V. I 105ff.: Eintragung in das V.register I 105. — Mitgliederzahl I 106. — Vorstand I 106f. — Anmeldung zur Eintragung I 107f., Mittheilung derselben an Verwaltungsbehörde I 108, Einspruch der letzteren I 109, Verwaltungsstreitverfahren I 109. — Eintragung, insonderheit des Vorstandes I 110ff. — Aenderungen der Satzung I 112f. — Verzeichniß der V.mitglieder I 113. — Entziehung der Rechtsfähigkeit bei weniger als drei Mitgliedern I 113f. — Auflösung I 114. — Konkurs I 114. — Liquidatoren I 114. — Form der Anmeldung zum V.register I 115. — Ordnungsstrafen gegen Vorstand und Liquidatoren I 115. — Einsicht des V.registers, Abschriften aus demselben I 115. — Nießbrauch eines V. III 370. — Erbfähigkeit eines V. V 12. — V. in Konsulargerichtsbezirken VI 15. — Rechtsfähigkeit ausländischer V. VI 37f. — Fortbestand der Landesgesetze über Verfassung von V., welche auf staatlicher Verleihung beruhen VI 167f., über Anfall des Vermögens eines aufgelösten V. VI 172. — Anwendung der Vorschriften des B.G.B. über V. auf bestehende juristische Personen VI 264f. — Bayerisches Gesetz, betr. die privatrechtliche Stellung der V. VI 267f.
**Vereinigung** von Forderung und Schuld II 138, bei Gesamntschuldverhältniß II 214, 220, 222, 224, bei Hypothek III 557, bei Gesammthypothek III 575, 579. — V. von Grundstücken III 104f., von Bienenschwärmen III 225. — Einfluß der V. von Grundstücken auf Nießbrauch III 328, desgl. der V. von Eigenthum und Nießbrauch bei

beweglichen Sachen III 370, von Recht und Verpflichtung bei einem dem Nießbrauche unterliegenden Anspruche III 383. — V. der Hypothek mit dem Eigenthum III 584 ff., VI 344, des Pfandrechts mit dem Eigenthum III 707. — V. durch Erbgang V 32, 49, Wiederaufhebung derselben bei Nachlaßverwaltung, Nachlaßkonkurs V 91 f., 111 f., bei unbeschränkter Haftung des Erben V 144. — V. bei Erbengemeinschaft V 178. — Wiederaufleben der durch V. erloschenen Rechte und Verbindlichkeiten bei Eintritt der Nacherbfolge V 319, bei Vermächtniß V 358, bei Erbschaftskauf V 690 f.

**Vereinigungsbeschränkungen** für Grundstücke, Fortbestand der Landesgesetze VI 207 f.

**Vereinsakten** I 110.

**Vereinsbeamte** I 87.

**Vereinsgesetz,** bayerisches VI 267.

**Vereinsrecht,** öffentliches I 79, 108.

**Vereinsregister,** Eintragung in dasselbe als Bedingung der Rechtsfähigkeit eines Vereins I 79 ff., 105 ff., Eintragung der Auflösung, der Entziehung der Rechtsfähigkeit, des Konkurses, der Liquidatoren I 114. — Form der Anmeldung zum V. I 115. — Einsicht des V., Abschriften I 115.

**Vereinssatzung** I 82, 93, 94, 95, 96, 106.

**Vereinsvermögen,** Schicksal desselben nach Auflösung oder Entziehung der Rechtsfähigkeit I 96 ff.

**Vereinszollgesetz** III 709.

**Vereinszweck** I 79 ff., 90, 94, 106.

**Vereitelung** des bedingten Rechts I 206.

**Vererblichkeit** des Vorkaufsrechts II 280, der Schenkung wiederkehrender Leistungen II 286, des Anspruchs aus unerlaubten Handlungen II 614. — V. von Unterhaltsansprüchen IV 369, 467. — V. von Rechten und Verbindlichkeiten II 138, V 3 f., des Ausschlagungsrechts V 47, des Erbschaftsanspruchs V 155, des Vorkaufsrechts der Miterben V 181 f., des Rechts des Nacherben V 281, des Ausschlagungsrechts bei Vermächtniß V 363, des Pflichttheilsanspruchs V 594 f.

**Verfallvertrag** beim Pfandrecht III 679, 728.

**Verfassung eines Vereins** I 82, einer Stiftung I 123. — Landesgesetze über V. staatlich genehmigter Vereine VI 167 f.

**Verfehlung,** schwere, des Beschenkten, Widerruf der Schenkung II 291.

**Verfrachter,** gesetzliches Pfandrecht III 709.

**Verfügung,** Begriff I 148. — V. über einen Gegenstand gegen gesetzliches Veräußerungsverbot I 186 f., gegen gerichtliches oder behördliches Veräußerungsverbot I 188. — V. Nichtberechtigter I 238 f. — V.recht der Theilhaber bei Gemeinschaft II 489. — V.befugnisse des Treuhänders III 619 f. — V. des Mannes über eingebrachtes Gut IV 116 f., der Frau IV 145 f., des Mannes über Gesammtgut IV 209 ff. — (S. auch VI 50 f.) — V. des Erben vor Ausschlagung der Erbschaft V 54 f. — V.recht der Miterben V 177 ff., 187 f. — Verlust des V.rechts des Vorerben V 306. — V. des Testamentsvollstreckers V 397 f., des Erben bei Testamentsvollstreckung V 405. — V. unter Lebenden, Verhältniß zum gemeinschaftlichen Testamente V 508, zum Erbvertrag V 533. — Gültigkeit der V. des im Erbschein bezeichneten Erben V 665 ff., 675 f.

**Verfügung von Todeswegen,** Begriff V 26 (s. letztwillige Verfügung, Erbvertrag, Testament, Vermächtniß). — Stiftung durch V. v. T. I 121. — Vorbehalt der Substitution eines Anderen bei Versprechen der Leistung an einen Dritten in V. v. T. II 111. — Anerkennung eines Kindes in V. v. T. IV 350. — V. v. T. im Auslande durch Ausländer VI 77 ff., vor Wahlkonsuln VI 113, Angehörige der Marine VI 121. — V. v. T. über Anerbengrundstücke VI 145 f. — V. des Vorerben V 287 f., 289. — Landesgesetze über Errichtung von Urkunden zu V. v. T. VI 244 f. — Vertragsmäßige V. v. T. s. Erbvertrag. — Nichtigkeit obligatorischer Verträge auf Errichtung oder Aufhebung einer V. v. T. V 560 f. — Uebergangsvorschrift VI 401 f. — Ausschließung Pflichttheilsberechtigter durch V. v. T. V 565 f. — Hinderung der Errichtung, Aufhebung einer V. v. T., Erbunwürdigkeit V 624 f.

**Verfügungsbeschränkung** zu Gunsten bestimmter Personen II 166 f., rechtsgeschäftliche, bezüglich veräußerlicher Rechte I 189. — V. des Gesellschafters über seinen Antheil II 467 f. — V. im Grundbuche III 67 f. — Einfluß einer nach Abgabe der Erklärung zur Begründung, Aufhebung, Aenderung eines Rechts an Grundstücken eintretenden V. III 83. — V. von Ausländern VI 28. — Uebergangsbestimmung für bestehende V. VI 269.

**Verführung** einer Frauensperson II 615 f., immaterieller Schaden II 647 f.

**Vergangenheit,** Unterhaltsanspruch für IV 367, 465.

**Vergehen** der Ehegatten, Scheidungsgrund IV 317, des Inhabers der elterlichen Gewalt gegen das Kind, Verwirkungsgrund IV 432. — Entziehung des Pflichttheils V 613, 615.

**Vergeltungsrecht** VI 99.

**Vergleich** II 522 ff. — Anspruchsverjährung aus vollstreckbarem V. I 267. — V. mit einem Gesammtschuldner II 213, Gesammtgläubiger II 220, 222. — Begriff und Gegenstand des V. II 522 f., gegenseitiger Vertrag II 523, Form II 524, Verjährung II 524, Unwirksamkeit II 525, Einfluß des Irrthums II 526. — V., wenn Urtheil vorliegt II 523, 526 f. — Form des im Wege des V. ertheilten Schuldversprechens, Schuldanerkenntnisses II 531. — V. über Unterhalt IV 468.

— V. für Mündel IV 569. — V. über Wirksamkeit eines Testaments V 245.
**Vergütung** des Vereinsvorstandes I 84, beim Dienstvertrag II 348ff., 366, beim Werkvertrag II 369f., 381, 386f., 388, beim Verwahrungsvertrag II 438, Fälligkeit derselben II 443f. — V. an Beistand IV 446, an Vormund, Gegenvormund IV 585, VI 394, an Pfleger IV 661, für Nachlaßverwaltung V 106, Nachlaßpflegschaft V 36, an Testamentsvollstrecker V 421.
**Verhältnißmäßigkeit** des zur Abwendung von Gefahr verursachten Schadens zu der Gefahr I 281f.
**Verhandlungsmaxime** bei Anfechtung der Ehelichkeit IV 343.
**Verheirathung** der Tochter in elterlicher Gewalt, Sorge für die Person IV 390. — Endigung der elterlichen Nutznießung durch V. des Kindes IV 416. — Auseinandersetzung bei Wiederverheirathung IV 423, bei V. nach Ehelichkeitserklärung IV 489, nach Annahme an Kindesstatt IV 502. — V. von durch Annahme an Kindesstatt verbundenen Personen IV 510.
**Verhinderung** der Bedingung I 208. — Zeitweise V. des Dienstverpflichteten an der Dienstleistung II 354f. — V. des Vaters an Ausübung der elterlichen Gewalt IV 418, 438, 647f., eines zum Vormunde Berufenen IV 522, des Vormundes IV 647f. — V. des Erblassers an Errichtung, Aufhebung einer Verfügung von Todeswegen, Erbunwürdigkeit V 624f.
**Verjährung** des Anfechtungsrechts von Willenserklärungen I 171, 174. — V. im Allgemeinen I 243ff. — (S. im Einzelnen Anspruchsverjährung, Ersitzung.) — V. der Anfechtung der durch einen Dritten geschehenen Bestimmung der Vertragsleistung II 89. — V. des Rücktrittsrechts II 133. — V. des Gläubigerrechts auf den hinterlegten Leistungsgegenstand II 163f. — Einfluß der V. auf Aufrechnung II 173f. — V. bei Gesammtschuldverhältniß II 214, 221. — V. der Gewährleistungsansprüche des Käufers II 234, 257f., bei Viehhandel II 267f. — V. der Ersatzansprüche des Miethers und Vermiethers II 310. — V. bei Leihvertrag II 340, bei Werkvertrag II 377ff., der Ansprüche des Geschäftsführers ohne Auftrag II 432. — Keine V. des Anspruchs auf Aufhebung der Gemeinschaft II 496. — V. des Vergleichs II 524, des Schuldversprechens II 529. — V. der Ansprüche des Anweisungsempfängers aus Annahme II 539, der Ansprüche aus Schuldverschreibung auf den Inhaber II 559, VI 290. — Verweigerung der Erfüllung nach V. des Anspruchs auf Befreiung von der ohne Rechtsgrund eingegangenen Verbindlichkeit II 597. — V. des Ersatzanspruchs aus unerlaubten Handlungen II 650. — Verweigerung der Erfüllung nach V. des Anspruchs auf Aufhebung einer durch unerlaubte Handlung erlangten Forderung II 651. — Keine V. des Anspruchs auf Berichtigung des Grundbuchs III 121. — V. eines mit Unrecht gelöschten oder kraft Gesetzes entstandenen, nicht eingetragenen Rechts an Grundstücken III 125. — Keine V. der Ansprüche aus eingetragenen Rechten III 126, aus Nachbarrecht III 161. — Gehemmte V. des Eigenthumsanspruchs, Einfluß auf Ersitzung III 194. — V. des Anspruchs aus Beeinträchtigung der Grunddienstbarkeit III 320, der Ersatzansprüche des Eigenthümers und des Nießbrauchers III 364f., von Reallastleistungen III 432, der Ersatzansprüche des Verpfänders und des Pfandgläubigers III 675. — V. der Ansprüche aus Verlöbniß IV 16, der Ehescheidungsklage IV 323f., des Unterhaltsanspruchs IV 355, des Anspruchs auf Aussteuer IV 376, der Ansprüche der unehelichen Mutter IV 469, der Anfechtung von Schenkungen gegen Erbvertrag V 534, des Pflichttheilsanspruchs V 611. — Anwendung von Vorschriften über V. auf Inventarfrist V 124. — V. des Erbschaftsanspruchs V 155. — Einfluß auf Ersitzung des Erbschaftsbesitzers V 170. — V. der Ansprüche eines irrthümlich für todt Erklärten auf Herausgabe seines Vermögens V 175, der Ersatzansprüche gegen Testamentsvollstrecker V 420. — V. der Ansprüche aus dem Haftpflichtgesetz VI 119. — Uebergangsbestimmungen für V. VI 270ff.
**Verjährungsfristen** I 245ff., VI 272.
**Verjüngung** des Waldes, Begriff VI 310.
**Verkauf** zwecks Gemeinschaftstheilung II 493f. — V. des Pfandes III 677ff., 747, 749, bei Pfandrecht am Antheil eines Miteigenthümers III 710.
**Verkehr.** In den V. gelangte Schuldverschreibung auf den Inhaber II 552. — V. der Eltern mit den Kindern nach Ehescheidung IV 393.
**Verkehrsanstalten.** Behandlung von Fundsachen bei öffentlichen V. III 340f.
**Verkehrshypothek** III 439, 441.
**Verkehrssitte** bei stillschweigender Annahme von Vertragsanträgen I 200, bei Auslegung von Verträgen I 203, bei Leistung aus Schuldverhältniß II 10.
**Verkehrssperrung,** Testament V 471, 473.
**Verkehrsunternehmungen.** Landesgesetze über Schadloshaltung durch V. VI 215.
**Verkündung** des Testaments V 484ff., VI 399.
**Verlagsrecht** II 368. — Fortbestand der Landesgesetze VI 162. — Gesetz, betr. das V. III 730.
**Verlängerung** einer Frist I 242, der Verjährungsfrist I 275, der Gewährleistungsfrist beim Kauf II 257, der Gewährfrist beim Viehhandel II 264. — Stillschweigende V. des Miethvertrags II 316, des Dienstverhältnisses II 364. — V. der Verjährungsfristen

bei Mängelansprüchen aus Werkvertrag II 377. — V. der Inventarfrist V 123.
**Verlassenschaftsbehandlung** V 34.
**Verlassung** s. Auflassung, bösliche V.
**Verlegung** des Ausübungsorts einer Grunddienstbarkeit III 312f., einer beschränkten persönlichen Dienstbarkeit III 410.
**Verleiher** s. Leihe.
**Verleihung** der Rechtsfähigkeit an Vereine I 81.
**Verletzung** von Personen, Geldentschädigung II 16f.
**Verlöbniß** IV 7ff. — Ausschluß der Klagbarkeit, Nichtigkeit von Vertragsstrafe IV 9. — Rücktritt, Schadensersatz, V.treue IV 10ff. — Rücktritt nach gestatteter Beiwohnung IV 14. — Rückgabe der Brautgeschenke IV 15. — Verjährung der Ansprüche aus V. IV 16. — Maßgebende Gesetze für Eingehung des V. VI 45, 69, 349f.
**Verlobte** s. Verlöbniß. — Letztwillige Zuwendungen unter V. V 241. — Gemeinschaftliches Testament V 492, Erbvertrag V 517f., 519, 525, 541. — Erbverzicht V 635, 640.
**Verlorene** Schuldverschreibung auf den Inhaber, Verpflichtung des Ausstellers II 552, Kraftloserklärung II 558 f. — V. Zins-, Renten- oder Gewinnantheilscheine II 563, VI 188, Legitimationspapiere II 566. — Eigenthumserwerb an v. Sachen III 188 f., 279, Herausgabe an früheren Besitzer III 281. — (S. auch Gefundene Sachen.)
**Verlust** des Besitzes III 37 f., des Eigenthums an Grundstücken III 62 ff., an beweglichen Sachen III 177 ff. — Antheil am V. bei Gesellschaft II 458, 470.
**Vermächtniß.** Begriff V 28 f., 325 f. — Errichtung einer Stiftung durch V. I 121, 122. — Vertrag über V. aus dem Nachlasse noch lebender Dritter II 84. — Ausschlagung eines V. keine Schenkung II 283. — Annahme oder Ausschlagung eines V. durch die Frau ohne Zustimmung des Mannes IV 154 f., 215, Erwerb als Vorbehaltsgut IV 166 f., 221. — Ausschlagung eines V. durch den Inhaber der elterlichen Gewalt für das Kind IV 399. — Rechtsgeschäft über dem Mündel angefallenes V. IV 568. — Anwendung der Vorschriften über V. auf Voraus des überlebenden Ehegatten V 22. — V. bei Erhöhung des Erbtheils bei gesetzlicher Erbfolge V 24. — V. ist Nachlaßverbindlichkeit V 68, wird vom Aufgebot der Nachlaßgläubiger nicht betroffen V 76, Stellung zu den ausgeschlossenen Gläubigern V 77, zu den verspätet sich meldenden V 81, 83. — Verhältniß des V. zu Ueberschuldung des Nachlasses V 98, 111. — Ueberschuldung des Nachlasses durch V. V 115. — V. bei angewachsenem Erbtheil V 264. — Beschwerung mit einem V. V 327, Mehrheit von Beschwerten V 327, gemeinschaftliches V. V 328. — V. an den gesetzlichen Erben V 328. — Vorausv. V 329. — Mehrheit von Bedachten nach Bestimmung des Beschwerten oder eines Dritten V 330 ff., Theilung unter mehreren Bedachten V 332. — Wahlv. V 333 f. — Gattungsv. V 334 f. — Bestimmung der Leistung nach billigem Ermessen bei Zweckv. V 336. — Gemeinschaftliches V.: Bruchtheile V 336, Anwachsung V 337 f. — Wirksamkeit des V.: Leben des Bedachten V 338, Wegfall des Beschwerten V 339. — Zeitliche Beschränkung des unter aufschiebender Bedingung oder Anfangstermin angeordneten V. V 339 f. — Umfang des V.: Zubehör V 340, Ersatzanspruch V 340, Belastungen des V.gegenstandes V 341 f., Hypothek V 343 f., Gesammthypothek V 344, Gesammtgrundschuld, Gesammtrentenschuld V 345. — Gegenstand des V.: Leistung aus der Erbschaft bei V. bestimmten Gegenstandes V 346, Verschaffungsv. V 348, unmögliche, verbotene Leistung V 349, Verbindung, Vermischung, Vermengung V 350. — V. einer Forderung V 352 f. — Rechtswirkung des V.: Forderung der Leistung vom Beschwerten, V.anspruch V 355 ff., Uebertragung des vermachten Gegenstandes schon bei Lebzeiten des Erblassers V 357, Aufhebung der Folgen der Vereinigung V 358, Anfall des V. V 358 ff., Anwartschaft bei bedingtem, betagtem V. V 361. — Annahme und Ausschlagung des V. V 361 f. — Fälligkeit bei Belieben des Beschwerten V 364. — Haftung des Beschwerten bei Gattungs- und Verschaffungsv. V 364 ff., Herausgabe von Früchten, Nutzungen V 367 f., Ersatz von Verwendungen V 368 f. — Haftung eines mit V. oder Auflage beschwerten V.nehmers V 369 f. — Kürzung des V. V 371 f. — Bestimmung des Vorranges eines V. durch den Erblasser V 372. — Ersatzberufung bei V. V 372. — Nachv. V 373. — Testamentsvollstrecker zur Ausführung eines V. V 423. — V. in gemeinschaftlichem Testamente V 496 f. — Vereitelung von V. durch den Erblasser bei vorliegendem Erbvertrag V 536. — Zuwendung eines V. an Pflichttheilsberechtigten V 571 f. — V. bei Berechnung des Pflichttheils V 580, Uebertragung der Pflichttheilslast auf V. V 596, 600 f., bei Annahme eines V. durch den Pflichttheilsberechtigten V 598, bei Ausschlagung eines solchen V 599. — Erbunwürdigkeit eines V.nehmers V 631. — Verzicht auf V. durch Vertrag mit Erblasser V 640 f. — Wegfall eines V. bei Erbschaftskauf V 681. — Haftung des Erbschaftsverkäufers für Nichtbestehen von V. V 687 f. — Uebergangsvorschrift für Erwerb des V. VI 398.
**Vermächtnißanspruch** V 326, 355 ff.
**Vermächtnißnehmer** V 327 ff. (s. Vermächtniß), Beschwerung mit einem Vermächtnisse V 327.

**Vermächtnißvertrag** V 31, 325, 523 f., Aufhebung desselben V 543 f.
**Vermengung** beweglicher Sachen, Eigenthumserwerb III 204. — V. des vermachten Gegenstandes V 350.
**Vermiethung,** gewerbsmäßige beweglicher Sachen, Anspruchsverjährung I 246, 252.
**Verminderung** des Gesammtguts durch den Mann IV 217, Aufhebung der Gütergemeinschaft IV 227, durch den überlebenden Ehegatten, Aufhebung der fortgesetzten Gütergemeinschaft IV 263.
**Vermischung** beweglicher Sachen, Eigenthumserwerb III 204. — V. des vermachten Gegenstandes V 350.
**Vermittelung** eines Vertrags II 395, eines Dienstvertrags II 399, einer Ehe II 399.
**Vermögen.** Begriff I 128. — Unbewegliches V. I 128. — Vertrag über künftiges V. II 83, über gegenwärtiges V. II 83. — Uebernahme eines V. II 207 f. — Nießbrauch an einem V. III 395 ff. — Sorge des Vaters für V. des Kindes IV 383 f. — Rechtsgeschäfte über V. des Mündels im Ganzen IV 568. — Pflegschaft über durch Sammlung zusammengebrachtes V. IV 658 f., VI 76. — Schenkungsversprechen des V. auf Todesfall V 559.
**Vermögensabsonderung** (des französischen, badischen Rechts) unter Ehegatten, Uebergangsvorschrift VI 356 ff.
**Vermögensfähigkeit** des Kindes in elterlicher Gewalt IV 379.
**Vermögenslosigkeit** als Voraussetzung des Unterhaltsanspruchs IV 357.
**Vermögensminderung.** Schadensanspruch ohne V. II 24. — V. Voraussetzung der Schenkung II 282. — V. des Hauptschuldners, Befreiung des Bürgen II 519. — (S. auch Verminderung.)
**Vermögensschaden.** Geldentschädigung für einen Schaden, welcher nicht V. ist II 24, 647 f. — V. durch eine Sache III 133.
**Vermögensübernahme** II 207 f. — V. mit Abfindung Dritter II 109 f.
**Vermögensübersicht** bei befreiter Vormundschaft IV 605.
**Vermögensverhältnisse,** Täuschung darüber kein Eheanfechtungsgrund IV 58.
**Vermögensverlust,** Widerruf des Schenkungsversprechens II 285.
**Vermögensverschlechterung** bei Verträgen II 94, bei Darlehensversprechen II 346, des Hauptschuldners, Einfluß auf Bürgschaft II 519.
**Vermögensverwaltung.** Ueberlassung der V. an den Mann bei Gütertrennung IV 187 f., an die Eltern durch volljährige Kinder IV 373. — V. des Inhabers der elterlichen Gewalt IV 394 ff. (s. Eltern), Entziehung derselben IV 419, 425. — V. durch Beistand IV 445, 448.
**Vermögensverzeichniß** bei Errungenschaftsgemeinschaft IV 291, bei fortgesetzter Gütergemeinschaft IV 262, bei Verwaltung des Kindesvermögens IV 396 f., 421, durch Beistand IV 444, bei Annahme an Kindesstatt IV 501, bei Vormundschaft IV 544 f., VI 393.
**Vermögensvortheil** als Voraussetzung des Vermächtnisses V 28 f.
**Vermögenswerth** kein Erforderniß des Schuldverhältnisses II 5 f.
**Vermuthung.** Beweis des Gegentheils I 43. — V. des Todes bei Todeserklärung I 73, des Lebens I 75, gleichzeitigen Todes in gemeinsamer Gefahr I 76. — Vermuthete Vollmacht I 218. — V. des Vorhandenseins von sich zeigenden Hauptmängeln von Vieh zur Zeit des Gefahrübergangs II 263. — Vermutheter Auftrag II 411. — V., daß Eltern und Abkömmlinge für gewährten Unterhalt keinen Ersatz verlangen II 433. — V. für Bestehen, Nichtbestehen von im Grundbuche eingetragenen, gelöschten Rechten III 106, 502 f., 604, VI 320, für Eigenbesitz bei Ersitzung III 194, für Eigenthum des Besitzers beweglicher Sachen III 279, VI 305, für Eigenthum des Bestellers bei Nießbrauch III 365, für Uebergabe des Hypothekenbriefs an den Gläubiger bei Besitz desselben III 465, für Eigenthum des Verpfänders bei Pfandverkauf III 700, für Rückgabe des im Besitze des Verpfänders oder Eigenthümers befindlichen Pfandes III 705. — V. für Eigenthum des Ehemannes oder der Ehefrau an beweglichen Sachen IV 94 f., 203, VI 49, 53 f. — V. für fehlende Ersatzabsicht der Frau bei Aufwendungen zum ehelichen Aufwand IV 186. — V. für Gesammtgut bei Errungenschaftsgemeinschaft IV 291, wegen nicht mehr vorhandener verbrauchbarer Sachen des eingebrachten Gutes bei derselben IV 297. — V. für Beiwohnung des Mannes innerhalb der Empfängnißzeit IV 344 f. — V., daß ein Kind für Aufwendungen im elterlichen Hausstande keinen Ersatz verlangt IV 372, für Leistung einer Ausstattung des Kindes aus dessen Vermögen IV 377. — V. für gesetzliches Erbrecht des Fiskus V 61, 63, für Vollständigkeit des Nachlaßinventars V 139 f. — V. für Gleichheit der Erbtheile bei Erbeinsetzung V 260, für Richtigkeit des Inhalts des Erbscheins V 663 f., des Zeugnisses über Ernennung zum Testamentsvollstrecker V 673.
**Vernachlässigung** des Kindes in elterlicher Gewalt, Einschreiten des Vormundschaftsgerichts IV 419.
**Vernichtung.** Kraftloserklärung vernichteter Schuldverschreibungen auf den Inhaber II 558, vernichteten Hypothekenbriefs III 550 f. — V. der Testamentsurkunde V 476 f.
**Vernunftgebrauch,** mangelnder bei unerlaubten Handlungen II 617.

**Verordnung**, Kaiserliche, für Bestimmung von Hauptmängeln und Gewährfristen beim Viehhandel II 262. — V. als Rechtsnorm VI 16.

**Verpfändung** von Geld, Werthpapieren, Forderungen, beweglichen Sachen als Mittel der Sicherheitsleistung I 286. — (S. im Uebrigen Pfandrecht.)

**Verpfändungsvertrag** II 225, 236.

**Verpflegungsanstalten**, Anspruchsverjährung I 247, 252. — Bevormundung durch Vorsteher derselben, Landesrecht VI 225 f. — Landesrecht über Ansprüche der V. an Nachlaß VI 231.

**Verpflichtungsgrund**, Vertrag ohne Bezeichnung desselben II 527 f.

**Verrichtung**, Bestellung eines Dritten zu V., Haftung für Schaden aus unerlaubter Handlung desselben II 625.

**Versäumung** der Ausschlagungsfrist von Erbschaft, Anfechtung V 51.

**Verschaffungsvermächtniß** V 348, 364 f.

**Verschlechterung** des Leistungsgegenstandes bei Verzug des Schuldners II 66, nach Eintritt der Rechtshängigkeit II 67 f. — V. der Vermögensverhältnisse eines Theils bei gegenseitigem Vertrage, Einfluß auf die Pflicht des andern Theils zur Vorleistung II 94 f. — V. bei vertragsmäßigem Rücktrittsrecht II 128 f., 130. — Gefahr der V. beim Kauf II 236 f., 265, VI 328. — V. bei Wiederkauf II 272, 274, bei Miethe II 304. — V. des zum Schätzungswerth übernommenen Inventars bei Grundstückspacht II 329. — V. der geliehenen Sache II 338, des vom Besteller gelieferten Stoffes bei Werkvertrag II 384 f., der benutzten Sache eines Gesellschafters II 476. — Haftung für V. der durch unerlaubte Handlung entzogenen Sache II 648, des Besitzers gegenüber Eigenthumsanspruch III 258, des Nießbrauchers III 355 f., 364 f. — V. des Grundstücks, Schutz des Hypothekengläubigers III 493 ff., VI 342, des Rentenschuldgläubigers III 649. — V. des Pfandes III 670 f., 675. — V. bei Erbschaftsanspruch V 166 f., bei Vorerbschaft V 309, bei Erbschaftskauf V 685, 694.

**Verschließung** der Testamentsurkunde V 466 f., des Erbvertrags V 521 f.

**Verschollenheit**, Todeserklärung I 68 ff., VI 33 f. — V. des Grundstückseigenthümers, Aufgebot III 170 f. — V. des Mündels IV 624. — Uebergangsbestimmungen für V.erklärung VI 256 ff.

**Verschulden** I 37. — V. des Erklärenden ist nicht Voraussetzung der Verpflichtung zum Schadensersatz bei nichtigen oder anfechtbaren Willenserklärungen I 172. — V. des Beschädigten, Einfluß auf die Schadensersatzpflicht II 25 f., 629, 632, 635, 639, 647. — V. von Vertretern des Beschädigten II 26. — Einfluß des V. des nicht wahlberechtigten Theils bei Alternativobligation auf die Unmöglichkeit eine der Leistungen II 36 f. — Haftung des Schuldners für V. des Vertreters II 50 f. — V. bei Gattungsschuld II 52. — V. des Gebers einer Draufgabe II 118. — Einfluß von V. auf Rücktrittsrecht II 130. — V. eines Gesammtschuldners II 214. — V. des Hauptschuldners, Einfluß auf Bürgschaft II 512. — V. bei unerlaubten Handlungen II 600 f., 605 ff., 613, 620 f., 629, 632, VI 120, bei Schaden durch eine Sache III 134, gegenüber Eigenthumsanspruch III 258. — Haftung des Pfandes für V. III 661. — V. des Gläubigers bei unrechtmäßigem Pfandverkauf III 693. — Erweiterung einer verpfändeten Forderung durch V. III 743. — V. des Vormundes, Gegenvormundes IV 581 f., des Vormundschaftsrichters IV 598, des Familienraths IV 615, des Pflegers IV 661, des Testamentsvollstreckers V 420, des Richters oder Notars bei Testamentserrichtuug V 445.

**Verschuldungsgrenze** bei Grundstücken, Landesgesetze VI 206.

**Verschwägerung** s. Schwägerschaft. — Zeugenschaft bei Eheschließung IV 36, VI 115. — Anhören von Verschwägerten bei Eheeinwilligung durch Vormundschaftsgericht IV 24, vor Entscheidungen in Angelegenheiten der elterlichen Gewalt IV 427. — Berücksichtigung bei Auswahl des Vormunds IV 523, Anhörung durch Vormundschaftsgericht IV 597. — Antrag auf Einsetzung eines Familienraths IV 609. — Ehehinderniß IV 27 f., VI 97.

**Verschwender**, Entmündigung I 57 ff., beschränkte Geschäftsfähigkeit I 160.

**Verschwendung**, Entmündigung des Mannes wegen V., Aufhebung der Gütergemeinschaft IV 227, des überlebenden Ehegatten, Aufhebung der fortgesetzten Gütergemeinschaft IV 263. — Ausschluß der Bestellung zum Vormunde bei Entmündigung wegen V. IV 524. — Testamentsfähigkeit V 433, VI 81, Widerruf des Testaments V 475, Erbvertrag V 518. — Beschränkung des Pflichttheilsrechts in guter Absicht wegen V. eines Abkömmlings V 619 f. — Entmündigung wegen V., Uebergangsbestimmung VI 254. — (S. auch V 533.)

**Versendung** der Kaufsache, Gefahr II 238, Kosten II 239, desgl. bei Werkvertrag II 385.

**Versetzung** von Beamten 2c., Kündigung des Miethverhältnisses II 317, des Pachtverhältnisses V 334.

**Versicherung** eines geschuldeten Gegenstands durch den Schuldner, Abtretung des Ersatzanspruchs an den Gläubiger II 56. — Leibrente durch V. II 498. — V. zu Gunsten Dritter II 109 f. — V. der Nießbrauchssache III 344 ff. — V.pflicht des Wohnungsberechtigten III 413. — Haftung der Forderungen aus V. für Hypothek III 483 ff., bei Pfandrecht III 664, bei Schiffspfandrecht III 720. — V. des eingebrachten Guts IV

132, des Kindesvermögens IV 409. — Ersatz für V. von Erbschaftsgegenständen gehört zur Nacherbschaft V 287. — V. der Vorerbschaft V 302. — Verhältniß der V. zu Unschädlichkeitszeugniß VI 209, 211.
**Versicherungspolice** II 567.
**Versicherungsrecht** II 110. — Fortbestand der Landesgesetze VI 161.
**Versicherungsvertrag als Bürgschaft** II 509,
**Versiegelung** des Testamentsprotokolls V 466. des Erbvertrags V 521.
**Versorgungsvertrag** II 497.
**Verspätete** Annahme eines Vertragsantrags I 199.
**Versprechen,** einseitiges II 78. — V. der Leistung an einen Dritten II 106ff. (s. Leistung).
**Versprechensempfänger,** Stellung desselben bei Versprechen der Leistung an einen Dritten II 110f.
**Versteigerung,** Vertragsschluß I 203. — Oeffentliche V. von zur Hinterlegung nicht geeigneten Sachen II 164f., 224. — V. von Hausthieren bei Rechtsstreit über Wandelung II 266. — V. bei Aufhebung der Gemeinschaft II 493. — Eigenthumserwerb durch öffentliche V. III 188, 190. — Oeffentliche V. der Fundsache III 229, 237, 238, 241f. — V. des Pfandes bei drohendem Verderb, Werthminderung III 670f., des Pfandes überhaupt III 686ff., von verpfändeten Inhaberpapieren III 747, nicht Orderpapieren III 749.
**Versuch** der Tödtung, Erbunwürdigkeit V 624f.
**Vertheidigung** gegen rechtswidrigen Angriff I 279f. — Kosten der V. der Frau aus eingebrachtem Gut IV 135, 161, Vorbehaltsgut IV 169. — Kosten der V. eines Kindes in elterlicher Gewalt IV 408.
**Vertheidigungsrecht** I 279f.
**Vertheilung** s. Theilung. — V. der Hypothek bei Gesammthypothek III 489f., 572f. — V. der Pflichttheilslast durch Anordnung des Erblassers V 601. — V.verfahren bei Entschädigung für Enteignung von Grundstücken VI 127f., 129.
**Vertiefen,** unzulässiges, eines Grundstücks III 141.
**Vertrag.** Errichtung einer Stiftung durch V. I 118. — Verträge Minderjähriger I 153ff. — Urkunden über V., Form I 176f. — Bestätigung eines nichtigen V. I 192. — Vertrag im Allgemeinen I 196ff.: Vertragsantrag I 196f., Ablehnung I 197f., Annahme I 197ff., rechtzeitige I 197, unter Anwesenden, Abwesenden I 198, Fristbestimmung I 198, verspätet zugegangene Annahmeerklärung I 199, verspätete, modifizirte Annahme I 199, stillschweigende Annahme I 200. — V.schluß I 200ff., bei gerichtlicher oder notarieller Beurkundung ohne Anwesenheit beider Theile I 201, Tod oder Geschäftsunfähigkeit des Antragenden vor der Annahme I 201f., Differenz über einzelne V.punkte I 202, Vereinbarung der Beurkundung I 202. — V.abschluß durch Versteigerung I 203. — Auslegung des V. I 203. — V.schließung ohne Vertretungsmacht I 225ff., 230. — Zustimmung Dritter (Einwilligung, Genehmigung) zu Verträgen I 232ff. — Einrede des nicht erfüllten V. hemmt nicht Anspruchsverjährung I 252f. — Schuldverhältnisse aus Verträgen II 78ff.: Begründung II 78f. — V. auf unmögliche Leistung II 79ff., Einfluß der Kenntniß der Unmöglichkeit II 80f., Hebung der Unmöglichkeit II 81f., Zusatz einer aufschiebenden Bedingung, eines Anfangstermins II 81f. — V. gegen gesetzliches Verbot II 82, gegen gute Sitten II 82, auf Ueberlassung künftigen Vermögens II 83, gegenwärtigen Vermögens II 83, über Nachlaß noch lebender Dritter, Pflichttheil, Vermächtniß daraus II 83f., über Eigenthumsübertragung an Grundstücken II 85. — V. umfaßt Zubehör II 85f. — Bestimmung der Leistung durch einen der V.schließenden II 86ff., Bestimmung der Gegenleistung II 88. — Bestimmung der Leistung durch einen Dritten II 88ff. — Gegenseitiger Vertrag II 91ff.: Verweigerung der Leistung vor Gegenleistung, Einrede des nicht erfüllten V. II 92f., theilweise Leistung II 93. — Vorleistung, Weigerung derselben bei Unsicherheit der Gegenleistung, Sicherheitsleistung II 94. — Verurtheilung zur Erfüllung Zug um Zug II 95f., 112, Annahmeverzug II 95f. — Ganze oder theilweise Unmöglichkeit der einen Leistung, Tragung der Gefahr, Ersatzansprüche II 96ff. — Gegenleistung bei zu vertretender Unmöglichkeit II 99f., Schadensersatz, Rücktritt vom V. II 101f., 106. — Einfluß des Verzugs II 104ff. — Vertrag zu Gunsten Dritter I 174, II 106ff., III 345 (s. Leistung). — Kaufähnliche V. II 236. — Draufgabe II 116ff. (s. d. W.). — Vertragsstrafe II 119ff. (s. d. W.). — Rücktritt vom V. II 126ff. (s. Rücktrittsrecht). — V. der Frau über eingebrachtes Gut IV 146ff. — V. des Vormundes ohne Genehmigung des Vormundschaftsgerichts IV 577f. — V. über Verfügungen von Todeswegen V 560f.
**Vertragsantrag** s. Vertrag. — Ablehnung von V. durch die Frau ohne Zustimmung des Mannes IV 155, 216. — (S. auch VI 274.)
**Vertragserbe,** Begriff V 31.
**Vertragsform** s. Form.
**Vertragsfreiheit** im Sachenrechte III 6.
**Vertragsmäßiges Güterrecht** IV 189ff. (s. Ehevertrag, Gütergemeinschaft, Errungenschaftsgemeinschaft, Fahrnißgemeinschaft).
**Vertragsstrafe** II 119ff. — V. für Austritt aus Verein I 92, bei Dienstverhältniß Minderjähriger I 159. — Verwirkung der V. II 119f. — V. statt Erfüllung, Schadensersatzes II 120f. — Erfüllung neben V. II 121f. — V. außer Geldsumme II 122. — Richterliche

Ermäßigung zu hoher V. II 123f. — V. im Handelsgewerbe II 124. — Unwirksamkeit der V. bei Versprechen gesetzlich unwirksamer Leistung II 124f. — Beweislast II 126. — V. bei Aufrechnung II 172, bei Abtretung der Forderung II 185. — Haftung des Bürgen für V II 512, des Pfandes III 660. — V. bei Verlöbniß IV 9. — Nichtigkeit einer V. bei Vertrag gegen Testirfreiheit V 561. — (S. auch II 6.)

**Vertragsurkunden** I 176ff.

**Vertragswille** I 196.

**Vertragszinsen** II 15f. — Haftung des Bürgen für V. II 512.

**Vertretbare Sachen**, Begriff I 128. — V. S. als Gegenstand des Darlehens II 340ff., des Werkvertrags II 391f., des Verwahrungsvertrags II 444, als Beitrag zur Gesellschaft II 458, als Gegenstand der Anweisung II 534, als Gegenstand des Vermächtnisses V 337.

**Vertreter** (auch „gesetzlicher") bei Begründung und Aufhebung des Wohnsitzes von Geschäftsunfähigen und beschränkt Geschäftsfähigen I 61f. — Besondere Vertreter eines Vereins I 87. — Einwilligung des gesetzlichen V. zu Willenserklärungen Minderjähriger I 152ff., zu einseitigen Rechtsgeschäften I 157, Ermächtigung zum selbständigen Betrieb eines Erwerbsgeschäfts, zu Dienst- und Arbeitsverträgen I 158ff. — Wirksamkeit der vom gesetzlichen V. vorgenommenen Rechtsgeschäfte bei Aufhebung der Entmündigung I 161. — Stellung desselben bei Willenserklärung gegenüber einem Geschäftsunfähigen, beschränkt Geschäftsfähigen I 182f. — Willenserklärung von und gegenüber V. I 211ff. — Kontrahiren des V. mit sich selbst I 231f., IV 536f. — Einfluß des Verschuldens eines V. des Beschädigten auf die Schadensersatzpflicht II 26. — Haftung für Verschulden des V. II 50f., 131. — Erfüllung an V. des Gläubigers II 141. — Haftung des Beauftragten für V. II 413. — Auflassung durch V. III 163, Eigenthumserwerb an beweglichen Sachen III 180f. — V. des auswärtigen Grundstückseigenthümers für Kündigung der Hypothek III 507f. — V. des jeweiligen Gläubigers bei Sicherungshypothek für Schuldverschreibung auf den Inhaber (Treuhänder) III 616ff., für Inhabergrundschuld III 640, für Schiffspfandrecht III 723. — Eheeinwilligung des gesetzlichen V. IV 19f., Mangel derselben IV 55f., 183. — Kein V. bei Eheeinwilligung der Eltern IV 24. — Anfechtung der Ehe durch V. IV 59f. — Gesetzlicher V. bei Vereinbarung oder Aufhebung der Gütergemeinschaft durch Ehevertrag IV 201f., bei Ausübung der Rechte des Mannes am eingebrachten Gut IV 158. — Unzulässigkeit eines V. bei Zustimmung des einen Ehegatten zu Verfügungen des anderen über den Antheil eines Abkömmlings am Gesammtgute der fortgesetzten Gütergemeinschaft IV 281. — V. bei Anfechtuug der Ehelichkeit IV 348f., bei Anerkennung derselben IV 351, bei Anfechtung der Anerkennung IV 352. — Erklärung über Annahme, Ausschlagung der Erbschaft V 33f., 41. — V. bei Erbvertrag V 517f., bei Anfechtung desselben V 529, bei Aufhebung V 541, bei Rücktritt V 550, bei Erbverzicht V 635, bei Aufhebung desselben V 639, bei vertraglichem Verzicht auf Zuwendung aus letztwilliger Verfügung V 640. — Berechtigung des gesetzlichen V. zum Strafantrag VI 104, zum Beistande des Angeklagten VI 108, zur Genehmigung der Ausübung der aus der Reichsangehörigkeit folgenden Befugnisse VI 112f. — Antrag auf Entlassung des Vertretenen aus der Staatsangehörigkeit VI 116.

**Vertretung** von Vereinen I 83ff., Vereinsmitgliedern I 92. — V. bei Rechtsgeschäften I 210ff.: Unmittelbare Berechtigung und Verpflichtung des Vertretenen I 211f. — Willenserklärung gegenüber dem Vertreter I 211. — Beschränkte Geschäftsfähigkeit des Vertreters I 212. — Beurtheilung der Gültigkeit des Rechtsgeschäfts nach der Person des Vertreters I 213f. — Vollmacht I 213ff. — V. ohne V.macht, Erforderniß der Genehmigung I 225, Haftung des Vertreters I 226ff. — Ueberschreitung der V.macht I 227. — Einseitige Rechtsgeschäfte I 229f. — Kontrahiren des Vertreters mit sich selbst I 231f., IV 536f. — V. der Gesellschaft II 463f. — V. bei Spezifikation III 207. — V. des Mannes durch die Frau IV 85f. — Keine V. des Mannes bei Zustimmung oder Kündigung der Uebernahme persönlicher Leistungen gegenüber Dritten durch die Frau IV 88f. — V. des unter Vormundschaft stehenden Mannes in Rechten und Pflichten bezüglich des eingebrachten Guts IV 158. — V. bei Abschluß von Eheverträgen IV 192. — V. des Kindes in elterlicher Gewalt IV 386, des unehelichen Kindes IV 459f. — V. bei Ehelichkeitserklärung IV 482, bei Annahme an Kindesstatt IV 493f., beim Annahmevertrage IV 494f., nach geschehener Annahme IV 505, bei Wiederaufhebung des Annahmevertrags IV 509. — V. des Mündels durch den Vormund IV 534ff. — Unzulässigkeit der V. bei Testamentserrichtung V 229, 433.

**Vertretungsmacht** des Vereinsvorstandes I 83, 112, besonderer Vereinsvertreter I 87, der Liquidatoren des Vereins I 99f. — V. im Allgemeinen I 162ff., 210ff. — V. bei Mäklervertrag II 394, bei Gesellschaft II 463f. — V. des Inhabers der elterlichen Gewalt IV 386, des Vaters nach Ehescheidung IV 392, des Vormundes IV 534ff.

**Vervielfältigung**, mechanische, der Unterschrift, von Schuldverschreibungen auf den Inhaber II 548.

**Vervollständigung** des Nachlaßinventars V 130, 132, 133.
**Verwahrer** s. Verwahrung.
**Verwahrung** II 435ff. — V. einer untheilbaren Leistung bei Mehrheit von Forderungsberechtigten II 223f. — V. der Kaufsache II 227. — Begriff des V.vertrags II 435f., bewegliche Sache II 437. — Pflichten des Verwahrers II 437f., Nebenleistungen desselben II 438. — Gebrauch der hinterlegten Sache II 438. — Vergütung II 438, Haftung bei unentgeltlicher V. II 439, bei V. bei einem Dritten II 439, Haftung für Gehülfen II 439. — Aenderung der Art der V. II 440. — Aufwendungen des Verwahrers II 440f. — Schadensersatzpflicht des Hinterlegers II 441. — Zeit der Rückforderung II 441, Rücknahme II 442. — Ort der Rückgabe II 442, Kosten, Gefahr derselben II 442, Früchte II 442, Zurückbehaltungsrecht des Verwahrers II 442, Aufrechnung II 443. — Konkurs des Verwahrers II 443. — Verzinsung verwendeten Geldes II 443. — Fälligkeit der Vergütung II 443f. — Unregelmäßiger V.vertrag (über vertretbare Sachen) II 444. — V. über Werthpapiere II 444f. — Mittelbarer Besitz bei V. III 54f. — V.pflicht des Finders III 229, des Pfandgläubigers III 566, 728. — Ablieferung des Pfandes an einen Verwahrer III 668, Leistung an V bei verpfändeter Forderung III 734, 740, 744. — V. der Leistung aus Nachlaßanspruch bei Erbengemeinschaft V 186. — Amtliche V. von Testamenten V 466ff., 469, 510f., VI 83, Widerruf durch Zurücknahme aus derselben V 478. — V. des Erbvertrags V 521f., 557.
**Verwaltender** Vormund IV 514.
**Verwalter** s. Verwaltung.
**Verwaltung.** V. eines Vereins, Begriff I 82. — Rechenschaftsablage über eine V. II 31f. — V. des gemeinschaftlichen Gegenstandes II 486f. — Gerichtliche V. der Nießbrauchssache bei nicht erfolgender Sicherheitsleistung des Nießbrauchers III 356f., bei erheblicher Rechtsverletzung durch denselben III 359, 380. — V. des eingebrachten Guts durch den Mann IV 109ff. (s. eheliches Güterrecht), des Gesammtguts der Gütergemeinschaft IV 209ff. (s. Gütergemeinschaft). — Ausschließung der V. des Mannes, Wirkung gegen Dritte IV 194f., Gütertrennung IV 199f. — V. des Gesammtguts der fortgesetzten Gütergemeinschaft auf Antrag des überlebenden Ehegatten oder eines Gläubigers IV 257. — V. des eingebrachten Guts der Errungenschaftsgemeinschaft durch den Mann IV 289f. — Verhältniß der V. des Mannes am eingebrachten Gute zur Unterhaltspflicht der Frau IV 358f. — V. des Nachlasses bei Erbengemeinschaft V 185f., durch Testamentsvollstrecker V 397ff., 402f., 415f. — (S. auch IV 100.)
**Verwaltungsbehörden,** Mittheilung der Anmeldung zur Eintragung eines Vereins I 108f., 113. — Geltendmachung eines Anspruchs vor V., Verjährung I 268.
**Verwaltungsgemeinschaft** IV 97 (s. im Uebrigen eheliches Güterrecht unter „gesetzliches Güterrecht").
**Verwaltungsgerichte.** Geltendmachung eines Anspruchs vor V., Verjährung I 268.
**Verwaltungspflicht** des Erben gegenüber den Nachlaßgläubigern V 85, 93f.
**Verwaltungsrecht** VI 130.
**Verwaltungsstreitverfahren** zur Entziehung der Rechtsfähigkeit von Vereinen I 95, bei Einspruch gegen Eintragung eines Vereins I 109.
**Verwandlung** s. Umwandlung.
**Verwandte** s. Verwandtschaft. — Anhören bei Eheeinwilligung des Vormundschaftsgerichts IV 24. — Zeugenschaft bei Eheschließung IV 36, VI 115. — Unterhaltspflicht IV 356. — Anhören bei Entscheidungen in Angelegenheiten der elterlichen Gewalt IV 427. — Stellung des unehelichen Kindes zu V. der Mutter IV 457f. — Wirkung der Ehelichkeitserklärung für die V. des Kindes IV 487, der Annahme an Kindesstatt für die V. des Annehmenden und des Angenommenen IV 504. — Berücksichtigung bei Auswahl des Vormundes IV 523, Anhörung durch Vormundschaftsgericht IV 597. — Antrag auf Einsetzung eines Familienraths IV 609. — Erbeinsetzung der „Verwandten" nächsten V. V 232. — Erbverzicht der V. V 634.
**Verwandtenerbfolge** V 14ff.
**Verwandtschaft** IV 340ff. — Ehehinderniß IV 27ff., VI 97, Nichtigkeit IV 53. — Begriff der V., gerade Linie, Seitenlinie, Verhältniß von unehelichem Kinde und Vater IV 341 (vgl. VI 383). — Unzulässigkeit der Ehelichkeitserklärung bei Ehehinderniß der V. IV 484. — Gesetzliche Erbfolge bei mehrfacher V. V 17f. — Ausschließung von der Mitwirkung bei Testamentserrichtung V 447. — Anwendung der Vorschriften des B.G.B. über V. auf andere Reichsgesetze VI 102f. — Uebergangsvorschriften für V. VI 375ff. — (S. auch VI 18.)
**Verwendungen** s. Aufwendungen. Zurückbehaltungsrecht wegen V. II 44. — Einfluß der Rechtshängigkeit auf Ersatzanspruch für V. II 67f. — V. des Schuldners bei Gläubigerverzug II 77. — Ersatz für V. bei vertragsmäßigem Rücktrittsrecht II 128f. — V. des Verkäufers vor der Uebergabe des Kaufgegenstandes II 240f., des Wiederverkäufers II 273f., des Miethers II 298, 304, des Entleihers II 337, des Mäklers II 395, 397, des Beauftragten II 417f., des Geschäftsführers ohne Auftrag II 431f., 433, des Verwahrers II 440, 444, des ungerechtfertigt Bereicherten II 593, 594, des

aus unerlaubter Handlung zur Herausgabe Verpflichteten II 649. — Ersatz von V. bei Rechtsverlust durch Verbindung, Vermischung, Verarbeitung III 208 f. — Ersatz nothwendiger V. bei Eigenthumsanspruch III 264 f., anderer V. III 266 f., von V. eines Vorbesitzers III 270 f., Geltendmachung des Anspruchs III 271 f., Ausschlußfrist III 273 f. — V. des Nießbrauchers III 353, 365, bei Wohnungsrecht III 412. — Haftung des Pfandes für V. III 660. — V. des Pfandgläubigers III 667, 675. — V. bei Verlöbnißbruch IV 10 f. — V. des Mannes auf das eingebrachte Gut IV 138, der Frau zur Bestreitnng des ehelichen Aufwands bei Gütertrennung IV 186. — V. von Gesammtgut in das Vorbehaltsgut durch den Mann und umgekehrt IV 224. — Ausgleichung der V. in die verschiedenen Vermögensmassen der Errungenschaftsgemeinschaft IV 297. — V. aus Mündelvermögen für den Vormund IV 548, 583. — V. des Erben V 79, 93, 95, 111, des Erbschaftsbesitzers V 164 f., 167, des Vorerben V 303, 310, 313, des Beschwerten bei Vermächtniß V 368. — Ersatz von V. des Verkäufers bei Erbschaftskauf V 695.

**Verwerflicher** Empfang II 588 f.

**Verwirkung** der Vertragsstrafe II 119 f., der elterlichen Gewalt IV 432, 437, Aufhebung der fortgesetzten Gütergemeinschaft IV 264.

**Verzeichniß** der Mitglieder eines eingetragenen Vereins, Einreichung an Amtsgericht I 113. — V. bei Herausgabe eines Inbegriffs von Gegenständen II 32, bei Nießbrauch an Inbegriff III 333. — V. des eingebrachten Guts IV 107 f., 291 f., des Gesammtguts bei Aufhebung der fortgesetzten Gütergemeinschaft durch Wiederverheirathung IV 262, des eingebrachten Guts bei Errungenschafsgemeinschaft IV 291, des Kindesvermögens IV 396 f., 501, des Mündelvermögens IV 544 f. — V. des Nachlasses V 120 f. (s. Inventarrecht). — V. der zur Ausgleichung unter Miterben zu bringenden Zuwendungen V 214. — V. der Nacherbschaft V 300. — V. des Nachlasses durch Testamentsvollstrecker V 414. — Anspruch des Pflichttheilsberechtigten auf V. des Nachlasses V 583.

**Verzeihung** schließt Widerruf der Schenkung aus II 294. — V. eines Scheidungsgrundes IV 322 f., 328, eines Grundes zur Entziehung des Pflichttheils V 618, eines Erbunwürdigkeitsgrundes V 629, 632.

**Verzicht** auf Wirkung des rechtskräftigen Urtheils I 39 f., auf Annahmeerklärung bei Vertragsanträgen I 200, auf Einrede der Vorausklage bei Sicherheitsleistung durch Bürgen I 290, auf Einreden überhaupt II 79, auf Zurücknahme der hinterlegten Sache II 157. — V. auf nicht erworbenes Recht keine Schenkung II 283, dagegen V. als Pflichttheilsanspruch II 284. — V. auf Widerruf der Schenkung II 294, auf Kündigung, Widerruf des Auftrags II 420. — V. des Hauptschuldners auf Einreden, Wirkung auf Bürgschaft II 513, V. auf Einrede der Vorausklage II 516. — V. auf Widerruf der Auslobung II 404. — V.erklärung zur Aufhebung von Rechten an Grundstücken III 79. — V. auf Rate für Ueberbau III 147, auf Grundstückseigenthum III 173 f., des Finders auf seine Rechte aus dem Funde III 238. — V. auf Nießbrauch, Einfluß auf Miethe oder Pacht III 362. — V. des persönlichen Schuldners bei Hypothek auf Einreden, Wirkung für den Eigenthümer des Grundstücks III 499, 501, des Gläubigers auf Hypothek III 559, 563 ff., auf Gesammthypothek III 581 ff., auf Rückstände von Zinsen, Nebenleistungen, Kosten III 589 f. — V. auf Maximalhypothek III 626. — V. des persönlichen Schuldners auf Einreden bei Pfandrecht III 662. — V. auf Anfechtung der Ehe IV 60 f., des Mannes auf Verwaltung und Nutznießung IV 173, auf Wiederherstellung der Verwaltung und Nutznießung am eingebrachten Gut IV 182, der Frau auf Pflichttheil IV 156, 215 f., eines Abkömmlings auf seinen Antheil am Gesammtgut der fortgesetzten Gütergemeinschaft IV 260 f., 269, 282. — V. auf Unterhalt für die Zukunft IV 368. — V. auf Erziehungsrecht IV 389, auf Pflichttheil durch den Inhaber der elterlichen Gewalt für das Kind IV 399. — V. des Vaters auf Nutznießung am Kindesvermögen IV 416. — V. der Mutter auf elterliche Gewalt IV 436. — V. auf Unterhalt IV 468. — V. auf Anfechtung wegen Erbunwürdigkeit V 629, auf Zuwendung aus letztwilliger Verfügung durch Vertrag mit Erblasser V 640.

**Verzinsung** s. Zinsen. V. einer Geldsumme bei vertragsmäßigem Rücktrittsrecht II 129, des Kaufpreises II 241, der Vergütung beim Werkvertrag II 381, verwendeten Geldes bei Auftrag II 417, bei Verwahrungsvertrag II 443. — V. von Mündelgeld bei Verwendung für den Vormund IV 583.

**Verzug** des wahlberechtigten Gläubigers bei Alternativobligation II 36. — V. des Schuldners bei Erfüllung Zug um Zug II 45. — Verzug des Schuldners I 46, II 59 ff.: Mahnung nach Fälligkeit, V. ohne Mahnung II 59 f., Leistung, welche Mitwirkung der Gläubiger fordert II 62, Leistung Zug um Zug II 62. — Wirkung der vom Schuldner nicht zu vertretenden Unmöglichkeit der Leistung II 62, 64, Beweislast II 63. — Aufhören des V. II 63, Schadensersatzpflicht II 64, Rücktrittsrecht des Gläubigers II 64, Haftung für jede Fahrlässigkeit, für Zufall II 65. — V.zinsen II 65 f. — Verzug des Gläubigers II 68 ff.: Angebot, Nichtannahme der Leistung II 69, Realoblation II 69 f., Verbaloblation II 70 f., bei zeitlich bestimmter

Leistung, nach Kündigung II 71. — Unmöglichkeit der schuldnerischen Leistung II 72. — Gegenseitige Leistungen II 72, unbestimmte Leistungszeit II 73, vorübergehende Behinderung des Gläubigers an der Annahme II 73. — Beschränkung der Haftung des Schuldners II 74, Gattungsschuld II 74. — Aufhören der schuldnerischen Zinspflicht II 75. — Beschränkte Haftung für Nutzungen II 75 f. — Berechtigung zur Besitzaufgabe eines herauszugebenden Grundstücks II 76. — Ersatz der Kosten für Angebot, Aufbewahrung, Erhaltung des Leistungsgegenstandes II 77. — Aufhören des Gläubigerverzugs II 77. — Einfluß des V. der Annahme auf Vorleistungspflicht aus gegenseitigem Vertrage II 95, auf Gegenleistung aus gegenseitigem Vertrage II 100. — V. der Leistung bei gegenseitigem Vertrage II 104 f. — V. aus Voraussetzung der Verwirkung einer Vertragsstrafe II 119 f. — V. des zum Rücktritt Berechtigten II 132. — V. der Annahme als Voraussetzung der Hinterlegung II 155. — V. bei Aufrechnung II 172. — V. des Gläubigers bei Gesammtschuldverhältniß II 213. — V. eines Gesammtschuldners II 214, eines Gesammtgläubigers II 220, 224. — V. bei Wandelung II 252. — V. des Vermiethers II 298. — Annahmev. des Dienstberechtigten II 353 f. — V. des Unternehmers in Beseitigung von Mängeln II 372, 375, des Bestellers in Annahme des Werks II 382 f., 384. — V. des Hauptschuldners, Einfluß auf Bürgschaft II 512, 519, des Besitzers bei Eigenthumsanspruch III 259. — V. des Grundstückseigenthümers bei Hypothek III 517. — Haftung des Pfandes für V. III 661. — V. bei Erbschaftsanspruch V 155. — (S. auch VI 277.)

**Verzugsinteresse** s. Verzug.

**Verzugszinsen** II 65 f., rückständige, Anspruchsverjährung I 248. — Keine V. bei Schenkung II 287. — V. für Hypothek bei Verzug des Grundstückeigenthümers III 517.

**Vieh** als Zubehör eines Landguts I 136.

**Viehheerde**, Verpachtung II 329.

**Viehmängel** II 261 ff.

**Viehpacht** II 325.

**Viehseuche** bei Kauf einer Mehrheit von Hausthieren II 266. — V.gesetz VI 127.

**Viehverstellung** II 325.

**Vier Jahre**, Anspruchsverjährung I 247 f., Beginn I 252.

**Vierteljahr**, Fristberechnung I 241. — Kündigung eines Dienstverhältnisses nach V. II 362.

**Vierzehntes Lebensjahr**, Anhörung des Mündels nach vollendetem IV 576.

**Vindikationslegat** V 326, 355, VI 300, 325, VI 398.

**Vires hereditatis**, Haftung cum, nicht pro v. V 66, 77, 78, 81, 84 f., 91, 93, 95, 109, 265, 371, VI 79.

**Vis absoluta** I 173, IV 59.

**Viventis nulla repraesentatio** V 15.

**Vizinität** bei Grunddienstbarkeit III 306.

**Vögel**. Gesetze zum Schutze von V. III 220.

**Völkerrecht** VI 23 f.

**Volksanwälte**, Ablehnung von Aufträgen II 412.

**Vollbürtige** Geschwister, Eheverbot IV 27, gesetzliche Erben zweiter Ordnung V 16.

**Volljährige**. Einfluß der Legitimation oder Annahme an Kindesstatt auf den Wohnsitz von V. I 64 f. — V. Kinder im Hausstande der Eltern IV 372 f. — Vormundschaft über V. IV 635 ff. (s. Vormundschaft), Pflegschaft IV 650 ff. (s. Pflegschaft).

**Volljährigkeit**, Beginn I 53. — Erforderniß für Eheschließung des Mannes IV 19. — Genehmigung des Mündels nach erreichter V. zu Verträgen des Vormundes IV 577 f. — V. der Ausländer VI 27. — Uebergangsbestimmung VI 250.

**Volljährigkeitserklärung** I 53 f., ersetzt Ehemündigkeit IV 19. — Anhörung von Verwandten, Verschwägerten des Mündels bei V. IV 597. — Uebergangsbestimmungen VI 250.

**Vollmacht** I 210 ff. — Kenntniß des V.gebers, Unkenntniß des Vertreters von bestimmten Umständen I 213 f. — V.ertheilung I 215 ff., Anfechtung wegen Täuschung I 217, vermuthete, stillschweigende V. I 218, Umfang I 218, mehrere Bevollmächtigte I 219. — Erlöschen, Widerruflichkeit der V. I 219 f. — Kenntniß Dritter vom Erlöschen der V. eines Beauftragten oder Gesellschafters I 220. — V.ertheilung durch Erklärung gegenüber einem Dritten I 221, durch öffentliche Bekanntmachung I 221. — V.urkunde I 222, insonderheit bei einseitigen Rechtsgeschäften I 223. — Kenntniß des Dritten vom Erlöschen der Vertretungsmacht I 223. — Zurückgabe der V.urkunde I 224, Kraftloserklärung derselben I 224. — Vertretung ohne V. I 225 ff. — Ueberschreitung der V. I 227. — V. des geschäftsführenden Gesellschafters II 463 f. — V. bei Auftrag II 410, 422. — Unterschied von V. und Anweisung II 532. — V. zum Abschluß von Ehevertrag IV 194, 202, zur Scheidungsklage IV 315. — V. zur Erbschaftsausschlagung V 42. — (S. auch VI 250.)

**Vollstreckbare**, Vergleich, Urkunde, Verjährung des Anspruchs aus solchen I 267. — V. Titel bei Pfandverkauf III 683, bei Zwangsvollstreckung aus Schiffspfandrecht III 722, aus Pfandrecht an Rechten III 731.

**Vollstreckungshandlung** unterbricht Verjährung I 260, 266.

**Vollstreckungsklausel**. Klage auf Ertheilung unterbricht Verjährung I 260. — V. vor Annahme der Erbschaft V 53.

**Vollstreckungsurtheil**. Klage auf V. unterbricht Verjährung I 260.

**Vollzieher** s. Testamentsvollstrecker.
**Voraus** des überlebenden Ehegatten V 22. — V. bei Berechnung des Pflichttheils V 579, 580. — Vertheilung der Pflichttheilslast auf V. V 596.
**Vorausklage.** Einrede der V. II 515 ff., hemmt nicht Anspruchsverjährung I 252 f. — Auf dieselbe zu verzichten bei Sicherheitsleistung durch Bürgschaft I 290. — Einrede der V. bei Bürgschaft auf Zeit II 521.
**Vorausleistung** des Miethzinses II 308, 322 f., der Leibrente II 499, des Unterhalts IV 367 f.
**Voraussetzung** I 204.
**Vorausvermächtniß** V 325, 329. — V. im Zweifel nicht Gegenstand der Nacherbfolge V 285, des Erbschaftskaufs V 682.
**Vorauszahlung** s. Vorausleistung.
**Vorbehalt,** geheimer, bei Willenserklärung I 167. — Unter V. ergangenes rechtskräftiges Urtheil, Verjährung des Anspruchs daraus I 267. — V. der Rechtsverwirkung II 136. — V. des Eigenthums bei Verkauf beweglicher Sachen II 243 f., bessern Gebots beim Kauf (in diem addictio) II 269, des Rücktritts bei Nichtentrichtung des Kaufpreises (lex commissoria) II 269, des Wiederkaufsrechts II 270 f. — Leistung unter Vorbehalt bei Nichtschuld II 583. — V. der Ergänzung letztwilliger Verfügung V 255, des Rücktritts vom Erbvertrage V 546, 552.
**Vorbehaltsgut,** gesetzlicher Begriff IV 101 f., 198. — V. durch Ehevertrag IV 104, letztwillige Verfügung IV 105. — Surrogation IV 106. — Anwendung der Vorschriften über Gütertrennung, Beitrag der Frau zum ehelichen Aufwand IV 107, 198. — Erwerb von Erbschaft, Vermächtniß als V., Stellung der Gläubiger der Frau am eingebrachten Gut IV 166 f. — Nach Eingehung der Ehe entstandene Verbindlichkeiten des V., Nichthaftung des eingebrachten Guts IV 167 f. — Lasten des V. im Verhältnisse der Ehegatten zu einander IV 168 f. — V. im Falle der Wiederherstellung der ehemännlichen Verwaltung und Nutznießung IV 181. — V. der allgemeinen Gütergemeinschaft IV 202, 207 ff., 221, 224, 245, 247 (s. Gütergemeinschaft), der fortgesetzten Gütergemeinschaft IV 252 f., der Errungenschaftsgemeinschaft IV 290, 295, 302. — Kein V. des Mannes bei Fahrnißgemeinschaft IV 307.
**Vorbildung,** Kosten derselben als Unterhalt IV 364, 461. — Ausgleichungspflicht V 203 f.
**Voreltern.** Begriff IV 342. — V. gesetzliche Erben fünfter Ordnung V 19. — Vermuthung, daß V. für an Abkömmlinge gewährten Unterhalt keinen Ersatz verlangen II 433.
**Vorempfangenes.** Ausgleichung des V. bei fortgesetzter Gütergemeinschaft IV 248 f., bei Theilung unter den Abkömmlingen IV 270 f., bei Erbengemeinschaft V 201 ff.
**Vorenthalten** eines Kindes IV 389, eines Mündels IV 542.
**Vorentscheidung** einer Behörde, von welcher die Zulässigkeit des Rechtswegs abhängt, Einfluß des Gesuchs auf die Verjährung I 262.
**Vorerbe** s. Nacherbe.
**Vorfluthsedikt,** preußisches VI 149.
**Vorführung** des Festgenommenen bei Selbsthülfe I 285.
**Vorkauf, Vorkaufsrecht** (obligatorisches) II 275 ff.: Voraussetzungen der Ausübung II 275 f., gesetzliches V. II 275, Form und Wirkung der Ausübung II 275 f. — Unwirksamkeit der Vereinbarung des Pflichtigen mit dem Dritten über Abhängigkeit des Kaufs von Nichtausübung des V. II 276. — Nebenleistungen, die der Berechtigte nicht bewirken kann II 277. — Gesammtpreis für Sachen, welche nicht alle dem V. unterliegen II 277 f. — Stundung des Kaufpreises, Berechtigung des V.berechtigten zu solcher gegen Sicherheitsleistung, bei Grundstücken II 278. — Anzeigepflicht des Verkäufers, Frist für Ausübung des V. II 279. — Kein V. beim Verkauf an gesetzliche Erben (Kindskauf) II 279, bei Zwangsvollstreckung, im Konkurse II 280. — Mehrheit von Berechtigten II 280. — Uebertragbarkeit, Vererblichkeit des V. II 280. — V. der Gemeinschaftstheilhaber II 489. — V. an Erbbaurecht III 298. — V. (dingliches) an Grundstücken III 414 ff.: Begriff und Inhalt III 416. — V. an Bruchtheil III 416, Erstreckung auf Zubehör III 417, Bestellung für mehrere Verkaufsfälle III 418. — Anwendung der Vorschriften für obligatorisches V., Wirkung gegen Dritte III 419 f., Mittheilung des Kaufvertrags, Anzeigepflicht III 422, Zurückbehaltungsrecht des neuen Eigenthümers wegen des Kaufpreises III 423 f. — Zahlungspflicht des V.berechtigten III 425, Wegfall der Zahlungspflicht des Käufers III 425. — V. zu Gunsten des Eigenthümers eines Grundstücks (subjektiv-dingliches V.) III 125 f. — Aufgebot zwecks Ausschlusses des Berechtigten III 426. — V. bei Fahrnißgemeinschaft IV 306. — V. der Miterben V 181 f., 187, 696, 703.
**Vorkaufspflichtiger** s. Vorkaufsrecht (an Grundstücken).
**Vorläufig.** Beschränkte Geschäftsfähigkeit der unter v. Vormundschaft Gestellten I 160 f., Nichtbestellung derselben zum Vormunde IV 524, zum Familienrathe IV 613. — Testamentsfähigkeit V 434. — V. Maßregeln des Vormundschaftsgerichts IV 596, 648, VI 74, 77. — V. Vormundschaft IV 643 f. (s. Vormundschaft).
**Vorlegung** der Vollmachtsurkunde I 222, der Abtretungsurkunde II 192, 195, der Schuldverschreibung auf den Inhaber, Frist II 559 f., 563, VI 290 f. — V. von Sachen,

Urkunden II 569 f. — V. des Hypotheken-, Grundschuld-, Rentenbriefs zwecks Berichtigung des Grundbuchs III 119. — V. des Testaments V 484.
**Vorlegungsfrist** für Schuldverschreibung auf den Inhaber II 559, 563, VI 290 f.
**Vorleistung** bei gegenseitigem Vertrage II 92, 94 f., beim Dienstvertrage II 353 f., beim Miethvertrage II 296, 306, beim Werkvertrage II 381, beim Verwahrungsvertrage II 443.
**Vorlesung** des Protokolls über Testamentserrichtung V 458.
**Vormerkung.** Tilgung der V. nach Verjährung des Anspruchs I 274. — Uebergang des Rechts aus V. mit Abtretung der Forderung II 185. — Pflicht des Verkäufers zur Beseitigung von V. im Grundbuch II 228, 231. — V. im Grundbuche III 69 f., 94 ff., 117. — Wirkung des dinglichen Vorkaufsrechts gegen Dritte als V. III 419. — V. zur Erhaltung des Rechts auf Löschung der Hypothek III 591 f., VI 344. — Nachlaßgläubiger, deren Anspruch durch V. gesichert ist, Stellung bei Aufgebot V 75, zum Rechte des Erben auf Herausgabe des Nachlasses im Wege der Zwangsvollstreckung V 90, 110. — V. nach Eintritt des Erbfalls, Verhältniß zu den aufschiebenden Einreden des Erben V 152. — Uebergangsvorschrift für V. VI 337.
**Vormund.** Nicht erforderliche Einwilligung zur Volljährigkeitserklärung I 54. — Hemmung der Anspruchsverjährung zwischen V. und Mündel I 255. — Eheeinwilligung IV 20 f. — Ehe zwischen V. und Mündel IV 20. — V. des Ehemannes vertritt dessen Rechte und Pflichten am eingebrachten Gut IV 159, am Gesammtgute IV 218. — Stellung des V. zu Eheverträgen IV 201 f. — V. bei Verwirkung oder Ruhen der elterlichen Gewalt des Vaters, Stellung der Mutter IV 450. — Annahme des Mündels an Kindesstatt durch den V. IV 496. — Sicherungshypothek an Grundstücken des V. III 602. — Erklärung über Erbschaft V 34. — Anstaltsv. VI 225 f. — (S. auch Vormundschaft.)
**Vormundschaft** IV 513 ff.: Voraussetzungen der V. IV 515 ff. — Anordnung von Amtswegen IV 518. — Bestellung mehrerer Vormünder IV 519. — Reihenfolge der Berufung zur V. IV 519 f. — Benennung des Vormundes durch Eltern IV 519 f. — Recht auf das Amt des Vormundes IV 522. — Richterliche Auswahl des Vormundes IV 523. — Unfähigkeitsgründe zur Uebernahme der V. IV 524, Untauglichkeitsgründe IV 525 f. — Ausschließung durch die Eltern IV 525 f., VI 381 f. — Bestellung einer Frau IV 526, eines Beamten, Religionsdieners IV 526. — Pflicht zur Uebernahme der V. IV 527, Ablehnungsgründe IV 527 f., Geltendmachung der Ablehnung, Pflicht zur vorläufigen Uebernahme IV 529. — Zwang zur Uebernahme der V. IV 530. — Form der Bestellung IV 530, Vorbehalt der Entlassung IV 531, Bestallung IV 531. — Bestellung eines Gegenvormundes IV 532. — Führung der V.: Sorge für Person und Vermögen des Mündels IV 533 f. — Beschränkung des Vormundes durch Bestellung eines Pflegers IV 535. — Ausschluß der Vertretungsmacht des Vormundes nach Gesetz IV 535 ff, durch Entziehung Seitens des V.gerichts IV 538. — Gemeinschaftliche Führung der V. durch mehrere Vormünder IV 539 f. — Pflichten des Gegenvormunds IV 541. — Wirkungskreis des Vormundes im Einzelnen: Umfang der Sorge für die Person des Mündels IV 542, religiöse Erziehung IV 543. — Verzeichnung des Mündelvermögens IV 544 f. — Verwaltung der Zuwendungen Dritter nach deren Anordnung IV 546 f. — Schenkung aus Mündelvermögen IV 548, Verwendungen für den Vormund IV 548. — Verzinsliche Anlegung von Mündelgeld IV 549, in Forderungen und Werthpapieren IV 550 f., bei Reichsbank, Staatsbank, Hinterlegungsstelle IV 552, Voraussetzungen der Erhebung IV 553, Mitwirkung des Gegenvormundes zur Anlegung IV 553, Abweichung von den Anlegungsgrundsätzen mit Genehmigung des V.gerichts IV 554. — Verfügung über Rechte und Werthpapiere des Mündels IV 555 f. — Annahme geschuldeter Leistungen IV 557. — Hinterlegung von Inhaberpapieren IV 558, Umschreibung derselben auf den Namen des Mündels, Umwandlung in Buchforderungen IV 559 f., Buchforderungen IV 560, Befreiung des Vormundes von Hinterlegung ꝛc. IV 560. — Anordnung noch weiterer Hinterlegung IV 561, Genehmigung zur Verfügung über hinterlegte Werthpapiere ꝛc. IV 562, über umgeschriebene Inhaberpapiere, über Buchforderungen IV 562. — Genehmigung des Vormundschaftsgerichts zu Rechtsgeschäften über Grundstücke und Rechten an solchen IV 563 ff., zu anderen Rechtsgeschäften IV 568 f., zu Beginn oder Auflösung eines Erwerbsgeschäfts IV 573, zur Ueberlassung von Gegenständen an den Mündel IV 574. — Allgemeine Ermächtigung des V.gerichts zu Rechtsgeschäften IV 574. — Anhörung des Gegenvormundes vor Entscheidungen des V.gericht IV 575, des Mündels in bestimmten Fällen IV 576. — Ertheilung der Genehmigung nur gegenüber dem Vormunde IV 577. — Nachträgliche Genehmigung von Verträgen IV 577 f., Rücktrittsrecht des anderen Theils IV 579 f. — Einseitige Rechtsgeschäfte ohne Genehmigung, Form der Genehmigung derselben IV 580. — Genehmigung des Gegenvormundes IV 581. — Verantwortlichkeit des

Vormundes und Gegenvormundes IV 581 f. — Verzinsung von Mündelgeld, welches Vormund für sich verwendet IV 583. — Aufwendungen, Dienste des Vormundes und Gegenvormundes IV 584. — Vergütung für Führung der V. IV 585. — Fürsorge und Aufsicht des Vormundschaftsgerichts: Aufsichtsführung, Ordnungsstrafen IV 587 f. — Zwangserziehung des Mündels IV 589 f. — Auskunftspflicht des Vormundes und Gegenvormundes IV 590, Rechnungslegung des Vormundes IV 591 f., Mitwirkung des Gegenvormundes bei denselben IV 592, Prüfung durch V.gericht IV 593. — Sicherheitsleistung des Vormundes IV 594, III 716. — Auseinandersetzung des Vaters oder der Mutter als Vormund bei Eheschließung IV 595. — Einstweilige Maßregeln des V.gerichts vor Bestellung, bei Verhinderung des Vormundes IV 596, Anhörung von Verwandten und Verschwägerten des Mündels IV 597, Verantwortlichkeit des V.richters IV 598. — Mitwirkung des Gemeindewaisenraths IV 599 ff.: Vorschlag der Vormünder IV 601, Ueberwachung der Vormünder IV 602, Mittheilungen, welche dem Gemeindewaisenrathe zu machen sind IV 603. — Befreite Vormundschaft IV 604 ff.: Anordnung durch den Vater, Ausschließung der Bestellung eines Gegenvormundes, der Mitwirkung des V.gerichts IV 604, Anordnungen über Werthpapiere, Schuldbuchforderungen IV 605, Ausschließung der Rechnungslegung IV 605, Anordnung durch die Mutter IV 606, Voraussetzung elterlicher Gewalt für die Anordnungen IV 607, Außerkraftsetzung derselben durch V.gericht IV 607. — Familienrath IV 608 ff.: Anordnung durch Vater oder Mutter IV 608 f., Einsetzung durch V.gericht, auf Antrag IV 609, Zusammensetzung IV 610, Berufungsgründe IV 610 f, Ersatzmitglieder IV 612, unfähige Personen IV 613, untaugliche Personen IV 613 f., Voraussetzungen der Anordnung des Vaters, der Mutter IV 614. — Ablehnung der Mitgliedschaft IV 615. — Bestellung IV 615, Vorbehalt der Entlassung IV 615, Rechte und Pflichten, Geschäftsleitung IV 615. — Einberufung IV 616, Beschlußfähigkeit, Beschlußfassung IV 617, Ausbleiben von Mitgliedern IV 618. — Auslagen der Mitglieder IV 619, Endigung der Mitgliedschaft, Entlassung IV 620, VI 260, Aufhebung des Familienraths IV 621. — Beendigung der Vormundschaft: Wegfall der Anordnungsgründe IV 622, Legitimation des Mündels IV 623, Verschollenheit, Todeserklärung IV 624, Entmündigung, Todeserklärung des Vormundes IV 625, VI 260, Entlassung IV 626 ff. — Folgen der Beendigung der V.: Herausgabe des Vermögens, Rechenschaftsablegung IV 629 f., Mitwirkung des Gegenvormundes dabei IV 631, Prüfung und Abnahme der Rechnung durch das Vormundschaftsgericht IV 631 f. — Vorläufige Fortführung des Amts, Rückgabe der Bestallung IV 633. — Anzeigepflicht bei Tod des Vormundes, Mitvormundes, Gegenvormundes IV 634. — Beendigung des Amtes des Gegenvormundes IV 634. — Vormundschaft über Volljährige: Entmündigung IV 635. — Gleichstellung mit der V. über Minderjährige IV 636. — Benennung oder Ausschließung einer Person zum Vormunde IV 636. — Berufung der Eltern und Großeltern IV 637, des Ehegatten und der Mutter IV 637 f. — Sorge für die Person des Mündels IV 638. — Verfügungen über das Vermögen, Ausstattung, Miethe, Pachtverträge, wiederkehrende Leistungen IV 639 f. — Befreite Vormundschaft des Vaters IV 640, der Mutter IV 642. — Familienrath IV 643. — Vorläufige Vormundschaft: Voraussetzung, Antrag auf Entmündigung IV 643, Berufung IV 645, Beendigung IV 645. — Pflegschaft neben V. IV 648 f., 664. — Anwendung der Vorschriften über V. auf Pflegschaft IV 660 f. — V. über Ausländer VI 74 f. — Entlassung eines unter V. Stehenden aus der Staatsangehörigkeit VI 116. — V. des Anstaltsvormundes, Landrecht VI 225 f. — Ausschließung der Mutter von der V. durch den Vater, Uebergangsvorschrift VI 381 f. — Uebergangsvorschrift für V. im Allgemeinen VI 391 ff.

**Vormundschaftsgericht.** Zuständigkeit für Volljährigkeitserklärung I 53. — Wirkungskreis des V. IV 514. — Genehmigung der Ermächtigung Minderjähriger zum Betriebe eines Erwerbsgeschäfts, Dienstverhältnisses I 158 f. — Ersetzung der Eheeinwilligung des Vormunds IV 20 f., der Eltern IV 24 f. — Zeugniß des V. über Auseinandersetzung mit den Kindern früherer Ehe vor Wiederheirath IV 32. — Genehmigung zur Anfechtung der Ehe eines Geschäftsunfähigen IV 59. — Entscheidung über Schlüsselgewalt der Frau IV 85, über Uebernahme persönlicher Leistungen derselben gegenüber Dritten IV 87 f. — Ersetzung der Zustimmung der Frau zu Rechtsgeschäften des Mannes über eingebrachtes Gut IV 123 f., desgl. des Mannes IV 150, der Frau zu Rechtsgeschäften über Gesammtgut IV 212 f., des Mannes zu Rechtsgeschäften der Frau über Gesammtgut IV 215. — Genehmigung der Vereinbarung oder Aufhebung der Gütergemeinschaft durch Ehevertrag IV 201, zur Ablehnung der Fortsetzung der Gütergemeinschaft IV 250, zum Verzichte eines Abkömmlings auf seinen Antheil am Gesammtgute IV 261, zur Aufhebung der fortgesetzten Gütergemeinschaft durch den überlebenden Ehegatten IV 261, zur Anfechtung der Ehelichkeit IV 348, zur Anfechtung der Anerkennung der Ehelichkeit

IV 352. — Fürsorge und Aufsicht des V. gegenüber der elterlichen Gewalt IV 380, 436, Entscheidung bei Meinungsverschiedenheit zwischen Inhaber der elterlichen Gewalt und Pfleger IV 385 f. — Entziehung der Vertretungsmacht des Inhabers der elterlichen Gewalt IV 386, Unterstützung des Zuchtrechts desselben IV 386. — Anordnungen bezüglich Sorge für die Person der Kinder nach Ehescheidung IV 392, bezüglich Verwaltung des von Dritten dem Kinde Zugewendeten IV 395. — Einreichung des Verzeichnisses des Kindesvermögens an V. IV 396. — Genehmigung zu Rechtsgeschäften des Inhabers der elterlichen Gewalt für das Kind IV 399 f., zur Ueberlassung von Gegenständen an das Kind IV 401, zum Beginne eines Erwerbsgeschäfts IV 402, Wiederübertragung der Vermögensverwaltung nach Aufhebung des Konkurses des Vaters IV 403, Genehmigung zum Verbrauche von Geld IV 407. — Erklärung des Verzichts auf elterliche Nutznießung gegenüber dem V. IV 416. — Einschreiten des V. bei elterlicher Gewalt IV 418 ff., VI 104, Auseinandersetzung bei Wiederverheirathung IV 423 f. — Uebertragung der elterlichen Gewalt auf die Mutter IV 438, Bestellung eines Beistandes der Mutter IV 440, Genehmigung von Rechtsgeschäften an Stelle des Beistandes IV 442, des Vergleichs über Unterhalt des unehelichen Kindes IV 468. — Ersatz der Einwilligung der Mutter zur Ehelichkeitserklärung IV 481, Genehmigung zur Einwilligung des gesetzlichen Vertreters des Kindes oder eines anderen Betheiligten IV 482, zum Annahmevertrage IV 494 f., zur Annahme des Mündels durch den Vormund oder Pfleger IV 496. — Einreichung des Verzeichnisses des Kindesvermögens bei Annahme an Kindesstatt IV 501. — Bestimmung des V. über den Wirkungskreis mehrerer Vormünder IV 539 f. — Genehmigung des V. zur Abweichung von den Anordnungen Dritter über Verwaltung von Mündelvermögen IV 546 f., zur Erhebung, Anlegung von Mündelgeld IV 553, zur Verfügung über Mündelvermögen IV 555 f. — Befreiung des Vormundes von Vorschriften über Hinterlegung von Mündelvermögen, über Behandlung von Buchforderungen IV 560, Anordnung weiterer Hinterlegung IV 561, Genehmigung zur Verfügung über hinterlegte Werthpapiere 2c. IV 562, über umgeschriebene Werthpapiere, Buchforderungen IV 562. — Genehmigung zur Verfügung über sonstiges Mündelvermögen IV 563 ff., zu anderen Rechtsgeschäften IV 568 f., zu Beginn oder Auflösung eines Erwerbsgeschäfts IV 573, zur Ueberlassung von Gegenständen an den Mündel IV 574. — Allgemeine Ermächtigung zu Rechtsgeschäften IV 574. — Anhörung des Gegenvormundes vor Entscheidung IV 575, des Mündels in bestimmten Fällen IV 576. — Ertheilung der Genehmigung nur gegenüber dem Vormunde IV 577, nachträgliche Genehmigung IV 577 f. — Form der Genehmigung einseitiger Rechtsgeschäfte IV 580. — Bestimmung einer Vergütung für Vormund und Gegenvormund IV 585. — Fürsorge und Aufsicht des Vormundschaftsgerichts IV 586 ff., 662 (s. Vormundschaft). — Außerkraftsetzung befreiter Vormundschaft IV 607, Einsetzung eines Familienraths IV 608 f. — Entlassung des Vormundes IV 626 f., Prüfung und Abnahme der Schlußrechnung IV 631 f. — Genehmigung zur Verfügung über das Vermögen eines volljährigen Mündels IV 639 f. — Anordnung vorläufiger Vormundschaft IV 643, der Pflegschaft IV 660, Aufhebung IV 665 f. — Genehmigung zur Ausschlagung der Erbschaft V 34. — Mittheilung der Inventarfrist an V. V 125. — Genehmigung zu Erbverträgen V 517 f., zur Anfechtung derselben V 529, zur Aufhebung V 541, zum Erbverzicht V 635, zur Aufhebung desselben V 639, zu vertraglichem Verzicht auf Zuwendung aus letztwilliger Verfügung V 640. — V. über Ausländer VI 74 f. — Mitwirkung des V. bei Entlassung aus der Staatsangehörigkeit VI 116. — Nichtgerichtliche Behörde als V. nach Landesrecht VI 241 f. — Aufhebung beschränkender Verfügungen in der Sorge für Person oder Vermögen des Kindes, Uebergangsvorschrift VI 379 f.

**Vormundschaftsordnung,** preußische IV 513, 538, 563, 564, 649, V 57.

**Vormundschaftsrichter,** Haftung IV 27, 598, Vorsitzender des Familienrechts IV 610. — Entlastung IV 632.

**Vornamen,** Schutz desselben I 67. — V. des Kindes IV 371, des unehelichen Kindes IV 459.

**Vorrang** s. Rangordnung. — Einräumung eines V. durch den Hypothekengläubiger, Wirkung für den persönlichen Schuldner III 559. — V. eines Vermächtnisses, einer Auflage nach Bestimmung des Erblassers V 372.

**Vorräthe** s Wirthschaftsvorräthe.

**Vorrechte** s. Vorzugsrechte.

**Verrichtungen** für Dienstboten, Pflichten des Dienstherrn II 358 f. — Haftung des Geschäftsherrn für Sorgfalt bei Beschaffung von V. für Verrichtungen Angestellter II 623, 626.

**Vorsatz** I 37. — Haftung des Schuldners für V. II 49 f., 74, Erlaß dieser Haftung II 49, 50, des Schenkers II 286, des Verleihers II 336, des Geschäftsführers bei drohender Gefahr II 429. — V. bei unerlaubten Handlungen II 605 ff., 610, 617. — Haftung des Finders III 230.

**Vorschüsse** der Arbeitgeber, Anspruchsverjährung I 247, desgl. der Parteien an Rechtsanwälte I 247. — V. der Kosten der Quittung II

152, der Abtretungsurkunde II 186, für Aufwendungen beim Auftrag II 417. — V. des Mannes an die Frau zur Besorgung des Haushalts IV 86, für Aufwendungen des Mannes auf eingebrachtes Gut IV 139, des Vormundes IV 584.

**Vorstand** eines Vereins I 83ff. — Besondere Bestimmungen der Satzung über V. I 93, Antrag auf Konkurseröffnung I 94, Liquidation des Vereinsvermögens I 98ff. — V. des eingetragenen Vereins I 106f., 110ff., 113, der Stiftung I 117, 123f. — V. von Erziehungs-, Verpflegungsanstalten, vormundschaftliches Amt nach Landrecht VI 225f.

**Vorsteher** s. Gemeindevorsteher.

**Vortheil.** Willenserklärungen von Minderjährigen, durch die lediglich ein rechtlicher V. erlangt wird I 152. — Willenserklärungen derselben Art gegenüber beschränkt Geschäftsfähigen I 182f. (s. auch I 215). — V. des herrschenden Grundstücks als Voraussetzung der Grunddienstbarkeit III 305f., 316f., der Reallast III 436.

**Vorvermächtniß** V 325, 329 (s. Vorausvermächtniß).

**Vorvertrag** bei gesetzlich vorgeschriebener Form des Rechtsgeschäfts I 176.

**Vorzeigung** s. Vorlegung.

**Vorzeitige** Leistung II 43, 73, Kündigung des Miethverhältnisses II 315.

**Vorzugsrechte,** Uebergang mit Abtretung der Forderung II 185. — Wirkung der Schuldübernahme auf V. II 205f. — Aufgabe von V. Seitens des Gläubigers, Einfluß auf Bürgschaft II 519. — V., welches nach Eintritt des Erbfalls erlangt ist, Verhältniß zu den aufschiebenden Einreden des Erben V 152.

**Vulgarsubstitution** V 266f.

## W.

**Waaren,** Lieferung von als Differenzgeschäft VI 507.

**Waarenbezeichnungen,** Gesetz, betr. den Schutz der VI 99, 102, 104.

**Waarenlager** I 128f. — W. als Vorbehaltsgut IV 198. — W. bei Errungenschaftsgemeinschaft IV 298.

**Waarenzeichen,** Verletzung des Rechts II 608.

**Wägen** des Kaufgegenstandes, Kosten II 239.

**Wahl, Wahlrecht.** W. des Mitkontrahenten im Vertrage gegenüber dem Vertreter ohne Vertretungsmacht auf Erfüllung oder Schadensersatz I 226ff. — W. bei Mehrheit von Leistungen II 33f. — Ausübung des W. II 33f., in der Zwangsvollstreckungsinstanz II 35f., Verzug des wahlberechtigten Gläubigers II 36, Einfluß der Unmöglichkeit einer Leistung auf das W. II 37. — W. des Gläubigers bei Unmöglichkeit der Leistung aus gegenseitigem Vertrage II 101f. — W. des Käufers zwischen Wandelung und Minderung II 248. — W. des Gläubigers bei Gesammthypothek III 489ff. — W. unter mehreren zuständigen Standesbeamten IV 40. — W. bei Vermächtniß V 333.

**Wahlkonsuln.** Verfügung von Todeswegen vor W. VI 113.

**Wahlvermächtniß** V 333, 365.

**Wahrnehmungsfähigkeit** der Testamentszeugen V 450.

**Währung** bei Geldschuld II 13f.

**Waisen** s. Wittwen.

**Waisenlisten** IV 600.

**Waisenpflegerinnen** IV 601.

**Waisenrath** s. Gemeindewaisenrath.

**Wald.** Eigenthumsübertragung an einen stehenden W. I 131. — W. als Frucht eines Grundstücks I 138, als Gegenstand des Nießbrauchs III 336f. — Abholzen bei Hypothek III 496. — W. als eingebrachtes Gut, Nutzung des Mannes IV 130, 141, als Gegenstand der Nacherbschaft V 301.

**Waldeck-Pyrmont,** Ausführungsgesetze zum B.G.B. VI 11, 361.

**Waldgenossenschaften,** Fortbestand der Landesgesetze VI 170. — Uebergangsbestimmung VI 267.

**Waldgrundstücke** III 128, 161. — Uebergangsvorschrift VI 310.

**Wandelung** aus Vertrag zu Gunsten Dritter II 115f., bei Hingabe an Erfüllungsstatt II 145. — W. beim Kauf II 248ff. (s. Gewährleistung), bei Werkvertrag II 373.

**Wärme,** Zuführung auf fremdes Grundstück III 138.

**Wartegelder,** rückständige, Anspruchsverjährung I 248, 252. — Abtretung II 196, VI 120, 166.

**Wartezeit** der Frauen, Ehehinderniß IV 31, Wiederverheirathung vor Ablauf der W., Geburt eines Kindes IV 353.

**Wasserrecht,** Fortbestand der Landesgesetze VI 149. — Preußisches W. VI 149, bayerisches VI 149, badisches VI 149, hessisches VI 149. — (S. auch VI 347.)

**Wechsel.** Theilleistung aus W. II 38. — Ausstellung eines W. Erfüllungshalber II 144. — W. auf den Inhaber II 548. — Eingehung von Verbindlichkeit aus W. für den Mündel IV 569. — Sicherungshypothek für Forderung aus W. III 610f., VI 340. — Schiffspfandrecht III 723. — Verpfändung von W. III 744f., 748, 749.

**Wechselordnung** I 3, II 15, 38, 154, 230, 537, 539, 548, 554, 555, 588, III 78, 381, 393, 612, 613, 745, 746, IV 94, V 296, VI 26, 30.

**Wechselseitiges Testament** V 490, Erbverzicht V 633.

**Wechselwild,** Schaden durch II 633.

**Wege,** Besserungspflicht des Pächters II 326.
**Wegeregulirung,** Fortbestand der Landesgesetze VI 201 f.
**Wegfall** von Miterben V 262 ff. (s. Anwachsung). — W. eines Miterben, Erstreckung der Nacherbeinsetzung auf dessen Erbtheil V 285.
**Wegnahme** fremder Sachen als Selbsthülfe I 283 f. — W. von Einrichtungen bei Pflicht zur Herausgabe von Sachen II 30, beim Wiederkauf II 273 f., bei Miethe II 304, bei Leihe II 337. — W.recht des Geschäftsführers II 433, bei Rechtsverlust durch Verbindung, Vermischung, Verarbeitung III 209, des Nießbrauchers III 353, 365, bei Wohnungsrecht III 412, des Pfandgläubigers III 667, 675. — W. des Mannes bei Aufwendungen auf eingebrachtes Gut IV 139. — W. von Einrichtungen bei Nacherbschaft V 303. — W.recht als Vermächtniß V 351.
**Wegschaffung** einer auf fremdes Grundstück gelangten Sache durch den Besitzer III 52 f., 59, durch den Eigenthümer III 278, den Miteigenthümer III 290.
**Wehrpflicht,** Erfüllung derselben begründet nicht Wohnsitz am Garnisonorte I 62.
**Weimar,** Hypothekengesetz III 11, 23, 69. — Staatsschuldbuch IV 551, VI 185. — Brandversicherungsgesetz VI 200. — Ausführungsgesetze zum B.G.B. III 453, V 486, VI 11, 214, 215, 335, 344, 361, 364, 368.
**Weinkauf** II 117.
**Werk,** welches in Ausübung eines Rechts am Grundstücke mit demselben verbunden ist I 132. — Einsturz eines solchen W., Schadensersatz II 633 f., 640 f., Gefahr desselben III 140.
**Werkvertrag** II 88, 368 ff.: Unterschied vom Kaufvertrage, Auftrage, Sachmiethe II 368 f., Begriff, Unternehmer, Besteller, Vergütung II 369 f. — Gewährleistung für zugesicherte Eigenschaften, Mängel, Beseitigung derselben II 371 f. — Garantie II 372. — Frist zur Mängelbeseitigung, Minderung, Wandelung II 373 f. — Schadensersatz bei zu vertretendem Mangel II 375. — Rücktrittsrecht bei nicht rechtzeitiger Herstellung, Beweislast II 375 f. — Ausschluß der Gewährleistung durch Vertrag, Arglist des Unternehmers II 376. — Verjährung der Ansprüche des Bestellers II 377 f. — Abnahmepflicht des Bestellers II 379 ff. — Zeit der Entrichtung der Vergütung, Verzinsung derselben II 381. — Entschädigung des Unternehmers bei Verzug des Bestellers, dessen Handlung zur Herstellung erforderlich, Fristbestimmung für Vornahme der Handlung, Präjudiz der Kündigung II 382 f. — Tragung der Gefahr, insonderheit des vom Besteller gelieferten Stoffes II 383 ff. — Gefahr der Versendung II 385. — Untergang, Verschlechterung vor der Abnahme II 385. — Bedeutung der Vollendung des Werks bei ausgeschlossener Abnahme II 386. — Pfandrecht des Unternehmers II 386. — Zurückbehaltungsrecht II 386. — Anspruch des Unternehmers eines Bauwerks auf Sicherungshypothek II 386 f. — Kündigungsrecht des Bestellers bis zur Vollendung des Werks, Ansprüche des Unternehmers II 388. — Ueberschreitung eines vom Unternehmer nicht gewährleisteten Kostenanschlags II 388 f. — Lieferung des Stoffes, der Zuthaten durch den Unternehmer, Abgrenzung des W. vom Kauf II 389 ff. — W. mit Geschäftsbesorgung, Anwendung der Vorschriften über Auftrag II 422 f. — W. und Mäklervertrag II 393.
**Werth.** Bestimmung des W. eines Gegenstandes zwecks Schadensersatz II 54. — W.vergütung für Dienste, Sachbenutzung bei vertragsmäßigem Rücktrittsrecht II 128. — W.ersatz bei ungerechtfertigter Bereicherung II 591. — Zinsen des W. einer durch unerlaubte Handlung entzogenen Sache II 649. — Einfluß des W. bei Verbindung beweglicher Sachen III 203, bei Verarbeitung III 206 f. — Ersatz des W. zur Abwendung des Abtrennungsrechts des Besitzers gegenüber Eigenthumsanspruch III 267 f. — Feststellung des W. bei Nießbrauch an verbrauchbaren Sachen III 374. — Berechnung des W. der einzelnen Grundstücke bei Vertheilung der Gesammteigenthümerhypothek auf dieselben III 572 f. — Minderung des W. des Pfandes III 670. — W.ersatz für vom Manne verbrauchte Sachen des eingebrachten Guts IV 122. — Uebernahme von Sachen des Gesammtguts nach dem W. IV 237, 269 f., 280 f. — Uebernahme von Nachlaßsachen nach dem W. statt Herausgabe derselben an die Nachlaßgläubiger V 77, 80, 115. — Angabe des W. der Nachlaßgegenstände im Inventar V 127. — Berechnung des W. des Nachlasses für den Pflichttheil V 579 ff., der auf den Pflichttheil zu machenden Anrechnung V 585, 588, verschenkter Gegenstände zur Ergänzung des Pflichttheils V 602. — Ersatz des W. veräußerter Gegenstände bei Erbschaftskauf V 685 f. — Feststellung des W. von Grundstücken, Fortbestand der Landesgesetze über Haftung der Sachverständigen VI 164.
**Werthgrenze** für Anlegung von Mündelgeld IV 550 f. — Landesgesetze über W. für Belastung von Grundstücken VI 206.
**Werthpapiere.** Hinterlegung von W. als Mittel der Sicherheitsleistung I 286. — Pfandrecht des Berechtigten an hinterlegten W. I 287. — Geeignete W. I 288, Umtausch I 288. — Hinterlegung von W. zur Erfüllung II 155. — Verkauf von W. II 229 f. — Gesetz, betr. die Pflichten der Kaufleute bei Aufbewahrung fremder W. II 437, 438, 445, III 177. — Verwahrungsvertrag über W. II 444. — Haftung des Gastwirths für W. II 448 f. — Lieferung von W. als Differenzgeschäft II 507. — W. als Gegenstand der Anweisung II 534. — Umfang des Pfand-

rechts an einem W. III 750. — W. des Kindesvermögens IV 421. — W., in welchen Mündelgeld anzulegen ist IV 550, Fortbestand des Landrechts VI 396, Verfügung über solche IV 555 f., 561 f., 605. — Hinterlegung vor Annahme der Erbschaft V 56. — W. der Nacherbschaft V 295 ff.

**Werthsachen,** Haftung des Gastwirths II 448.

**Wesentliche** Bestandtheile einer Sache I 129 f., eines Grundstücks I 130 f., III 201, eines Gebäudes I 131. — Irrthum über w. Eigenschaften II 168 f. — W. Verschlechterung bei Rücktrittsrecht II 130. — Verbindung beweglicher Sachen zu w. Bestandtheilen einer einheitlichen Sache III 202 f. — Abtrennungsrecht des Besitzers gegenüber Eigenthumsanspruch III 267. — W. Irrthum V 245.

**Wettbewerb,** Gesetz zur Bekämpfung des unlautern W. II 604, 615, 617.

**Wette** II 500 ff. — Darlehen zum Zwecke der W. II 502. — Klaglosigkeit II 509, Zurückforderung des Geleisteten III 503 f., Schuldanerkenntniß II 503 f.

**Wichtiger Grund,** Widerruf der Bestellung des Vereinsvorstandes I 84. — Aufhebung des Dienstverhältnisses II 364 f. — Entziehung, Kündigung der Geschäftsführung bei Gesellschaft II 462. — Kündigung der Gesellschaft II 471, der Gemeinschaft II 491, des Auftrags II 419. — Rücknahme der hinterlegten Sache II 442, des Verlöbnisses IV 10, 13. — W. G. bei Verweigerung der Eheeinwilligung IV 24, für Kapitalabfindung zwecks Unterhaltspflicht des schuldigen Theils bei Scheidung IV 332 f., 335, der Entlassung des Vormundes IV 628, der Kündigung, Entlassung des Testamentsvollstreckers V 427. — (S. auch I 277.)

**Widerklage** gegen Besitzklage III 49. — W. im Scheidungsprozesse IV 325 f., 327, bei Anfechtung der Ehelichkeit IV 344.

**Widernatürliche Unzucht,** Scheidungsgrund IV 317 f.

**Widerrechtliche** Handlung als Nothwehr I 279 f. (s. auch unerlaubte Handlungen). — Widerrechtlichkeit als Voraussetzung des Schadensersatzanspruchs aus unerlaubten Handlungen II 609, 612, 625.

**Widerruf** der Bestellung des Vereinsvorstands I 84, der Stiftung I 117 f., wirksamer Rechtsgeschäfte I 146, der Verträge mit Minderjährigen I 155 f., von Willenserklärungen unter Abwesenden I 180 ff. — W. der Vollmacht I 219, 221, 224, des ohne Vertretungsmacht geschlossenen Vertrags I 225, der Einwilligung zu Rechtsgeschäften I 235 f., der Verweigerung der Genehmigung von Rechtsgeschäften I 237. — Verhältniß von W. und Rücktrittsrecht II 128. — W. der Schenkung II 292 f., des Darlehnsversprechens II 346, der Auslobung II 404, des Auftrags II 419 f., 422, der Befugniß eines Geschäftsführers bei Gesellschaft II 462, 464, der Anweisung II 533, 542. — W. des Verzichts auf Grundstückseigenthum III 174. — W. der Eheeinwilligung IV 21, der Einwilligung zum Erwerbsgeschäfte der Frau IV 152 f. — W. von Verträgen der Frau über eingebrachtes Gut ohne Genehmigung des Mannes IV 146. — Kein W. der Zustimmung des anderen Ehegatten zur Verfügung über den Antheil eines Abkömmlings an fortgesetzter Gütergemeinschaft IV 281, zum vertragsmäßigen Verzichte eines Abkömmlings IV 282. — W. von Schenkungen nach Ehescheidung IV 336. — Kein W. der Einwilligung zur Ehelichkeitserklärung IV 480, zur Annahme an Kindesstatt IV 493, von nicht genehmigten Verträgen des Vormundes IV 579 f. — W. des Testaments V 475 ff., des gemeinschaftlichen Testamentes V 499 ff.

**Widerruflichkeit** der Bestellung des Vereinsvorstandes I 84, der Vollmacht I 219, 224, der Auslobung II 404.

**Widersinnige** Bedingung I 205, V 238.

**Widerspruch** des Schuldners gegen die Leistung durch einen Dritten II 38 f. — W. bei Geschäftsführung der Gesellschafter II 461. — W. im Grundbuche III 69 f., 108 ff., 117, 121 f., 126, 503, 506, gegen eine Darlehenshypothek III 504 f., 607, gegen Ueberbau III 145. — W. im Schiffsregister III 718. — W. der Frau gegen Zwangsvollstreckung ohne Zustimmung des Mannes IV 157. — W. des Erben gegen Ausführung letztwilliger Verfügungen durch Testamentsvollstrecker V 394, gegen Auseinandersetzungsplan desselben V 397. — W. gegen Auszahlung der Entschädigung für Enteignung von Grundstücken VI 127 f.

**Widerstand.** Beseitigung von W. als Selbsthülfe I 283 f.

**Wiederabnahme** beweglicher Sachen bei Besitzstörung durch verbotene Eigenmacht III 43.

**Wiederaufhebung** der Entmündigung I 57.

**Wiederherstellung** als Gegenstand des Schadensersatzes II 16 f., Fristbestimmung dazu II 18 f. — Unmöglichkeit der W., unverhältnißmäßige Aufwendungen für dieselbe, Geldentschädigung II 21. — W. der Miethsache II 297. — Ausschluß des Anspruchs auf W. bei Rechtsverlust durch Verbindung, Vermischung, Verarbeitung III 208. — W. der versicherten Nießbrauchsache III 346 f., des versicherten Gegenstandes der Hypothek III 487. — W. der ehemännlichen Verwaltung und Nutznießung IV 181 f., der Errungenschaftsgemeinschaft IV 301 f.

**Wiederherstellungsgelder** III 487.

**Wiederholung** der Eheschließung IV 25 f.

**Wiederkauf** II 276 ff.: Vorbehalt, Ausübung, Preis II 270 f. — Pflichten des Wiederverkäufers, Herausgabe, Schadensersatz II 272 f., Beseitigung inzwischen begründeter Rechte Dritter II 273. — Verwendungen,

Wegnahmerecht II 273 f. — Schätzungswerth als W.preis II 274. — W. Mehrerer II 274. — Fristen für Ausübung des W. II 274. — Anspruchsverjährung I 249. — Ausübung des W. bei Erbengemeinschaft V 187. — (S. auch III 415.)

**Wiederkehrende** Erträge, Lasten, Vertheilung I 139, 141. — W. Leistungen, rückständige, Anspruchsverjährung I 248, 252, 267, 273, 274. — Schenkung von w. Leistungen II 286. — Verjährung w. Leistungen aus eingetragenen Rechten III 126 f. — Haftung des Nießbrauchers an einem Vermögen für w. Leistungen III 404 f. — W. Leistungen aus einem Grundstücke, Reallast III 429 f. — Haftung des Rechts auf w. Leistungen für Hypothek III 481 f. — W. Leistungen aus eingebrachtem Gut IV 133 f., aus Vermögen eines volljährigen Mündels IV 639. — Rücktritt vom Erbvertrage bei Wegfall der aus w. Leistungen an den Erblasser bestehenden Gegenleistung V 548 f.

**Wiederverheirathung,** Wartezeit der Frauen IV 31. — Auseinandersetzung mit Kindern früherer Ehe IV 32. — W. im Falle der Todeserklärung IV 72 ff. (s. auch VI 44): Keine Nichtigkeit, wenn der für todt Erklärte noch lebt, Auflösung der früheren Ehe mit Schließung der neuen IV 73 f. — Einfluß der Anfechtung der Todeserklärung auf die beabsichtigte neue Ehe IV 75. — Anfechtung der neuen Ehe, wenn der für todt Erklärte noch lebt IV 76 f., Unterhaltungspflicht des Anfechtenden in diesem Falle IV 77 f., Unterhaltspflicht der Frau gegenüber den Kindern IV 78. — W. des überlebenden Ehegatten bei fortgesetzter Gütergemeinschaft IV 262. — Einfluß der W. auf Unterhaltsanspruch des geschiedenen Ehegatten IV 334. — Vorzeitige W. der Frau, Geburt eines Kindes innerhalb 270 Tagen nach Auflösung der ersten Ehe IV 353. — Eheauflösung im Falle der W. nach Todeserklärung, Stellung der Eltern zu den Kindern IV 393. — Auseinandersetzung mit den Kindern in elterlicher Gewalt vor W. des Inhabers IV 423 f. — Verlust der elterlichen Gewalt durch W. der Mutter IV 449. — W. bei gemeinschaftlichem Testamente V 509. — (S. auch VI 353.) — Uebergangsbestimmung für W. im Falle der Todeserklärung VI 259 f., 264, für Nachtheile der W. VI 373.

**Wiederverkaufsrecht** II 271.

**Wilddieb** III 221.

**Wilde Thiere,** Eigenthumserwerb an III 222 f.

**Wildschaden** II 630 ff., VI 158. — Fortbestand der landesgesetzlichen Vorschriften über Grundsätze des W., über Erstattung der Ersatzpflicht auf Schaden durch im B.G.B. nicht genannte Thiere, ausgetretene Thiere, Schaden an Gärten 2c. VI 154 ff.

**Wille.** Bedeutung für Rechtsgeschäfte I 142 f. — Vertretung im W. I 210 ff. — W. des Geschäftsherrn bei Geschäftsführung ohne Auftrag II 426 ff. — Bedeutung des W. für Besitzerwerb III 32.

**Willensdogma** I 165 f., V 243 f.

**Willenserklärung** gegenüber Vereinen I 85 f. — W. als Erforderniß des Rechtsgeschäfts I 142 ff. — W. eines Geschäftsunfähigen I 151. — Begriff und Allgemeines über Willenserklärung I 162 ff. — W. gegenüber einer bestimmten Person I 164 f. — Geheimer Vorbehalt bei W. I 167 f. — W. zum Schein I 167 f., zum Scherz I 168. — Irrthum bei W. I 168 f. — Unrichtige Uebermittelung von W. I 170. — Anfechtung von W. I 171 ff. — Schadensersatzpflicht bei nichtiger oder anfechtbarer W. I 172. — Anfechtung wegen Täuschung, Drohung I 173 f., II 603. — Wirksamkeit von W. I 180 ff. — Auslegung von W. I 185. — W. von und gegenüber Vertretern I 211 ff. — W. an bestimmtem Tage, innerhalb bestimmter Frist, Einfluß von Feiertagen I 242. — Mangelhafte W. bei Eheschließung IV 56 f.

**Willensmängel** I 165 ff. — W. des Vertreters I 213. — W. bei Testamenten V 243 f., VI 403, bei Erbvertrag V 526.

**Willenstheorie** I 165 f., V 243 f.

**Willkür** des Bedachten bei bedingter letztwilliger Zuwendung V 240.

**Windbruch** bei Pacht II 326, bei Grenzbaum, III 160, bei Vorerbschaft V 310.

**Winkel** zwischen Grundstücken III 157.

**Wirkung** der Todeserklärung I 73 ff.

**Wirthschaftlicher Geschäftsbetrieb** von Vereinen, Begriff I 80.

**Wirthschaftsänderung** bei Pacht II 327, bei Nießbrauch III 334 f.

**Wirthschaftsgebäude,** Ausbesserungspflicht des Pächters II 326.

**Wirthschaftsjahr** II 333, III 269.

**Wirthschaftsplan** bei Wald, Bergwerk als Gegenstand des Nießbrauchs III 336 f., 339, der Nacherbschaft V 301.

**Wirthschaftsräume,** abgesonderte, Schutz des Besitzers III 50.

**Wirthschaftsvorräthe** bei Beendigung der Pacht eines Landguts II 332, 333.

**Wirthshausgeschäfte** VI 327.

**Wissen** der Nichtschuld, Ausschluß der Rückforderung II 586, der Unmöglichkeit des bezweckten Erfolges II 586.

**Wissenmüssen** s. Kennenmüssen.

**Wissentliche** Leistung einer Nichtschuld II 585 f.

**Wittwe,** Volljährigkeitserklärung I 54, 57. — Erbrecht der armen W. V 20.

**Wittwen- und Waisengeld,** rückständiges, Anspruchsverjährung I 248. — W.pension bei Errungenschaftsgemeinschaft IV 287. — Fortbestand der Landesgesetze über Uebertragbarkeit VI 167. — Reichsgesetze, betr. die Fürsorge für W. und W. der Reichsbeamten des Heeres, der Marine VI 19, Aenderung VI 125, 126.

**Woche,** Fristberechnung I 241. — Kündigung eines Miethverhältnisses nach W. II 314, eines Dienstverhältnisses II 362. — Frist von einer W. für Ausübung des Vorkaufsrechts II 279.

**Wochenbettskosten** IV 468. — W. bei Geburt des erwarteten Erben V 60.

**Wochenlohn** II 362.

**Wohngebäude,** Ausbesserungspflicht des Pächters II 326.

**Wohnort** I 60. — Bestimmung durch den Mann IV 82.

**Wohnräume,** Miethe derselben, Anwendung der Vorschriften über Grundstücksmiethe II 324. — W. für Dienstboten II 358. — Besitz an W. III 50.

**Wohnsitz,** Begründung, Aufhebung I 60. — Mehrfacher Wohnsitz I 60f. — Keine Begründung bei Geschäftsunfähigkeit, beschränkter Geschäftsfähigkeit I 61f. — W. von Militärpersonen I 62, Ehefrauen I 63, VI 49, 54, 355, ehelicher, unehelicher Kinder I 64. — Gerichtsstand des W. I 290. — Leistung des Offenbarungseides vor dem Amtsgericht des W. II 33. — W. des Schuldners als Ort der Leistung II 40f. — W. des Gläubigers bei Geldzahlung II 41f. — Zwangsvollstreckung am W. des Hauptschuldners, sonst Einrede der Vorausklage II 515f., 519. — Zuständigkeit des Standesbeamten des W. IV 39f. — Bezugnahme auf ausländisches Gesetz für Ehevertrag bei W. des Mannes im Auslande IV 193. — W. des Mannes bestimmt die Zuständigkeit für Führung des Güterrechtsregisters IV 309, 310. — W. nicht mehr maßgebend für Personalstatuten VI 26. — W. von Ausländern, Entmündigung VI 31f. — Ausländischer W. deutscher Ehegatten, persönliche Rechtsbeziehungen derselben VI 47f., inländischer W. ausländischer Ehegatten, Güterrecht VI 49f., 53f. — Einfluß des W. auf erbrechtliche Verhältnisse VI 77f., Beerbung von Ausländern mit W. im Inlande VI 82, 89f. — Einfluß des W. auf Rechtsverhältnisse von Personen ohne Staatsangehörigkeit VI 91f. — Strafrechtlicher W. Exterritorialer VI 108. — Vorschriften des französischen badischen Rechts über erwählten W., Uebergangsbestimmung VI 255.

**Wohnung.** Mängel einer gemietheten W. II 302f. — Bestimmung der W. durch den Mann IV 82. — W. der Familienangehörigen des Erblassers V 70.

**Wohnungsrecht** III 411ff. — W. der Ehefrau IV 100.

**Wollen** des Berechtigten, Verjährung des davon abhängigen Anspruchs I 249, 250. — (S. auch Wille, Willenserklärung.)

**Wuchergesetze** I 190, II 271, VI 280. — Aenderung VI 124.

**Wucherische Rechtsgeschäfte** I 189f., II 343.

**Wundärzte,** Anspruchsverjährung I 247.

**Württemberg.** Ausführungsgesetze zum B.G.B. III 516, IV 552, 601, V 437, 486, 584, VI 12, 47, 132, 136, 138, 140, 141, 149, 154, 163, 171, 173, 178, 179, 183, 190, 191, 194, 200, 206, 208, 213, 214, 215, 216, 222, 233, 234, 235, 236, 238, 242, 245, 266, 293, 296, 310, 335, 344, 345, 347, 358, 361, 396, 401. — Pfandgesetz III 11, 23, 69, 84, 86. — Bauordnung III 144. — Behandlung von Fundsachen III 227, 244. — Dienstanweisung für Vormundschaftsgerichte IV 515, 532. — Wildschadensgesetz VI 155. — Enteignungsgesetz VI 199. — Agrargesetze VI 204. — Zwangserziehung VI 225. — Gesetz über Vormundschaftswesen, Nachlaßwesen VI 242. — Verordnung, betr. das Grundbuchwesen VI 319, 335.

**Wurzeln,** eindringende III 142, sind Frucht oder Nutzung I 138 a. E.

## Z.

**Zahl** der Mitglieder eingetragener Vereine I 106, 113, der Mitglieder des Familienraths IV 610.

**Zahlung** einer Geldschuld, Währung, Münzsorte II 13f. — Anweisung zum Zwecke der Z. II 541. — Z. aus öffentlichen Kassen, Fortbestand der Landesgesetze VI 178. — (S. auch Erfüllung, Leistung.)

**Zahlungsbedingungen,** Angabe bei Eintragung der Hypothek III 461.

**Zahlungsbefehl,** Zustellung unterbricht Verjährung I 260, 264, ist Mahnung II 59.

**Zahlungsfähigkeit.** Uebernahme der Haftung für Z. bei Verkauf einer Forderung II 230.

**Zahlungsfristen** des Erben V 150, des Nachlaßpflegers V 152.

**Zahlungsort** II 40ff., für Hypothek, Aenderung III 469, für Grundschuld III 639, für Eigenthümergrundschuld III 584.

**Zahlungssperre** verkaufter Werthpapiere II 230, bei Schuldverschreibungen auf den Inhaber II 560f. — Landesgesetze über Z. von Karten ꝛc. auf den Inhaber VI 190. — Uebergangsvorschriften über Z. bestehender Schuldverschreibung auf den Inhaber VI 290f., Erledigung anhängigen Verfahrens VI 296.

**Zahlungsstatt** s. Erfüllungsstatt.

**Zahlungstermin** bei Rentenschuld III 647.

**Zahlungsunfähigkeit** eines Vereins I 94.

**Zahlungszeit** für Darlehnszinsen II 344, bei Dienstmiethe II 353, bei Miethe II 306f. — Aenderung der Z. für Hypothek III 469. — Z. für Eigenthümergrundschuld III 584.

**Zahnärzte,** Anspruchsverjährung I 247, 252.

**Zehn Jahre,** Verschollenheit I 69. — Einfluß des Ablaufs von z. J. nach Urtheil auf Anfechtung der Todeserklärung auf neue Eheschließung IV 49, 75. — Z. F. nach Leistung der Schenkung, Bedürftigkeit des Schenkers II 292. — Ausschluß der Scheidungsklage IV 323, VI 371. — Ersitzungszeit III 192 f., 331, Frist für Aufgebot des Hypothekengläubigers III 566. — Erlöschen des Anspruchs auf Ergänzung des Pflichttheils wegen Schenkung nach z. F. V 602.

**Zehn Monate,** Wartezeit der Frauen IV 31.

**Zeichensprache,** Testamentserrichtung V 460.

**Zeichnen,** Eigenthumserwerb III 206.

**Zeit, Zeitbestimmungen** bei Rechtsgeschäften I 209. — Z. der Leistung II 42 (vgl. II 47. 73, 175). — Z.weise Unmöglichkeit der Leistung II 53, 58. — Berücksichtigung von Z. der Leistung bei Mahnung II 60, 61. — Z. der Mahnung II 61. — Bestimmte Z. der Leistung bei gegenseitigen Verträgen II 105. — Vertragsstrafe für Nichtinnehaltung bestimmter Z. der Leistung II 121 f., Rücktritt in diesem Falle II 137 — Z. der Erfüllung des Schuldverhältnisses II 139. — Keine Z. bei Aufrechnungserklärung II 170. — Z. für einen Gesammtschuldner II 211. — Z. der Entrichtung des Miethzinses II 306. — Z. der Leihe II 338. — Z. der Zinszahlung bei Darlehen II 344, der Rückerstattung des Darlehens II 345. — Z. der Vergütung beim Dienstvertrag II 353, der Beendigung desselben II 361. — Z. der Entrichtung der Vergütung bei Werkvertrag II 381, der Zurückgabe bei Verwahrungsvertrag II 441, 442, 444, der Zahlung der Vergütung bei demselben II 443 f. — Bürgschaft auf Z. II 520 f. — Z. bei Begründung von Rechten an Grundstücken III 75. — Unzulässigkeit der Z. bei Auflassung III 162. — Z. bei Eigenthumsübertragung an beweglichen Sachen III 180, bei Begründung von Erbbaurecht III 292, bei Hypothek III 454, 554, Grundschuld III 628. — Z. des Pfandverkaufs III 677, Bekanntmachung III 688. — Keine Z. bei Eheschließung IV 36, VI 115. — Z. bei Ehevertrag IV 192. — Unzulässigkeit der Z. bei Anerkennung eines Kindes IV 350, bei Ehelichkeitserklärung IV 480, bei Annahme an Kindesstatt IV 491, bei Aufhebung derselben IV 508. — Z. bei Benennung des Vormundes IV 521. — Z. bei Annahme oder Ausschlagung der Erbschaft V 43. — Zeitliche Begrenzung der Erbeinsetzung V 276 f. — Z. bei Vermächtniß V 339, 359, 361. — Unzulässigkeit einer Z. bei Annahme oder Ausschlagung des Vermächtnisses V 362, bei Erklärung über Annahme oder Ablehnung des Amts eines Testamentsvollstreckers V 391. — Z. der Gültigkeit des außerordentlichen Testaments V 473 f.

**Zeitablauf,** Erwerb von Rechten I 244. — Heilung fehlerhafter Ehe IV 49 f. — (S. auch Zeit.)

**Zeitdatum** des Testaments V 439 f., 456.

**Zeitfolge** s. Rangordnung.

**Zeitliche Herrschaft** der Gesetze VI 15, 247.

**Zeitlohn** II 352.

**Zeitpunkt** des Todes bei Todeserklärung I 73 ff., des Vertragsabschlusses I 200, 201, 202, 203. — Bestimmung der Wirkung eines Rechtsgeschäfts auf bestimmten Z. I 209. — Z. des Gefahrüberganges beim Kauf II 236 f., der Haftung für Mängel II 246. — Z. der Ausgleichung zwischen den Vermögensmassen bei Errungenschaftsgemeinschaft IV 298, der Geltendmachung der gegenseitigen Ansprüche der Ehegatten aus Gütergemeinschaft IV 225 f. — Z. des Erbfalls V 7 f., der Erbauseinandersetzung V 191 f.

**Zerstörung** fremder Sachen zur Abwendung von Gefahr I 281 f., als Selbsthülfe I 283. — Z. der Nießbrauchssache III 341. — Z. von Gebäuden, Landesgesetze über Herstellung in anderer Lage VI 199.

**Zerrüttung** des ehelichen Verhältnisses, Scheidung IV 320.

**Zession** s. Uebertragung.

**Zeugen.** Verjährung ihrer Ansprüche auf Gebühren und Auslagen I 247, 252. — Z. bei Eheschließung IV 36 f., VI 115, bei Testamentserrichtung V 439, 445 ff., 469, 471, 472 (s. auch VI 243). — Unfähigkeit zum Z. VI 104.

**Zeugniß** des Amtsgerichts aus dem Vereinsregister I 122, des Nachlaßgerichts über Fortsetzung der Gütergemeinschaft IV 274, über Auseinandersetzung mit Kindern früherer Ehe bei Wiederverheirathung IV 32. — Z. aus dem Güterrechtsregister IV 313. — (S. auch Arbeits-, Führungszeugniß, Erbschein.)

**Zeugungen** s. Geburt.

**Ziegen** II 262.

**Zimmervermiether,** Haftung II 446.

**Zinsen.** Verjährung der Ansprüche auf Z. I 248, 252, 273. — Höhe der gesetzlichen Z. II 15, der vertragsmäßigen Z. II 15. — Richterliche Z. II 15. — Zinsesz. II 16. — Z. bei Verpflichtung zum Ersatz von Aufwendungen II 28, bei Verzug des Schuldners II 65 f., bei Rechtshängigkeit II 67, bei Gläubigerverzug II 75, bei vertragsmäßigem Rücktrittsrecht II 128 f. — Anrechnung nicht ausreichlicher Leistung auf Z. II 147 f. — Keine Z.zahlung für hinterlegte Leistung II 161. — Z. bei Aufrechnung II 172, 178. — Z. des Kaufpreises II 241, beim Wiederkauf II 273, bei Darlehen II 344. — Z. der Vergütung bei Werkvertrag II 381, bei selbstnütziger Verwendung von Geld durch den Beauftragten II 417, den Verwahrer II 443, beim unregelmäßigen Verwahrungsvertrag II 444, bei Herausgabe der Leistung, deren bezweckter Erfolg nicht eingetreten II 596. — Z. für Werthminderung einer durch unerlaubte Handlung entzogenen Sache II 649. — Z.zahlung durch Nießbraucher III 349. —

Nießbrauch an einer auf Z. ausstehenden Forderung III 388 ff., Haftung des Nießbrauchers an einem Vermögen für Z. III 404 f., 407. — Angabe der Z.zahlungstermine bei Eintragung der Hypothek III 461. — Haftung des Grundstücks für gesetzliche Z. II 468. — Erhöhung der Z., der Hypothek auf fünf vom Hundert III 469, 610, 651. — Vermerk der Z.zahlung auf dem Hypothekenbriefe III 516. — Laufende Z. bei Uebertragung der Hypothek III 543, rückständige III 545, 547. — Hinterlegung von Z. mit dem Hypothekenkapital III 569. — Z. der Eigenthümergrundschuld III 584, 589, 643, der Maximalhypothek III 621, der Grundschuld III 627 f. — Haftung des Pfandes für Z. III 660, des verpfändeten Schiffes III 719. — Haftung der Z. einer verpfändeten Forderung III 742. — Z. der auf dem eingebrachten Gut ruhenden Verbindlichkeiten IV 133 f. — Z. bei Erbschaftsanspruch V 163. — Z. einer vermachten Forderung V 353, 360. — Z. bei Erbschaftskauf V 693. — Z. in Konsulargerichtsbezirken VI 15. — Gesetz, betr. die vertragsmäßigen Z. II 16, III 679, Aufhebung VI 114.

**Zinserlaß** als Schenkung II 284.

**Zinseszinsen** II 16, 66, 67, VI 98.

**Zinsfuß**, gesetzlicher, vertragsmäßiger II 15, VI 18.

**Zinsliste** s. Erneuerungsschein.

**Zinsnachlaß** bei Pacht II 326.

**Zinsrückstände**, Anspruchsverjährung I 248, 252.

**Zinssatz**, Angabe bei Eintragung der Hypothek III 457, 459. — Z. der Eigenthümergrundschuld III 584. — Angabe bei Eintragung in Schiffsregister III 715.

**Zinsscheine** mit dem Werthpapier zur Sicherheitsleistung zu hinterlegen I 288, nicht bei eingebrachtem Gut IV 142. — Unzulässigkeit des Aufgebots von Z. II 558, Vorlegungsfrist II 559. — Z. von Schuldverschreibungen auf den Inhaber, Verhältniß zur Hauptforderung II 561 f., Verlust II 563, VI 188. — Ausgabe neuer Z. II 564, Beschaffung solcher von mit Nießbrauch belasteten Inhaberpapieren III 394. — Z. bei Inhabergrundschuld III 641, bei Verpfändung von Werthpapieren III 750. — Z. von Inhaberpapieren des Mündelvermögens IV 561, der Nachlaßerbschaft V 296. — Uebergangsvorschriften für Kraftloserklärung, Zahlungssperre von Z. VI 290, 293.

**Zinszahlung** unterbricht Verjährung I 259.

**Zirkularkreditbrief** II 539.

**Zubehör** einer Sache I 133 ff., eines Gebäudes, eines Landguts I 136. — Vertrag umfaßt Z. II 85 f. — Z. der verkauften Sache II 227. — Wandelung wegen Mangel des Z. II 254. — Z. bei Wiederkauf II 272, bei Leihe II 339, bei Veräußerung von Grundstücken III 166 f., bei Belastung mit Nießbrauch III 328, 370, bei Wohnungsrecht III 412. — Dingliches Vorkaufsrecht an Z. III 417. — Haftung des Z. für Hypothek III 472 ff., 477 f., Verschlechterung desselben III 497. — Pfandrecht an Z. III 654. — Haftung des Z. für Schiffspfandrecht III 720. — Z. eines Grundstücks bei Fahrnißgemeinschaft IV 306. — Z. eines Grundstücks gehört nicht zum Voraus des überlebenden Ehegatten V 22. — Z. einer vermachten Sache V 340. — Verhältniß der Entschädigung für Enteignung von Z. eines Grundstücks zu den Rechten Dritter VI 128.

**Zuchthausstrafe** als Scheidungsgrund IV 321, als Grund der Verwirkung der elterlichen Gewalt IV 432.

**Züchtigungsrecht** der Eltern gegen Kinder IV 388, des Vormundes gegen Mündel IV 542. — Z. des Dienstherrn VI 181.

**Zuchtrecht** des Inhabers der elterlichen Gewalt IV 388, des Vormundes IV 542.

**Zueignung** s. Aneignung.

**Zufall**. Haftung des Schuldners im Verzuge für Z. II 65. — Haftung für Z. bei Entziehung einer Sache durch unerlaubte Handlung II 648.

**Zuführung** von Gasen, Dämpfen 2c. auf fremdes Grundstück III 138.

**Zugehen** (von Willenserklärungen), Begriff I 164 f., 180.

**Zugesicherte** Eigenschaft s. Gewährleistung.

**Zugewinnst**, Gemeinschaft des IV 284.

**Zugthiere**. Wandelung beim Kauf von Z. II 266.

**Zug um Zug**, Erfüllung II 45 f., Mahnung bei Z. u. Z. zu erfüllenden Leistungen II 60, 62, Leistung bei gegenseitigem Vertrage II 92, 95 f., bei Rücktritt II 129, Quittung II 148, Schuldschein II 153, Hinterlegung II 160, Wandelung II 252. — Verurtheilung zur Erfüllung Z. u. Z. II 95, 112.

**Zukünftige** Geldforderung, Hypothek III 452, 454. — (S. auch Künftige.)

**Zurechnung** bei unerlaubten Handlungen II 617 f.

**Zurückbehaltungsrecht**. Kein Z. an Vollmachtsurkunden I 224. — Einrede des Z. hemmt nicht Anspruchsverjährung I 252 f. — Z. bei Schuldverhältnissen I 44 f. — Z. der Draufgabe II 118 f. — Z. bei nicht ertheilter Quittung II 148. — Z. bei Abtretung der Forderung II 185. — Z. des debitor cessus bei Nichtaushändigung einer Abtretungsurkunde II 195, des Verkäufers II 241. — Verkauf bei kaufmännischem Z. II 245. — Z. des Miethers II 309, des Pächters II 331, des Entleihers II 339, des Unternehmers II 386, beim Auftrage II 418, des Verwahrers II 442, 444. — Z. des Gläubigers, Einrede der Vorausklage II 516. — Z. bei Gesellschaft II 454, 482, aus Spielforderung II 503, des Finders III 233, des Besitzers gegenüber Eigenthumsanspruch III 271, des Nießbrauchers III

355, des neuen Eigenthümers bei dinglichem Vorkaufsrecht III 423f. — Kaufmännisches Z. des Pfandgläubigers III 675. — Z. der Frau bezüglich Beitrags zum ehelichen Aufwand IV 185f., der geschiedenen Frau zum Unterhalte der Kinder IV 337. — Z. des Erben V 95, 96, 112, des Erbschaftsbesitzers V 165, des Beschwerten bei Vermächtniß V 369.

**Zurückbeziehung** der Bedingung I 205f.

**Zurückforderung** des nach eingetretener Verjährung Geleisteten I 271f., ungerechtfertigter Bereicherung aus gegenseitigem Vertrage II 97, 99, aus Schenkung unter Auflage II 290f., aus Schenkung, welche den Unterhalt des Schenkers gefährdet II 291. — Z. aus Spiel und Wette II 503f.

**Zurückführung** des Kindes in elterlicher Gewalt IV 389f., des Mündels IV 542.

**Zurückgabe** der Vollmachtsurkunde I 224, der Draufgabe II 117f., des Schuldscheins II 153, der Miethsache II 309, der geliehenen Sache II 338, der hinterlegten Sache II 441f., benutzter Sachen eines Gesellschafters II 477f. — Z. der Sache durch den Eigenthümer an Stelle des Ersatzes für Verwendungen III 272. — Z. des Pfandes III 673f., 705f., 732. — (S. auch Zurückgewährung.)

**Zurückgewährung** bei vertragsmäßigem Rücktrittsrecht II 128, bei Kauf beweglicher Sachen II 232, bei Wandelung II 251f., bei Wandelung im Viehhandel II 264f. — Z. des gegen Taxe übernommenen Inventars bei Grundstückspacht II 330, des Grundstücks selbst II 321, der Nießbrauchssache III 359ff. — (S. auch Zurückgabe.)

**Zurücknahme** der Klage, Einfluß auf Verjährung I 263, desgl. der Anmeldung im Konkurse I 265. — Z. der hinterlegten Sache II 157f., 161f., 163f., 442. — Z. der Anzeige von Abtretung der Forderung II 192. — Z. der Eheanfechtungsklage IV 64f. — Z. des Testaments aus amtlicher Verwahrung V 478f., 510.

**Zurücktreten** s. Rücktrittsrecht.

**Zurückweisung** einseitigen Rechtsgeschäfts mit Minderjährigen I 157, mit Vertretern ohne Vollmachtsurkunde I 225, des Rechts aus dem Vertrage zu Gunsten Dritter II 111.

**Zusammengebrachte** Kinder, Ehe IV 27.

**Zusammenlegung** von Grundstücken, Fortbestand der Landesgesetze VI 201f.

**Zusammenstoß** von Schiffen VI 98.

**Zusammentreffen** von Grunddienstbarkeiten mit solchen oder anderen Rechten am dienenden Grundstück III 315f., desgl. des Nießbrauchs III 368; desselben mit Eigenthum am Grundstücke III 371.

**Zusammenrottung**, Landesgesetz über Schadensersatz VI 196.

**Zusätze** zum eigenhändigen Testamente V 443.

**Zuschlag** bei Versteigerung bestimmt den Vertragsabschluß I 263. — Z. an Gläubiger bei Pfandverkauf III 692, 695.

**Zuschreibung** von Grundstücken im Grundbuch III 104, Haftung für Hypothek III 488.

**Zuschüsse** zum Einkommen, Ausgleichungspflicht V 203f., 591.

**Zustandsrechte** IV 3.

**Zuständiges** Gericht für Volljährigkeitserklärung I 54, für Auflösung von Vereinen I 95, für Einspruch der Verwaltungsbehörde gegen Eintragung eines Vereins I 108f., für öffentliche Zustellung von Willenserklärungen I 184, für Kraftloserklärung von Vollmachtsurkunden I 224. — Bestimmung des z. Gerichts durch ein höheres, Einfluß des Gesuchs auf die Verjährung I 262. — Z. Behörde für Entziehung der Rechtsfähigkeit eines Vereins I 95. — Z. der Standesbeamten IV 39f. — Z. für Befreiung von Ehehindernissen IV 41. — Z. des Nachlaßgerichts V 35. — Z. für Inventarerrichtung V 128. — Z. für Ehescheidung VI 59, für Entscheidung über Eltern- und Kindesverhältniß VI 62. — Z. für Beurkundung von Rechtsgeschäften, Landesgesetze VI 223f., ebenso von Grundstücksveräußerungen VI 235, von Auflassung VI 235f., der Hinterlegungsstellen VI 237f.

**Zustellung** von Willenserklärungen durch Gerichtsvollzieher I 184f., desgl. öffentliche Z. I 184f.

**Zustimmung** Dritter zu Verträgen oder einseitigen Rechtsgeschäften (Einwilligung, Genehmigung) I 232ff., zur Aufhebung von Rechten an Grundstücken III 80f., zur Aenderung des Inhalts derselben III 82, zur Rangänderung III 86, des Eigenthümers zur Rangänderung einer Hypothek, Grundschuld, Rentenschuld III 86. — Z. zu einer Eintragung oder Löschung zwecks Verwirklichung des durch Vormerkung gesicherten Anspruchs III 101, zur Berichtigung des Grundbuchs III 115, des Nießbrauchers zur Aufhebung, Aenderung des mit Nießbrauch belasteten Rechts III 381f. — Z. des Eigenthümers nicht erforderlich zur Rangordnung der Theilhypotheken III 527, zum Theilhypothekenbrief III 528, zum Verzichte auf Rückstände aus Hypothek III 589, zur Uebertragung der Hypothek auf eine andere Forderung III 593. — Z. des Eigenthümers zur Aufhebung der Hypothek durch Rechtsgeschäfte III 600. — Z. zur Umwandlung der Sicherungshypothek in eine gewöhnliche Hypothek III 608f., der Hypothek in Grundschuld und umgekehrt III 644, bei Umwandelung der Rentenschuld III 650, zur Aufhebung des Pfandrechts III 707, 731, des Pfandgläubigers zur Kündigung einer verpfändeten Forderung III 737, 739. — Z. der Frau zu Rechtsgeschäften über eingebrachtes Gut IV 116ff., 123f., des Mannes

IV 147ff., 166, des gesetzlichen Vertreters zu Ehevertrag IV 201, zum Annahmevertrag IV 493, der Frau zu Rechtsgeschäften über Gesammtgut IV 211f., des Mannes zu solchen der Frau IV 215.— Aufhebung der Gütergemeinschaft wegen mangelnder Z. der Frau IV 227, der fortgesetzten Gütergemeinschaft wegen mangelnder Z. eines Abkömmlings IV 263. — Z. des anderen Ehegatten zu letztwilliger Verfügung über den Antheil eines Abkömmlings IV 281, zum Verzichte des Abkömmlings IV 282. — Z. zum Ehebruche 2c., Ausschluß des Scheidungsrechts IV 317f. — Z. des Nacherben zu Verfügungen des Vorerben V 296f. — Z. zur Aufhebung von Erbverträgen V 543, des gesetzlichen Vertreters zu Erbverzicht V 635.

**Zuthaten** bei Werkvertrag II 371, 390f.

**Zu ungetheilter Hand** II 211.

**Zuwachs.** Begriff II 129. — Z. bei Leihe II 339.

**Zuwendung,** unentgeltliche, mit Auflage zur Leistung an einen Dritten II 109f. (s. Auflage). — (S. auch Schenkung.) — Unentgeltliche Z. der ungerechtfertigten Bereicherung an Dritte II 598. — Unentgeltliche Z. als Vorbehaltsgut IV 105. — Z. zu Gunsten eines Kindes unter Ausschließung der Verwaltung des Inhabers der elterlichen Gewalt IV 394f., 648f., als freies Vermögen IV 405. — Z. unter Lebenden, Ausgleichungspflicht V 203f. — Letztwillige Z. s. Letztwillige Verfügung, Testament. — Z. unter Lebenden, Anrechnung auf den Pflichttheil V 585ff.

**Zwang** s. Drohung.

**Zwangsenteignung** s. Enteignung.

**Zwangserziehung** IV 419f., 589f. — Fortbestand der Landesgesetze VI 222f.

**Zwangshypothek** III 603, VI 336f.

**Zwangsrechte,** Fortbestand der Landesgesetze VI 160.

**Zwangsvergleich** im Nachlaßkonkurse V 89, 108f., 126. — Z. des Hauptschuldners, Einfluß auf Bürgschaft II 513. — Z. für Mündel IV 572.

**Zwangsversteigerung,** Gesetz betr. die I 17, 134, 261, II 40, 244, 315, 318, 493f., III 65, 69, 77, 83, 86, 88, 92, 94, 96, 107, 108, 110, 116, 123, 147, 170, 176, 177, 271, 275, 288, 293, 301, 303, 357, 368, 420f., 426, 428, 431, 461, 471, 473, 474, 476, 479, 489, 491, 492, 495, 508, 519, 523, 524, 526, 585, 597f., 602, 646, 648, 649, 691, 720, 721, 722, 723, IV 166, 237, 259, 647, 655, V 37, 73, 75, 87, 89, 90, 102, 105, 145, 288, 295, 306, 307, 380, 384, 396, 443, VI 14, 128, 141, 183, 202, 240, 269, 286, 307, 322, 324, 343, 345. — Z. von Nachlaßgrundstücken V 89, 90. — Anwendung der Regeln über Z. bei Gemeinschaftstheilung II 493. — Zulässigkeit der Z. bei Vormerkung auf Auflassung III 96. — Wirkung eines eingetragenen Widerspruchs bei Z. III 122. — Benachrichtigung des persönlichen Schuldners von der Z. durch den Hypothekengläubiger III 560. — Befriedigung des Hypothekengläubigers durch Z. III 596f. — Eintragung von Sicherungshypothek bei Z. III 602. — Uebergangsvorschrift für Z. VI 343.

**Zwangsverwaltung,** Gesetz betr. die, s. Zwangsversteigerung. — Z. als Mittel der Befriedigung aus Hypothek 2c., III 522, 596f., Landesgesetze VI 141, Uebergangsvorschrift VI 336f., 343. — Zinsen der Eigenthümergrundschuld bei Z. III 643.

**Zwangsvollstreckung** gegen nicht rechtsfähige Vereine I 103f. — Verfügung durch Z. gegen ein gesetzliches, gerichtliches, behördliches Veräußerungsverbot I 186ff., während schwebender Bedingung I 207. — Einfluß der Z. auf die Rückwirkung der Genehmigung eines Rechtsgeschäfts I 237. — Z. (gerichtliche, behördliche), unterbricht Verjährung I 260, 266. — Z. wegen eine nicht vermögensrechtlichen Verbindlichkeit II 25, aus Alternativobligation II 35f. — Z. in einen dem Schuldner gehörenden Gegenstand, Befriedigung des Gläubigers durch einen berechtigten Dritten, den Besitzer II 39. — Z. bei Verurtheilung zur Erfüllung Zug um Zug II 45, 95f., 129. — Einfluß der Z. auf Rücktrittsrecht II 131. — Verbot des Mitbietens der leitenden Personen bei Verkauf im Wege der Z. II 244. — Einfluß der Z. beim Wiederkauf II 273. — Kein Vorkaufsrecht bei Z. II 280. — Einrede der Vorausklage, Z. gegen den Hauptschuldner II 515f. — Z. in das Gesellschaftsvermögen II 468. — Verfügung durch Z. gegen Vormerkung im Grundbuche III 95. — Eigenthumserwerb an beweglichen Sachen durch Z. III 181, 184, 187. — Z. zur Herausgabe von Sachen III 252. — Anwendung der Vorschriften über Z. in das unbewegliche Vermögen bei Nichterklärung des Grundstückseigenthümers über Ersatz von Verwendungen III 274. — Z. aus Hypothek III 470f., 518ff., 596f., Ablösungsrecht Dritter III 525. — Ausschluß der Z. bei Eigenthümergrundschuld III 643. — Z. in Schiffe III 722f. — Z. bei Pfandrecht an Rechten III 731. — Z. in eingebrachtes Gut IV 149, 153, 155, 157, 162f. — Z. in Antheil am Gesammtgute IV 209, in das Gesammtgut IV 220, 232, bei fortgesetzter Gütergemeinschaft IV 255, bei Errungenschaftsgemeinschaft IV 293, 300, bei Fahrnißgemeinschaft IV 305, bei fortgesetzter Fahrnißgemeinschaft IV 309. — Unzulässigkeit der Z. zur Herstellung der häuslichen Gemeinschaft IV 319. — Z. in Kindesvermögen IV 414. — Gläubiger, welche bei der Z. in das unbewegliche Vermögen zu befriedigen sind, Stellung bei Aufgebot der Nachlaßgläubiger V 75. —

Herausgabe des Ueberschusses bei Aufgebot der Nachlaßgläubiger durch den Erben im Wege der Z. V 77, 80. — Z. nach Anordnung der Nachlaßverwaltung V 103, zur Herausgabe eines überschuldeten Nachlasses V 110. — Z. bei unbeschränkter Haftung des Erben V 144. — Z. vor Annahme der Erbschaft V 53, 59. — Fristen für Z. in den Nachlaß V 147 ff. — Z. nach Eintritt des Erbfalls, Verhältniß zu den aufschiebenden Einreden des Erben V 152. — Z. in Antheil eines Miterben an Grundstücken V 181. — Z. aus Erbauseinandersetzung V 190, bei Miterben V 219 f., in Nacherbschaft V 293, gegen Testamentsvollstrecker V 410 f., bei Beschränkung des Pflichttheilsrechts in guter Absicht V 622. — Z. in Bahneinheiten VI 201.

**Zweck** eines Vereins I 79 ff., des eingetragenen Vereins I 106, 108 f., Aenderung I 89 f., Verwendung des an den Fiskus gefallenen Vereinsvermögens nach dem Z. I 97 f. — Z. der Stiftung I 124. — Sachen, welche zu vorübergehendem Z. mit einem Grundstücke verbunden sind, sind nicht Bestandtheile I 132 f. — Z. der Gesellschaft II 451 f., 474. — Z. der Rechtsgeschäfte I 147. — Nichteintritt des Z. einer Leistung II 586 f. — Letztwillige Zuwendungen für einen milden oder gemeinnützigen Z. V 237. — Verstoß ausländischen Rechts gegen Z. deutscher Gesetze VI 93 f., 97 f. — Pfleger für ein zu bestimmtem Z. gesammeltes Vermögen IV 658. — Testamentsvollstrecker für bestimmte Z. V 422 f.

**Zweckauflage** V 376.

**Zweckvermächtniß** V 336.

**Zwei Jahre** Seeverschollenheit I 71. — Anspruchsverjährung I 246 f., Beginn I 252. — Verjährung des Anspruchs aus Schuldverschreibung auf den Inhaber II 559, aus Verlöbnißbruch IV 16. — Ausschlußfrist für Antrag auf Nachlaßverwaltung V 99, auf Nachlaßkonkurs V 119.

**Zweifelhafte** s. Ungewisse. Bedeutung der Worte: „im Zweifel" I 22. — Auslegung z. letztwilliger Verfügung V 254.

**Zweige,** überhängende III 142, sind Frucht oder Nutzung I 138.

**Zweikampf,** Tödtung im, Erbunwürdigkeit V 625.

**Zweite Ehe** s. Wiederverheirathung.

**Zwillingsgeburt** I 53.

**Zwingende** Vorschriften I 21.

**Zwischenraum** zwischen Grundstücken III 157.

**Zwischenrechte** im Grundbuche bei Rangvorbehalt III 90 ff.

**Zwischenzinsen** keine bei vorzeitiger Leistung unverzinslicher Schuld II 43 f., 584. — Z. bei Befriedigung des Pfandgläubigers III 668 f., 701.

**Zwitter** I 51, IV 49.

**Zwölftes** Lebensjahr. Unterbringung von Personen jüngeren Alters in Erziehungs-, Besserungsanstalt bei strafbaren Handlungen VI 104.

FSC
www.fsc.org
MIX
Papier | Fördert
gute Waldnutzung
FSC® C083411

Kolibri 360 GmbH
Ferdinand-Jühlke-Straße 7
99095 Erfurt, Deutschland
produktsicherheit@kolibri360.de